王朝的崩溃

THE COLLAPSE OF THE DYNASTY

艾公子 著

CNS 湖南文艺出版社 HUNAN LITERATURE AND ART PUBLISHING HOUSE 博集天卷 CS-BOOKY

·长沙·

© 中南博集天卷文化传媒有限公司。本书版权受法律保护。未经权利人许可，任何人不得以任何方式使用本书包括正文、插图、封面、版式等任何部分内容，违者将受到法律制裁。

图书在版编目（CIP）数据

王朝的崩溃 / 艾公子著 . -- 长沙：湖南文艺出版社，2025.1. -- ISBN 978-7-5726-2126-0

Ⅰ. K209

中国国家版本馆 CIP 数据核字第 20240GM523 号

上架建议：畅销·历史

WANGCHAO DE BENGKUI
王朝的崩溃

著　　者：艾公子
出 版 人：陈新文
责任编辑：吕苗莉
监　　制：于向勇
策划编辑：王远哲　王子超　王婧涵
文字编辑：刘　盼　刘春晓
营销编辑：黄璐璐　秋　天　时宇飞
封面设计：马睿君
版式设计：鹿　食
出　　版：湖南文艺出版社
　　　　　（长沙市雨花区东二环一段 508 号　邮编：410014）
网　　址：www.hnwy.net
印　　刷：北京嘉业印刷厂
经　　销：新华书店
开　　本：680 mm × 955 mm　1/16
字　　数：355 千字
印　　张：27
版　　次：2025 年 1 月第 1 版
印　　次：2025 年 1 月第 1 次印刷
书　　号：ISBN 978-7-5726-2126-0
定　　价：78.00 元

若有质量问题，请致电质量监督电话：010-59096394
团购电话：010-59320018

目录

一　秦汉风云：帝制初生之痛　1

二　两晋南北朝：魑魅、士族、汉化、重生　93

三　隋唐武功：贵族帝国的交接与陨落　191

四　两宋危局：文治社会的孱弱与悲壮　257

五　元明清时代：游牧、农耕与千年大变局　335

参考资料　421

一

秦汉风云：帝制初生之痛

大秦帝国：
只存续十五年，影响中国两千多年

只存在了十五年的大秦帝国，以"秦制"深刻影响了此后两千多年的中国，它是短暂的、狂暴的，却又是长远的、深邃的。

后世帝国对于"秦制"的反思过程，本质上也是中国不断改进、发展的历史，从政治制度到思想源流，从崇尚单一的法家治国思想，到融合道家、儒家乃至佛家思想，那些走在最前面的帝国总是要为自己的探索付出代价。

在咸鱼的臭味的掩盖下，载着秦始皇遗体的辒辌车驶向帝国都城咸阳。

秦始皇三十七年（公元前210年）七月，始皇帝在最后一次东巡途中崩于沙丘平台（在今河北广宗）。

大臣赵高与李斯密谋立秦始皇的次子胡亥为太子，却唯恐诸公子与天下百姓听闻风声后作乱，于是秘不发丧。东巡车队每到一个地方，侍臣照例进呈饭食，随行官员也像平时一样参奏政事，只不过他们此时面对的,是一具尸体。

由于正值酷暑,始皇帝的遗体渐渐腐烂、发臭,赵高等人便用咸鱼来掩人耳目。

车队在秦直道上飞奔,这条通衢大道是秦始皇生前建立的丰功伟绩之一,如今却成了为他送葬的通道。此后,秦始皇"奋六世之余烈"建立的大秦帝国,也将如疾驰的马车一样飞速坠落。

1.祖龙之死

秦始皇病逝前，一度执着于寻求长生不死药，但他连仙药的影子都没看到就去见其先人了。

之后，中车府令赵高与丞相李斯先后得知皇帝驾崩的消息。此次东巡队伍中原本还有一位重臣，即出身于开国功臣家族——蒙氏家族的上卿蒙毅，但之前秦始皇行至平原津（今山东境内）时患病，派蒙毅外出祭祀山神，祈求消灾。

蒙毅一走，赵高便有了可乘之机。

赵高不是不学无术的宠臣，而是颇有才能的重臣。他时任中车府令——掌管皇帝乘舆的官职，他还有另一个身份——秦始皇的小儿子胡亥的老师，多年来负责教导胡亥书法与法律。在秦始皇东巡途中，赵高作为近臣，还兼管皇帝的符玺。

赵高虽然攀上了秦始皇喜爱的小儿子胡亥，但胡亥并非皇位的第一顺位继承人。史载，秦始皇有子女二十多人，其中，秦始皇的长子扶苏因在先前的"坑儒"事件中挺身而出，劝谏其父亲放过诵读孔子之书的儒生，被贬到上郡（今陕西榆林东南），担任大将蒙恬的监军。

扶苏为诸生求情，惹怒了秦始皇，但他没有就此失去继承权。镇守帝国北境的蒙恬统领三十万大军，而他的弟弟蒙毅在始皇帝身边担任要职，备受信任。扶苏外有蒙恬的辅佐，内有蒙毅的支持，形成了一股不容小觑的政治力量，史书称蒙氏兄弟："故虽诸将相莫敢与之争焉。"这也让赵高深深畏忌。

赵高早年犯过大罪，当时负责审理此案的正是蒙毅。公正执法的蒙毅认为，依照秦律，赵高应该被处死，但秦始皇考虑到赵高是个人才，就赦免了他。赵高是胡亥一党，又与蒙毅有仇，当然不愿让扶苏顺利即位。

秦始皇在病危时留下一封诏书，要寄给远在上郡的扶苏，命其"与丧会咸阳而葬"，也就是召扶苏火速前往咸阳，为他准备丧事。但这封诏书被赵高扣下了，他对学生胡亥说秦始皇在驾崩前单独留诏书给长子扶苏，这封诏书将对胡亥极为不利。

胡亥起初还说秦始皇自然有他的考虑，自己也无可奈何，但赵高随后的一番话，坚定了胡亥夺位的决心。赵高向胡亥说秦始皇一向喜爱他，之前也命他与己同行，巡游天下，已经宣示了以他为太子的意思。

胡亥是"沙丘之谋"的关键棋子，而另一枚棋子，是丞相李斯。

李斯多年来担任帝国重臣，是秦朝政治制度的规划者之一，他奉行法家的严刑峻法，而扶苏明显倾向于儒家。晚年的李斯已然位极人臣，但其权势是皇帝赋予的，皇帝也可以随时收走，一旦扶苏上台，改变政策，李斯是否还能保留现有的权位都很难说。

有可能是这种隐秘的政见对立，将李斯推向了胡亥一边。

赵高劝说胡亥后，就去找李斯，说："皇帝给长子扶苏的诏书和符玺都在我们手里，要立谁为太子，你我说了算。"

李斯用震惊的口气说道："这是亡国之言。此事不是身为人臣的我们可以讨论的！"

赵高告诉李斯，若是扶苏即位，必然要任命蒙恬为相，此人的才能、功劳等不在他之下，到时候他恐怕连封侯退休、荣归故里的机会都没有了。史载，赵高说罢，"丞相斯以为然，乃相与谋"。

沙丘之谋的政治联盟就此形成。

赵高与李斯合谋篡改秦始皇的诏书，将胡亥扶上皇位，另外矫诏，派人送往上郡，命扶苏自杀，罪名是他在边境不能建功，反而导致大量士卒伤亡，而且多次诽谤皇帝，这些都是莫须有的罪名。

扶苏看完使者送来的"诏书"后，哭着走进室内，当即要自杀。一旁的蒙恬拦住他，说："陛下身在外地，尚未立太子，派我率领三十万将士守卫边境，公子担任监军，这是关系天下安危的重任。如今使者忽然到来，就要命令您自杀，怎么知道其中没有欺诈呢？等奏请之后得知是否属实，再赴死也不迟。"

面对使者的多次催促，扶苏只好说："父亲赐儿子死，不必再请示了！"说罢，扶苏自杀，这个深受儒家思想影响的公子，选择为忠孝而死。

假如扶苏听从蒙恬的建议，没有盲目地相信诏书，或许仍有机会争夺皇位，甚至令秦朝历史转向。但是，现实总是残酷的。

东巡车队回到咸阳城，秦始皇的死讯才被昭告天下，胡亥正式即位，按照始皇帝"后世以计数，二世三世至于万世，传之无穷"的理想，称为"秦二世"。

为了彻底铲除扶苏的势力，秦二世下令对蒙氏兄弟赶尽杀绝。此时，秦朝宗室的子婴站了出来，极力劝阻，他对秦二世说："当年赵王迁杀了名将李牧，齐王建杀了前代忠臣，后来都导致国家灭亡。蒙氏三代有功于秦，陛下却要将他们杀掉，重用品行不端的人，这样对内会失去群臣的信任，也会使在外的将帅离心。"

子婴，或称嬴婴，是秦末政局中的一个神秘人物。秦朝宗室出身的他身世成谜，至今史学界对其仍没有定论，有的史料说他是秦二世的侄子，有的说他是秦二世的堂兄弟，还有的说他是秦二世的叔父辈。

子婴的劝说，没能阻止秦二世的一意孤行，蒙氏兄弟仍被定为死罪。在扶苏死后，蒙恬失去了政治上的依托，无奈之下，他按照赵高等人伪造的诏书，将兵权交给副将王离，在被囚禁后吞药自杀。蒙毅也遭受了同样的厄运。

2.陈胜、吴广

秦二世在当上皇帝后，开始放飞自我。

他仿照其父四处巡行，东临碣石（在今河北昌黎西北），南至会稽（今江苏苏州），来到始皇帝当年刻石的地方，补刻上他自己的诏书。秦二世元年（公元前209年）四月，胡亥结束巡行，回到咸阳。

秦二世即位后，立下拥立之功的李斯继续担任丞相，而赵高升任郎中令，作为皇帝的近臣，与李斯共同执掌朝中大权。但是，赵高的野心不止于此。

秦二世对赵高说："人生在世，犹如驾着六匹骏马越过缝隙一样快，日子一去不复返。我既然已经君临天下，就该享尽人间的一切欢乐，直到我寿命终结，你觉得我这样做对吗？"

听完秦二世的感慨，赵高阿谀奉承道："这是贤明之主所能做的，而昏乱之主做不到的事情。"

赵高接着建议，为了巩固夺得的皇位，秦二世应该执行严刑峻法，一方面除掉诸位公子和先帝的旧臣，另一方面要拉拢、提拔新贵，使"贫者富之，贱者贵之"，这样秦二世就能高枕无忧了。

在赵高的鼓动下，秦二世对可能威胁他皇位的宗室进行了大屠杀，并诬陷一些宗室、大臣有"不臣"之罪，将其交给赵高审讯严惩。

公子将闾兄弟三人被囚禁在宫中，判处死罪，将闾仰天大呼三声"吾无罪"，随后与其兄弟拔剑自杀。还有一个公子高本想逃走，但害怕会株连家人，便请求为秦始皇殉葬，秦二世赐其十万钱，让其随先帝而去，陪葬秦始皇陵。

在秦二世的血腥屠杀下，先后有十二位公子被斩首于咸阳街市，还有十位公主在杜县（今陕西西安东南）被处以磔刑（分裂肢体的酷刑）而死。

考古专家曾在骊山脚下的秦始皇陵陪葬墓中，发现疑似被害的秦朝宗室的坟墓。

这些墓主的尸骨有的身首分离，有的四肢分离，显然是身受酷刑而死，却作为宗室显贵陪葬，且死者的年龄大都在二十至三十岁左右。考古学者袁仲一根据这一发现推断，秦始皇去世时大约五十岁，当时他的子女正好与这些陪葬墓中的死者年龄相符合，这些陪葬墓的墓主可能就是胡亥屠杀的宗室受害者。

尽管秦帝国的政治制度中也存在儒家、阴阳家等学派的影子，但有学者认为"法家是秦国容许的唯一的意识形态"。自商鞅变法以来，法家思想促成了秦国的崛起。

法家主张"各当时而立法，因事而制礼；礼法以时而定，制令各顺其宜"，从《云梦秦简》《里耶秦简》等的记载来看，秦法虽然繁杂，却并不尽是苛刻的律法。秦法面面俱到，包括户口、土地、物产、田租、劳役、兵甲、钱粮、道路等都有一整套完备的法律，也有"使法必行""刑无等级""使民明知而用之"等先进的法治思想。

秦朝统治者制定了严格的秦法，后来却违背了法家精神，走向"繁刑严诛""赋敛无度"的误区,到赵高专政时更是出现了秦二世依赵高之言"更为法律"的局面。

因此可以说,摧毁秦朝的并非秦法,而是暴政。

秦二世在位时,仍延续秦始皇时期的繁重赋役。秦始皇死后,秦始皇陵尚未完工,数十万人继续在骊山修筑高大的坟丘。雄伟壮丽的阿房宫也在不断修建,直到秦朝灭亡还没有竣工。此外,北边修建抵御匈奴的长城,南边远征南越的军队,都需要大量的民力补充。有学者统计,秦朝全国三分之一以上的壮年男子被派去服徭役。为了征集钱粮,秦朝向百姓征收了"二十倍于古"的田租赋税。光是修建秦始皇陵的人,最多时约达七十万人。

为了表示反抗,民间出现了许多讽刺秦朝暴政的歌谣,如"生男慎勿举,生女哺用脯。不见长城下,尸骸相支柱",更有甚者直接咒骂皇帝。在秦始皇去世前夕,有人伪装成神明,在华阴(今陕西华阴)的平舒道拦住秦始皇的使者,说了一句:"今年祖龙死。"

秦二世元年(公元前209年)七月,胡亥下令"发闾左"戍边。所谓"闾左",多由雇农、佃农等贫困人户构成。

这是一道改变大秦国运的诏令。

陈胜、吴广是这一次戍边被征发的戍卒,与他们同行的还有九百多名贫苦的农民。在秦军军官的押送下,这群人将前往渔阳(今北京密云西南)戍守。不巧的是,当队伍到达大泽乡(在今安徽宿州)时,因连日大雨,道路不通,一行人无法继续前行。据史书记载,戍边的农民如果误期,将被处以斩刑。

于是,陈胜与吴广密谋:"今亡亦死,举大计亦死,等死,死国可乎?"逃亡会死,举事也会死,横竖会死,他们认为不如为国家大事慷慨赴死。在走投无路之际,陈胜、吴广决定揭竿而起。

陈胜，字涉，汉代史学家司马迁在编撰《史记》时，将其事迹列入记载诸侯兴衰的"世家"之中，专门写下了《陈涉世家》。李开元等学者认为，陈胜可能是没落贵族出身。尽管陈胜早年家境贫寒，但他在当雇农的时候就表现出了与众不同的志向。

有一次，陈胜受雇给人耕田，突然对一同耕作的同伴说："苟富贵，无相忘。"同伴笑他，说："都是被人雇佣混口饭吃的，还谈什么富贵呢？"

陈胜长叹一声，说道："嗟乎，燕雀安知鸿鹄之志哉！"

雨一直下，此时，被困在大泽乡的戍卒们的情绪愈发焦灼。

陈胜与吴广商量举事的名义，陈胜先是搬出了公子扶苏，说天下早就苦于秦朝的暴政，听说现在的秦二世作为小儿子不应该被立为皇帝，他即位后在苛政方面变本加厉，原定的继位者扶苏却含冤而死，老百姓都知道扶苏的贤明仁德，很同情他的遭遇。另外，楚国当年有个名将叫项燕，是楚人的英雄，曾带兵抗击秦军，失败后下落不明，因此有人认为他已经战死，也有人说他尚在人世。于是，陈胜、吴广决定以扶苏和项燕的名号起义。

解决了举事的名义的问题后，陈胜、吴广开始制造起事的舆论。他们将帛书写上"陈胜王"三个字，塞到鱼腹里，在伙夫做饭时把这条鱼混入其中，鱼被宰杀后，露出了他们事先写好的帛书，士兵们大惊，以为看到了神迹。到了夜晚，吴广又躲入草丛中，用竹笼罩着火装成鬼火，模仿狐狸的叫声，发出"大楚兴，陈胜王"的呼喊。

陈胜、吴广企图借鬼神之口，来唤起戍卒们的反秦之心。

之后，陈胜、吴广当众挑起戍卒们与秦军军官的矛盾，然后夺过武器，将秦军军官当场杀死，用他们的首级来祭旗，夺取了这支队伍的领导权。陈胜、吴广召集戍卒们，说："大家遇到大雨，无法按时到达渔阳，可能难免一死。即便不被处死，去戍守边疆，十有六七也是要死的。壮士不死则已，要死也是要为干大事而死，王侯将相宁有种乎！"

在陈胜、吴广的号召下，戍卒们袒露右臂，宣誓复兴楚国，为扶苏、项燕复仇，起兵反秦。转眼间，大泽乡起义（陈胜、吴广起义）的风暴就席卷到陈郡（今河南周口市淮阳区）。陈郡治陈县，是陈胜、吴广攻下的第一座大城市。仅一个月的时间，他们的军队已经扩充到战车六七百辆、骑兵千余人、步兵数万人。

陈胜在陈郡宣布建立"张楚"政权。所谓"张楚"，即张大楚国。

秦二世仍然沉醉在他安逸享乐的美梦中。有人从关东归来，告知秦二世关东各地响应陈胜起义的消息，秦二世大怒，将那人投入监狱审问。此后，每个从关东回来的使者见到秦二世，只敢跟秦二世说："都是一些偷鸡摸狗的小盗贼在作乱，各地的郡守、郡尉正在抓捕他们，您不必担忧。"

3.群雄逐鹿

早在刘邦、项羽到达关中之前，陈胜的军队就已经攻入关中，并与秦军在咸阳附近大战。

陈胜建立张楚政权后，各地群起响应，士卒发展到数十万。陈胜的部下周文率领一支军队进入函谷关（在今河南灵宝市东北），驻扎在戏亭（今陕西西安市临潼区东）。

秦二世胡亥这才知道起义军来势汹汹，问身边的大臣："我该怎么办？"

负责管理皇室财产的少府章邯上奏道："贼军已经进入关中，他们人多势众，现在征调各地的军队肯定来不及了，请陛下赦免正在骊山修筑秦陵的刑徒、奴隶，将他们武装起来，派去抵御贼军。"秦二世因此下令赦免在骊山修陵的刑徒和奴隶，让章邯带着这支由刑徒、奴隶组成的秦军，去征讨张楚军。

章邯临危受命，率领这支临时拼凑的军队接连取得大捷。周文败走，逃出函谷关，之后再次败于章邯，被迫自杀。张楚军遭受起兵以来的重大挫折，其内部也迅速走向分裂。

有学者认为，陈胜、吴广起义作为中国历史上第一次大规模的平民起义，却没有所谓"阶级团结"，而是在自相残杀的斗争中尽显机会主义和个人对私利的追求。更讽刺的是，打败周文军的秦军就是另一支由底层民众临时组成的军队，章邯利用释放的刑徒、奴隶，击退了反秦的农民。

周文西进关中遭遇大败时，吴广正在率军围攻荥阳（今河南荥阳故城）。当时镇守荥阳的三川（今河南洛阳东）郡守李由是丞相李斯的儿子，他多次击退了吴广的进攻。吴广的部下田臧眼见荥阳久攻不下，暗地里和其他将领商议，他说："我听说周文的军队已被秦军击溃，秦军很快就会大举支援荥阳，我们不如放弃荥阳，率领大军向西迎击秦军。吴广骄傲自大，不懂军事，我们跟着他肯定完蛋。"

于是，田臧假传陈胜的命令，杀死吴广，砍下其头颅并送给陈胜。陈胜看到故人的首级，只好将吴广的兵权转交给田臧，以安抚前线将士。然而，田臧的策略没有奏效，张楚军仍然节节败退。

陈胜最后也是死于自己人之手，他在战败逃亡途中为他的车夫庄贾所杀。

张楚政权只存在了不到一年的时间，却点燃了反秦的燎原之火，在六国遗民的响应下，"山东豪俊遂并起而亡秦族矣"。

在陈胜的带动下，昔日的山东（崤山、函谷关以东）六国在秦朝的土地上"复活"。在陈胜死后，赵王歇、燕王韩广、齐王田儋、魏王咎、楚王景驹等相继在六国故地树起各自的旗帜。

对于这一现象，钱穆先生曾评价道："封建之残念，战国之余影，尚留存于人民之脑际。于是戍卒一呼，山东响应，为古代封建政体作反动，而秦遂以亡。"

六国反抗之所以如此迅捷，在一定程度上可归于秦制与山东六国的"水土不服"。学者臧知非认为，秦国以法治国，秦律有各种条条框框，表现出很强的秩序性，社会力量弱小，而六国社会呈现出一种流动性和无秩序性，其社会力量对国家力量有相当大的抗衡力，百姓也更看重个人自由。

秦法甚密、刑罚甚严、赋役甚重等，都与六国旧俗格格不入，也成为压垮六国遗民的几座大山。

就在群雄逐鹿的乱世中，新时代的主角已经登场。

在楚国故地沛县（今江苏徐州沛县），有个亭长名叫刘季（也就是刘老四）。有一次，他奉命押送县里的刑徒去服苦役，走到半路，刑徒逃走了一大半。刘季知道这样交不了差，干脆停下来喝酒，也不走了，将其余刑徒释放，说："你们快逃吧，我也要找个地方躲起来了。"刑徒中有十多名壮士认为刘季很仗义，就跟随他一起跑到芒山、砀山（在今河南永城）的草泽中，建立了一个体制外的几百人的团队。

刘季，就是日后的汉高祖刘邦。

有学者考证，刘邦只比秦始皇嬴政小三岁。两个人算是同龄人，他们在同一片天空下生活了四十多年，刘邦可能从小就知道天下有一个嬴政，而秦始皇至死也不会知道天下有一个刘邦。

早在刘邦还是其家乡沛县的泗水亭长时，有一次到咸阳出差，他看到秦始皇的出行队伍，不禁发出感慨："嗟乎，大丈夫当如此也！"

就是这个寂寂无闻的基层官吏，将成为始皇帝遗产的继承者。

陈胜起兵后，秦二世元年（公元前209年）九月，沛县县令也打算响应。县里的主吏萧何、狱掾曹参对县令说："您是秦朝的官员，想要率领沛县的民众起义，恐怕他们不会跟随您，最好是把逃亡在外的人们叫回来，让他们来号召民众。"

沛县县令很天真，真的派人去召刘邦，可是又怕发生变故，转头就反悔了。萧、曹二人便与刘邦里应外合，率领沛县民众杀了县令，推举刘邦为首领，参与反秦起义。刘邦在沛县得到了两三千人的队伍，号称"沛公"。

前文说到，陈胜起兵之初曾打出项燕的名号。楚国名将项燕虽然早已去世，但他确实有个儿子参与了反秦运动。

陈胜起兵两个月后，项燕之子项梁带着二十四岁的侄子项羽砍下会稽郡守殷通的首级，在吴越一带举兵，很快就召集了八千精兵。

项梁极有可能是个积极的反秦分子，他早年四处交游，上下打点，建立了庞大的关系网。有一次，项梁在关中犯了法，被当地的官员司马欣投入了监狱。项梁写信给蕲县（在今安徽宿州）狱掾曹咎，请其设法营救，结果曹咎真为他办成了此事。项梁起兵后，曹咎成为其麾下的将领，而司马欣成了秦军将领章邯的副将，后来跟着章邯投降于项羽。

由叔叔抚养长大的项羽绝非常人。史载，项羽身长八尺，力能扛鼎。项羽小时候，项梁让他读书，项羽不肯读，让他学剑术，他也学不下去。项梁有些恼火，项羽却辩解道："读书、认字只要能记姓名就够了，剑术是一对一地打，不足花费心思去学，我要学，就学'万人敌'。"于是，项梁教授项羽兵法，培养他当一名将军。

项羽在年少时也观看过秦始皇的巡行车队，当时，项羽对着皇帝的车马，颇有傲气地说："彼可取而代也。"项梁吓得赶紧捂住项羽的嘴巴，说："不要乱说，免得招来灭族之祸。"

项梁、项羽的八千江东子弟兵势不可挡，又有楚国名族的旗号加持，不久就成为起义浪潮的中坚力量。

陈胜被杀后，起义军四分五裂，需要一个新的领袖。此时，隐居于居鄛（今安徽桐城一带）的七十岁智者范增出山投奔项梁，为其献上良策。

范增说："现在流传着一句话，'楚虽三户，亡秦必楚'。陈胜首先起兵反秦，却不立楚王的后裔，反而自立为王，这种局势无法持续太久。现在您从江东起兵，楚人都争相归顺您，只因项氏世世代代为楚将，他们相信您能拥立楚王的后裔。"范增希望项梁能用楚王的名义团结起义军，避免一盘散沙的局面出现。

于是，项梁从民间找到了正在给人牧羊的楚怀王之孙熊心，拥立他为王，用其祖父的名号来称呼他，尊称他为"楚怀王"。楚怀王熊心成为各地起义军的新领袖，刘、项的军队都集结在他旗下。

4.赵高弄权

关东起义军风起云涌之时，朝中的赵高正一步步迈向权力之巅。

赵高升任郎中令后，仗着秦二世的宠信排除异己。秦二世早已声称要"躺平"，巡行回来后长期深居宫中，赵高侍奉在秦二世左右，很多朝政大事都由他代为决定。

李斯这时才知道自己被忽悠了，他虽仍为丞相，却没有得到秦二世的信任，甚至多次被赵高从中挑拨离间。

赵高听说李斯对秦二世修建阿房宫颇有微词，便去拜见李斯，说："关东的盗贼越来越多，皇帝却在增派徭役，修建阿房宫，收集狗、马等无用之物，下官有意劝谏，但是因为地位低微而不敢说，丞相您怎么也不说呢？"

李斯只好说："我也想当面规劝，但皇帝整天都居住在深宫中，不临朝听政，我也无法劝说他。"

赵高就说："等皇帝有空了，我就告诉您。"

之后，等到秦二世在宫中宴饮享乐时，赵高就特意请李斯来到秦二世面前陈奏政事。如此了几次，秦二世感到厌烦，问赵高："我平时空闲的时候，丞相不来；如今我正要休息，丞相却来奏事，难道是因为我年轻而看不起我吗？"

赵高乘机煽风点火，说："当初的沙丘之谋丞相是参与了，但他的地位不再提高，内心肯定不满足，他一定是想着割地称王。况且在楚地作乱的陈胜等贼寇都是丞相的家乡邻县的人，而丞相的儿子李由在三川当郡守，也不肯出击，只躲在城内防守，我还听说他们互相勾结，只是我还没掌握证据。"

李斯是楚国人。赵高故意这么说，是想利用秦二世发火的机会，把楚人起兵的祸端转嫁给李斯。秦二世从此对李斯愈发不满。

随着关东起义军的人数日益增多，关中的秦军不断被派去平叛。李斯开始反思自秦始皇以来实行的苛政，他与另外两名大臣冯去疾、冯劫联名上书，提出关东群盗起事至今没有止息，是"皆以戍漕转作事苦，赋税大也"，请皇帝停止修建阿房宫，减少四方的戍守和转运事务。

此次上书，可说是李斯在政治主张上的转折点。但这一切，来得太迟了。

秦二世指责李斯等人不能平定叛军，反而要求自己废弃先帝的事业，下令将李斯等人下狱问罪，交给赵高审理。皇权在这一刻露出了尖锐的獠牙，即便是贵为丞相的李斯也不能忤逆皇帝。

李斯被投入监狱后，接受赵高的审讯，被拷打了一千多下，被迫接受了此前赵高安在他头上的勾结叛军谋反的罪名。

在狱中，李斯上书为自己辩解，写道："我入秦时，秦国土地不过方圆千里，士兵只有数十万，我被先帝重用，竭尽微薄之力，派遣谋臣游说诸侯，在国内加强武备，整顿政令，提拔能征善战的将士，尊重于国有功的大臣。秦国削弱韩、魏，攻破燕、赵，平定齐、楚，终于兼并六国，俘虏六国君主，确立秦王为天子。之后，秦军在北方驱逐匈奴、貊人，在南方平定百越，由此可见大秦的强盛。臣又参与制定政策，统一度量衡，改革文字，并颁布于天下，从而树立大秦的威名。这些都是我的罪过吧，我早就该被处死了，幸好陛下允许我活到今天，希望陛下能明察。"

李斯在信中说这些是自己的过错，实际上是在细数他为秦朝立下的汗马功劳。

但这封信被赵高毁掉了，没有送到秦二世手中。赵高冷冷地说："囚犯怎么可以上书！"

秦二世二年（公元前208年）七月，李斯被腰斩于咸阳，并被"夷三族"。

在临刑前，李斯看着将要与他同赴黄泉的次子，想起了年少时平静的生活，感慨道："我想和你一起牵着黄狗，从老家上蔡的东门出去追逐野兔，可惜已经没有机会了。"父子二人相对痛哭。不久之后，李斯的长子，三川郡守李由，也在与楚军的交战中战死。

学者林剑鸣认为，李斯的一生，在中国古代社会中很典型。他在辅佐秦始皇建立统一的专制主义中央集权制度中做出了极大贡献，也是一位具有政治见解的大臣，却因为贪图权位，缺乏气节，甘心与昏君、奸臣沆瀣一气，亲手毁掉了自己前半生的功业，最后在权力的角逐中丧生。

李斯被杀后，秦二世任命赵高为丞相，从此朝中事无论大小，均由赵高决定。

为了显示自己的威势，赵高做了一个试验，他在朝堂上牵来一只鹿，献给秦二世，并说这是一匹马。

秦二世笑道："丞相你在开玩笑吧，怎么把鹿说成马？"

随后，秦二世又问左右的大臣，有的默不作声，有的为迎合赵高，也跟着指鹿为马，有人表示反对，直言是鹿。赵高暗地里对不肯依附他的大臣加以陷害，群臣大都畏惧赵高，不敢再说他的过错。

与"指鹿为马"相似的还有"束蒲为脯"的典故，同样是赵高试探群臣，愚弄胡亥的行为，他说捆着的蒲柳是肉脯。

5.巨鹿之战

赵高能在朝中专心弄权，其中一个原因是秦军在平叛过程中取得了一定成果。

秦二世二年（公元前208年）七月，项梁率领的主力军接连取得大捷，随后乘胜追击，在定陶（今山东菏泽市南）与章邯的部队相遇。定陶是当时中原的大都会，项梁攻下此城后，便开始骄傲轻敌（"有骄色"），放下戒备，而章邯率军在夜间发动突袭，夺回了定陶，阵斩项梁。

章邯击败项梁后，以为楚地的起义军已不足为惧，于是率军北上邯郸，与王离率领的北部军队合攻赵国。王离是秦国名将王翦之孙，曾任蒙恬的副将，在蒙恬被害后，蒙恬的军队就归王离统领。秦军气势正盛，打得赵军毫无还手之力，邯郸城被夷为平地。赵军逃往巨鹿（今河北平乡西南），遭到王离大军包围，赵军赶紧派遣使者向楚军求援。

在项梁战死后，楚军阵脚大乱，各路军队集结于彭城（今江苏徐州），重整旗鼓，部署战略。

此时摆在楚军面前的形势是，如果秦军灭赵，起义军整体的力量会进一步被削弱，楚军的压力会增加；若是楚军北上救赵，则可以牵制秦军的主力，同时利用关中空虚之机，直捣秦都咸阳。

楚军在权衡利弊后，决定派主力军北上援救赵军，同时另派一支军队西进关中。大军出发前，楚怀王熊心与诸将约定，先入关中者为关中王。

秦二世三年（公元前207年），楚军主力部队在上将军（省称上将）宋义、次将项羽的率领下北上救赵。

此次出征，宋义被任命为主将，一方面是因为他此前预言了项梁的失败，被认为是知兵的良将；另一方面是因为起义军有意打压项氏一族的势力。

宋义有他自己的一套打法，他带兵行至安阳（今河南安阳西南）后停滞不前，驻扎了四十六天。

项羽见宋义不肯前进，急匆匆地闯进营帐，说："秦军包围赵军，形势危急，我们应该迅速带兵渡河，与赵军内外夹击，秦军必败！"

宋义却淡定地说："不行，大虻虫能够叮在牛身上，却消灭不了牛毛中的小虮子。现在秦军攻打赵军，若是胜了，他们的军队也疲惫了，我们可乘机攻打他们；若是秦军败了，我们击鼓出战，必定能取胜，所以应该先让秦、赵两军争斗。身披甲胄驰骋疆场，我不如你，而坐在帷帐中运筹帷幄，你不如我啊！"宋义在军中下达命令，有不听指挥的人，一律处斩。

项羽不愿听宋义那番歪理，他在一天早晨拜见宋义，乘其不备，当场斩下宋义的首级，夺取了兵权。楚怀王熊心得知项羽擅自斩杀了宋义，只好任命其为代理上将军，率军救赵。

当时，秦军的王离所部兵多粮足，进攻巨鹿，章邯的军队修建甬道与黄河连接，为王离军供应粮饷。于是，项羽先派英布、蒲将军率领两万士兵渡过黄河，援救巨鹿的赵军，同时分兵切断章邯所修筑的甬道。

先锋部队取得战果后，项羽亲率大军渡过黄河，并在河边凿沉船只，砸坏锅、甑等炊具，烧毁营寨，以破釜沉舟的决心与秦军大战。楚军到了巨鹿，使王离陷入腹背受敌的不利局面。经过多次激战，王离部下的二十万（一说十万）秦军将士，除少数被俘外，几乎可说是全军覆没，就连王离本人也做了俘虏。当初秦军灭楚，率军击败项燕的正是王离的祖父王翦，这段跨越祖孙三代的恩怨至此了结。

巨鹿之战后，项羽被推举为诸侯军的"上将军"，成为各诸侯起义军的头号军事人物。

秦军大败后，章邯退守河内。朝中的权臣赵高对带兵在外的章邯十分忌惮。章邯多次向朝中请求增援，都得不到回应，还唯恐赵高网罗罪名，借机诛杀自己，就派部下司马欣去咸阳当面请示秦二世。

司马欣一到咸阳，发现赵高不愿见他，不信任他。司马欣回到军中，对章邯说："赵高掌权，封锁消息，皇帝完全不知道我们的消息，将军现在打输了会死，打赢了如果被赵高陷害也会死。请将军深思熟虑啊！"

章邯被赵高排挤，又遭项羽猛攻，身处绝境的他只好率领剩下的二十多万大军向项羽投降。这位大秦最后的名将，被迫当了降将。

章邯这支军队的下场更是悲惨。项羽本想以章邯这支军队为先锋进军关中，各诸侯起义军与投降的秦军共约六十万，在项羽的带领下浩浩荡荡西进。在之后的四个月里，项羽军西进步伐缓慢，一直在河南一带徘徊。有学者认为，这是因为新降的秦军与诸侯起义军纠纷不断。

不少秦军士兵更是埋怨章邯等主将投降，担心他们在关中的父母、妻子遭到牵连，被秦朝诛杀。军心逐渐动摇，粮草等后勤问题也难以解决。

行至新安（在今河南），项羽与诸将商议，其部下认为秦军数量庞大，且不服从命令，如此到了关中情况必然危急，不如将他们尽数消灭，只带章邯等几位将军入秦。

项羽同意，当晚楚军秘密行动，连夜坑杀秦军降卒二十多万人。

那一夜，项羽为楚军解决了后顾之忧，却永远失去了关中的民心。

6.帝国末日

关东起义军一步步逼近咸阳。权倾朝野的赵高派出使者前往关外交涉，一说是意欲与楚军将领平分关中。在此之前，赵高决定把胡亥这个"罪魁祸首"赶下台，以求自保，他派女婿咸阳令阎乐与弟弟郎中令赵成带领一队人马，进宫弑君。

胡亥从来没见过这刀光剑影的阵仗，他跟阎乐说："让丞相通融一下，封我做个王，可以吗？"

阎乐答："不可以。"

胡亥又说："愿为万户侯。"阎乐还是不肯答应。

接着，胡亥请求道："只愿与妻儿做老百姓。"

阎乐只好实话实说："得了吧，臣受命于丞相，今日就要为天下人诛杀您，无论您如何说，臣下也不敢答应。"

秦二世无言以对，眼看着士兵上前，在绝望之下选择自杀。

秦二世死后，赵高将身世神秘的宗室子婴推上了帝国的宝座。由于天下大乱，子婴不再称帝，只称秦王，作为末代秦王，他将亲眼见证帝国最后的四十六天。

子婴不是省油的灯，他即位后做的第一件事就是诛灭赵高的势力。

按照礼仪，子婴应该斋戒五日，之后前往宗庙祭祀历代祖先，接受传国玉玺。

子婴知道，自己不过是赵高的傀儡，不如先下手为强。他召集两个儿子和亲信侍从商议："丞相赵高杀二世于宫，害怕群臣诛杀他，才假意立我为王。我听说赵高与楚国有密约，灭掉大秦后要在关中称王。现在让我斋戒五日后前往宗庙，就是要在宗庙中杀我。我若称病不去宗庙，赵高必定会亲自来请，到时我就在这里杀死他。"

果不其然，在子婴称病数日后，赵高多次派人来请，无果，只得亲自来请。赵高以为子婴势单力薄，却不知秦朝宗室早已准备好做最后的反扑。

一到子婴所在的斋宫，赵高就趾高气扬地问道："祭拜祖先是国家大事，秦王为何不去？"

话音刚落，子婴埋伏下的刺客登时杀出，将赵高当场刺死。子婴随后诛杀了赵高的三族，肃清了朝中赵高的党羽。

此时，起义军有一支先头部队已经来到咸阳城下。率领这支军队的楚将，正是刘邦。

秦二世三年（公元前207年）十月，子婴在位的第四十六天。在希望彻底破灭后，末代秦王为保全咸阳军民，乘坐白马牵引的丧车，颈系天子绶带，手捧玺印符节，率领百官开城投降，迎接刘邦入咸阳。至此，从统一六国，到秦朝灭亡，仅仅过去了十几年。

刘邦受降之后，就有人劝刘邦杀了子婴。刘邦果断拒绝，说："当初楚王派遣我奉约入关，是因为我能宽以待人，现在敌人已经投降，再加以杀害就是不祥了。"

刘邦对子婴好生款待，对秦朝的宗室大臣也一律宽赦，让他们各司其职，维持现状。在萧何的支持下，刘邦废除秦朝的严刑峻法，与关中百姓约法三章："杀人者死，伤人及盗抵罪。"刘邦还对秦人说："我之所以来关中，是为父老兄弟除害的，绝对不会报复，希望大家不要害怕。"

刘邦初入咸阳也有小人得志之感，不仅惊叹咸阳宫中的富丽堂皇，看到金银财宝和漂亮姑娘也是难掩兴奋，垂涎欲滴。进了宫中，他腿都快迈不开了。

智囊张良见状，拉上暴脾气的樊哙一起劝谏刘邦，劝他打消留在秦宫的念头。张良说："秦朝多行不义，沛公才有机会至此，秦残暴无道，您就应该布衣素食，以示节俭。如果您沉溺于享乐，就是助桀为虐了。"

刘邦虚心纳谏，下令查封所有的府库财物，率军回到灞上（今陕西西安市东）。

同年十二月，项羽率领四十万诸侯起义军终于抵达函谷关下，却发现关中已是刘邦的地盘。

项羽与刘邦曾是"兄弟"。在项羽之叔项梁战死之前，刘邦、项羽曾同在项梁帐下作战，一同领兵破城阳（今山东菏泽市东北），攻定陶，击败李由军于雍丘（今河南杞县），当时是两人关系最密切的时期，两人可谓同生共死的好战友。

楚怀王与诸将约定"先入定关中者王之"的时候，秦军的主力还未被消灭，军势正盛，这个号召就是一张空头支票。只有项羽积极响应，他说："我要和老刘一起去。"（"独项羽怨秦破项梁军，奋，愿与沛公西入关。"）

作为功劳最大的起义军将领，项羽攻灭秦军主力后西进关中，没想到却被刘邦先入为主，摘了胜利果子。

恰在此时，刘邦的一个部下派人跟项羽说："沛公欲王关中，使子婴为相，珍宝尽有之。"

项羽大怒，当即决定和刘邦兵刃相向，于是就有了著名的"鸿门宴"。兵力弱小的刘邦不敢与项羽相争，启动危机公关团队，亲自到军中与项羽讲和，将关中移交给项羽，最终化险为夷。

项羽进入咸阳后，其所作所为与刘邦的是天壤之别。谋士韩生劝项羽定都关中。项羽却一门心思想回楚地，还说富贵后不归故乡，如身穿锦衣夜行，无人知晓。

项羽不想做关中王，也不想回楚怀王手下当将军，他只想做西楚霸王，维持一个七国复国、王政复兴的天下秩序，却不知这个由英雄主宰的新秩序会让天下陷入新的混乱。

韩生认为关中地区阻山带河，土地肥沃，是建立不世之功、成就霸业的立足之地。他见项羽将自己的战略计划当作耳边风，气不打一处来，说："人们说楚人脾气暴躁，就像猕猴戴帽子，虚有其表，果然如此。"

韩生为后世贡献了成语"沐猴而冠"，之后被项羽下令烹杀。

心怀亡国之恨、杀叔之仇的项羽，执意要用秦王的鲜血和秦宫的火焰来染红暴秦落下的帷幕。他杀死那位身世成谜的末代秦王子婴，大肆诛杀秦朝皇室贵族，放火焚毁咸阳宫室。据说，大火烧了三个月，"所过无不残破。秦人大失望"。

在秦朝灭亡后，项羽建立的，是一个与秦制截然不同的"联合国"体制。起义军中的十八名领袖被分封到各地为王，其中有旧六国的后裔，也有立下战功的新贵。刘邦被封为汉王，领有巴蜀、汉中之地，而项羽自称西楚霸王，是位列诸王之上的霸主。

战乱似乎平息了，十八路诸侯王回到自己的封地，项羽也如他所愿衣锦还乡，甚至刘邦到汉中后也烧毁了秦岭的栈道，装作无意再入关中的样子。

实际上，战争没有就此结束。项羽建立的"联合国"体制不久将走向崩溃，西楚霸王也将走向败亡。

秦朝虽亡，秦制尚存。不可一世的西楚霸王并不明白，历史的车轮一旦启动，就再也回不去了。日后，他个人也将因分封制的复兴而面临覆灭，而秦之亡，只是中国更为浩荡的历史的开篇而已。

一切似乎戛然而止，一切却又都刚刚起步。

西汉末日：
国之将亡，必有妖孽

西汉帝国可以说是始于"神学"，又终于"神学"。

开国之初，人们传说汉高祖"斩白蛇起义"，到末期，帝国亡于"天命已尽"，最终竟然被王莽靠着神学"和平演变"成功颠覆。

排除皇室腐败、外戚干政等因素，人们隐约可以看见玩弄谶纬神学的始作俑者最终是如何引火自焚的。

西汉建平二年（公元前5年），年仅二十一岁的汉哀帝刘欣就已疾病缠身，而且没有子嗣。一个叫夏贺良的儒生跑来告诉他，这是上天对陛下的警告，只有更改纪年、称号，方可挽救他的命运，一改衰颓的国运。

这就是所谓"再受命"。该学说与儒家的"天人感应"一脉相承，认为皇帝是由"天"任命的，既然汉运将终，让皇帝再受一次天命，便可延续国祚。

汉哀帝听信夏贺良之言，下诏书宣布改元更号，自称"陈圣刘太平皇帝"。这个称号看着就很诡异，汉朝刘氏被认为是尧的后裔，而陈国是舜的后裔，虽说尧舜禅让有改朝换代的意思，但这个称号相当于汉朝宣告推翻自己，还说不清继承的到底是尧，还是舜。

过了一个多月，经"再受命"的汉哀帝的病情并未好转，而且四方反而传来了天灾频繁的消息。此时的夏贺良已得意忘形，竟然还要推荐他的同党出任要职，控制朝政。

汉哀帝知道自己上当了，于是他赶紧取消"陈圣刘太平皇帝"的称号，恢复了原本的年号，并处死了夏贺良。为了祈求上苍和祖先的原谅，汉哀帝恢复了自前代以来被废弃的七百多座祠庙，据说一年内就祷告了三万七千次。

这场"再受命"的闹剧暂时平息，汉朝"天命将尽"的说法却逐渐深入人心，并在日后为另一个儒生王莽提供了篡汉的理论依据。西汉，也成了中国古代唯一被"和平演变"颠覆的大一统王朝。

1.汉哀帝即位

汉哀帝刘欣能当上皇帝，本身就是一场意外。他出自汉元帝刘奭（shì）一脉，是汉成帝刘骜的侄子。刘欣的生父定陶恭王刘康是汉元帝与傅昭仪所生的，而汉成帝是汉元帝与皇后王政君的儿子。

当年汉元帝在位时，野心勃勃的傅昭仪仗着自己得宠，在后宫收买人心，想要加入立储之争，有些宫人甚至不给皇后王政君面子，在酒宴上专门向傅昭仪祝酒，祝她健康长寿。

宫斗总是残酷的。汉元帝并没有因为宠爱傅昭仪而抛弃王政君的儿子。傅昭仪的儿子没有登上帝位。等到汉成帝即位，傅昭仪随其子回到封国定陶，过上了退休生活，史称"傅太后"。傅太后可能没想到，她心心念念的皇储之位最终会落到其孙子刘欣头上。

事情的转机出现在汉成帝身上。汉成帝为人荒淫，常年沉迷酒色，迷上了舞女出身的赵飞燕和她的妹妹赵合德。赵飞燕得宠后，为了巩固地位，暗中毒害怀孕的嫔妃与年幼的皇子，遂使汉成帝诸子早夭，汉成帝一把年纪了仍然无后。

汉成帝只好从兄弟的子嗣中寻找接班人。汉成帝去世前两年，傅太后带着孙子定陶王刘欣到长安朝见。时隔多年，傅太后依然拥有极高的政治敏锐度，她得知成帝没有子嗣，宫中宠妃为了长远考虑，肯定要结交诸侯王，于是暗中派人用珍宝贿赂赵飞燕姐妹，请她们多在成帝面前称赞定陶王，劝说皇帝立其为太子。赵飞燕姐妹收了傅太后的礼物，同意给定陶王送上助攻。

与定陶王刘欣同时前来朝见的，还有中山王刘兴，他是汉元帝的第三子，也就是汉成帝的弟弟。中山王进京时，只带了一个随行官员——傅，定陶王刘欣却将傅、相和中尉都带来了。汉成帝感到奇怪，问这是怎么一回事。

刘欣回答得头头是道，说按照汉朝的礼法，诸侯王朝见皇帝，就应该由官秩二千石的官员陪同，随他来的傅、相和中尉都是这一级别的官员。接着，汉成帝命刘欣背诵《诗经》，他不仅倒背如流，还能做注解。

汉成帝询问中山王刘兴，刘兴却答不上来，让他背《尚书》，他也不会背。更悲催的是，之后赐宴用餐，刘兴一站起来，连袜带掉了都不自知。汉成帝看着这个弟弟直摇头。

对比刘兴，刘欣在朝见过程中表现出色，得到伯父汉成帝的夸赞（"而贤定陶王，数称其材"）。

随着傅太后、赵飞燕等人不断发起攻势，汉成帝渐渐被说服。刘欣十七岁那年，汉成帝亲自为他提前举行了加冠礼，不久后立其为太子。吊诡的是，刘欣被立为太子仅过去半年，中山王刘兴就病逝了。

汉成帝死得更离奇。平日里喜好酒色的他在一次夜宿后宫时中风而死，倒在了宠妃赵合德的怀抱中。赵合德为汉成帝的暴毙背了锅，遭到太后王政君的质问，之后畏罪自杀。

西汉绥和二年（公元前7年），汉成帝的侄子刘欣在阴差阳错中即位，是为汉哀帝。

刘欣当上皇帝，才发现他接手的是个烂摊子。

历经汉元帝、汉成帝两代的统治，到西汉末年，土地兼并加剧，天下流民四起，很多破产的农民或流亡为寇，或沦为奴婢。外戚、宠臣公然对土地进行肆无忌惮的掠夺，使天下一度出现"东垂被虚耗之害，关中有无聊之民"的局面。

比如汉成帝的舅舅王立，强占"草田数百顷"，草田本是陂泽荒地，属于少府的公有地，因借给农民耕种，大多已被开垦为耕地，但王立见田地肥沃，便将其据为己有，完全不顾百姓的死活。还有出身贫苦的经学家匡衡，其少时凿壁偷光的故事广为人知，可官居高位后，他也贪得无厌，加入了掠夺土地的行列。

对此，历史学者阎步克在其著作中说："通过权势占有财富，'升官就能发财'，是官僚帝国最突出的现象之一。"

2.七亡七死

汉哀帝在位时，谏大夫鲍宣上书直言，以"民有七亡而无一得""有七死而无一生"来陈述民间苦状。

其中，"七亡"是：阴阳不和，水旱为灾；县官重责，更赋租税；贪吏并公，受取不已；豪强大姓，蚕食亡厌；苛吏徭役，失农桑时；部落鼓鸣，男女遮列；盗贼劫略，取民财物。

"七死"是：酷吏殴杀，治狱深刻，冤陷无辜，盗贼横发，怨仇相残，岁恶饥饿，时气疾疫。

尽管古代正史常将流民出现的原因归结为天灾，但其背后往往是贪官、豪强、苛政造成的人祸。鲍宣认为，"七亡七死"的根源正是"公卿守相贪残成化之所致"。

忠于职守的鲍宣没有唤醒昏聩的满朝大臣，反而备受排挤。

有一次，丞相孔光外出视察，随行官吏不守法度，驱车在驰道中央超速行驶，正巧被鲍宣遇见。鲍宣立马命左右将孔光的随从拘捕，将车马充公。孔光身为孔子的十四世孙，又位极人臣，自然咽不下这口气，回去后向汉哀帝进谗言。汉哀帝被蒙在鼓里，派人去鲍宣所在的司隶府抓人。性情孤高的鲍宣不肯听命，竟然关上门不见来使。

这下汉哀帝真的生气了，随后以"无人臣礼，大不敬之道"的罪名将鲍宣逮捕下狱，定为死罪，后来改判髡钳刑，流放上党（今山西长治）。仗义执言的鲍宣至死也没看到大汉的世道变好。后来王莽掌权，打击不愿依附于己的忠直之臣，鲍宣未能幸免，被逼自杀。

一些有远见的大臣，开始寻求改革之策。

大臣师丹代替外戚王莽为大司马后，一上任就向汉哀帝谏言："今累世承平，豪富吏民訾数巨万，而贫弱愈困。"他认为，贫富悬殊、流民四起的局面是贵族、豪强过度膨胀的结果，因此朝廷要对贵族、豪强的田产面积和奴婢数量进行限制。

这就是著名的"限田限奴婢之议"，包括师丹、孔光、何武等在内的大臣都向汉哀帝提出过这一改革之策，其具体措施为：

上至诸王、列侯，下至吏民、地主，拥有的田产最多不超过三十顷。占有奴婢的数目，诸侯王不得超过两百人；列侯、公主不得超过百人；关内侯、吏民不得超过三十人。商贾不得拥有田产。超过以上限量的人，田产、奴婢一律没收入官府。

当时的户均占田不过六七十亩，三十顷已经是平均占田数的几十倍，可见师丹等人充分考虑了官僚、地主的利益，但朝中的外戚和权臣仍极力反对，甚至汉哀帝本人一次就赐男宠董贤二千余顷土地，带头树立了坏榜样。

理想很丰满，现实很骨感。在豪强、贵族官僚的反对下，这一限田、限奴婢的诏令根本就行不通（"诏书且须后，遂寝不行"），成为一纸空文。

年少聪颖的汉哀帝面对艰难时局一筹莫展，转而迷信"汉历中衰，当更受命"的传言，陷入更严重的精神内耗。

当时，在汉代儒家的"天人感应"学说的影响下，"再受命"之类的谶纬预言由来已久。

汉昭帝时，权臣霍光辅政，有人传言泰山的巨石突然自己立了起来，石头周围有大量白鸟聚集，上林苑的枯木重焕生机，虫子啃食树叶，在叶上呈现出一句谶语："公孙病已立。"

通晓经术的符节令眭弘认为，这句话是暗示作为尧后的汉家刘氏应该退位让贤，传位给舜的后代公孙氏。这个眭弘不知是读书读傻了，还是别有用心，总之霍光听到后就把他杀了，说他妖言惑众，大逆不道。不过，也有学者认为，眭弘此话是在暗示霍光称帝，但他拍马屁拍到了马腿上，把命都丢了。

霍光万万没想到，后来，汉武帝的曾孙、戾太子之孙刘病已（刘询）当上了皇帝，真的印证了"公孙病已立"这句话。刘病已即汉宣帝，他是汉哀帝的曾祖父，这一广为流传的谶语就成了预示宣帝即位的祥瑞，并不预示汉朝将倾覆。

汉哀帝即位前出现的"改姓易代"流言，最近一次发生在其伯父汉成帝在位时。

齐地的学者甘忠可跟汉成帝说，现在刘姓天命已衰，应该"更受命于天"，也就是前文所说的"再受命"。当时，汉成帝被忽悠得一愣一愣的，但朝中的大儒刘向不信这一套，上奏说甘忠可危言耸听，后来甘忠可入狱病死。但甘忠可有个学生，他就是向汉哀帝提议"再受命"的夏贺良。

汉哀帝即位后，为了回应"再受命"学说，也为了缓和朝政的危机，于是采纳了夏贺良的建议，但这场闹剧荒唐地开始，又潦草地结束。

皇帝向所谓天命寻求帮助，因破产而流浪的农民也加入传播谶语的队伍中。

汉哀帝建平四年（公元前3年），关东大旱，流离失所的关东民众以"祠西王母"为口号，发起"传行诏筹"的宗教运动。

自正月起，关东流民惊恐奔走，一路西行，路上手持草茎禾秆，相互传递。他们或披头赤脚，或夜间闯关，或越墙入城，或乘车奔驰，这一宗教运动波及二十六郡国，汉帝国四分之一的地方都有这些狂热宗教分子的身影。

到达长安后，成千上万的老百姓在街巷阡陌呼号、歌舞，集体祭祀西王母。看似狂热的宗教崇拜行为仿佛是在对这个腐朽的王朝进行着抗议。

身在宫中的汉哀帝不知是否能听见来自民间的呼声，但此时让他心力交瘁的，还有西汉王朝另一个积重难返的问题——外戚干政。

3.外戚王氏家族

傅太后将孙子刘欣扶上皇位后，便时刻觊觎着权势，尤其是她昔日的对手太皇太后王政君的位置。

当初，汉哀帝刘欣一即位，就询问大臣们，该如何对待他的祖母傅太后，让她住在哪里？

丞相孔光听说傅太后"为人刚暴，长于权谋"，自汉哀帝尚在襁褓时就抚养其长大，在拥立其称帝一事中又出了大力，担心她一旦入宫会干政。于是，孔光上书道："应该给傅太后另外修筑宫殿。"

大司空何武看出汉哀帝顾及祖孙之情，就说："傅太后可住在北宫。"结果，汉哀帝采纳了何武的建议。

傅太后一搬到宫里，就天天通过北宫的复道去见汉哀帝，请皇帝给她加封尊号，以此与王政君的太皇太后头衔抗衡。汉哀帝实在说不过自己的祖母，就尊傅太后为"帝太太后"，后改为"皇太太后"，并提拔祖母家傅氏以及母亲家丁氏两家外戚的亲属。

傅、丁两家外戚迅速崛起。在一次宴会上，傅太后跟太皇太后王政君坐在一起，直呼王政君为"妪"（老婆子）。

要知道，当年傅太后还是昭仪时，王政君可是汉元帝刘奭的皇后，不管怎么说，王政君都明显更高一等，但眼下得势的傅太后已经有了挑衅的意味。

当然，王政君并不简单，她的入宫经历也堪称传奇。

那时刘奭还是太子，尚未即位，太子宫中最受宠爱的妃子司马良娣暴病身亡，临死前说自己是死于后宫姐妹的流言蜚语，刘奭从此郁郁寡欢。汉宣帝一看太子抑郁了，认为太子对东宫女子不满，就命人另选了一拨宫人去服侍太子，让他选个太子妃。刘奭还深陷司马良娣去世的悲伤中，根本没心思选宫人，于是朝着离他距离最近的一个女子随手一指，说："就她吧！"

刘奭选中的这个宫人，就是他日后的皇后王政君，他们的长子就是汉成帝。

汉元帝刘奭偶然的一个选择，改变了王政君一族的命运。

儿子汉成帝在位时，王政君成了太后，王氏"五侯群弟争为奢侈"。王政君的兄弟五人封侯，皆被任命为朝中重臣，天下的郡守、州刺史很多出自王氏门下。王氏五侯的兄弟们竞相追求奢华，招贤纳士，各地贿赂他们的珍宝从四面八方涌来。

王政君的大哥王凤成为大司马后，朝中权力就长期掌握在王氏子弟手中。大司马是内廷的首脑，此后，这一职位在王氏家族的兄弟叔侄之间接替，王氏形成了比肩皇室的权力家族。

《汉书》云："王氏之兴自（王）凤始。"

经学家刘向出自皇族远亲，眼见王氏坐大，故上密封奏书，极力劝谏汉成帝收回王氏外戚的实权，希望他不要重现吕氏、霍光专权的局面。刘向说："如果将国家大权交给外戚，甚至可能连宗庙社稷也要丢了。"这封密信呈上后，汉成帝单独召见刘向，说："你不必再说了，我会考虑的。"但是，汉成帝始终没有采纳刘向的建议。

汉哀帝即位后，在祖母傅太后的威逼下，扶持傅、丁两家外戚，但不像汉成帝时那样，没有给傅、丁两家太多实权，以此来达到制衡外戚的目的。王氏的势力被削弱，而傅氏、丁氏的势力也不如汉成帝时的王氏家族。（"然帝不甚假以权，势不如王氏在成帝世也。"）

眼见其他外戚入局夺权，王氏家族自然不甘心。

汉哀帝即位不久，在未央宫设宴，请王太后、傅太后一同吃饭。掌宫中帷帐的内者令为傅太后设置帷帐，将她安排在王政君旁边。当时身为大司马的王莽巡视后，斥责内者令道："定陶太后（即傅太后）不过是藩国太后，怎么配跟至尊的太皇太后并排而坐？"随后撤下原来的帷帐，重新安排座位。

傅太后得知此事后，勃然大怒，拒绝参加此次宴会。这次是王氏与傅氏外戚的直接交锋，王莽展现了有别于后世"王莽谦恭未篡时"的形象，也是他难得显露原形的一幕。

王莽是王政君的侄子，由于其父王曼早逝，王莽从小成了孤儿，没能赶上封侯赐爵的好时候，他的家境也就不能跟他叔伯家的相比，他年少时也不及他堂兄弟们那般显贵。

　　与王氏五侯的儿孙们奢侈纵欲不同的是，王莽在成长过程中始终保持谦恭、简朴的生活习惯，坚持勤奋求学，平日里像是一个普通儒生，读书之余还回家尽孝，用心侍奉母亲。后来，王莽在家中为儿子举办婚礼，忽然听到母亲发病的消息，赶紧询问医生该服什么药，并多次离席去侍奉母亲服药。

　　王政君可怜这个身世凄苦的侄子，有时派人将王莽的母亲接来宫中居住，而王莽的叔伯们也很看好这个才能出众的侄子。

　　在对待家族中地位显赫的几位叔伯时，王莽也是礼敬有加。在大司马王凤病重时，王莽在他床前悉心照料，亲自尝药，忙得蓬头垢面，一连几个月都没有洗澡。

　　王凤在临终前留下遗言，把王莽推荐给了汉成帝。之后，王莽跻身朝堂，他的父亲王曼也被追封为侯，王莽因此得到新都侯的封号。王莽三十八岁那年，继四位叔父、伯父成为辅政大臣，官拜大司马。

　　汉哀帝即位之初，王莽在朝中维持着王氏的权势，同时为保持谦让的作风，一度上书请求辞官。当然，汉哀帝不会轻易放走王莽，只因王氏一族颇具威望，而王莽又是天下皆知的贤人，于是汉哀帝下诏，表示要与王莽一同治理国家（"诚嘉与君同心合意"）。

　　在汉哀帝与王政君的支持下，王莽继续担任大司马职位，直到那场惹怒傅太后的宴会。之后，王莽再度请求辞官。

　　见新的外戚势力来势汹汹，新君汉哀帝跟王氏没有血缘关系，王莽察觉到了时代的变化，外戚的地位势必重新洗牌。这一次，汉哀帝果然同意了王莽的辞官，并给予了其极高的退休待遇，赐黄金五百斤、安车驷马等，即便王莽不在朝中，地位仍等同于三公。

王莽带着新都侯的印绶，体面地离开长安，前往封地。一路上，有地方官来求见王莽，但他谁也不见，到达封地后也经常闭门谢客。

世人再度听到王莽的消息，是因为王莽的次子王获自杀了，起因是王获杀死了一个奴婢。

西汉末年，大量失去土地的农民沦为奴婢。虽说奴婢缺乏人身自由，地位低下，但达官贵人也不能轻易处死奴婢，否则轻则遭受舆论指责，重则被论罪处罚。

特别是在奉行儒家学说的王莽眼中，奴婢是不能杀的，因为"仁者爱人"，对奴婢生命的尊重程度，可以体现一个人德行的高低。

无论王莽心中是否真的存在这个信条，但他至少会表现出重视德行的样子，这是他日后复出的秘密武器。

王获杀害奴婢后，王莽并没有将他送至司法部门审问。王获在受到父亲严厉责骂后，被逼自杀。

王莽的"贤德"进一步得到称颂，王莽被贬时，"天下多冤王氏者"，王莽在新都三年，上书为其鸣冤的数以百计。

王氏复兴的希望仍在，更何况太皇太后王政君仍健在，她在宫中的地位无人可以撼动。

傅太后虽然嚣张跋扈，但傅、丁两家并没有像王氏一样干政，汉哀帝也没有赋予两家过多权力，尤其是在汉哀帝的生母丁太后、祖母傅太后去世后，傅、丁两家与权力中心渐行渐远。

汉哀帝在位期间，皇权占了上风，外戚权臣受到了打击。但此时，一个背负骂名的宠臣登上了历史舞台。

4.断袖之癖背后的政治斗争

有一天午后,汉哀帝从睡梦中醒来,身边躺着他的男宠董贤。董贤侧身睡着,压住了汉哀帝的袖子,哀帝想起身,却怕惊动了董贤,于是抽出剑,把袖子割断了再起床。此即"断袖之癖"的典故由来。

一般认为,董贤是汉哀帝的同性爱人。史书还记载了汉哀帝的其他"性变态"行为,他不仅与董贤昼夜厮混,还把董贤的妻子和妹妹召进宫,旦夕并侍左右。

汉哀帝的异常行为,可能与他的身体状况有关。《汉书》记载,哀帝"即位痿痹,末年浸剧",所谓"痿痹",表现为"两足不能相过",也许会影响生殖功能,这一点从汉哀帝无后可以得到证明。

董贤得宠后,每次得到的赏赐数以万计,汉哀帝还赐予其权力,任命他为大司马,也就是王莽之前担任的官职。

史载,建平二年(公元前5年),董贤被任命为大司马前几年,定襄郡出现了一只三条腿的马。马是重要的战略物资,三条腿的马难以上战场,这可以解读为:有一个不堪重任的人跃居高位,当上了大司马。

事出反常,必有妖异,这种怪谈符合儒家的灾异说。

年方弱冠的董贤显然不是治国理政的人才,但汉哀帝不在乎。

董贤的到来,让汉哀帝的生活变得日渐奢靡。汉哀帝完全不顾限田的规定,下令赏赐董贤二千余顷土地;派遣使者护送董贤去集市上购买奢侈品,一路上百商震动,路人喧哗,群臣为之惶恐;董贤在皇家园林上林苑中兴建豪华别墅,引用渠水灌溉,所用器具甚至超过皇家宗庙的规格。

鲍宣那篇著名的"七亡七死"奏章便是作于此时,在文章的后面,鲍宣直言:"天下,乃皇天之天下,陛下贵为天子,也是黎民百姓的父母,为何只供养外戚和弄臣,赐予他们过万的赏赐,使他们的仆人、门客把酒当成水、把肉当成菜叶那样挥霍,大大小小的奴才都成了富翁,这不是上天的本意吧!"鲍宣的措辞十分激烈,汉哀帝看在他是知名学者的分上,才没有痛下杀手。

丞相王嘉也上书劝谏,说汉哀帝对董贤的宠爱是"爱之适足以害之"——爱得太过火,只会害了他。

傅太后去世后,汉哀帝假托傅太后的遗诏,要对董贤进一步赏赐,赐予其三块封地,增加采邑两千户。王嘉看到后,把诏书封起来退还,抗旨不遵。

于是,汉哀帝找了个罪名,将丞相王嘉投入监狱。王嘉在狱中遭受狱卒审问、羞辱,仰天长啸,说:"我有幸能担任宰相,却不能推举贤能,罢免奸佞,所以我有负国之罪,死有余辜!"

狱卒问他:"那谁是贤能,谁是奸佞啊?"

王嘉说:"贤能有前丞相孔光、前大司空何武,我当初没有举荐他们;奸佞是董贤父子,他们祸乱朝政,我不能罢黜他们,因此我罪当死,死无所恨。"王嘉在狱中被囚禁、绝食二十多天后,吐血而死。

而汉哀帝对董贤的宠爱,其实并不简单。

有一次,汉哀帝在未央宫宴饮,酒后对董贤说:"吾欲法尧禅舜,何如?"

汉哀帝宠信董贤,或许是"再受命"的又一次试验,他是把董贤当成接班人培养的,所以他说想要效仿尧舜禅让,把皇位传给董贤。

此前,汉哀帝已经做出过类似的暗示,他在任命董贤为大司马的诏书中写着"允执其中",这是传说中尧让位于舜时说的话。

对于汉哀帝的言论,群臣大为震惊,已然衰落的王氏家族率先表示反对。王莽的堂弟王闳上前进言道:"天下,是高皇帝(刘邦)的天下，并非陛下所有。陛下继承宗庙，应当传位给子孙后代。统治国家的大业至关重要，天子无戏言。"

汉哀帝沉默了，左右大臣也都表现得很惊恐，后来恼怒的哀帝下令将王闳赶出宫去。王太后向汉哀帝求情，而哀帝也认为王闳年少志强，才没有进一步处罚他。

汉哀帝刘欣可谓个性十足，他在位时打击权势熏天的外戚，有意推行限田、限奴婢的改革，还闹出了"再受命"的事件。这么一番折腾也没能挽回西汉的国运。

元寿二年（公元前1年），年仅二十五岁的汉哀帝驾崩（公元前25—前1年）。在汉哀帝去世前，董贤随侍左右，汉哀帝将传国玉玺交给他，并嘱咐道："不要轻易交给别人。"由此可见，汉哀帝对董贤信任有加，甚至有意托付后事。

董贤却是烂泥扶不上墙，又或许是他实在太年轻了，汉哀帝尚未将他培养成合格的接班人。董贤还没来得及封锁消息，汉哀帝晏驾的风声就传到了未央宫外。王莽赶紧将此事告诉他那位身居长乐宫的姑妈——太皇太后王政君。

自从汉哀帝即位，王政君便和王氏家族进入了漫长的蛰伏期。

绝地反击的时刻到了。此前一年，王莽凭借着自己积攒的声誉，被召回京城，理由是照顾已经年迈的王政君，虽然他尚未官复原职。

王太后听闻汉哀帝驾崩的消息，立即召见当时仍担任大司马的董贤，询问他对汉哀帝丧事的安排。董贤一时慌乱，答不上来，只好摘下官帽谢罪。

王太后乘机说："新都侯王莽曾以大司马的身份处理过先帝（汉成帝）的丧事，我命他辅佐你吧。"

董贤这个"傻白甜"竟然叩头说："幸甚！"

王政君急召王莽入宫,并下诏宫廷禁卫军归王莽掌管。王莽一入宫,便发动政变,指使尚书弹劾董贤,说他身为重臣,在哀帝病重时没有亲自侍奉汤药,因此应为皇帝驾崩负责任,并被禁止再入皇宫。

董贤吓傻了,脱下官服,光着脚跑到宫门外,向王家求饶。王莽拿着太皇太后的诏书,在宫门外当众罢免了董贤,诏书说:"董贤年纪轻轻,还没有经历过大事,当大司马不合民意,就此收回印信、绶带,罢免官职,遣返回家。"

董贤回到家当天就与妻子自杀,他家里的人惊慌失措,连夜将董贤草草埋葬。王莽怀疑董贤假死,就让人将董贤的棺材抬出来,开棺验尸。

长安城的百姓看热闹不嫌事大,听说董贤倒台后,纷纷拥入他家,假装哭丧,实际上是企图趁机偷些东西。后来,朝廷变卖汉哀帝生前赏给董贤的财产,共计四十三亿钱。

树倒猢狲散。董贤的亲信中只有一个叫朱诩的小吏不忘旧恩,他弹劾自己,辞去在大司马府的职务,随后购买棺木、寿衣,找到董贤的尸身,将其安葬。

一向善于伪装的王莽此刻却露出了贪图权力的獠牙,他没有放过忠心护主的朱诩,而是借其他罪名,将朱诩处死。

5.王莽的崛起

一场宫廷政变过后,江山依然姓刘,但由于汉成帝、汉哀帝无后,王政君与王莽商量,从汉成帝的弟弟中山王一支中选择年幼的继承人。

于是,中山王刘兴的儿子刘箕子被立为皇帝,并改名为刘衎(kàn),

是为汉平帝。中山王刘兴当年因为背不出文章、忘记系袜带而错失皇位，不承想他儿子还是当上了皇帝。

王莽重任大司马掌管朝政后，开始毫不留情地打击其对手。

他上奏请求取消汉哀帝的祖母傅太后、母亲丁氏的尊号，还挖出她们的棺材后改葬。王氏重回朝堂，不仅要扳倒丁、傅两家，还要杜绝其他外戚集团争权。于是，王莽将前朝皇后废为庶人，并逼其自杀，其中包括汉成帝的皇后赵飞燕、汉哀帝的皇后傅氏（傅太后堂弟之女），还下令不准汉平帝之母卫氏进京。

汉平帝即位时年仅九岁，由此朝政大权落入王莽手中，王氏取得了一家独大的地位，顺从王莽的人就能得到提拔，不满王莽的人就会遭到诛杀（"顺莽者拔擢，忤恨者诛灭"）。

即便是王莽的儿子也不能忤逆他。王莽下令隔绝汉平帝与外戚卫氏的联系，王莽的长子王宇极力反对，认为平帝年长后，一定会报复王氏，于是想暗中帮助卫氏，甚至制造灾异来恐吓王莽。

王莽得知此事后，将王宇逮捕入狱，用毒酒赐死了王宇。当时，王宇的妻子尚有身孕，也被投入监狱，在生下孩子后被杀。

王莽再一次害死了自己的儿子，上一次是为了伪装，这一次是为了擅权。

王莽利用这一事件，罗织罪名，大肆屠杀卫氏家族，只留下汉平帝的母亲卫姬一人。

王莽是一个偏执到近乎病态的人，但在西汉末年却能得"民心"，更准确地说是得到儒家士大夫的拥戴。

这要从多年前汉宣帝与太子刘奭的一次对话说起。当时，刘奭看到大臣因言获罪被杀，就对宣帝说："陛下持刑太深，宜用儒生。"

汉宣帝听后不以为然，正色道："汉家自有制度，本以霸王道杂之,奈何纯任德教,用周政乎!"

汉家的政治精神是"杂霸""儒表法里":一方面要以儒家学说修饰于外,实行德治,推崇礼制,打造一个太平盛世;另一方面又要用刑名之学治国,尊君卑臣,崇上抑下,谁不听话就惩治谁。

但太子刘奭更推崇儒家的王道。自他即位后,汉儒进一步掌握舆论,走向极端,甚至掀起了"奉天法古"的巨大浪潮,影响了西汉末年的政局。这也许就是汉宣帝当年说的:"乱我家者,太子也!"

无论是汉哀帝的"再受命",还是后来的王莽改制,背后都是这一股"崇尚古制"的思想潮流。

王莽本就是个儒生,所以他明确地推崇儒家,自年轻时就宣扬道德,奉行儒家的价值观。因此,王莽在执政后得到了大部分儒者的支持。

蜀地学者扬雄听说王莽辅政,在《法言》中称赞道:"周公以来,未有汉公之懿也。"

汉公,即安汉公。汉平帝即位后,群臣纷纷上奏称颂王莽,认为他有安定宗庙的功劳,与周公同功同德,请朝廷封王莽为安汉公,"上应古制,下准行事,以顺天心"。

王莽接受了安汉公的封号,但拒绝了汉朝给他的其他赏赐,他说:"愿须百姓家给,然后加赏。"意思是等到天下家家户户都富足的时候,再给他封赏吧!王莽的谦让,让他赢得了空前的拥护,成为天下的道德模范。

得到安汉公的封号后,王莽处处效仿周公,其党羽也为其营造出四夷宾服、祥瑞四起的"盛世景象"。

汉平帝元始元年(公元1年),来自偏远之地的蛮夷越裳氏进京朝贡,献上一只白雉。据文献记载,越裳氏上一次到中原进贡,还要追溯到周成王在位时，即周公辅政时期。那一次，他们也向周公进献了一只白雉。

周公问越裳氏的使者："我有什么资格接受你们的礼物呢？"

越裳氏的人答道："我们族里的老人说，三年风调雨顺，海不扬波，是因为中原出了圣人。于是，我们就来了。"

后世考证越裳氏在今越南、老挝一带，且不说西汉末年的这个越裳氏与千年前朝见周王朝的那个越裳氏是否相同，他们进献白雉的行为恰好符合当时谶纬中所说的："王者德泽，旁流四表，则白雉见。"白雉出现，寓意王者的德行流布四夷，这有利于王莽的摄政。

王莽一步步走向权力之巅，又默许属下上奏，请求为他加封特地发明的新官职——宰衡，表明王莽的地位在三公之上，他是政府首脑。之后，王莽又有了"加九锡"的政治待遇，这意味着他可以合法使用一些与天子同等的礼仪。与此同时，王莽手下的一帮儒生走出长安，前往各地，为其收集代表祥瑞的歌谣与谶语。

王莽对周公居摄的效仿，到元始五年（公元5年）达到高潮。这一年，一个叫刘庆的宗室向朝廷上奏，率先向王莽献媚，说"宜令安汉公行天子事，如周公"。

然而，并非所有儒生都盲目崇拜王莽。学者梅福经常上书言政，但他只当过县尉之类的小官，话语影响力较弱。他认为，王莽的伪饰是为了篡汉，并不符合儒家思想，于是辞官归隐，连妻儿也不知道他的下落。直到多年后，有人称在吴越之地看见了梅福，那时他已改换姓名，在会稽的市场当一名"保安"。

6.始于神学,终于神学

正当称颂王莽的奏章如雪片般飞到京城长安时,元始五年年末,十四岁的汉平帝刘衎离奇去世。汉平帝和前两任皇帝一样,没有留下子嗣。

关于汉平帝的死因,自古众说纷纭。据唐代的学者颜师古考证,汉平帝一直怨恨王莽屠杀母后卫氏一族,随着年龄渐长有了夺回权力的想法,因此王莽在腊月进献例行的椒酒时在酒里下毒,赶在汉平帝亲政前毒杀了他。

颜师古的推理看似合理,王莽也有明确的动机,但缺乏证据,无法证明王莽有弑君之举。

汉平帝极有可能是因疾病发作死亡。在长达五年的傀儡生涯中,汉平帝的身体一直不好,每次情绪激动就喘不上气,类似于得了哮喘病,史书中说他"每疾一发,气辄上逆,害于言语"。

但作为辅政大臣的王莽还是要表现出悲痛的样子,他下令朝中俸禄有六百石以上的官员都要为汉平帝服丧三年。

这是王莽篡汉的关键时机。汉平帝驾崩后,王莽在宗室中选出广戚侯之子刘婴为太子,史称"孺子婴"。刘婴在四岁之前作为西汉的皇太子遭到软禁,长达三年,王莽禁止任何人与他接触,这导致刘婴连话都不会说,长大后不识六畜,如同痴呆。他终究是一个永远无法即位的太子。

孺子婴被迫当太子的三年间,王莽改元居摄,当上了"假皇帝"。居摄元年(公元6年),王莽以天子之礼祭祀天地,他代表汉室接受了"天命"。之后,尽管有宗室刘崇、东郡太守翟义发动的起义,但没有撼动王莽的统治。

王莽距离皇位只有一步之遥。此时，各地人马也竞相上报"祥瑞"，为王莽篡汉造势。

一个叫辛当的亭长声称自己一连做了好几个梦，梦中有一人自称是上天的使者，这个使者说："摄皇帝当为真。"

没有人在意这个梦是不是凭空捏造的，因为梦本身就是虚构的。

在辛当的梦话出现之后，更神奇的异象出现了。有个黄衣使者来到汉高祖的宗庙，留下两个铜匮，其中一个里面有画着尧后火德、舜后土德的五德终始图，另一个里面有谶语，强调王莽篡汉的合法性："高帝承天命，以国传新皇帝。"

初始元年（公元8年）十一月，王莽派人入宫，觐见年近八旬的王政君，向姑妈索要传国玉玺，而不久前，王莽还假惺惺地承诺将来要还政于孺子婴。

王政君告诉王莽的使者，她不会同意汉家禅位。她是王氏的长辈，也是大汉的太皇太后，她不能让汉室江山在她的手中终结。这个执掌后宫数十年的女子，一手造就了王氏的专权，但到这一刻却放不下汉朝太皇太后的身份。后世史家用一个今天看来不太政治正确的评价形容王政君之举，"妇人之仁"。

王政君当面怒斥前来索要玉玺的使者。对方接受王政君的训斥，沉默许久后说："臣等无话可说，但一定要拿到传国玉玺，您到死也不愿交出来吗？"这句话明显是在威胁王政君。

于是，王政君只好取出传国玉玺，愤怒地砸到地上，交给王莽的部下。据说，王政君投玉玺于地，使传国玉玺碎了一角。

同年十一月丁卯日，王莽受禅，宣告西汉灭亡。

西汉是中国古代唯一被"和平演变"的大一统王朝，从安汉公到皇帝，儒者王莽通过儒家天命观篡夺了皇位。他对王氏的世系进行追溯，认为王氏的祖先是舜，王氏代汉，恰好符合尧舜禅让的古制、汉祚已尽的传说。他也对儒家的"五德"系统进行了改造，自称是土德，汉为火德，依照五德相生相胜之说，土胜火，所以王氏应取代刘氏。

王莽开创的王朝，国号称为"新"。

他称帝后，针对当时的种种问题，进行了大刀阔斧的改革。新朝，似乎有万象更新的意思，但事实上，这个国号应是源自王莽在西汉时的封号——新都侯。

新都位于南阳郡，这一地区在两汉时期文化鼎盛、经济繁荣，出了不少名人。当时，南阳有一个家境没落的汉室宗亲，他性情豪爽，经常藏匿亡命之徒，在新朝建立后，他曾前往长安，入读太学。

这名年轻的儒生，将在多年后恢复汉朝刘氏的统治，也将西汉末年以来儒家的谶纬神学提升到新的高度，他便是日后的汉光武帝刘秀。

王莽当然不会去关注一个默默无闻的读书人，此时，他将投身于一场轰轰烈烈而又注定失败的改制之中。

西汉已灭，但时代的熊熊烈火才刚刚升腾而起。

东汉谢幕：
钝刀子割肉，四百年帝国沦亡史

外戚与宦官轮流登台唱戏的东汉帝国，本质上是一个豪族社会。当时，在朝的士族与在野的地方豪强势力，是控制帝国核心的隐秘力量，而为了反击和伸张皇权，帝王就开始轮流采用外戚和宦官这两颗毒丸来反攻夺权。

结果玩着玩着就出事了，民间力量黄巾军首先引发战乱，随后各路军阀并起，逐鹿中原。曹操只是后来多个军阀共存时代的开篇者，不是终结者。

建安元年（公元196年），十六岁的汉献帝辗转回到了洛阳。

眼前的皇城景色极为荒凉。野草已经成为这座城市的主人，四处蛮横地生长。透过残破的砖瓦依稀可见宫殿的影子，为数不多可以住人的房子里面空空荡荡。偶然间还能发现尸体，都是跟随他奔波至此的汉室臣子。身上有血迹的，是被强盗杀害的；身上没有血迹的，是被活活饿死的。

这就是汉献帝的处境：一座沦为废墟的帝都，以及一个忍饥挨饿的朝廷。

事实上，当六年前董卓胁迫东汉朝廷从洛阳迁都至长安的时候，东汉王朝就已经走向了末日。对汉献帝来说，那是一段更为惨烈的记忆：陷入火海的洛阳，像牛羊一样被驱赶的百姓，沉默无语的公卿大臣，还有漫山遍野散发着恶臭的尸体……

汉献帝来到长安之后，大臣王允利用并州军阀吕布杀了董卓。可是董卓死了，还有李傕、郭汜，还有张济、樊稠，还有数不清的大大小小的军阀。他们相互算计又相互妥协，长期争执不下，把长安也拖入炼狱之中。史载，当时长安城中"人相食啖，白骨委积，尸秽满路"，汉献帝曾向李傕讨要五斛米和五具牛骨让左右侍臣果腹，而李傕只给了一些腐臭的牛骨和粮食，这些东西根本不能食用。

一直到兴平二年（公元195年），汉献帝才获得了逃离魔窟长安的机会。在杨奉、杨定、董承等将军的"护送"下，汉献帝的车驾离开长安，东归洛阳。李傕、郭汜很快反悔了，立马追了上来，双方在弘农（今河南灵宝北）一带交战，朝廷官员死伤无数，汉献帝仓促逃到了河东的安邑（今山西夏县西北）。

杨奉本是黄巾军白波一支的渠帅，乃是并州的"山贼"。白波这支劲旅曾经大败董卓手下的大将牛辅，这足以证明，他们并不怵凉州（今甘肃张家川）的军事力量。杨奉应该是来自并州当地的豪族，见天下大乱，趁机起兵造反，积攒政治资本。他先归附于李傕，备受恩宠，但还是"不肯尽力"，眼见时机成熟，便背叛李傕，助汉献帝东归。一开始，李傕占了上风，但杨奉一看他们到了并州，立马叫来了曾经的兄弟——"白波帅"李乐、韩暹、胡才等人，众人兵合一处，暂时击退了李傕。

　　这就是汉献帝这六年经历的缩影：才出龙潭，又入虎穴。细数汉献帝身边的"贵人"，要么是凉州的军阀，要么是并州的豪帅，尽是不知礼义、以武逞凶的恶人。悲哀的是，若没有这些恶人，只怕他早就成为路边的一具野尸，被豺狼、秃鹫啃食干净了。在汉献帝心中，他恐怕无比希望有一个知礼义、守臣节的士大夫带着一支王师来拯救他，所以他给两个人发出了求救的信号，一个是曹操，一个是袁绍。

　　从长安到洛阳，跋涉了整整一年的汉献帝暂时得到了喘息的机会。

　　他在与公卿大臣会见之时，总能看见驻守在外的士兵脸上挂着嘲弄的笑意，听见他们不加掩饰的喧闹声。在这些僭越的目光中，任何东西都褪去了神圣的外衣：所谓皇帝，不过是一个故作镇定的年轻人；所谓皇权，就是军阀们的玩物。

　　汉室天子，在这样一个世界里，究竟意味着什么？

1.遗失在外的神器

汉献帝到达洛阳之时，曾经为了抗衡董卓而形成的关东联盟早已四分五裂，新格局是群雄割据，相互兼并：袁绍占冀州，实力最为强大；曹操占兖州；刘表占荆州；袁术据淮南；孙策据江东；张济、张绣据南阳……

天子孤零零地待在洛阳，身边只有一支难成气候的"白波贼"，比当年兵强马壮的董卓一支要弱上不少。汉室的"神器"就这样赤裸地暴露在诸侯面前，但却乏人问津，最终只有曹操一人占得了先机。

其实，迎献帝或者说"挟天子"的主张，很早就出现了。初平二年（公元191年），袁绍初到冀州，沮授就劝袁绍："横大河之北，合四州之地，收英雄之才，拥百万之众，迎大驾于西京，复宗庙于洛邑，号令天下，以讨未复。"这个战略相当高明，先占据冀、并、青、幽四州，取得争天下的资本，再迎驾献帝，以汉室之名义讨伐异己。

当汉献帝流离至安邑时，沮授再次向袁绍劝谏道："且今州城粗定，宜迎大驾，安宫邺都，挟天子而令诸侯，蓄士马以讨不庭，谁能御之！"然而，袁绍却迟疑了。

袁绍帐下的郭图、淳于琼进言道："汉室陵迟，为日久矣，今欲兴之，不亦难乎？……所谓秦失其鹿，先得者王。今迎天子，动辄表闻，从之则权轻，违之则拒命，非计之善者也。"他们认为，汉室衰败已久，不可复兴，迎驾献帝反而会自缚手脚，倘若皇帝下旨，奉旨就是让权，不奉旨就是违命，不如直接撇开皇帝而自立，还能省去不少麻烦。

见袁绍动摇，沮授只能警告道："若不早定，必有先之者焉。夫权不失机，功不厌速，愿其图之。"然而，袁绍内心对帝位的渴望还是压倒了理智，没有听从沮授的忠告。

与袁绍相比，曹操便果决得多。初平三年（公元192年），毛玠向曹操建议："夫兵义者胜，守位以财，宜奉天子以令不臣，修耕植，畜军资，如此则霸王之业可成也。"曹操"敬纳其言"，虽然当时曹操的羽翼不够丰满，但他早就有成为东汉政坛实权人物的野心。

建安元年（公元196年），荀彧向曹操提出迎献帝的主张："诚因此时，奉主上以从人望，大顺也；秉至公以服天下，大略也；扶弘义以致英俊，大德也。四方虽有逆节，其何能为？韩暹、杨奉，安足恤哉！若不时定，使豪杰生心，后虽为虑，亦无及矣。"随后，曹操便决定亲自迎接汉献帝。

在曹操迎汉献帝之后，袁绍才意识到问题的严重性，他借口许都（今河南许昌东）低洼、潮湿，要求曹操将朝廷迁到邻近冀州的鄄城，曹操自然不可能同意。

袁绍出身"四世三公"的汝南袁氏，拥有雄厚的政治资本，而他也努力经营士人领袖的身份，活跃于东汉政坛。他曾联合外戚何进诛杀宦官，后来成为关东联盟的盟主，与各路诸侯共讨董卓。有如此显赫的家世，又有卓越的政绩，袁绍看着董卓之辈玩弄皇权，心里自然会产生疑问：东汉皇室已是苟延残喘，天子还有那么重要吗？

他的弟弟袁术则更加沉不住气，仅仅占据了淮南一隅之地，便公然僭越称帝。袁术声称："今刘氏微弱，海内鼎沸，吾家四世公辅，百姓所归，欲应天顺民。"这番话又何尝不是袁绍的心思？只不过，此举招来一片嘘声，几乎所有人都愤怒了，成为众矢之的的袁术也很快走入穷途末路。

袁术无奈归帝号于袁绍："袁氏受命当王，符瑞炳然，今君拥有四州，民户百万，以强则无与比大，论德则无与比高。"袁绍看到袁术的下场，自然不可能贸然称帝。后来，袁绍灭公孙瓒，有四州之地，拥兵数十万，称帝之心才再一次生出。主簿耿包看出了袁绍的心思，秘密上书道："宜应天人，称尊号。"袁绍将这封信公示手下，试探众人的想法。结果属下全都反对，要求诛杀耿包。袁绍不得已，只能杀掉耿包以自证清白。

袁绍兄弟的失败证明了一件事：称帝自立的路，明显是走不下去的。

这是汉末一个极为怪异的现象：一方面人人割据一方，无视皇权；另一方面，所有公开不臣之心的人，都如同陷入泥沼之中，遭受来自四面八方的阻力，甚至包括自己人的。这些割据一方之徒，大者身死族灭，小者丧失人心。倒是东汉朝廷总能吊着一口气，衰而不亡。

2.营救汉献帝

曹操与袁绍的差距，并非只在是否迎汉献帝这个选择上。事实上，曹操的布局很早之前就已经开始了。

初平三年（公元192年），在兖州上任之后，曹操就派遣心腹王必来到长安，以获得东汉朝廷的承认。王必是曹操的创业之臣，"忠能勤事，心如铁石，国之良吏也"，是一个当密探的好料子。而他的确负有一项秘密任务：联系汉献帝的侍臣，以探听长安的虚实。

虽然汉献帝形同虚设，但他的身边依然风云涌动。皇帝的侍臣之中，有被军阀安插进来的，有主动投靠军阀的，还有忠于国事、寻求破局的。侍臣与军阀的结交与合谋，左右着东汉朝廷的走向。这一段故事就像风声，不见其形，只在零星的文字记载中显露其痕迹。

王必的联系对象是黄门侍郎丁冲，很可能还有钟繇。丁冲是曹操的友人，出身谯沛丁氏，和曹操有乡党联姻的关系。钟繇则是曹操重要的谋士荀彧的乡党旧交，他对李傕不满，便想要联系外面的军阀，刚好曹操也要寻一个内应，双方结成联盟是极有可能的。

当时，李傕不想承认曹操占有兖州的事实，准备扣押王必。而钟繇立马劝道，关东诸侯都自行其是，只有曹操还心系汉室，如果他们拒绝他的好意，以后谁还会来长安投诚。李傕最终被说服，浑然不知他眼皮底下被人安插了内应。

兴平二年（公元195年），曹操击败吕布，取得兖州绝对的统治权。没过多久，千里之外的长安就"碰巧"发生了政变。钟繇和丁冲策反了李傕的部下杨奉，三人合谋刺杀李傕，可惜事情败露，杨奉只能率手下的白波军叛变，最后护送汉献帝，东归洛阳。

曹操要控制汉献帝，就一定要除掉李傕。最好的办法便是像王允杀董卓一样，利用凉州军阀的内部矛盾达到兵不血刃的目的。虽然这次策反行动并没有成功，但汉献帝却趁乱成功逃离长安，离曹操更近了。这时，丁冲写信给曹操："足下平生常喟然有匡佐之志，今其时矣。"汉献帝已入囊中，曹操想要匡扶汉室，现在是最好的时机。

不过曹操还有一个小小的麻烦——"白波贼"。

谋士董昭代曹操写了一封信给杨奉，信中把杨奉捧上了天，称其"翼佐之功，超世无畴"，并且言辞恭敬地提议："将军当为内主，吾为外援。今吾有粮,将军有兵,有无相通,足以相济,死生契阔,相与共之。"董昭首先将杨奉推为内主,表示曹操无心染指汉献帝,以消除杨奉的警惕,然后以粮草相诱,迫使杨奉钻入圈套。

洛阳已是一片废墟,汉献帝都到了忍饥挨饿的地步,白波军的状态必然不好。急需粮草的杨奉大开空门,将曹操放了进来,让其在洛阳朝见汉献帝。踌躇满志的地方割据者与窘迫的大汉天子终于迎来了会面,曹操当时唯一想做的就是把白波军踢出棋盘,将汉献帝据为己有。

曹操将董昭叫来,二人坐在一起。曹操问道:"如今我来到此地,应当如何做?"董昭说:"留在洛阳,极为不便,应当移驾于许。"曹操继续追问如何解决在旁边窥伺的杨奉。董昭不急不忙地说:"和杨奉说京都无粮,不如迁都于鲁阳。我们明面上去鲁阳,实则将天子迁往许县。杨奉无谋,必然上当。"曹操称善。

当天子的车驾移向许县,杨奉才知道他受骗了,可是此时汉献帝已经是曹操的囊中之物,白波军也在曹军的袭击下分崩离析。

至此,一个筹划数年的计划终于完整实施,东汉朝廷迁都许昌,汉献帝结束了他的漂泊生涯。建安时代的大幕拉开,汉献帝或许也会想起光武帝的身影,企盼着伟大的汉朝再一次迎来中兴,尽管身为傀儡的他此后并无机会。

3.鸠占鹊巢

曹操并不是什么保全汉室的善人。他费尽心力将汉献帝救出来,是为了利用汉室名号争霸天下,自然不可能放权;同时,他也不可能随心所欲,无视朝廷,这样就失去了控制汉献帝的意义。

巧妙的办法就是维持东汉朝廷的政治架构，并在其中给他自己找一个位置，尽可能剥夺汉献帝的权力，凸显他的地位，然后鸠占鹊巢。

自秦始皇称帝以来，君权与相权就是政坛之上绕不过去的问题。一个是天下至尊，一个是百官之首，二者时常爆发冲突，使得每个坐在龙椅上的人都要琢磨一件事：怎么削弱相权。一个办法是设置三公，将相权一分为三，东汉的三公是太尉、司徒、司空。另一个办法是用身边的近侍秘书暗中夺权，比如汉光武帝将军国大事交付给权力不高的尚书台，史书称之为"虽置三公，事归台阁"，高贵的地位和实际的权力分离，相权的处境就极为尴尬了。

如今局势变了，角色也变了，曹操继续走在前人的轨迹之上，只不过方向却是相反的。

曹操入洛后立即"录尚书事"，"又领司隶校尉"，获得了处理朝政的权力。汉献帝迁许后不久，太尉杨彪、司空张喜因病退休的事件又适时地发生了。曹操本来想谋求地位更高的大将军职位，但是袁绍不想位居曹操之下，于是曹操毫不犹豫地以"大将军让绍"，自己任司空。

实际上，两人都是割据的军阀，怎么会在意虚名。曹操可能是考虑他的名望和实力均不如袁绍，索性就大方让位，以缓和二人的关系。

担任司空之后，曹操拥有了属于他自己的司空府。他将大量人才罗致到自己府上，将司空府打造成一个规模庞大、职能齐全的相府，行使着本该属于公卿大臣的权力，俨然打造了一个小朝廷。可以说，此时几乎所有的军政大事都由司空府决定，东汉朝廷的作用是礼仪性质的，包括按照曹操的意思封赏下属或政敌，行宗庙之礼以证明汉室仍存，等等。

建安二年（公元197年），曹操准备讨伐张绣，临行前朝见汉献帝，汉献帝突然愤怒地说："你若真心辅助我，就厚待我一些，不然还是将我舍弃吧。"面对突然的诘问，曹操大惊失色，慌张地逃了出去。

事后，曹操依旧无法平复惊惧的心情。他明白，坐在龙椅上的年轻人并非一只温顺的绵羊，此后，曹操不再朝见天子，而是直接通过汉献帝的名义发号施令，象征性地上表请示。

除了张扬相权，曹操还要提防君权的复起。

东汉朝廷迁许之后，复杂的军事局势让曹操奔波于各个战场，他无法监视汉献帝的一举一动。他必须打造一个绝对忠于自己的尚书台，将汉献帝身边的近臣都换成他的人。

于是，他任命荀彧为侍中、守尚书令，钟繇为侍中、尚书仆射。二人都是曹操的心腹，肩上挑着掌管尚书台、监视朝廷的重担。"侍中"二字则意味着两人都要侍于献帝左右，防止皇帝集结反对力量。同时，皇帝的侍卫也都换成了曹家的乡党、姻亲。

留下的唯一隐患，就是追随汉献帝回到洛阳的董承。他是董卓的旧部，也是汉献帝的姬妾董贵人的父亲。由于他护送汉献帝入洛，两人的关系便越发密切，董承也从一个军阀变成了汉室的公卿大臣。建安五年（公元200年），董承联络一部分官员密谋诛杀曹操，可是事情败露，反被夷灭三族。

一张严密的大网笼罩在许都之上，汉献帝只能继续他名存实亡的皇帝生涯。

但对曹操来说，如此费尽心力营救、架空汉献帝，究竟是为了什么呢？

4.挟天子以令士大夫

一开始，曹操以汉献帝的名义授自己为大将军，封袁绍为太尉，袁绍知道后气得破口大骂："曹操当死数矣，我辄救存之，今乃背恩，挟天子以令我乎！"曹操这才改拜袁绍为大将军。

显然，袁绍并不服气，一是不满曹操掌握汉室实权，二是不屑于受天子的号令。

我们常说曹操"挟天子以令诸侯"，那么实际情况是这样吗？

不妨看看曹操挟持汉献帝到许都之后各地军阀的反应。建安二年（公元197年），南阳的张绣反了，还杀了曹操的长子曹昂。同一年，袁术称帝，压根没有把汉献帝当回事。建安四年（公元199年），袁绍派遣精兵十万，攻打许都。建安五年（公元200年），孙策谋划偷袭许都。曹操明明挟持了天子，却引来了各地军阀的围攻。

很明显，孱弱的汉献帝号令不了这些骄横跋扈的军阀，他只能获得一种人的拥戴：深受儒学影响、内心有坚定信念的士大夫。

虽然今人把汉分为东、西两汉，但在时人看来，汉朝是一个国祚绵延四百多年、历经二十多位皇帝的强盛王朝。天下姓刘的纲常伦理已化入风俗和记忆之中。

而且，自汉武帝独尊儒术以来，"从道不从君"的士人心中牢牢烙下了忠义理念，将名节与操守注入知识分子的血液中。知识与信念的结合总能迸发出强大的力量，虽然汉室衰微，帝王之统不存，但是儒学之统仍在。对那些"以身载道"的士大夫来说，汉献帝代表着正统，代表着道与正义。他们可以为了心中的正义奋不顾身，正所谓"志士仁人，无求生以害仁，有杀身以成仁"。

当然，那些士大夫也并不完全是皇权的仆从。东汉末年，为了反抗皇帝个人生活圈里的宦官和外戚两大势力，士大夫们掀起了一场舆论运动，最后被宦官镇压下来，一群年轻的太学生被迫"禁锢终生"，史称"党锢之祸"。一个强大的外敌往往能够增强内部的凝聚力，令分散在各地的士大夫们有了统一的目标和紧密的组织，他们以"党人"的面貌出现在历史之中，余英时先生称这场舆论运动为"士大夫群体意识的觉醒"。

士大夫们成为一个自觉的阶层，大概就是在这个时候。

《三国志》记载了这么一个故事。一开始，曹操与袁绍一同起兵反抗董卓，袁绍问曹操："若事情不成，有什么退路呢？"曹操反问道："足下的打算是什么呢？"袁绍说："我向南据守黄河，向北阻击燕、代，兼并戎狄的兵力，向南争夺天下，大概可以成功吧。"

曹操则说："吾任天下之智力，以道御之，无所不可。"这里的道，恐怕指的就是儒家之道。袁绍在意的是地盘，曹操则更想抓住士大夫的心，二人的分野从一开始就已经注定了。

所以，曹操看中的并不是汉献帝本人，而是那些儒家的信徒，他们一般都是地主，有财，有人；具备相当的知识，有能力；拥有广大的人脉，有名望。与其说"挟天子以令诸侯"，倒不如说"挟天子以令士大夫"。

曹操早期的创业，基本依赖地方的豪族。一开始，陈留的卫兹以家财资助曹操，助他拉起了一支五千人的队伍。后来这些人在与徐荣作战时战死，曹操的族人曹洪又支援了几千人马。此后像李典、任峻、许褚之流，都是此类的。随着势力的扩张，曹操必须接纳士大夫们进入他的阵营，所以在荀彧放弃袁绍，投奔他的时候，他才会惊喜地说道："吾之子房（张良）也！"

荀彧是一个以匡扶汉室为己任的士人，当初他也曾建议曹操迎接献帝。他与曹操的关系不是单纯的依附性质的主仆关系，更像是士大夫与军阀进行政治合作的关系。他为曹操举荐了大量人才，这些士大夫构成了曹魏集团的上层骨干。

自天子入许之后，避乱、流浪、归隐的士大夫们如大雁归巢，纷纷来到曹操的帐下。如杜畿，"会天下乱，遂弃官客荆州，建安中乃还"。如徐奕，本来避难江东，受到孙策的礼遇，但在曹操成为司空之后，徐奕立马微服回到本郡，出任曹操的掾属。如刘馥，避乱扬州，于建安初年率族人谒见曹操。再如，"颍川杜袭、赵俨、繁钦避乱荆州，刘表俱待以宾礼……及曹操迎天子都许，俨谓钦曰：'曹镇东必能匡济华夏，吾知归矣！'遂还诣操，操以俨为朗陵长"。

官渡之战中也处处可见"挟天子"的影响。

建安四年（公元199年），官渡之战正在酝酿之中，田豫劝说渔阳太守鲜于辅："曹氏奉天子以令诸侯，终能定天下，宜早从之。"

曹操与袁绍在官渡僵持之时，刘表意欲举荆州以响应袁绍。桓阶却劝长沙太守张羡抗刘表而应曹操，桓阶认为曹操"奉王命而讨有罪，孰敢不服？今若举四郡保三江以待其来，而为之内应，不亦可乎"。

官渡之战本身就是一场实力悬殊的战役，而曹操还要顾及身后的孙策、刘表、刘备等人，局势简直就是千钧一发。田余庆在《秦汉魏晋史探微》中写道："在这个时候，曹操手里只有两张可用的牌，一张是官渡前线数量不多的士兵，一张是没有叛变的名士和豪强。"

士大夫们的归附、荀彧等人的出谋划策、各地士人对曹操的支持……这些都是"挟天子"的隐秘影响，一点一滴将曹操的劣势化作优势，促成最后的胜局。

建安十二年（公元207年），曹操统一北方，下令："吾起义兵诛暴乱，于今十九年，所征必克，岂吾功哉？乃贤士大夫之力也。"

5.忠贞与权变

官渡之战后，曹操的势力不断壮大，逐渐威胁到汉献帝的地位。

曹操阵营的许多士大夫都是冲着汉室的旗帜才归附的，事实上就存在着一个非常庞大的拥汉集团，而且汉献帝也不甘心做一个傀儡，想要拿回实权。这样一来就形成了一股以汉献帝为核心、以后妃和外戚为羽翼、以汉代忠臣等拥汉派为外围的力量。

汉献帝直接参与的夺权事件有两起：一是建安五年（公元200年）董承受密诏诛杀曹操；二是董氏父女死后，伏皇后要求其父伏完秘密铲除曹操。伏完直到建安十四年（公元209年）去世也不敢行动，但建安十九年（公元214年），事情还是泄露了，伏皇后被黜死，其兄弟皆死于非命。

曹操虽然轻而易举地解决了汉献帝夺权的事件，但并不代表他的威权可以覆盖每一个"空隙"。当相权不断膨胀之时，曾经为他所用的士大夫就会从助力变成阻力，以至于他长久都处于两线作战的困境，既要和各地军阀刀兵相见，又要提防后院起火。许昌就如同一个火炉，炙烤得曹操日夜不得安宁。稍有不慎，曹操将面对的就是灭顶之灾。

建安九年（公元204年），曹操攻破袁氏集团的老巢邺城（今河北临漳），平定河北，自领冀州牧。郭嘉向他建议道："多辟召青、冀、幽、并知名之士，渐臣使之，以为省事掾属。"曹操的司空府又引进了不少人才。邺城是冀州的治所，曹操索性直接留在这里，把司空府也搬到邺城。同时，他以强迫或者非强迫的方式不断向邺城迁移人口。史载"邺县甚大，一乡万数千户"，可以说是当时中国北方的第一大都市。

弃置许都，迁都邺城，是极高明的一招。从此，曹操远离拥汉派的聚集地，避免遭到突然的刺杀而导致全盘皆输。而许昌就像一个诱饵，吸附了绝大多数的敌对力量。曹操在许昌还设立了丞相府留府长史，留王必"典兵督许中事"，而王必正是当初出使长安的使者，心思缜密，忠心耿耿，是监视东汉朝廷的不二人选。

当然，并不是所有的士大夫都以匡扶汉家社稷为己任。

党锢之祸后，心怀理想的士大夫屡受打击，或被禁锢，或被诛杀，这样的现实改变了一部分人的精神状态。在残酷的现实面前，他们动摇了长久以来忠于汉室的观念，转而或者谋求自身的利益，或者随波逐流、明哲保身。

中平五年（公元188年），刘焉认为刺史权轻，不能镇压叛贼，向皇帝建议改刺史为州牧，加大地方官吏的权力。这纵容了地方割据，瓦解了东汉政权。他本人自求为益州牧，然后阴图异计，成为益州的实际掌控者。

像袁绍兄弟、刘表、公孙瓒乃至曹操，实际都算是刘焉的后继者，这些人身边聚拢了一批士大夫，如陈宫、高顺之于吕布，鲁肃、周瑜、张昭之于孙策，诸葛亮、庞统之于刘备，蒯良、蒯越之于刘表……唐长孺先生认为："大姓名士曾经是何进依靠的政治力量，也曾是董卓依靠的政治力量，而借讨伐董卓之名，乘机割据的又正是他们。"

很难说，东汉之亡究竟是因为外戚、宦官，还是因为那些饱受儒学教育的士大夫。

这些从忠于汉室的士人阶层中分化出来的知识分子，便是曹操积极争取的对象。曹操帐下的人才虽然不乏大族名士，但是不忠、不孝的才能之士也能得到任用。比较具有代表性的就是贾诩。

贾诩可谓智谋之士，先任职于凉州军阀，在董卓、李傕、郭汜之间左右逢源，之后投奔张绣，做军师，帮助张绣击退了曹操的多次进攻。后来，他审时度势，劝动张绣归曹，便心无旁骛地为曹操发挥智计，在官渡之战和平定马超、韩遂的战役中均有出色的发挥。建安十八年（公元213年）之后，贾诩倒向曹丕，对曹丕继承王位颇有助力。在他的旧交张绣受到曹丕羞辱而自杀时，贾诩并未出一言相救。

他的一生，可谓以智谋始，以智谋终，若是放到今天，他免不了被戴上"精致的利己主义者"的帽子。贾诩将他所有的智慧都用于如何维护身家性命与政治地位，为了个人生存，可以将一切社会道德抛掷一边，与那些将原则、道义摆在第一位的拥汉派士人表现得完全不同。

可以说，在曹操集团内部，新势力与旧势力、权变与忠贞之间的斗争十分激烈。

6.孔融之死

当然，曹操与拥汉派的对立并不是简单的忠奸之分。拥汉派确实手握那个时代最大的正义——忠诚，但是他们的正义与皇权却是冲突的。

翻阅《后汉书》，我们可以知道，党锢之祸并不是简单的宦官迫害忠臣的运动。东汉的宦官虽然的确要为腐败的吏治和昏暗的政治负责，但他们其实还有"一心王室，不事豪党"的一面，这里的豪党指的便是在地方呼风唤雨的士人。

在士人铺天盖地的对宦官专权的指责之中，其实隐隐指向宦官背后想要集权的皇帝。士人理想的政治是皇帝与士人共治，他们拥戴的君王是懂得体恤儒士的皇帝，如果皇帝不懂，那么定然是受到了身边人——外戚与宦官的蒙蔽。

仔细想来，外戚与宦官的确能控制年幼的皇帝，不过他们的权力来源于与皇帝亲密的关系。没有专制的皇权，就没有专制的外戚和宦官。

可是，对地方的名士来说，他们要兼并土地、培养私兵，侵夺的都是皇帝的利益。有这些名士在，皇帝只能面对每年越来越少的税收和压制不了的动乱。

君与士的分道扬镳，恐怕才是东汉王朝崩溃的主要原因。

这些士大夫的脑袋和屁股是分离的，他们在政坛是清高的、忠贞的，在地方则是反国家的、分裂的。因此很多名士给人的感觉是虚伪的，这其实是因为他们的脑中有两个"小人"在打架，一个是大族膨胀的欲望，另一个是儒家的自我抑制。欲望多些，就是刘焉之流；抑制多些，就是荀彧之流。

曹操挟天子以来，已经成为事实上的掌权者，他与拥汉派的斗争更像是两种意志、两条路线的冲突。

名士的路线更为保守，他们面对扭曲的国家形态，提倡用士的方式进行斗争——用礼来维持国家秩序。他们主张王道（以仁义治天下，以德服人），提倡道德（儒生的价值标准），提倡用贤（自己人），拥戴汉室皇帝（反权臣、反宦官、反外戚），反对兼并（体恤百姓以缓和矛盾）。

曹操的路线则符合实际，他想在真正的战场上战胜敌人，就必须要运用武力和权谋。他是霸道的，提倡刑法，提倡唯才是举，提倡集权。

两条路线的冲突在孔融身上体现得最为明显。孔融是个典型的名士，他乃孔子之后，饱读诗书，拥有非常高的名望。他曾出任北海相，但空有教化之功，却无法解决黄巾军叛乱，落得家破人亡。史家曾讥讽道："融负其高气，志在靖难，而才疏意广，迄无成功。"

为了寻求一处寄身之地，孔融看中了和汉室联为一体的曹操。曹操也需要一个名扬神州的士人为其政权背书，故十分乐意孔融的加入。只不过，一段蜜月期过后，孔融与曹操之间几乎达到针尖对麦芒的程度。

当时社会动乱，百姓犯事者多，曹操想要恢复肉刑、重典治国，孔融则站在儒家角度，坚决不同意。曹操想要杀杨彪，孔融提醒曹操注意其与名士的关系。曹操想与袁绍决战，孔融表示前景不乐观。曹操禁酒，以保障军粮，孔融上书调侃，表示不喝酒怎么成圣。曹操想进位为公，孔融提议遵古制，"不封建诸侯"。

对于曹操集团内某些不符合儒家道德的行为，孔融会不留情面地直接批评。比如当初曹操攻入邺城，袁家稍有姿色的女子全被曹操父子及其亲信大臣强占，孔融嘲讽道："武王伐纣，以妲己赐周公。"曹操一开始还没听懂，问他出自什么经典，孔融干脆挑明："以今度之，想当然耳。"

大到战略方针，小到政策施行，双方之间的冲突几乎是全方位的。由此，我们可以看出一方走的是道德主义的王道，一方走的是功利主义的霸道。当然，冲突最为关键的一点，是曹操僭越皇权，孔融则以匡扶汉室为己任。

可是，良知和嘴不能杀人，阴谋和刀才能。

后来，曹操暗地指使与孔融有私人恩怨的郗虑罢免孔融的官职。曹操还亲自作书，警告孔融："孤为人臣……破浮华交会之徒，计有余矣。"曹操已经透露出杀意。可是孔融是天下名士，怎么会知难而退？他立马写信予以反讽。建安十三年（公元208年），忍无可忍的曹操在精心罗织孔融之罪后，将他诛杀了。

在诸多的罪名中，有两条可谓别具匠心，一是孔融曾口出反汉室的谋逆之语；二是孔融曾言父母与子并无亲情。前者是不忠，后者是不孝。

一向以儒著称的孔融却背负了不忠、不孝之罪名，实在讽刺！

7.曹氏代汉

在孔融死之前，发生了一件大事。

曹操借故免去司徒赵温的官职，罢废三公，恢复丞相制，将分散到三公的权力集中到一人手里，相权更得尊荣。

建安十六年（公元211年），曹操一反孔融所说的"不封建诸侯"的提议，胁迫汉献帝封其子曹丕为五官中郎将，置官署，为副丞相，这表明曹操已经开始为其后人铺路了。两年之后，曹操以汉献帝的名义恢复古时的大冀州，扩大他直接控制的区域。同年，曹操进魏公，加九锡。

旧的皇权逐渐让位，新的皇权借着相权的外壳即将破土而出。

那时，赤壁之战才过去没几年，经历军事惨败后，曹操政治威望受到不小的打击。于是他对外长时间休兵，转而注重内部的镇压与安抚。

建安十七年（公元212年），曹操让汉献帝封他的三个儿子为王，许靖在蜀听闻这件事，不无感慨地说："'将欲歙之，必固张之；将欲取之，必固与之。'其孟德之谓乎！"许靖一语道破了曹操"胡萝卜加大棒"的用心。曹操还曾"进三女宪、节、华为夫人"，在伏皇后死后，立曹节为皇后。三女入宫加强了曹操对汉献帝的监控，皇帝的外戚与后宫再也不能兴风作浪了。

这段时间，曹操面临的最大阻力，来自他最重要的谋臣荀彧。

与只知空谈、狂放不羁的孔融不同，荀彧是一个比较务实的拥汉派名士。他自初平二年（公元191年）离开袁绍，投奔曹操以来，二十余年为曹操统一北方不遗余力，举荐了无数人才，其家族精英也都仕曹，又与曹操结为儿女亲家。作为曹操信任之人，他与曹操之间有很多理念和做法都是相通的，可是荀彧偏偏是个心怀汉室的士人，不忍看到汉室的覆亡。

当时，董昭等人为曹操封爵魏公、加九锡制造舆论，向荀彧咨询。荀彧则认为，曹操"本兴义兵以匡朝宁国，秉忠贞之诚，守退让之实；君子爱人以德，不宜如此"。荀彧的心思是要曹操做像周公一样的贤相，恢复汉室江山。

曹操知道之后，心不能平，但迫于荀彧功高望重，若随便罗织罪名诛杀国之重臣，很有可能招来士人的愤怒。于是，曹操采取"隐诛"的方式，在出征孙权时赐给荀彧毒药，使他饮药而亡。

在某种意义上，"隐诛"荀彧是一件对曹氏集团所有人都利好的事情。汉室衰微，即便吊着一口气，也再难复兴。曹操想要建立他自己的政权，这无可厚非；荀氏家族爬到如今的地位，也没有必要与曹操决一死战；年轻的颍川士人也想立下从龙之功，即便从小的教育告诉他们要忠君守节。

在荀彧死后数月，曹操假装辞让魏公之封的时候，荀彧的侄子荀攸已经站在劝进曹操之诸臣的首位，荀氏家族依然屹立在权力的潮头。曹操成为魏公之后，按照朝廷官制设置了尚书、侍中、六卿等职官，荀攸为尚书令，为魏国文臣第一。汉官基本转为了魏官。其他颍川士人如陈群、司马懿等也纷纷拥抱新的变化，再也不管所谓忠于汉室的大义。

建安二十一年（公元216年），曹操再升一级，晋爵为魏王，在所有的礼仪方面与皇帝享受同样的规格，并在次年立曹丕为魏太子。曹氏代刘氏已成定局。

随着曹操的野心日益显露，亲汉势力也准备做殊死一搏。建安二十三年（公元218年），蜀国的关羽在襄樊（今湖北襄阳）蠢蠢欲动，许都的金祎见状，企图联合关羽救已经三十八岁的汉献帝。金祎联合耿纪、韦晃、吉本等人，试图刺杀曹操委派的许都守将王必，夺取许都的军权，但这次兵变被王必平定了，汉献帝最后的希望也随之破灭。

建安二十四年（公元219年），曹操的大本营邺城也出事了。当时，名士魏讽交友广泛，号召了一群大臣的子侄作乱，包括破羌将军张绣之子张泉、侍中王粲之二子、大儒宋衷之子等。这足以证明，拥汉势力依然颇具规模。

曹操也变得谨慎起来，屠刀不敢轻易再下。在这次动乱中，魏讽是首犯，自然被灭族。而相国钟繇有用人不察之失，被免职。负责守备邺城的中尉杨俊，只是被贬为平原太守。很多谋反者的亲属，都得到了豁免。曹操对此感叹道："（魏）讽所以敢生乱心，以吾爪牙之臣无遏奸防谋者故也。"

汉室难移！曹操当初迎接献帝，不仅挟持了天子，也挟制了自己。其中得失，恐怕只有曹操本人才能知晓。

对于令汉献帝禅让皇位，曹操心存顾虑，所以当手下群臣纷纷劝他称帝时，他无奈地说："若天命在吾，吾为周文王矣。"他的意思是若天下终究归属曹家，那么他的政治地位终归也不会少了帝王的名号，因此他或许也反复迟疑，没有真正下手，实行最后的篡位手续。

建安二十五年（公元220年）正月，曹操逝世于洛阳，曹丕从邺城至洛阳继位丞相、魏王。同年十月，曹丕逼迫汉献帝"禅让"，至此，东汉正式灭亡，曹丕登台称帝。

在受禅仪式上，曹丕瞥见相国华歆、尚书令陈群面有不愉之色，心中如同堵了一块石头。曹丕问陈群："朕应天受命，卿何以不乐？"陈群回答："臣与华歆，服膺先朝，今虽欣圣化，犹义形于色。"意思是我虽然高兴看到新朝的建立，但是心里依然念着汉朝。

青龙二年（公元234年）三月，已经被贬为山阳公的汉献帝刘协去世。魏明帝曹叡变易朝服，率群臣痛哭，仿照汉朝的礼节大办丧事。汉献帝虽然生前郁郁不得志，死后倒是极尽哀荣。曹叡的意思是，汉献帝既然已死，就让汉朝在这场盛大的典礼中体面地死去，拥汉势力也该放下对新朝的敌意，拥抱新朝了。

经过深思熟虑之后，曹叡决定谥刘协为"孝献皇帝"。在古代，只有"聪明睿哲"之人才配称得上"献"字。汉献帝一生都过着傀儡般的生活，哪里"聪明睿哲"了？曹叡在诏书中写道："山阳公深识天禄永终之运，禅位文皇帝以顺天命。"禅让帝位，就是汉献帝的"聪明睿哲"之处。

谁能想到，汉献帝死后依然为曹家收服天下民心尽了最后一分力呢？！

蜀汉危局：
国之将亡，独木难支

在战与和、进与退之间，身处乱世的蜀汉可选择的余地其实很小，诸葛亮很早就看出了蜀汉的战略困境，小国寡民，在优胜劣汰的乱世中不进则退。

所以，从诸葛亮到姜维，他们都要穷尽资源多次北伐。后人对蜀汉的同情，不仅仅是后人受所谓正统观念的影响，还有对英雄九死无悔、知其不可为而为之的同情和感慨——同样是乱世中的弱者，但蜀汉活出了弱者的尊严。

诸葛亮去世十六年后，延熙十三年（公元250年），蜀汉仍在不遗余力地执行诸葛亮当年在隆中给刘备分析天下形势时制定的终极战略：北伐曹魏，统一中原。

此时，蜀汉的北伐主帅是"天水麒麟儿"姜维。作为诸葛亮的"迷弟"，这一年，姜维像往常一样开始了他主导的第五次北伐。

在出师陇西之前，他派人给羌人部落送信，邀请羌人与蜀汉军队一起行动，两面夹击曹魏势力。但由于双方鲜少合作，两军并未能迅速攻克魏国的重镇西平郡（今青海西宁）。

不过，对姜维而言，此战也并非毫无战果——在大军撤退之日，俘虏中有位自称是曹魏中郎将的西州男子郭脩（一名郭循），表示愿率手下投靠蜀汉。

说实话，在后诸葛亮时代还有人愿意投降蜀汉，简直是少见。可姜维并不疑心对方的身份，他将郭脩自战场上带回成都。蜀汉后主刘禅第一时间封郭脩为"左将军"，让其享受当年马超享有的待遇。

没有人意识到，郭脩的出现将让蜀汉走向万劫不复的深渊。

1.后诸葛亮时代的窘迫

"侍中、侍郎郭攸之,费祎、董允等,此皆良实,志虑忠纯",这是诸葛亮的《出师表》中的原话,相当于诸葛亮指定了自己身后的历任接班人。所以,自蒋琬、郭攸之、董允等良臣相继离世后,费祎就成了新一任接班人。

但与昔日六出祁山、星落五丈原的诸葛亮比,新任的大将军兼录尚书事费祎更热衷于种田。待蒋琬完全退出历史舞台后,大权在握的费祎便带着蜀汉的主力部队,移师汉中屯田,将朝中日常事务交由他一手提拔的尚书令陈祗处理。

费祎这样做,源于蜀汉先天的"贫穷落后"。有学者估算,在魏、蜀两国初建的黄初二年(公元221年),魏国有一百零三万户,六百八十二万人,约占三国总人口的百分之六十;蜀汉有二十万户,一百三十二万人,约占三国总人口的百分之十二。人口存量的巨大差距,让费祎颇为焦灼——要想实现先主刘备与诸葛亮的政治愿景,蜀汉就必须先让百姓吃饱穿暖,再增加人口,然后凭借充足的有生力量,以战养战,才有可能取得对魏作战的胜利。

然而,费祎的所作所为,同为录尚书事的卫将军姜维却不太认可。姜维首先对费祎的"代理人"陈祗持保留态度,认为此人私德有亏。

早在刘备时代，年及弱冠的陈祇就已闻名天下。后来，他受到费祎赏识，继董允之后升任侍中。当时，宦官黄皓在后主刘禅身边颇为受宠，董允看出他居心不良，便在任侍中期间经常找黄皓的麻烦。董允每次苦心劝谏刘禅行善政时，都会将矛头对准黄皓。所以，在董允在世时，黄皓总担心自己小命不保。陈祇任侍中后，却选择向以黄皓为代表的宦官集团妥协，还时不时让黄皓插手一些无关紧要的内务，以强化双方的友好关系。尽管陈祇在军事上与姜维皆是"主战派"，但他的做派却让姜维感到无比厌恶。

在诸葛亮去世时，姜维侍疾榻前，得以聆听军师最后的教诲。弥留之际的诸葛亮，已经没有太多时间交代后事，可他还是指明了接班人的人选，并奠定了北伐大计，这多少让姜维产生了大局已定的"错觉"。更何况诸葛亮早年给刘备的《隆中对》就写明："天下有变，则命一上将将荆州之军以向宛、洛，将军身率益州之众出于秦川，百姓孰敢不箪食壶浆以迎将军者乎？诚如是，则霸业可成，汉室可兴矣。"

到了姜维时代，虽然天下的形势早已不复诸葛亮当初的预计，但有利的条件就是"天下有变"——发生于公元249年的"高平陵事件"中，魏国太傅司马懿血洗大将军曹爽及其集团，震动天下。在此次事变中，讨蜀护军夏侯霸担心掌权的司马懿父子（司马懿、司马师、司马昭）搞连坐之罚（司马师的政敌夏侯玄是夏侯霸的堂侄），先行一步扯起了反旗，倒戈投向了蜀国。

夏侯霸是夏侯渊的次子。当年在定军山之战中，夏侯渊与蜀汉名将黄忠对阵，并被后者袭杀。因此，夏侯霸抵达蜀国时，心里是有怨怼之气的。但后主刘禅拿夏侯霸与他有姻亲关系（张飞的老婆、刘禅的岳母夏侯氏是夏侯霸的堂妹）说项，缓解宿怨。刘禅特地找来自己与皇后所生的孩子，让其给夏侯霸磕头，并称："此夏侯氏之甥也！"对于夏侯霸耿耿于怀的杀父之仇，刘禅则给予夏侯霸宽慰："此前两军交战，伤亡在所难免。令尊作战勇猛天下皆知，之后与我军对战，不幸亡故于乱军之中，朕也深表惋惜，然这一切皆战之罪，非兵之过也。请放下过往芥蒂，不要再执迷于此事了。"这段说辞最终是否开释了夏侯霸，不得而知。不过，此事之后，夏侯霸选择留在蜀国，成为车骑将军，并加入北伐序列，率军向其从前的父母兄弟开战。

夏侯霸降蜀，也让姜维倍受鼓舞，毕竟蜀汉有一个如"活地图"般的降将，北伐大计便有盼头了。

然而，北方形势仍不明朗，姜维不免有些担心。他向夏侯霸询问其南来之时司马懿的下一步军事意图。夏侯霸告诉他，就目前的形势看，司马懿还只能将注意力放在解决内部矛盾上，蜀汉在短时间内是太平的。不过，他南来之际，魏军之中崛起了一位新兴的将领——钟会，此人是魏国前任太傅钟繇的幼子，与司马师、司马昭兄弟俩的关系很铁，而且见过他的人多数都将其比作"当世张良"。如果魏国将来重用钟会，位居南方的蜀汉和东吴恐怕都难逃灭顶之灾。

姜维懂得扑灭星星之火，以防燎原之势的道理。夏侯霸刚替他分析完，他就去找了费祎，要兵要粮，准备再次北伐。

看着内心躁动的姜维，费祎却很沉得住气，他只给姜维调拨了一万兵马，并郑重地告诫他："你看，咱们从前都是孔明军师的部下。当年丞相用兵如神，我们都是有目共睹的。可丞相六出祁山也没能兴复汉室，咱们的才干都不如他，你又何苦带着这一队兵马去招惹敌人呢？你还不如与我一同屯兵蜀地，保境安民，等哪天蜀国也出了个不输钟会的军事天才，再兴兵攻打魏国，保不齐就能一把扭转乾坤，完成数代以来的夙愿。你不要老想着靠一两次大捷就挫败我们的敌人，现在的形势已经不是当初天下刚刚三分时那样了，凡事还得多动动脑子，三思而后行。否则，万一有什么闪失，悔之晚矣！"

费祎的话已经将蜀国的劣势摆在了面前，就看姜维如何定夺了。

姜维并不打算就此罢休，一万兵力虽然有点捉襟见肘，但兵贵在精而不在多。想当年诸葛亮联合东吴都督周瑜发起赤壁之战，蜀、吴联军不过五万人，照样将曹操号称八十万的大军打得丢盔弃甲。姜维坚信，即便自己才智不如诸葛亮，凭区区一万人对抗曹魏，胜败犹未可知。

姜维此番总算没有高估自己。他率军出蜀后，迎头就撞上了郭淮、陈泰和邓艾率领的魏国大军。在这三人中，郭淮和陈泰是姜维的克星，而陈泰任雍州刺史期间，姜维没有一次成功越过魏国防线。邓艾则是日后攻灭蜀国的名将，姜维要想在他手上讨到便宜，并不容易。然而，这一次姜维却与魏军对峙了许久，直到司马昭率军前来助阵，他才不得已收兵回蜀。而他带出去的蜀中子弟，除了部将句安、李歆（韶）等少数几人选择投降魏军，其他人都被他带回了益州。

姜维如此努力，费祎却完全无视姜维的战果，仍旧执着于屯田，希望此举能为蜀汉带来经济复兴。

屯田休战确实有利国利民的一面。但从古至今，想要通过偏安的方式来实现国祚长久，基本都只是幻想。诸葛亮早就在《后出师表》中把道理挑明了："然不伐贼，王业亦亡。惟坐而待亡，孰与伐之？"即便不主动挑起战事，有一天敌人强大了，蜀汉也只有被吞并的结果。与其坐等被人分食，还不如主动搏一把。

2.费祎之死

汉中的农作物长势喜人，费祎终于在郭脩投降的次年（公元251年）

返回成都，打算将农事的喜讯告知正在宫里宴乐的后主刘禅。

在汉中屯田的三年中，费祎没有回过一次成都。此番回朝，他除了想见见故旧同僚，还想聆听锦官城（成都）内的百姓心声。然而，他刚踏入成都，就被一个算命先生挡住了去路。算命先生掐指一算，告诉费祎："都邑无宰相位，你还要不要进城？"

一般来说，这种半仙的预言，信则不灵，不信则灵。费祎兼任的录尚书事，自汉代就是宰相的加官。如今，听半仙这么说，费祎难免会将预言与自己的境遇相结合。在成都待了不到半年，他就以农忙为由，率军前往汉寿（今四川广元市昭化区）屯田了。

离开成都后不久，费祎就接到了朝廷给他加官晋爵的任命。延熙十五年（公元252年），刘禅特准费祎在汉寿开府治事。

在蜀汉历史上，获得开府治事权力的，在费祎之前仅有诸葛亮和蒋琬。开府治事意味着费祎有权在汉寿征辟属官，建立私人属性更强的军政体系，拥有更多的人事任免权。毫不夸张地说，刘禅的任命相当于给蜀汉找了个"二皇帝"。

费祎用了很短的时间便在汉寿建立起自己的宰相班底，并让人每日往返送来朝中最紧要的军务奏章，以减轻刘禅的负担。

不料，就在费祎的事业到达巅峰后不久，汉寿城内却传出一则惊天新闻：延熙十六年（公元253年）正月初一，大将军费祎在府中饮宴，突遭魏国降将郭脩刺杀，伤势严重。费祎已被送医，凶手亦被蜀军当场袭杀，事件未造成其他人员伤亡。

几日后，费祎伤重不治的消息自汉寿城传入成都，举国骇然。刘禅立即为死去的费祎封侯加谥，使费祎以成乡敬侯的身份成为蜀汉历史上的十二位侯爵之一。但此后，费祎之死就算翻了篇。历史记载中也仅有魏国的齐王曹芳在郭脩身死后对其下诏书褒奖："脩于广坐之中手刃击祎，勇过聂政，功逾介子，可谓杀身成仁，释生取义者矣！"

对此，南北朝时期的史学家裴松之认为，当时的历史记载故意隐瞒了部分细节。在给《三国志》加注解时，他特别提道："古之舍生取义者，必有理存焉，或感恩怀德，投命无悔，或利害有机，奋发以应会，诏所称聂政、介子是也。事非斯类，则陷乎妄作矣。魏之与蜀，虽为敌国，非有赵襄灭智之仇，燕丹危亡之急；且刘禅凡下之主，费祎中才之相，二人存亡，固无关于兴丧。郭脩在魏，西州之男子耳，始获于蜀，既不能抗节不辱，于魏又无食禄之责，不为时主所使，而无故规然糜身于非所，义无所加，功无所立，可谓'折柳樊圃'，其狂也且，此之谓也。"

也就是说，那个将郭脩杀费祎视为郭脩效力于曹魏政权的说法是不靠谱的。

郭脩投降于姜维后，获封蜀国"左将军"，或许是出于感恩怀德，或许是因关乎自身利益而不得不做出舍命的选择。这些都有可能构成郭脩刺杀费祎的动机，但究竟出于哪种动机，《三国志》的作者陈寿并未言明，因此，裴松之等史学家虽对费祎的蹊跷之死表示怀疑，但也未敢妄言。

不过，在费祎死后，姜维成为肉眼可见的受益者。少了费祎的束缚，姜维的北伐总能根据自己的喜好兴兵。有学者估算过，从费祎被刺死的延熙十六年（公元253年）春到蜀汉灭亡的前一年（公元262年），短短十年间，姜维竟发动了五次北伐战争。

北伐在一定程度上是诸葛亮遗留下来的军事政策，但问题在于，对曹魏而言，姜维主动挑起的这些战事既不能撼其根基，也无力蚕食其地盘；对蜀汉而言，这些战事不仅没能弘扬军威，还令百姓陷入民不聊生、怨声载道的境地。最典型的例子，当数费祎遇刺那年的夏天，姜维发动的第六次北伐。

这一次，姜维不仅投入了此前五次北伐从未有过的兵力，还在正式出兵后得到了吴国太傅诸葛恪的支持。

诸葛恪是诸葛亮的侄子，东吴已故大将军诸葛瑾之子。此前，东吴大帝孙权驾崩，魏大将军司马师想趁东吴政局不稳，先拿下江南，再攻略蜀地，完成三国一统。为此，司马师发兵三路攻吴。吴国军情紧急，诸葛恪临危受命，主动担起抵抗魏军南征的重任。面对来势汹汹的魏军，诸葛恪沉着冷静，派出丁奉、吕据、留赞、唐咨四路先锋迎敌。最终，依靠本土优势，诸葛恪硬是在敌众我寡的不利条件下将南侵的魏军打得丢盔卸甲，取得了东兴大捷。此次配合姜维出兵，诸葛恪主要是想复刻一次东兴大捷，将他在吴国的声望推至更高点。

所以，姜维率领数万大军自石营（今甘肃西和县西南）出兵，经董亭（今甘肃武山县南），围南安（今甘肃陇西附近）。与此同时，诸葛恪也令人征发二十万大军，自东线加入北伐序列。

曹魏方面不敢怠慢，大将军司马师赶紧派车骑将军郭淮联合雍州刺史陈泰，就近对势力较弱的蜀军进行重点打击。陈泰等将领率部刚进抵洛门（今甘肃武山县东），兵围南安的蜀军就出现了后勤补给严重不足的状况，导致姜维还没来得及与陈泰交手，就因缺衣少粮而被迫率军撤回蜀地。第六次北伐无疾而终。

在姜维撤退后，魏军将矛头对准了诸葛恪。在魏国数路大军的围攻下，一生顺风顺水的诸葛恪遭遇大败，吴国二十万大军顷刻间瓦解。诸葛恪因此背上了误国误民的罪名，回到东吴后不久就被政敌夷灭三族。从此，一度左右东吴国运的琅邪诸葛氏彻底退出了历史舞台。

3.北伐后遗症

姜维六度北伐，均无功而返。这一结果除了招致百姓不满，还在朝中引起了诸葛瞻、黄皓、谯周、董厥等当地士族及当权者的不满。

作为诸葛亮的儿子，诸葛瞻虽然年轻，却因其父亲而在朝中享有崇高的声望。他不仅是后主刘禅的驸马爷，更是许许多多蜀汉旧臣心中诸葛亮衣钵的传人。他公开反对姜维北伐，使姜维不得不重新研究蜀汉的军事战略。

姜维发现，此前无论是费祎时代的王平悍拒曹爽，还是更早的魏延守卫汉中，用的都是"实兵诸围"策略。简单来说，就是依托汉中险要的地势，在魏军入蜀的交通要道上预先设下一道道"马其诺防线"，使魏军无法快速突入汉中境内。这种战法虽然在一定程度上可以让蜀军保持以少胜多的局面，但在削弱魏军实力方面几乎起不到什么作用。

到姜维主持北伐的蜀汉后期，曹魏占据了长江以北的大片区域，在人员物资方面也是三国里最强的。曹魏的战法不是拼人头，而是拼补给，通过源源不断运往前线的兵力、物资，一步步拖垮实力远不如它的吴、蜀二国。蜀国作为三国里实力最弱的，要是打消耗战，无异于蚍蜉撼树。姜维因此建议，往后对曹魏的作战可采用"敛兵聚谷"的防御策略，先收缩防线，将军队和粮食集中在一起，通过设立重重关卡来抵御敌军；遇战事，再派小股部队对敌人的辎重部队进行围剿。敌人一旦攻打关镇不顺利，势必要消耗大量粮草，待敌军疲惫欲撤退之时，驻守在各要塞的蜀军便可联合出击，大举歼灭敌军。这套策略类似于游击战术。

当然，无论是"实兵诸围"还是"敛兵聚谷"，最要紧的一环都是粮食储备与供应。姜维在准备下一次北伐战役前，也开始学习费祎，关注屯田，保障军需储备。

就在这个时候，魏国接二连三发生重大变故。先是延熙十七年（公元254年），魏帝曹芳欲废司马师，但消息走漏，曹芳遭司马师镇压；接着，掌权的司马师还没来得及过一把"假皇帝"瘾，就因为眼睛上的一颗瘤突然破裂，于次年活活痛死在魏都许昌；在司马师去世前一个月，姜维的老对手郭淮也病逝于洛阳。魏国朝野动荡，地方又怎会没有变化？

还没等姜维再度出兵魏国，魏国狄道（今甘肃临洮）长李简就派人送信到蜀国，表示要献城投降。李简的书信送达成都，不少大臣皆怀疑此事有诈，唯老将张嶷眼光独到，认为地处陇西的狄道兵少将寡，若李简想以狄道作为诱饵挑起蜀、魏战争，恐怕不够合理；况且，魏国正处于朝政动荡、民心不稳之际，司马氏兄弟断然不会选择在这个不恰当的时机行事。

张嶷是蜀国后期主力无当飞军的最后一任统帅，此前主要在南中讨伐山贼、安抚南夷。在他治理南中的十五年间，郡泰民安，当地民夷对他的评价极高。据说，在张嶷离任返回成都述职时，当地民夷将他礼送到了蜀郡，曾在南中作乱的夷人头领更是带着手下人追上他，提出要参军卫国。可以说，张嶷在蜀汉享有很高的威望。

更为难得的是，张嶷还曾精确预言费祎和诸葛恪的终局。因此，蜀中大臣对张嶷深为敬佩，姜维也不例外。所以，张嶷坚称狄道长李简是真投降，姜维便不再怀疑。

狄道地处陇西，南抵汉中，不仅是姜维北伐必经的军事重镇，向东更可成为蜀军未来震慑长安乃至洛阳的军事"桥头堡"。总之，拿下狄道，对蜀汉而言有百利而无一害。而蜀汉大军接收狄道的过程也十分顺利，这令白捡了一块战略要地的姜维备受鼓舞。

拿下狄道后，姜维挥师向陇西郡治所襄武进发，计划打通关陇与蜀中的交通要道，实施从陇西、金城、安定三郡出兵攻下河洛平原的军事战略。延熙十七年（公元254年）十月，姜维的第七次北伐开始了。

患有严重风湿病的张嶷拄着拐杖随姜维北伐。在大军出发前，有人提议张嶷留在后方，但张嶷执意要跟随大军北伐。他向后主刘禅上书，称如果取得凉州，他愿意担任藩镇守将；如果不能报捷，他愿牺牲自己以报答主上。

蜀汉大军向襄武进发，途中魏国讨蜀护军徐质突然带兵杀到。张嶷负责断后，亲身搏战，终因寡不敌众，被徐质斩于乱军之中，结束了传奇的一生。

听闻张嶷被杀，姜维怒不可遏，趁徐质班师回襄武，与其交锋，并将其斩杀，替张嶷报了仇。随后，姜维率兵接连攻陷河关（今甘肃临夏）、临洮（今甘肃岷县），似有大举进占陇右、出兵河洛之势。

然而，这一次北伐还是败在了粮食储备不足的老问题上。出了一口恶气后，姜维匆匆带着大部队返回成都。临走前，他专门交代手下，务必带狄道、临洮、河关三城的军民归蜀。如此一来，此次北伐虽无扩大性战果，但总算给民力困乏的蜀国带来了一定数量的生力军。

4.豪族的隐忧

姜维返回成都后不久，司马师的死讯传入蜀国，姜维又躁动起来了。

延熙十八年（公元255年）七月，姜维在朝会上提出新的北伐计划。他的理由是，魏国司马师、郭淮新丧，这会影响曹魏在陇西、雍州一带的军事部署，蜀国趁机出兵可收奇效。

姜维刚说完，征西大将军张翼就提出反对意见："国家弱小，民众疲敝，不应穷兵黩武！"

姜维根本听不进其他人的反对意见，他利用手中的权力，强硬要求张翼、夏侯霸跟他一起统兵出征。碍于姜维的威望，张翼只能听命从事，尽管内心十分不满。

随后，姜维在洮河边将主动出击的雍州刺史王经击败，张翼又出来劝阻。

张翼说："蜀军与魏军短兵相接，砍杀对方万余人已是历次北伐从未有过的胜利了，无须再扩大战果，因为蜀军的优势兵力始终不如魏军的，王经手下的雍州兵说到底只是曹魏征西大军的一部分而已。"自郭淮死后，陈泰就成了曹魏的征西大将军，全力统筹曹魏西线，对抗蜀汉，若陈泰接下来部署更大规模的军事对抗行动，蜀军恐怕难以抵挡。在此阶段，蜀军如果冒险围攻狄道后东征，无论是进攻襄武还是挺近魏国军事重镇略阳（今甘肃秦安），打的都是艰苦卓绝的攻城消耗战。蜀军要是半路再遇上陈泰偷袭，此次北伐恐怕就落下个"画蛇添足"的结果了。

姜维始终听不进这种"长他人志气，灭自己威风"的谏言，他固执地要求全军发起狄道围城战，务必要生擒王经。

然而，攻城对蜀军而言，的确是件吃力不讨好的事情。孙武的《孙子兵法》云："修橹轒辒，具器械，三月而后成，距闉，又三月而后已。""轒辒"，即古代攻城所用的冲车。按照孙武的说法，打造大型攻城器械至少需要三个月才能完成，再算上人力搭建的攻城土山及器械运输至前线的时间，如果没半年做好准备工作，攻城的军队是没办法对守城者构成绝对威胁的。而这半年，已经足够陈泰调度各路大军回援狄道了。

果不其然，就在姜维督促后方抓紧建造各式攻城战备时，陈泰的大军迅速杀到，并首先抢占了狄道东南面的高地，随后派人联络在狄道城中坚守的王经。听闻友军来救，雍州守兵士气大振。

此时，姜维才意识到大势已去，后悔没听张翼的劝谏，但为时已晚，只能再度下令撤军。

虽然北伐大业再度受挫，但稳坐锦官城的刘禅并没有责怪姜维，反而正式升其为蜀汉的大将军。姜维就此走上人生巅峰，蜀汉朝堂却一片哗然，因为姜维夺取陇西进而打下河洛平原的军事策略，在蜀汉大臣的眼中就是个笑话。

与北方善"清谈"的魏晋名士类似，蜀汉内部其实也存在着一股不容小觑的豪族势力。姜维这些年北伐所用的粮食辎重、军资赋税乃至上阵杀敌的士兵，基本都是由这些豪族勒紧裤腰带提供的。姜维屡次北伐无功，早就引起了这群人的不满。听闻姜维"无功"却晋升为大将军，出身益州豪族的中散大夫谯周第一个站出来提出异议。

作为后主刘禅和《三国志》的作者陈寿的老师，谯周有"蜀中孔子"的美誉。这些年，他一直致力于教化百姓，很少插手蜀汉的军政要务。唯独这一次朝堂的人事变动，他一听到，就借后主召集朝会之机力主罢兵，要求蜀汉君臣先搞好经济建设再说。

向来"上承主指"的陈祗驳斥道："谯周力主罢兵就是视诸葛丞相与先帝刘备定下的'兴复汉室，还于旧都'策略如无物，属于严重的欺君行为，谯周应处以极刑。"

谯周在朝堂上辩不过陈祗，私底下就写了一篇《仇国论》，借以讽喻政事。

在《仇国论》中，谯周不断地假设他在朝堂上与陈祗辩驳的全过程：事先设定一个更接近于现实的场景，"因余之国小，而肇建之国大，并争于世而为仇敌"，然后让化身激进派"高贤卿"的陈祗向化身缓进派"伏愚子"的谯周发问，身为小国在面对大国时该使用什么战略。由此不难看出，谯周写《仇国论》，也是在竭力阐述蜀国究竟在何种情况下才能战胜魏国。

按照谯周的观点，弱蜀想战胜强魏，必须选择在强国"有疾灾"且能够动摇其国本的时候出手。弱国宜因势利导，想办法扩大社会不良影响在强国的蔓延范围，使强国彻底失去民心，如此弱国才能乘虚而入。然而，当下作为强国的曹魏并没有出现令北方陷入混乱的趋势。相反，因司马氏篡权，曹魏的军政大权变得愈发集中，大有一统天下的趋势。此时对蜀国而言，最保险的方法就是学习周文王，用礼仪和制度教化治下的百姓，不宜使百姓陷入疲惫之态，否则国家内部就会瓦解。

应该说，谯周的观点比较符合蜀国的现状。只不过，无论是出于光大先帝刘备的遗德，还是为了安抚那些随刘氏入蜀，对复汉还抱有幻想的忠臣良将，蜀汉朝堂都不可能采纳谯周的建议。

5.内讧与弑君

尽管主战派官员都视《仇国论》为腐儒之作，但接下来姜维连番北伐失利，却再一次将蜀汉的民怨推向高潮。

景耀元年（公元258年），尚书令陈祗病死，姜维失去了一个有力的主战派盟友。陈祗在世时，注重与宦官黄皓的合作；陈祗一死，黄皓权欲愈加膨胀，他从幕后走向台前，以中常侍兼奉车都尉的身份开始全面掌控蜀汉的内政。

姜维素来与黄皓不和，而黄皓也看不惯姜维动不动就兴兵北伐的做派。于是，自从黄皓掌权，姜维就整日担心对方会报复他。姜维至死都没能像费祎那样获得开府治事的资格，眼看自己在朝中日渐被孤立，他不得不硬着头皮向刘禅请求杀了黄皓，以正朝纲。

后主刘禅听完姜维的劝谏后却哈哈大笑，称："（黄）皓趋走小臣耳，往董允切齿，吾常恨之，君何足介意！"显然，对于黄皓专权这件事，刘禅是默许的，他对黄皓的擅权确有恨意，但还没到非杀不可的地步。不过，在刘禅看来，姜维一介大将军，跟黄皓这样的小人斗气，难免有失身份。

见刘禅如此放纵黄皓，姜维却不敢大意。原因是黄皓有中常侍这层身份。

东汉后期，专权乱政的宦官大多担任中常侍一职，如汉桓帝身边权盛一时的"五虎"，以及汉灵帝时代的"十常侍"。这些宦官在掌权后，无一不是"封侯贵宠，父兄子弟布列州郡，所在贪贱，为人蠹害"。蜀汉出于政治宣传的需要，入主益州后就宣布延续汉室传统，沿袭汉朝的各项典章制度。如此，黄皓身兼中常侍，势必也会有权势滔天的一天。

果不其然，随着手中的权力越来越大，黄皓身边聚集了一批有军政实权的人物，如新任尚书令董厥，刘禅的驸马爷、诸葛亮的独子诸葛瞻，还有地位仅次于姜维的右大将军阎宇。尽管董厥和诸葛瞻在很大程度上可能只是为了延续陈祗的传统，与黄皓共同维护朝廷太平，但阎宇依附黄皓，让黄皓看到了褫夺姜维兵权的希望。

作为崛起于蜀汉后期的一员大将，阎宇长期镇守蜀汉东面的门户巴东（今重庆），以防范吴国的入侵，在职能和威望上基本与姜维持平。更重要的是，在阎宇的防区内，蜀、吴之间几乎没有摩擦，这就要比连年在曹魏那儿吃瘪的姜维好上不少了。于是，"废维树宇"便被黄皓提上了朝廷的议事日程。

兴许是察觉到气氛不对劲，姜维还没等黄皓动手，就先向刘禅请旨，要学习费祎到沓中（今甘肃舟曲以西、岷县以南）种麦，屯田待战。姜维侥幸逃过一劫，蜀汉却即将不保。

公元260年，蜀汉景耀三年，曹魏甘露五年。接替曹芳为帝的曹髦在忠于司马氏的大臣的逼迫下，又一次给予权臣司马昭象征皇帝尊荣的"九锡"之礼。然而，钟会曾评价曹髦为人"才同陈思（曹植），武类太祖（曹操）"，但曹髦面对司马昭夺权窃魏的行径，他的容忍度也到了极限。为了铲除权倾朝野的司马昭，曹髦一边暗中积蓄军事力量，一边召集亲信部署捕杀司马昭的计划。

此时，曾在狄道城下与姜维交过手的雍州刺史王经已回朝，升任尚书。王经历来忠于曹氏家族，所以曹髦在准备诛杀司马昭时，就以王经、散骑常侍王业，以及平日里与其疯狂论儒的侍中王沈为股肱，要求三人同其一条心，助曹魏拨乱反正，还北方太平。王经一眼看清了曹髦与司马昭的实力强弱，出于维护曹魏的利益，他举了当年鲁昭公不忍季氏败走失国，遭天下耻笑的例子，劝谏曹髦"君子报仇，十年不晚"。但曹髦执意要率军踏上这次"死亡之旅"。最终，曹髦被司马昭的部下贾充的家奴成济刺杀，王经也因"义不卖主"，赔上了一家老小的性命。

曹髦一死，司马昭的弑君之名就算彻底坐实了。不过，司马昭的威望还没跌落到谷底。自从摄政曹魏开始，他就四处网罗奇才，供其顾问。在魏晋最负盛名的"竹林七贤"中，阮籍、阮咸、山涛、王戎、向秀、刘伶都先后出山辅佐司马昭，唯嵇康一人被司马昭屡请而不至。司马昭起初也不气馁，他听闻钟会是嵇康的粉丝，便拜托他去请嵇康出山。钟会在竹林中看见嵇康的身影,后者却以冷漠的姿态回避了司马昭的征辟。司马昭还不死心,又派出"竹林七贤"之一的山涛回到竹林,面请嵇康出山。结果,嵇康彻底翻脸,亲笔写下《与山巨源绝交书》,阐明自己"七不堪""二不可"的理由不能为司马昭驱使。

这下彻底惹怒了司马昭。恰在其时,嵇康的好友吕安的妻子徐氏被吕安的兄长吕巽迷奸。吕安向官府报案,却遭到吕巽恶人先告状。嵇康看不下去,决定亲自给吕安当证人兼辩护律师,在公堂上驳斥曹魏的司法体系及司马昭的执政理念。就这样,司马昭把新账、旧账一起算,将嵇康逮捕并杀害。

由于嵇康在魏晋名士中享有极高的地位,司马昭又是弑君,又是诛杀士林翘楚,这下引起了魏晋名门对司马氏家族的不满。为了挽尊和树威,司马昭便将目光瞄准了蜀汉。

6.主战与主和

景耀六年(公元263年),曾被夏侯霸预言为吴、蜀两国心腹大患的钟会闪亮登场,担任讨蜀主帅,向益州开拔。

面对突如其来的攻伐,常年在一线与魏军奋战的姜维反应迅速。他虽然人在沓中种田,但对魏、蜀的对垒十分关心。魏军刚刚离开洛阳,姜维就派人给远在成都的刘禅上书,称魏军此次来袭非同小可,"宜并遣张翼、廖化督诸军分护阳安关口、阴平桥头,以防未然"。

姜维所说的"阴平桥头",实际上就是七百里阴平古栈道上玉垒关前的一处伸臂木梁桥。由于这里收口狭窄,只要派人驻守桥头,无论敌方来多少兵马,都难以突进来。

可姜维没想到,这份奏折未被送到刘禅手上,而是被人先呈给了中常侍黄皓。黄皓向来对姜维的奏折比较反感,因此在转呈刘禅之前,他想办法隐去了"阴平桥头"的"桥头"二字,并宽慰刘禅说,前线情况再坏,也总会有廖化、姜维这帮老将兜底,再加上先帝庇护,这次肯定会像前面数次蜀、魏交锋一样,以双方战平收尾。

结果,蜀军在"阴平桥头"上没有丝毫防备,导致钟会率领的魏军长驱直入,抵达汉中,逼得自沓中突围而出的姜维与廖化、张翼等一同防守剑阁,抵御魏军南下。

蜀汉的形势变得岌岌可危,而朝中主战派大臣的呼声也第一次被主和派的淹没。不过,主和派的意见并不统一,他们的意见主要集中在两条路线上:一是建议蜀国皇室举家东投吴国,利用蜀、吴联盟共同抗魏;二是建议皇室离开成都,撤至巴郡或南中,建立新的蜀汉政权,至于成都乃至汉中一带的大片土地,则默认交给魏国管理。在两条路线中,刘禅更偏向撤至巴郡或南中。然而,正当刘禅准备颁旨实施南迁计划时,他的老师谯周又一次在朝堂上公开反对群臣的讨论结果。

谯周对两条路线都进行了批驳。针对第一条,他说"自古无寄他国为天子者",投靠东吴以待东山再起,根本就是一条死路。何况吴国自身也朝不保夕,他日魏国把矛头对准吴国,那么蜀国是不是要被一辱再辱?针对第二条,他认为,南中乃远夷之地,对蜀国的经济建设不仅没有贡献,从丞相诸葛亮南征至当时,南中内部的羌胡争斗就没有一天消停过。若选择撤至南中,便不是简单的迁都,而是"穷迫之所为",恐怕到时羌胡转而与一路南下的钟会联手,蜀汉可就真的一脚踏入鬼门关了。

这也不行,那也不行,难道真的要搞出个"君王死社稷"的结局来,才算不负先帝刘备和诸葛丞相的重托?

谯周拍着胸脯向刘禅保证："若陛下降魏，魏不裂土以封陛下者，（谯）周请身诣京都，以古义争之！"

能把投降主义说得这么有理有据，谯周堪称中国史上第一人。但在当时的情势下，养尊处优的蜀汉贵族们想的只是怎么保命，满朝君臣居然没有一人怒斥谯周的无耻。

得知父亲刘禅选择投降，北地王刘谌亲自入宫，表示愿率蜀汉忠义之士做最后的抵抗。刘禅对此充耳不闻，养尊处优的他显然对抵抗并无信心。在刘禅开城投降之日，刘谌"先杀妻子，而后自杀"，维护了蜀汉最后一丝尊严。

7.曲线救国与乐不思蜀

由于刘禅投降得很突然，前线的姜维与廖化等将领根本没反应过来——他们与钟会大军展开多番较量，已逐渐形成对峙之势。可刘禅已经完成了向魏国投降的一切程序，刘禅由君王沦为降臣后，第一道命令就是让前线的姜维、廖化等将领放下武器，停止抵抗。

据说，姜维大军接到这道命令时，"将士咸怒，拔刀斫石"。但在忠君思想的影响下，蜀国军队还是不得不按照他们曾经的君上刘禅的意愿行事。

不过，一生致力于北伐抗魏的姜维并不甘心失败。姜维早就看出钟会其人也有"司马昭之心"，只是还深陷于与副将邓艾之间的个人争斗，尚未显露而已。所以，降魏后的姜维抓住了钟会的这种心理，表示他愿随钟会开创天下，前提是得把棘手的邓艾清理掉。恰在其时，邓艾凭借灭蜀的经验，向司马昭递交了灭吴计划。钟会趁机向司马昭进谗言,声称邓艾灭吴,意欲"致敬"和效仿司马懿。司马昭惶恐,故在事件还未查明之前,就让钟会把邓艾父子杀了。

当姜维、钟会等人以为即将"变天",在魏军内部暗中组织讨伐司马昭的战争时,魏军多数将领却根本不为所动。钟会手底下的一群将领甚至打算将他这个叛臣和姜维的人头一并送到司马昭跟前请功。

最终,姜维"曲线救国"的意图未能实现,在魏军将领的内讧中,他和钟会两人一并死于乱兵之中。

姜维死了,但似乎没心没肺的刘禅却在洛阳过得不亦乐乎。

自从成为魏国的安乐公,刘禅的生活就真的如谯周预估的那般快活。魏国碍于吴国的存在,不仅给刘禅奴婢百人、食邑万户,还给刘氏子孙加官晋爵,好吃好喝供养着。

不过,司马昭到底疑心重。一日,他亲自设宴款待原蜀汉君臣,并嘱咐乐者专门演奏蜀地乐曲,打算看看这群降臣的真实反应。谁知刘禅看起来竟然一丝悲伤也没有。

司马昭觉得奇怪,便问刘禅:"今日的宴乐是否正宗?是否会因为宴乐而怀念旧国?"

兴许是看出了司马昭的真实意图,刘禅一边大吃大喝,一边回答:"此间乐,不思蜀!"

席间解手,刘禅的旧臣郤正赶紧向刘禅献策:"司马昭多疑,刚才你这么说他可能不信。待会儿他如果问起同样的问题,你就闭上眼睛,把头歪向一边,对着蜀汉的方向,告诉他先人坟墓远在蜀地,如何乐不思蜀?"

果然,宴会进入下半场后,司马昭又有意无意地试探刘禅的态度。刘禅"依样画葫芦",就把郤正的话复述了一遍,没想到司马昭马上追问:"安乐公你这番话,该不会是郤正告诉你的吧?"

被坊间传为没心肝的刘禅大眼一瞪，非常惊讶地说："你怎么知道？"这惹得司马昭哄然大笑。不管刘禅是真傻还是假傻，他的这番表现确实让司马昭放下了杀机。此后，刘禅在曹魏末期过着安乐的日子。八年后，刘禅病逝于洛阳，此时司马家族早已篡夺了曹魏的天下，时间已是西晋泰始七年（公元271年）了。

临死前，这个"乐不思蜀"的蜀汉后主，是否会想起姜维"九伐中原"的执念呢？是否会想起诸葛亮在《后出师表》中的感叹？

"夫难平者，事也。昔先帝败军于楚，当此时，曹操拊手，谓天下已定。然后先帝东连吴、越，西取巴、蜀，举兵北征，夏侯授首，此操之失计，而汉事将成也。然后吴更违盟，关羽毁败，秭归蹉跌，曹丕称帝。凡事如是，难可逆见。臣鞠躬尽力，死而后已；至于成败利钝，非臣之明所能逆睹也。"（《后出师表》）

是非成败转头空，世事难料，从来如此。

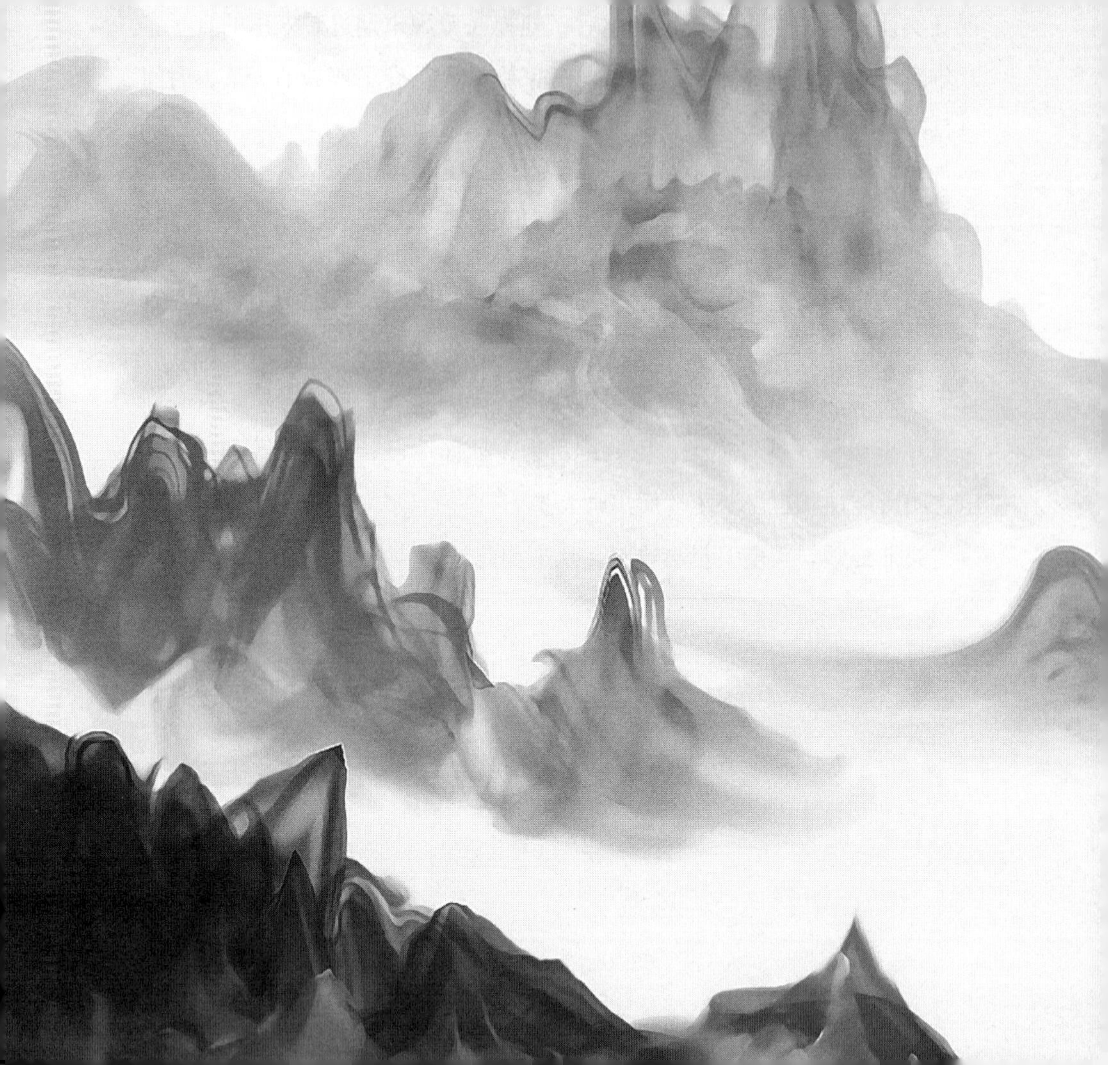

二

两晋南北朝：魑魅、士族、汉化、重生

西晋之亡：
盛世危局，群魔乱舞

许多王朝的更迭，都经历了风暴和洗礼，因此往往焕发新生，但西晋却是建立在对曹魏政权的继承之上，在一片已然腐化、老朽、堕落的土壤上生根发芽，西晋从诞生伊始，就萌生出一堆妖魔鬼怪和魑魅魍魉，他们视苍生如草芥，最终被蛮族和外力掀翻。

皇权、外戚与宗室的斗争，最终打翻了牌桌，而门阀士族则躲在背后，酝酿着对帝国进行再次洗牌。历史逆转，发牌人已经不再拥有皇权了。

每一次司马炎病重卧床，都是西晋王朝极为隐秘的转折点。

咸宁二年（公元276年），洛阳大疫，就连皇宫中的晋武帝司马炎也未能幸免，甚至宫中一度传出了"帝不豫"的消息。一两个月后，司马炎的病情才渐渐好转。仅仅四十一岁，就在鬼门关前走了一遭，司马炎已体会到何为生命无常。

当司马炎回到阔别已久的朝堂时，更大的精神冲击来了。他发现朝廷上下众官员竟然密谋要抛弃他的白痴儿子——太子司马衷，转而拥立他的弟弟——齐王司马攸，密谋者还有他颇为信任的贾充。震惊、愤怒、不安，种种情绪交织在一起，司马炎开始"黑化"了。

从那时起，优待臣子的君主不见了，取而代之的是一个刚愎自用的帝王。司马炎不顾朝臣的反对，开始扶持外戚杨氏，打压齐王司马攸，不断强化皇帝的权力，以防止皇权被他的兄弟篡夺。

太康十年（公元289年），司马炎再一次患上重病。这场病再次加深了司马炎的焦虑，他不得不再次思考身后事的安排。

在司马炎大病初愈，赏赐群臣以行庆贺的时候，宫中突然发生了火灾。在时人看来，灾异并不是偶然现象，而是天降惩罚。朝臣有人趁机上书，公开质疑外戚杨氏的地位："今杨氏三公，并在大位，故天变屡见，窃为陛下忧之。"

外戚已成隐患，质疑外戚的舆论同样也是一种令人讨厌的力量。他们当年的背叛依旧历历在目，如果不是他们，皇帝也不会想着重用外戚。司马炎想将皇位从愚鲁的太子手中传到聪明的皇孙司马遹手中，就必须想好身后事的安排。

在司马炎拖着刚刚病愈的身体，大刀阔斧地进行改革的时候，一个名叫刘颂的臣子上疏，提了两个意见：一曰"封建诸侯"，二曰"恢复肉刑"。刘颂无疑是一个为君王尽心尽力的忠臣，他看出了皇帝的心思，想为太子保驾护航。

然而，司马炎把这份奏疏压了下来，并没有交付廷议。他虽然赞赏刘颂的忠心，但仍在顾虑着什么。

1.王朝：开局即衰落

刘颂是一个法律专家。在为官生涯中，他有一个执念，就是恢复肉刑。从晋武帝即位开始，他就锲而不舍地上疏，可是事情始终卡在皇帝那一关。

然而，刘颂分明记得，在私下的谈话中，皇帝曾经对自己说过："肉刑宜用，事便于政。"这说明，司马炎一直都赞成恢复肉刑，但是迫于某种压力无法施行。

肉刑指的是残害身体的刑罚，包括墨、宫、劓等。肉刑在汉文帝时期被废除，因为少女缇萦为救父亲，上书道："死者不可复生，受到刑罚不可复原，即使想改过自新也不能如愿。我愿意自己做官婢来替父赎罪，使父亲有改过自新的机会。"汉文帝悲悯她的心意，于是将肉刑废除。

东汉末年，王纲解纽，社会局势动荡不安。面对浮躁的人心，法家的严刑主义仿佛成了救世的良方，恢复肉刑的议论绵延不绝。曹操、曹丕、曹叡都曾下诏令重臣商议。即便如此，这项议案始终没有通过。

这些君主的对立面，是一群恪守儒家道德教化的士人，他们并不喜欢这些残虐的刑罚。如果说在焚书坑儒的秦朝，士人阶层根本无力反抗君主的权威，那么经过两汉四百多年的发展，士人阶层已经锋芒毕露了。大大小小的名士领袖，遍布各地的官学、私学，热闹的人物品评，形成了一种不可轻易左右的舆论。士人阶层逐渐挣脱了皇权的控制。

君主想要在乱世中树立威权，士人则希望他以儒道治国。两方的僵持，造就了长久不息的恢复肉刑与否之争。

主张恢复肉刑的一方认为，刑罚在于惩罚，在于"以刑止刑"。肉刑可以去除作恶的工具，避免再犯；也能恫吓其他人，达到预防之效果。反对派则认为，刑罚在于教化，而肉刑的使用，非但不能抑制犯罪，反而会阻碍人改过自新。

同时，汉文帝废肉刑之后出现了这样一个问题：死刑太过严重，但生刑又过于轻。在杀与不杀之间，执法者往往选择杀，这样一来反而加重了杀戮。汉末以来，人口锐减，经不起消耗。主张恢复肉刑的一方认为，作案严重的犯人只是被砍掉脚趾的话，犹能生育，但如果被处以死刑，会造成人口的减少。反对派则提出，直接让犯人服劳役，更为合适。

在今天看来，废除肉刑是历史的进步；在当时，则是士大夫的"德治"压倒了君主的"法治"。最终，肉刑未能恢复。每一个想要重典治国、扩张权威的君主，都必须考虑舆论（人心）的反击。

因此，司马炎即便赞同恢复肉刑，也只能将刘颂的上疏束之高阁。毕竟，一个残忍的名声对素来标榜宽仁的司马炎来说，是相当大的打击。

刘颂在这道上疏中委婉地说出了司马炎的困境："泰始之初，陛下建祚，其所服乘皆先代功臣之胤，非其子孙，则其曾玄。"大概的意思是，西晋立国时的功臣集团，或者说权贵阶层，基本上都是曹魏重臣的子孙。

秦帝国建立以来，王朝的更替都伴随着统治阶层的"换血"，新人重整前朝糜烂的政治，才让新王朝有了新气象。秦朝的天下是一群军功贵族开辟的，西汉的开国功臣多是布衣将相，东汉的基石是有儒士之风的地方豪族，曹魏建国则依赖谯沛和汝颖两大集团。

西晋的建立并没有颠覆上一个政权，充其量是换汤不换药。随着江山稳固，曹魏的统治阶层已然腐化、老朽、堕落，这些弊病没有遭遇流血的革命，原封不动地延续到新王朝。

作为开国皇帝，司马炎非但不能厉行革新，反而要尽可能地满足贵族集团的要求，允许他们广占田产、蓄养奴隶、把持国家对人才的选拔。从起点开始，西晋王朝就在走下坡路了。

在很长一段时间里，司马炎扮演的都是一个仁慈的君王的角色，他小心翼翼地维持他自己的权威，努力讨好那些高门大族，以获得舆论的支持。

2.皇帝：据天下为己有

在"黑化"之前，司马炎一直都是舆论里的"好皇帝"。

《晋书》是这样记载晋武帝的：前期，司马炎励精图治，厉行节俭，对待士人十分仁慈，简直是一个好皇帝的模范。然而在平吴之后，他性情忽然大变，开始宠爱后党，任用亲贵，排斥忠臣。他最致命的错误，就是把皇位传给他的白痴儿子，这导致了天下大乱。

司马炎究竟做了什么事，才从一个"好皇帝"变成了"昏君"呢？

正如开头所说，司马炎的转变发生在咸宁二年（公元276年）。他在一场大瘟疫中幸运地活了下来，却发现所有人都想要背叛他。于是他决定反击，一改往日仁慈君主的模样，开始强化皇权。司马炎不可能从背叛他的人中寻找支持皇权的力量，便只能扶持外戚。

在士人眼里，这无疑就是一种"将天下据为己有"的行为。天下应该是皇帝与士人的天下，外戚属于皇帝私人的一方，他们怎么能掌握天下大权？痴傻愚鲁的太子司马衷，怎么能继承皇位呢？

《世说新语》记载了这么一个故事，我们从中可见君与臣之间的矛盾。司马炎曾坐在陵云台上休憩，大臣卫瓘随侍在旁，突然卫瓘跪倒在司马炎面前，用手抚摸御床，说："此坐可惜。"言下之意便是将来会有一个白痴坐在皇位上，实在是暴殄天物。司马炎明白卫瓘意有所指，却装作不懂，回答道："公醉邪？"

站在天下的角度，如果皇帝出事，太子痴傻，难堪大任，那么血统纯正、德高望重的齐王司马攸就是最好的辅政人选。站在皇帝的角度，天下是他自己的，他必须把帝王的传承留在他这一脉上，容不得其他人插手，即便那个人是他的亲弟弟。一个是天下之"公"，众望所归；一个是皇帝之"私"，一家之言。

双方都觉得对方背叛了自己。

司马炎必须要扩张皇权，代价是他站在了舆论和宗室的对立面，几乎与全天下为敌。他扶持自己人，驱逐支持齐王司马攸的大臣，这些行为在士人眼里不就是宠信奸佞，排挤忠臣吗？因此，他的名声越来越差，史书也将西晋的灭亡怪在晋武帝头上。

从某种程度而言，西晋确实亡于晋武帝，但是他并没有到昏聩的地步。

咸宁三年（公元277年），司马炎大规模调整分封的王，不再优待宗室。立国之初，西晋分封了二十七个王，但是没有一个是司马炎的子孙，大部分是晋武帝叔祖司马孚这一支的。这一次，晋武帝将他自己的儿子大量分封为王，同时明确规定"非皇子不得封王"，保证帝系一脉的统治力。同时，他又通过收军权、推恩令等方法削弱了各王的力量，让宗室在他们的封地掀不起一点风浪。

太康元年（公元280年），西晋灭吴，此役让西晋得到了江南的财富和土地，从而延缓了西晋衰落的势头。司马炎也拥有了可以夸耀的军功，他将天下私有化的攻势也越来越强。

太康三年（公元282年），司马炎之心至图穷匕见。他以一纸诏书强制要求齐王司马攸离开朝廷，回到其封地。这一次，诏书掀起了轩然大波。大到朝廷重臣，小到普通官员，反对诏书者络绎不绝。甚至有人搬出了身为公主的妻子，哭着请求晋武帝收回成命。司马炎的回答则非常耐人寻味："兄弟至亲，今出齐王，自是朕家事，而甄德、王济连遣妇来生哭人！"

弟弟齐王司马攸越是受到众人拥戴，他对司马炎的儿子，太子司马衷的威胁也就越大，司马炎自然就更不可能让步。一向优待士人的司马炎甚至要处决八位上书谏诤的大臣。这时，皇帝与士人之间的冲突达到了顶点。

这场没有硝烟的战争，因为齐王司马攸暴病身亡而戏剧性地结束了。晋武帝司马炎赢了，太子继位的隐患少了一个。可是西晋朝廷被撕裂成两半，一半是组成公共舆论的多数派，一半是支持晋武帝将公权私权化的少数派。

皇权已然坐大，晋武帝乾纲独断，却也是孤家寡人。

太康十年（公元289年），处于生命末期的司马炎，还是没能下定决心废掉不堪大任的太子司马衷。宫廷里的大火让司马炎再次思考身后事的安排，为了抑制外戚的势力，他决定加强宗室的力量。毕竟齐王司马攸已死，他自己的皇子已经成为诸侯王的主干。

他再次调整分封制：大规模增加皇子们的封邑和食户，并且委托他们镇守要害、都督军事。真正赋予诸王权势的，并非分封的爵位、庞大的封邑，而是都督一职。成为都督的皇子们既握军符，又掌民事，还能开府招揽人才，很容易成为地方割据的势力。八王之乱，肇起于此。

但是，处于生命末期的司马炎依然沉浸在自己编织的幻想中。诸子掌握地方大权，拱卫皇室，震慑外戚杨氏。同时，他们远离京师，不会影响太子继位。中枢则留下当时唯一在世的宗室元老司马亮，有一定的政治经验，但却缺少魄力，不足为惧。在晋武帝司马炎的设想中，这样的安排一定能让皇位通过自己的傻儿子最终平稳地传到自己喜爱的皇孙手中。

太熙元年（公元290年），司马炎去世，他精心设计的政治结构顷刻间分崩离析。当时，杨骏矫诏，命司马亮出镇许昌，他则独揽朝政。贾皇后联络楚王司马玮进京，诛杀杨骏兄弟，接着借楚王司马玮之手杀了司马亮，反过来嫁祸给楚王司马玮，然后将司马玮处死。

一连串的阴谋将贾皇后的政治手腕展露无遗。更重要的是，她抓住了舆论，抓住了朝野上下心中的怨。历史用了八个字形容这种情绪："公室怨望，天下愤然。"怨恨的对象，有专擅朝政的杨氏兄弟，自然也包括放任外戚、将国家公权私权化的司马炎。

齐王司马攸的死就像一个幽灵，盘旋在西晋国都洛阳城的上空。任何想将国家公权私权化的人，都必将淹没在舆论的浪潮中。

悲哀的是，正义的浪潮中并无多少忠人义士，只有野心家在乘风破浪。

3.八王：欲望的集合体

晋武帝司马炎死后没多久，八王之乱便开始了，西晋王朝陷入了内战的旋涡。

看似眼花缭乱的内战，其实基本都遵循一个模板。贾皇后扳倒杨骏，赵王司马伦扳倒贾皇后，齐王司马冏扳倒赵王司马伦……胜利者盘踞中央，反对者掀起内战，反对者打赢成为胜利者，之后就会有新的反对者出现。西晋的内政，就像一条正在吞食自己尾巴的衔尾蛇，不断重复，直至灭亡。

那么，这背后的动力是什么呢？我们不妨回到每一次内战的最初，看看这些战争是因何而起的。

杨骏矫诏自封，"多树亲党，皆领禁军"，使得"公室怨望，天下愤然"，贾皇后暗中接纳，联络宗室进京，借刀杀人。

司马亮登上辅政之位后，想要取悦众人，大行赏赐，结果"失众望"，被楚王司马玮诛杀。

贾皇后冤杀"民之望"太子司马遹，引发"众情愤怨"，赵王司马伦发动政变。

赵王司马伦接受晋惠帝司马衷"禅让"，实为篡位，引发天怒人怨，引发三王起义，迎接晋惠帝即位。

齐王司马冏拜大司马、辅政大臣，委任私党，"朝廷侧目，海内失望"，河间王司马颙乘机起兵，长沙王司马乂作为内应……

如此种种，我们可以看到，"怨""望""情"是牵动战局的引线，这就是舆论的力量。先是辅政者行为不轨，引发舆论不满，然后有人响应舆论的期待，举兵"起义"，攫取中央权力。"正义之师"掌权之后，立刻暴露了其想要将国家纳为私有的企图，再次引发舆论不满，接着被下一个"正义之师"讨伐，形成恶性循环。

由于司马炎最后的分封赋予宗王都督军事的大权，宗王因此成为最能响应舆论期待的力量。可惜的是，舆论是一个瞎眼的姑娘，永远所托非人。每一个起兵的宗王都是追逐权力的狂徒，却都把自己包装成救世的英雄。

永宁元年（公元301年），赵王司马伦借禅位之名，行篡位之实，引发天下不满。

这位诛杀贾皇后的"英雄"在上台之后就暴露了自己的私心，他将一同发动政变的齐王司马冏挤走，独享胜利果实。反抗贾皇后的"正义之师"，内部分裂，外部也迎来新的敌人。

接着，齐王司马冏起义，还拉上了成都王司马颖。当时，成都王司马颖召见幕僚卢志议事，卢志说："赵王无道，肆行篡逆，四海人神，莫不愤怒。今殿下总率三军，应期电发，子来之众，不召自至。扫夷凶逆，必有征无战。然兵事至重，圣人所慎。宜旌贤任才，以收时望。"

这段话为成都王道出了进取的策略。成都王不可能单靠封地的军事力量取胜，必须借助"子来之众"的力量，必须要"旌贤任才，以收时望"。换言之，上要有士人的支持，下要有义军的加入，成都王才能成气候。这两点都可以通过舆论轻松做到，所谓"不召自至"。

齐王司马冏起义基本也是这个逻辑，义旗一举，天下名士像潘尼、孙惠等纷纷来到许昌（齐王司马冏的基地）；全国各地的义军依附于齐王司马冏，比如夏侯奭"在始平合众，得数千人，以应冏"。

等到司马伦败亡，齐王司马冏凭借首倡起义之功，位列大司马，总揽朝政。史载其"选举不均，惟宠亲昵"。认真分析齐王司马冏的集团，我们会发现除了齐王原本的幕僚，还有后来加入的士人和义军。他们虽然是打着大义的名号，但谋求的是出世的契机、立功的机会。齐王司马冏上台之后，必须先满足他们的欲望。

在舆论看来，这是任用亲党；在齐王司马冏眼里，这是利益分配。所以，等到舆论不能再忍受齐王的作为时，社会就会掀起一阵反对的浪潮，另一个野心家带着无数投机者趁乱上台。

赵王司马伦失败后，卢志劝过成都王司马颖："齐王与大王您共辅朝政，但是听闻一山不容二虎，功名不可兼得。今日之计，不如推崇齐王，返归邺城，结四海之心。"卢志看出了辅政大臣之位其实就是一个烫手山芋，非常容易受到舆论的攻击，不如以退为进。只要站在舆论这一边，他们就永远不会居于下风。司马颖同意了，以母亲生病为借口，回到了他自己的方镇，于是天下归心于成都王司马颖。

其实，齐王的帐下也有很多人向他谏诤，比如孙惠就曾建议他从辅政之位上退下来，把国事委任给晋惠帝的弟弟长沙王司马乂和成都王司马颖。只是，齐王司马冏品尝到了权力的甘甜，不舍得放手。

八王其实可以看作一个欲望的集合体。宗王想要攫取最高权力，将士想要获得封赏，高门大族想要分享政权，寒门庶族想要冲破阶层的壁垒。他们个个都怀有强烈的私欲，为了追逐权力与财富而抱团，偏偏不得不站在天下公义的大旗之下，这不能不说是一种讽刺。

如果没有这些力量的支持，诸王并没有什么社会基础，他们在军事上一失利，就会一败涂地，烟消云散。但就在他们争权夺利之时，凶悍的流民和胡族南下，让他们转身就成了一群纸老虎。

4.朝望：舆论的救赎

看似公义的舆论背后，都是谋取私利的野心家和投机者。

范文澜先生曾经这样评价西晋的统治者们："封建统治阶级的所有凶恶、险毒、猜忌、攘夺、虚伪、奢侈、酗酒、荒淫、贪污、吝啬、颓废、放荡等等龌龊行为，司马氏集团表现得特别集中而充分。"

但是，西晋还真有一个由舆论推出的"正直"的政治家主导朝政的时期，那是怀抱着理想主义的士人的最后一缕希望。

永平元年（公元291年），贾皇后在掌握朝政之后，并没有像杨氏兄弟一样刚愎自用，她选择了当时朝野上下她最看重的张华来主持大局。

汉晋史书中常见各种各样的"望"，代表着士人的舆论。评价士人有"时望""人望""雅望"，评价家族门第有"门望""郡望"。"朝望"指的是朝廷中有威望的大臣。在波谲云诡的政治中，士人需要选择一个聪明睿智的人来替他们做出站队的选择，维护他们的利益，约束异己（比如皇帝、皇后）的力量。"朝望"就是这样的人。

在晋武帝一朝，齐王司马攸是一名"朝望"；到了晋惠帝一朝，"朝望"就轮到了张华。

张华是西晋大臣中少数出身孤寒的人物，少年时代一度以牧羊为生。凭借自身的才华，他受到同乡的推举，走进了曹魏的政治圈。魏、晋易代时，张华才三十岁出头，年富力强。他以其博学，屡屡受晋武帝赞赏。

真正让张华崭露头角的，是西晋灭吴一役。当时，晋武帝司马炎在羊祜的劝说下有意伐吴，但是朝中以贾充、荀勖等为首的大臣均认为伐吴的时机并未成熟，不同意伐吴。在一片反对声中，只有张华和杜预力排众议，劝晋武帝早定灭吴之计。咸宁五年（公元279年），张华担任度支尚书，负责后方的漕运粮饷。连策划伐吴的羊祜都赞不绝口："终吾事者。唯张华耳。"

在是否由齐王司马攸辅政一事上，张华旗帜鲜明地站在舆论一边，支持由齐王司马攸辅佐太子继位，结果被晋武帝贬出京城，出镇幽州。之后张华尽管重返朝廷，但终晋武帝之世都未能进入权力核心。

平吴一役让人看到了张华的"才"，推举齐王司马攸让人看到了张华的"德"，德才兼备，张华成为"朝望"的最佳人选。

晋惠帝的皇后贾南风虽是一个心狠手辣的女子，却颇有政治手腕，她知道她自己不可能背离朝廷、专断独行，于是选中了"庶姓"出身的张华——才德众望所归，又没有野心，他作为朝政的主导者十分让人放心。张华也尽了他最大的努力在政事中周旋，使西晋在相当一段时间内朝纲不致大乱，史称"虽当暗主虐后之朝，而海内晏然"。

可惜，张华缺乏真正能够制约贾皇后的办法，只能写下《女史箴》这样的文章暗戳戳地劝谏贾皇后。这也是这些朝臣最为致命的一点：空有舆论，没有实权。

元康九年（公元299年），裴𫖮、贾模曾与张华商量，废除贾皇后。张华则认为只要他们能时常劝谏贾皇后，天下还不至于大乱，因此没有必要废除贾皇后。后来，贾皇后诬陷太子造反，朝臣明知太子冤枉，但没有一个人敢说话。还是张华站了出来，十分诚恳地说道："自古以来，废黜嫡长子都会引发丧乱。"

在张华生命的最后十年中，他始终活在权力斗争的夹缝之中，却没有能力进行反击。他所能做的，不过是小心翼翼地维护各势力间的平衡。

张华在《鹪鹩赋》中写道："伊兹禽之无知，而处身之似智。不怀宝以贾害，不饰表以招累。静守性而不矜，动因循而简易。任自然以为资，无诱慕于世伪。"

张华就像一只卑微的鹪鹩，必须谨慎小心，否则就会招来杀身之祸。

永康元年（公元300年）四月，司马伦准备废黜贾皇后，他的幕僚孙秀派人连夜见张华，告诉张华："赵王想要与您共同匡扶朝廷，为天下除害，派我来通知您。"张华拒绝了来人说的提议。来人生气地说：

"刀都要架在脖子上了,您还说这样的话吗?!"张华失去了最后一个活命的机会。赵王司马伦在禁军的支持下,发动政变,不但诛杀了贾皇后一族,而且将张华这样的朝廷重臣一并处死。

从齐王司马攸到张华,朝望在强势的皇权、后权和宗王势力面前实属无力。不过,这也给了士人一个警告——舆论终究还是要和权力结合起来。

后来,一个叫王导的士人领袖横空出世,有才有德,为晋室东渡费心费力。他不仅掌握了舆论,还掌握了朝政,他的兄弟王敦则掌握了地方军权。他们不仅不用怕皇帝的威胁,甚至还能与皇帝"共天下"。

不过,那时候已经不流行"朝望"这个称谓了,有一个更顺嘴的说法:门阀士族。

5.士族:不成熟的上流社会

魏晋有一个著名的说法:"上品无寒门,下品无世族。"实际上,这句话最初的表述来自西晋刘毅的《论九品有八损疏》:"上品无寒门,下品无势族。"

一字之差,足以看出分别。势族,指的是当朝权势官员所在的家族,关键在于实际的权力。而世族则是累世为官的家族。两者犹如两个相交但不完全重合的圆圈,而这两个圆圈正在不断靠近,直到完全重合,就会合成一个叫作"士族"的新圆圈。

历数魏晋时代的士人,有非常多的人出身于世族大姓,如琅邪王氏、太原王氏、河内司马氏、河东裴氏等,但依然还有像石苞、张华这样出身寒微的人。这时候,能力还是士人脱颖而出的依仗,也有一些家族因为能力不够而掉队。

西晋建立之后，司马炎必须要笼络权贵阶层，于是从制度上保障了他们的世袭特权。拥有权势的官员们能够合理合法地占有土地、蓄养奴隶，再通过九品中正制将官员的身份延续给后代。权贵的后代依然是权贵，一道隔绝士、庶的高墙正在垒起来。

不过，相较于东晋的门阀，西晋的士族显得没有那么淡定和从容。东晋的谢安可以悠闲地在自家的庄园里隐居，权势一点不减，出山时还能把持朝政，而西晋的士族却不得不孜孜经营，才能提高他们家族的地位。

西晋初年，司徒王浑的弟弟王湛出身太原王氏，他沉默寡言，虽然才德兼备，但可惜无人知晓，兄弟、宗族都认为他是一个痴儿。王湛三十岁仍未入仕，但王浑的儿子王济早就平步青云了。

司马炎也认为王湛痴傻，见到王济就要调笑他："你那个傻叔叔死了没？"

后来王济发现自家叔叔非但不傻，还有奇才，于是感叹道："家有名士三十年而不知！"随后他大力推荐自家叔叔，王湛方得入仕。

可见，一个人即便同王湛一样背靠太原王氏的大树，如果他没有名声，也不能入仕。然而，只要自家在朝中有人，有权力为他背书，名声还不是说来就来吗！

上层士族的子孙，走的是一条中正品第与名誉相结合的入仕之路：他们自幼就备受赞美，无数的名誉汇集在他们身上，随之而来的是上涨的身价。经过中正的"考核"，他们必然获得一个上品的品级，然后坐等朝廷或者王国的征召，一路青云直上。

因此，高门大族格外重视名声，甚至为了让自己能在权二代中脱颖而出，不惜以夸张的方式攫取名声。《世说新语》有《俭啬》和《汰侈》两篇，足以反应当时上流社会的病态。

《俭啬》说的是贵族的吝啬，其中有这么一则故事：竹林七贤之一的王戎，位高权重，家财万贯，奴隶成群，却在侄子结婚的时候只送了一件单衣作为贺礼，之后他又向侄子要回去了。

《汰侈》说的是贵族的奢侈。最知名的就是石崇与王恺斗富的故事：晋武帝赠给王恺一座二尺高的珊瑚树，结果石崇直接用铁如意将其打碎，王恺认为石崇是出于嫉妒，于是石崇拿出六七座珊瑚树来，有的甚至高达三四尺。王恺因为输给对方的豪气而郁闷。

吝啬与奢侈，两种相悖的性格，其实都指向一点：高度关注财富。在西晋一朝，暴发户式的贵族随处可见，比如义阳王司马望"性吝啬而聚敛，身亡之后，金帛盈溢，以此获讥"。

吝啬是为了聚敛财富，表现出大族贪婪的一面；斗富则是一种名声的投资。普通的地方豪族，往往在其家乡都有一个"乐善好施"的名声，但他们从家乡来到洛阳之后，慈善和救济无法给他们带来足够的声望，斗富就成了展现家族实力和提高声望的最佳方式。

石崇曾经和王敦一起去太学游玩，看见颜回、原宪的画像，突然感叹道："要是能和他们一起做孔子的弟子，我和他们应该不会有什么差别。"王敦说："不知道你和其他人比会如何，但我觉得你像子贡。"子贡出身富豪之家，因此王敦才会觉得石崇与子贡类似。石崇神色严肃地说："读书人应该努力提高自己的身价和名望，这样就不至于以破瓮为窗，与人说话了。"

可见，西晋是一个极度追逐名利的时代。日本学者福原启郎认为，这种风气说明西晋的贵族社会尚处于暴发户式的幼稚阶段。

到了东晋，贵族的气质不像西晋的那么粗粝，上流社会有了非常成熟的贵族文化，比如谈玄、论佛、修饰园林、享受山水之乐……

对高门士族来说，他们可以创造名望。低一等的士族就必须通过贿赂或者依附的方式，才能得到名声。

西晋士人王沈在《释时论》中的描述颇为生动："京邑翼翼，群士千亿，奔集势门，求官买职，童仆窥其车乘，阍寺相其服饰，亲客阴参于靖室，疏宾徙倚于门侧。"

当时京城成百上千的士人奔走于权门，求官买职，阿谀奉承，为"浮竞"之风。这些人是这种风气的受害者，却在受害之后转而成为这种风气的参与者和推动者。

晋惠帝时期有一群以文才投奔当时的权臣贾谧的人，史称"二十四友"。其中除了石崇等上层士族，主要人物以中下层士族为主，比如潘岳、陆机、陆云。即便他们背后也有庞大的家族，但在权臣眼里根本不够格，摆在他们眼前的只有趋炎附势这一条路。

时人鲁褒写了一本《钱神论》，讽刺当时的拜金主义，谓"凡今之人，惟钱而已"。但是，这并不意味着当时的商品经济有多么繁荣，而是金钱背后的东西——名声，公然在权力中心频繁售卖。

高门士族的斗富，下层士族的贿赂，共同组成了一个金钱万能的上流社会。即使士族有很多人已经看到了这种风气背后隐藏的危机，也只能被裹挟其中。

毕竟，和拿不到入场券的寒门庶族相比，士族已经领先太多了。

6.寒门庶族：冲破壁垒

在门第观念逐渐形成的西晋，寒门子弟经常遭到高门士族的限制或打击，他们最常见的命运就是担任一个州郡的小吏，从事最烦琐的工作，升迁极慢，最终老死于卑位。

在阶层固化的背景下，他们因欲望在正常的制度下得不到满足，就只能寄希望于在社会动荡中重新洗牌。于是，他们搭上了八王之乱的快车。

如前所述，八王作乱是在一种反对国家私权化的舆论下进行的，针对的就是权臣结党营私、把持选举的现状。为了造声势，也为了招贤纳士，八王自然要利用在野士人的力量。于是乎，八王的幕府给寒门子弟提供了一个展示才能的舞台，让他们有机会能够高升。这股被压抑已久的力量一经释出，便如同汹涌的洪水，冲破了西晋的政治秩序。

比较具有代表性的人物就是孙秀。孙秀本是琅邪郡的一个小吏，根本没有资格参加州郡的品评。他向同郡掌管乡议的王衍求"乡品"，王衍起初并不同意，后来在从兄王戎的劝告之下，才给了孙秀一个乡品。当时，身为郡守儿子的潘岳经常差使孙秀，屡屡对其拳打脚踢，不把其当人看待。寒门的出身让孙秀受尽了欺凌。或许，孙秀对权贵的恨意因此就扎下了根，他出人头地的欲望也越发强烈起来。

一次偶然的机会让孙秀与赵王司马伦结交，接着他就成了赵王司马伦幕府的一员，他发挥自己的文才为赵王制作文书。孙秀因为才华横溢，很快被赵王倚为心腹，他与赵王司马伦的关系成为他跨越阶层壁垒的突破口。

后来，孙秀作为主角参与了讨伐贾南风的政变，并且利用赵王司马伦的昏聩把持了朝政。得到权势之后，孙秀开始了他的复仇。他将屠刀对准了那些养尊处优的名士，张华、裴頠、石崇、潘岳等人的人头纷纷落地，只有当年给予他乡品的王戎兄弟得以幸免。

如果说处死潘岳是出于复仇，那么张华等人的死则完全折射出孙秀对权贵无法释怀的恨意。到此为止，孙秀的故事就是一个标准的主角

"黑化"复仇的故事。可惜的是，一旦被卷入欲望机器之中，人就只能被其吞食，成为欲望机器的养料。

掌权之后的孙秀，开始嫌弃自己的出身，他决定融入贵族这个圈子。他希望和高门大族联姻，让自己的儿子成为驸马。仅仅这些还不够，孙秀找到同姓贵族乐安孙氏，与其合为一族，想要成为贵族。

乐安孙氏虽然没有当朝显赫的人物，但也算一个大家族，面对孙秀的橄榄枝，内部分成了两派。一派有年老的孙旂，他不看好孙秀，认为其必定会令家族遭祸。可是他的子侄辈年轻气盛，权力欲极大，想要附庸权贵。飞黄腾达的机会就在眼前，这些年轻的子侄岂会放弃？孙旂不能说服年轻人，只能痛哭流涕，眼看家族堕入深渊。

合族之后，乐安孙氏的年轻人立马得到高位，"兄弟旬月相次为公府掾、尚书郎"，可谓一门公侯。之后，三王起义，联合讨伐赵王司马伦，孙秀兴兵反击不成被杀。孙旂这一支被灭三族，成为政治斗争的牺牲品。

当然，孙秀的情况只是偶然，更多的寒门子弟还未功成就死在了战乱之中。

李含出身陇西李氏，颇有才华。他不愿与同乡的豪族皇甫商结交而被其忌恨，最终被安排做了一个门亭长，以示侮辱。后来，他受到刺史郭奕赏识，被举荐为秀才，但依旧官途坎坷。赵王司马伦篡位之后，李含加入了河间王司马颙的幕府，走上了改变命运之路。

在河间王司马颙任下，李含多次为主公谋划大计，欲在乱世中一展抱负。但是，当年与其结怨的豪族皇甫商因为所依靠的赵王司马伦被击败而投至司马颙门下。李含怕皇甫商因旧日之怨而记恨他，于是劝说司马颙不要接纳他，而皇甫商听说之后就更加恨李含了。

当初，李含本来打算同时除掉长沙王司马乂、齐王司马冏，使权力归于司马颙。可是，司马乂打败齐王后，时机已然错过。皇甫商投奔司马乂，向其进言："河间王司马颙之前想要图谋您的领地，该举动全部出自李含的建议。您应该早早将李含除掉。"于是，长沙王乂便派人杀了李含。

出身寒门又怀才不遇的李含，终其一生也没能翻越这座名为地方豪族的大山。

无论是孜孜经营名望的高门大族，还是趋炎附势的低等士族，或是想要努力冲破阶层壁垒的寒门庶族，所有的知识分子眼中都只有家族的利益，全然没有国家的视野。正如余嘉锡先生所言："盖魏晋士大夫止知有家，不知有国。"

站在道德的角度指责他们，其实就是只见树木、不见树林。士人们忠义精神的萎缩，是秦汉帝国秩序完全崩溃的一个侧面。曹氏篡汉，司马篡魏，血雨腥风的权力更迭，竟然丝毫不影响世家大族。士人们发现，帝王之位上不论坐的是谁，都无损于他们的利益，这个时候自然就会将对国家的奉献转向对家族的经营。

就像一驾向前飞驰的马车，有人上，有人下，但是乘客逐渐固定在特定的人群中。搭不上车的乘客开始扒车，一旦失败，就是身死。皇帝就像是御马者，他只需负责马车是向前行进的，没人在意他究竟是谁。

7.卑鄙者：沉沦之路

魏晋时代，阶层固化是相对于寒门庶族而说的。占据人口绝大多数的劳动者，或者说"卑鄙者"，只能慢慢下沉，不断卑微化，直到失去独立人格。

史载:"太康之中,天下书同文,车同轨,牛马被野,余粮栖亩,行旅草舍,外闾不闭,民相遇者如亲。其匮乏者取资于道路,故于时有天下无穷人之谚。"

"天下无穷人",多么讽刺。

历史,是人民创造的。但是,在精英撰写的史书中,我们很难看到人民的身影,他们往往掩藏于一些宏大的用来讴歌盛世,或讥讽乱世的文字之中,以至于我们只能在历史的边角料中努力寻找,才能找到些许他们活过的证据。

在任何一个朝代,自耕农总是占人口的大多数。他们永远处于贫困状态,却不得不负担整个社会的支出:皇帝的奢侈消费、官员的俸禄、军费的开支、地主的挥霍、寺庙的贡献……

除此之外,还有官府的徭役。王朝的宏伟工程造成的结果,是成千上万的百姓被迫放下农田的生计,从事繁重的体力活。魏晋时期至少就有正役、运役、兵役、吏役、杂役五种,名目繁多,役外有役。

所以,他们随时都有可能破产,一旦有什么风吹草动,他们就只能降低自身的人格和法律地位,成为豪族的依附民或者奴隶。这一点,在魏晋时代尤为明显。

西晋有一个叫王育的人,孤儿,家庭贫困,家里的田地估计被地主吞并了,只能靠给人牧羊为生。每次他牧羊路过学堂,都因为不能读书而抽泣。闲暇的时候,他会折下蒲梗当作笔,在地上练习书法。有一次,他太过专心致志,导致羊群走失。羊主责令其偿还,王育身无长物,只能出卖自己为奴。他的一位同乡听闻,十分欣赏他,于是帮他偿还了债务,资助他读书。

这是史传之中为数不多的一个成功跃升阶层的"卑鄙者"的身影。

然而,这则故事越传奇,越能凸显当时贫农的生活处境。王育的同乡能慧眼识英雄只是一个极小概率的事件。我们可以想象天下之大，"王育"到处都是，但只有这个王育如此幸运，其他的"王育"只能向下沉沦，沦为奴隶。

史载，石崇占有"苍头八百余人"，临沂人王戎也占有"家僮数百"，河内人苟晞占有"奴婢将千人"，鄱阳人陶侃占有"家僮千余"。凡是世家大族，就没有不蓄奴的。

西晋建立以来，世家大族获得了政治上的特权，不仅使其自身免除徭役的负担，而且可以荫庇亲族、依附民，使他们也免除徭役的负担。也是在这个时期，大族的依附民的名称越来越多，比较常见的是"部曲""庄客""佃客"。

依附民虽然地位要比奴隶高一些，但是并没有人身自由，除非"自赎"或得到主人"放遣"。平时，他们要为地主的农田耕作，战时还要拿起刀剑为地主战斗。

从自耕农到依附民，人的地位无疑下降了，但是在很多自耕农眼中，这种变化是一种"高攀"，因为成为朝廷的编户齐民，就意味着要接受官府永无休止的劳役，要接受名目繁多的赋税，这是一件比丧失人格更为恐怖的事情。相比于官府的层层盘剥，地主的面孔倒是有些慈眉善目了。

五胡乱华，犹如一把收割生命的镰刀划过中原，导致北方人口凋零，到处都是荒地。百姓躲在豪强建立的坞壁里面，俨然生活在一个自给自足的小王国里，或许民族矛盾会让他们受到的盘剥轻一些。异族的侵扰结束了西晋王朝的统治，也终结了诸多大族在中原的盘踞，相当于异族代替司马氏完成了王朝更替的革命。因此，均田制率先在北方实施。

百姓头上的两座大山稍微减轻了一些，当然前提是他们活了下来。

在江南，南迁的百姓被迫走进地主的大庄园中，人身依附程度不断加强，官府与地主之间时常发生人口的争夺战。只不过，不知道这种争夺对那些农民来说，是喜还是忧？

公元317年，士人与百姓大量南迁，那时的江南流行一种风俗——招魂葬。这是一种没有尸体的丧葬仪式。当时上到士人，下到百姓，人们想要纪念死去的亲朋挚友，然而尸首却找不到了。他们唯有相信灵魂不灭，仍有一种方式能够寄托哀思。

与其说人们是在告慰亡灵，不如说是对西晋末年那个社会的控诉，当然每个人控诉的对象不一样：朝臣埋怨皇帝，士族埋怨野心家，寒门庶族埋怨士族，百姓埋怨世道。生无安居，死勿相守。

最为讽刺的是，东晋朝廷认为新朝刚立，百废待兴，应禁止招魂葬，不然哀悼亡灵、控诉旧朝的哭声就会淹没这个新政权。于是皇帝下旨——谁都不准哭了。

在一堆没有尸体的坟墓之上，西晋在八王之乱中逐渐崩塌。永嘉五年（公元311年），在乱世之中崛起的匈奴军队攻陷洛阳，俘虏了晋怀帝。后来，晋愍帝在长安继位，但在匈奴的强攻下，晋愍帝被迫于建兴四年（公元316年）投降，后来屈辱被杀。至此，西晋彻底覆灭。

尽管西晋灭亡翌年（公元317年），西晋宗室琅邪王司马睿就在建康（今江苏南京）重建晋朝，史称东晋，但魏晋南北朝的超级乱世至此才刚刚掀开帷幕，中国历史还将在此后的惊涛骇浪中奔腾汹涌近三百年，到公元589年隋朝攻灭南陈，再次实现大一统，才再次实现合流。

而此间近三百年，魑魅魍魉群魔乱舞，世间苍生皆如蝼蚁。

东晋末日：
一手烂牌，却打出王炸

史学家田余庆先生认为，东晋门阀政治的基本特征就是皇帝垂拱、士族当权和流民御边。

东晋从立国开始，皇权就始终处于尴尬的无力境地，这个由门阀士族主政的时代，最终被一个卖草鞋出身的次等士族刘裕亲手埋葬，此后新生的刘宋政权，将担起重建专制皇权的历史重任，重建中国古代王朝的权力结构与统治秩序。

篡位那一天，宋武帝刘裕很想念一位故人——谢混。

谢混是谢安的孙子，文采斐然，曾写下"景昃鸣禽集，水木湛清华"等名句，号称"风华为江左第一"，连刘裕见了，都不禁称赞他为"玉人"。

但，谢混不支持刘裕。

当初，刘裕官拜太尉，满朝大臣皆来相贺，谢混却迟到了，他衣冠不整、旁若无人，摆出一副傲慢的样子。之后，谢混投靠了与刘裕分道扬镳的北府兵将领刘毅。随着刘毅兵败，谢混只能接受下狱赐死的命运。

在刘裕称帝时，谢混的族侄谢晦在其一旁说："陛下应天受命，只可惜不能让谢混为您奉玺绶。"禅代时由名臣硕老为新君奉玺绶，这是一个惯例。

刘裕听谢晦这么说，叹道："我也感到遗憾，他死得太早，没能让后辈见其风流啊！"

史学家田余庆先生称刘裕为"门阀政治的掘墓人"，并认为刘裕承担起重建专制皇权的历史重任，恢复了中国古代王朝的权力结构与统治秩序。

这位皇权的重建者在走上人生巅峰的那一天，却在缅怀一位出身门阀士族的人物，后者所代表的风流时代正缓缓落幕。

1.饥荒袭来

刘裕称帝的十七年前,东晋已经"亡"过一次了。

元兴二年(公元403年),那是一个荒年。

自永嘉南渡以来,经济繁荣多年的江左地区出现了罕见的饥荒,浙东一带的灾民在饥饿、疾疫中死去,史载"饥馑疾疫""殍亡事极"。

灾难之下,野心家蠢蠢欲动。当时,控制荆州的桓玄乘江左饥馑、漕运不继之机,下令封锁长江,禁止上游物资向下游运输,使下游的兵卒只能以谷皮、橡实为食,东晋政府的战斗力大为削弱。

面对东晋朝廷的声讨,桓玄二话不说,率领荆州大军东下,闪击建康,入城后处死权臣司马道子、司马元显父子,随后废掉晋安帝,登上帝位,建立桓楚。

桓玄篡晋,发生在东晋门阀政治落幕的前夜。这要从一场悲惨的饥荒说起。此次灾情并非天灾,而是人祸,源自司马道子、司马元显父子的一个政策。

隆安三年(公元399年),辅政晋安帝的司马道子及其子司马元显发起了一场改革,"发东土诸郡免奴为客者"服兵役,也就是把东部各郡的奴户释放为佃户,并迁移到京师,作为补充中央军兵源的方式,称为"乐属"。

东晋一朝，中央军力微弱，门阀士族多次以地方军对抗朝廷。这一过程中形成了两股强大的地方军事力量——荆州集团和北府集团。

荆州军的前身，是东晋成帝在位年间（公元325—342年）陶侃用来平定苏峻之乱的军队。陶侃去世后，庾亮、庾翼兄弟继承他的职位，以荆州为根据地发展势力。庾氏衰落后，桓玄的父亲桓温成为荆州刺史，后都督六州诸军事，掌握了长江中上游的兵权，极盛时期甚至有了篡位的野心。

桓温去世后，桓氏为朝廷所疏远，不再执掌权柄。由于受朝廷猜忌，桓玄直到二十三岁才被任命为太子洗马，之后出任义兴太守，与当年的桓温不可同日而语。

桓玄满怀忧愤，登高俯瞰，叹道："父为九州伯，儿为五湖长！"也许，他早已生出反叛的野心。

北府兵的前身，是平定苏峻之乱的另一功臣郗鉴的军队。后来，东晋朝廷命谢安的侄子谢玄招募广陵（今江苏扬州）、京口（今江苏镇江）地区的流民中的骁勇之士，组建军队，拱卫京师。之所以称作北府兵，一是因其驻军的长官多被封为镇北将军、征北将军，二是因为北府兵镇守京口，京口亦称北府。

在淝水之战的危机中，北府兵负责长江防务，力挽狂澜，堪称东晋的顶梁柱。当时，北府兵猛将刘牢之率五千精兵在洛涧大破前秦军队，一战成名。

因此，史学家田余庆认为，东晋门阀政治的基本特征是皇帝垂拱、士族当权和流民御边。

门阀士族跋扈时长期把持地方军队，蔑视中央。

考虑到荆州和北府的军队难以控制，司马道子父子试图用吸收地方兵源的方式，来增强建康的兵力。这不仅侵犯了士族地主的利益，也激起了农民的反抗，两边都不讨好。

他们的政策颁布后，浙东的老百姓都不愿意离开自己的家乡去服兵役，反而集结到五斗米道的首领孙恩的旗下。

孙恩家世代信奉五斗米道，以道术得幸于晋朝皇室司马氏，但家族南渡之后没有得到重用，沦为次等士族，地位不高，上进无门，他们一直渴望改变这一现状。

此前，孙恩的叔父孙泰欲聚集信众起事，司马道子父子发现后处死了孙泰和他的六个儿子，孙恩侥幸逃脱，躲在海岛上，聚集了一百多个同伙，谋划为叔父复仇，并向信众灌输孙泰"尸解成仙"的迷信说法。

隆安三年（公元399年）十月，眼见三吴地区动荡不安，孙恩带着一百多人从海上归来，与其妹夫卢循（出身范阳卢氏）利用五斗米道在民间的影响力，发动对朝廷不满的江东八郡农民，很快就聚众数十万，在浙东掀起了一场起义。

孙恩、卢循起义后，东晋军和农民军展开厮杀，乱兵大肆抢掠，农民不事生产。不久，田野荒芜，饥荒和瘟疫袭来。这为桓玄的荆州集团提供了良机。

直到桓玄篡位后，三吴地区的灾荒仍未好转，史载："三吴大饥，户口减半，会稽减什三四，临海、永嘉死散殆尽。"

2.奇葩父子

司马道子父子才能平庸，却能以宗室的身份辅政，成为皇权的代言人，正是因为东晋末年门阀政治开始衰弱，其征兆是淝水之战的功臣谢安的隐退。

正如阎步克教授所说："中古门阀与皇权之间，存在'此消彼长'的关系：门阀强了，皇权就弱了；皇权强了，门阀就弱了。那不一定是某皇帝与某人某族发生了个别冲突，而是指一种总体上的权益分配格局。"

太元八年（公元383年），在谢安的统筹下，东晋军在淝水之战中以少胜多，击退了来势汹汹的前秦大军，粉碎了前秦皇帝苻坚投鞭断流的梦想，也让东晋朝廷转危为安。在淝水之战后，谢安的声望达到顶峰。

如果按照此前半个多世纪的历史发展，这位早年隐居会稽东山的老人即将带领他的家族陈郡谢氏，成为继琅邪王氏、颍川庾氏、谯国桓氏之后又一个把持朝政的门阀士族。

然而，当时在位的晋孝武帝司马曜致力于恢复皇权，有意打破门阀政治的格局，他提拔与其同母的弟弟司马道子担任司徒、扬州刺史、录尚书六条事等重要职务，与陈郡谢氏的门阀士族抗衡。

谢安一边要提防功高震主的舆论，一边要避免令皇帝产生猜忌。

为了避祸，谢安以北伐的名义离开建康，出镇广陵，将朝中政权全部交给司马道子，他还让人在南方的始宁建造了一座庄园，让家小全部搬到庄园里居住，以表示他将在平定北方后，举家搬迁，过上隐居生活。不久，老迈的谢安病逝。

谢安去世十一年后，沉溺酒色的晋孝武帝司马曜在后宫跟他的妃子张贵人开玩笑，说她是个快三十岁的女人，容貌大不如前，他早晚要把她废了，另找个年轻漂亮的姑娘。

要搁今天，晋孝武帝这话恐怕要被人狠批一顿。其实当时张贵人听了也很不爽，害怕自己因年老色衰而被废，心一狠，等晋孝武帝喝醉酒了就用被子蒙住他的头，使他窒息而死。晋孝武帝就这样因为一句戏言而死于睡梦之中。

太子司马德宗（即晋安帝）即位，他是晋朝的又一个白痴皇帝，话都说不利索，分辨不清一年四季、冷热饥饱，生活不能自理。

司马道子、司马元显掌控朝政，这意味着朝中大权从门阀士族，转移回了司马氏皇室手里。

但这对父子，偏偏是一对草包。

司马道子和他哥晋孝武帝一样，是个酒蒙子，整日宴饮无度。

桓玄在二十三岁时刚出仕，有一次去拜访司马道子，后者正好喝得烂醉如泥。司马道子睡眼惺忪地对身边的宾客说："桓温晚年想篡位，是不是真的？"这话吓得桓玄当即趴在地上，汗流浃背。不过，桓玄对司马道子的感情更多的不是害怕，而是痛恨，恨得咬牙切齿。司马道子当着他的面直呼其父之名，又加以大罪，这是一种羞辱。

据说，谢家的谢重当时也在场，他举起手板来打圆场，说："已去世的桓公废黜昏庸的海西公（废帝司马奕），拥立圣明之君（晋简文帝，即司马道子的父亲），功劳可比伊尹、霍光，至于那些众说纷纭的议论还请您多加裁决。"

司马道子这才连声说："我知道，我知道！"

司马道子一味沉溺到醉乡中，身体每况愈下，于是提拔了不到二十岁的儿子司马元显参与执政。

司马元显年纪轻轻，却颇识权术，见他老爸每天喝得醉醺醺，便有了取而代之的想法，提议朝廷解除司马道子扬州刺史的职务，并自任扬州刺史。那天，司马道子酒醒之后才知道儿子竟敢夺权，但生米已经煮成熟饭，只好把权力分给儿子，父子俩共同执政，又各怀鬼胎。

当时，司马道子被称为"西录"，在建康的西府办公，很多大臣都认为他过气了，不去报告，西府门可罗雀；司马元显被称为"东录"，在东府办公，由于他是朝中新贵，而且善于交际，一些狐朋狗友纷纷前来投靠，盛赞他为一时英杰、风流名士。司马元显当时还不到二十岁，听多了盛赞之言自然就飘了，自以为无敌于天下，只知聚敛财富，家产比皇帝还富有。

司马道子父子本来有望重振司马氏的皇权，结束门阀政治的时代，但他们一个沉浸在醉生梦死之中，一个是年少的权奸，父子俩掌权，搞得东晋朝政混乱不堪，最终整出了大事。

在孙恩、卢循起义掀起的动乱中，有两个人抓住了改变命运的机会，他们后来干出了推翻晋室的事业。此二人，是桓玄和刘裕。

3.桓玄的野心

失意的桓玄受到司马道子恐吓后，选择了隐忍，后来被封为广州刺史，远离朝廷，暗中发展。

在孙恩、卢循起义之前，隆安元年（公元397年），不满司马道子父子擅权的东晋大臣王恭带头起兵，反对这对奇葩父子弄权。王恭出自太原王氏，也是晋安帝的舅舅，他出镇京口，起兵动用的是北府兵。

门阀士族再次利用地方军来威胁东晋政府。王恭起兵让东晋皇室深切感受到了中央军的孱弱以及地方军的强大，这才有了那道引发孙恩、卢循起义的糊涂政令。

纨绔子弟司马元显虽然治国理政一塌糊涂，但善于用计谋，在王恭第二次向建康进军时，司马元显察觉到北府兵将士并不信服王恭，于是派人劝降北府兵的先锋大将刘牢之，告诉他只要愿意倒向朝廷，事成之后就把王恭南兖州刺史的位子给他。

于是，刘牢之临阵倒戈，背叛了王恭。王恭因兵败而死后，北府兵的指挥权落到了刘牢之手中。刘牢之是一员猛将，虽然其军事才能一流，但他的政治意识却有点不足，这也成了他的致命弱点。

王恭的战败，引发了东晋地方势力动荡的连锁反应。

桓玄之父桓温在世时，荆州是谯国桓氏的根基所在。桓温死后，其弟桓冲也曾主政经营。当桓冲退休时，地方的文武官员都来相送。

桓冲对一旁的桓玄说："这些都是你家的门生故吏呀。"

年少的桓玄当即掩面哭泣，让在场的所有人感到诧异。

或许，桓冲的话可以做两种解释：一是桓氏没落，旧官属虽多，却挽不回朝堂上的颓势；二是桓氏门生故吏遍天下，卷土重来还未可知。

在以雄豪自处的桓玄眼中，叔父的意思是后者。带领桓氏夺回大权的理想，像一颗种子深深埋在桓玄的心里。

王恭失败后，桓玄被封为江州刺史，在上游与雍州刺史杨佺期、荆州刺史殷仲堪成鼎足之势。下游的孙恩、卢循爆发起义时，荆襄一带也不太平。当时，荆州发大水，殷仲堪开粮仓赈济灾民，桓玄借机发兵偷袭，攻占了粮食丰足的巴陵（今湖南岳阳），断了殷仲堪的粮道，随后找了个理由，带兵进攻殷仲堪所在的江陵（今湖北荆州）。

殷仲堪从江陵向杨佺期发出求救信息，杨佺期认为江陵缺粮，难以御敌，要殷仲堪一同到襄阳去。在政治斗争中，人性的自私往往占了上风，殷仲堪担心自己丢失地盘，就骗杨佺期说他已收集了大量粮食。

杨佺期信以为真，带兵来救，结果被桓玄分兵夹击，被俘后身首异处。殷仲堪得知杨佺期兵败后，率数百人逃走，想要北上投奔后秦的姚兴，结果半路上被追兵擒获，被逼自杀。

至此，桓玄相继消灭了杨佺期、殷仲堪等地方势力，夺取了桓氏旧根据地荆州，都督荆、江八州军事，占据东晋三分之二的版图。当东晋朝廷为孙恩、卢循起义焦头烂额时，桓玄顺流而下，兵临建康，终结了司马道子父子的执政生涯。

不过，桓玄此时还没有意识到，他的对手另有其人。

4.刘裕一战成名

"斜阳草树，寻常巷陌，人道寄奴曾住。"

北府兵镇守的京口，是永嘉之乱以来南渡士、民的聚集地，且多为流民。

有个小名叫"刘寄奴"的孩子在这儿出生，据说他家祖先可以追溯到汉高祖刘邦的弟弟楚元王刘交，随晋室南迁至京口后，家族中也出过太守、县令之类的地方官，但在东晋"王与马，共天下"的门阀政治中，他们属于陈寅恪先生所说的"次等士族"，难以突破阶层的锁链，更难以执掌大权。

刘寄奴家贫，一出生，他的母亲就不幸去世了。刘家穷，请不起乳母，刘寄奴的父亲本想将他遗弃，幸而同乡的姨母也生了小孩，就把小刘接过去哺育，救了他一命。

长大后，刘寄奴沦落到以卖草鞋为生的地步，还迷上一种叫"樗蒲"的赌博游戏。有一次他跟东晋官员刁逵赌钱，欠了刁逵一笔钱，却无力偿还，刁逵气得把刘寄奴绑在马桩上，当街鞭打。

上流人士都不愿和刘裕交往，只有王导之孙、琅邪王氏的王谧对他另眼相待。王谧看到刘寄奴受辱，立即找到刁逵，表示愿意替刘寄奴还赌债，让他把人放了。

王谧慧眼识人，对当时名声不扬的刘寄奴说："卿当为一代英雄。"

刘寄奴，大名叫刘裕。

年轻时沉迷赌博的刘裕迷途知返，到北府兵参军，他身材高大魁梧，天生就是当军人的料，当兵后在军中有口皆碑，很快得到了刘牢之的重视。刘牢之将刘裕提拔为他的参军（参谋军务），命其带兵抵御孙恩军。

此时，孙恩的起义军迅速席卷江东八郡，并大肆屠杀当地的士族地主，兵锋直指建康，东晋朝廷为之震惧。

平定叛乱的重担，落到了刘牢之率领的北府兵身上，刘裕也由此初露锋芒。

有一次，刘裕带着几十个人去探查敌情，没想到中途遇到了孙恩军的数千兵力。若是一般人看到这阵仗就该撤了，毕竟只是出来侦察敌情的，拼什么命啊！

可是刘裕不尿，他带着士兵向对方发起进攻，由于寡不敌众，随从士兵全都战死，只剩下刘裕手持长刀奋力砍杀，大声呼喊。孙恩的士兵虽然占优势，但也被刘裕的疯狂行为吓傻了，不敢轻举妄动。

刘牢之等不到刘裕归队，才带兵来寻找。正好看见刘裕与数千敌军周旋，在他来之前就已奋长刀斩杀数人，不禁被其深深折服，惊愕之余急忙带着手下去救援，此役斩敌千余人。

经过这次传奇经历，刘裕一战成名，从此成为孙恩、卢循起义军的克星。在北府兵的打击下，孙恩屡战屡败，兵力逐渐衰弱。

隆安五年（公元401年）八月，屡立战功的刘裕被东晋朝廷任命为下邳（今江苏睢宁）太守，出兵讨伐孙恩。经过三个月的交战，孙恩军被刘裕俘虏、斩杀的士兵数以万计，孙恩不得不再次向海岛逃窜。

次年，孙恩在三吴地区掳掠的男女几乎散尽，孙恩害怕被东晋军抓获，便跳海自杀，其党羽与姬妾跟随他投海的多达数百人，时人称之为

"水仙"。

孙恩死后,其余部众由他妹夫卢循统领,继续在沿海作乱。直到十年后,卢循军被执掌东晋大权的刘裕派兵平定,卢循也选择投海自尽,追随其大舅子孙恩而去。

孙恩、卢循起义,被认为是一场带有宗教色彩的农民起义,但两名主要领导者却出身士族,孙恩是寓居江左的次等士族,卢循出自范阳卢氏,祖上是东汉名臣卢植。

所以,这场起义本质上也是士族通过发动农民夺取政权的一次失败尝试。

当初在与孙恩作战中崭露头角的刘裕,也许没有想到多年后他将用另一种方式实现次等士族的逆袭。

5.桓玄篡晋

孙恩跳海而死的第二年,桓玄入主建康,废黜晋安帝,自己当了皇帝,他建立的短命政权史称"桓楚"。

桓玄即位那一天,王谧以司徒兼太保的身份代表门阀士族,为桓玄奉玺绶。

王谧就是曾经向刘裕施以援手的琅邪王氏成员。建康的门阀士族高官手中没有兵权,抵挡不了桓玄的权势,只能战战兢兢地拜倒在新君脚下。

"王与马,共天下"的格局被打破,桓玄篡位要建立的不是新的门阀政治,而是新王朝的帝业。

天下人都希望他能改变司马道子父子的弊政,还江左一片安宁,桓玄却交出了一份糟糕的答卷。

史载，在短暂的皇帝生涯中，权力极度膨胀的桓玄奢侈放纵，大兴土木，急着修建新的宫殿，从士族地主手中收罗各种奇珍异宝，玩物丧志；在政治上，他对法令吹毛求疵，为了显示才能而肆意处置官员、功臣，连错别字都要亲自修改，甚至提出了废钱用谷、恢复肉刑等不切实际的改革措施。

桓玄和魏晋时期的很多门阀士族出身的公子哥一样，才华横溢，在文化方面颇有造诣，在名士圈玩得很开，但这种属性放在一个开国皇帝身上就很不合适。

因此，文史学家余嘉锡先生评价道，桓玄是一个像隋炀帝杨广、宋徽宗赵佶一样的人物，那两个哥们都是帝王家儿，还把自己家败光了，而桓玄"欲为开国之太祖，为可笑耳"。

桓楚建立后，江左一带并没有从饥荒的灾难中摆脱，"百姓疲苦，朝野劳瘁，怨怒思乱者十室八九焉"，很多富人穿着绸缎，怀藏金玉，活活饿死，穷人就更不必说。于是，推翻桓楚的历史使命也落在了北府兵肩上。

实际上，早在桓玄进军建康时，北府兵就有阻击桓玄的机会。

元兴元年（公元402年），桓玄上奏司马道子父子之罪，从江陵发兵东下，攻打建康，并派人劝说北府兵的刘牢之与其合作。

刘牢之平时也跟司马道子父子俩不对付，虽然被朝廷任命为先锋对抗桓玄，但他担心他自己打败桓玄后，功高震主，更不为司马氏所容（"又恐己功名愈盛"）。

当桓玄派人来劝告时，刘牢之不假思索地同意合作。刘裕与刘牢之的外甥何无忌都劝刘牢之不要被桓玄利用，刘牢之却不听，还是向桓玄投降了。

桓玄集合八州兵力，又有北府兵相助，建康毫无抵抗之力，迅速被攻陷。

之后，桓玄为绝后患，夺取刘牢之的兵权，改任其为会稽内史。刘牢之才知道大事不妙，说："这么快就要夺我的兵权，我的大祸就要来临了。"

刘牢之那时才想起兵反抗桓玄，要拉刘裕一起去。刘裕却拒绝了他的老上司，说："将军之前拥兵数万，听到风声就投降桓玄，现在他威名震动天下，朝廷内外都是他的人，你还能到哪儿去呢？我要脱去军装，回京口老家去了。"

何无忌是刘裕的好友，他见舅舅刘牢之不靠谱，就问刘裕："你说我该怎么办？"

刘裕说："在我看来，刘牢之一定难逃一死，你随我回京口，如果桓玄遵守礼节，我们就一起服从他，否则的话，我们就想办法对付他。"不久之后，刘牢之果然起兵失败，被迫自缢而死，之后还被开棺戮尸，被暴尸于市。

刘牢之被杀后，北府兵群龙无首，手握荆州集团的桓玄才能肆无忌惮地篡夺皇位。

6.桓楚灭亡

可以说，桓玄和刘裕都是励志典范。

一个是失意的贵族公子，收复旧部，一手重建家族企业；一个是贫困的寒门子弟，白手起家，凭借军功进入政坛。

桓玄篡位后，刘裕入朝拜谒。

桓玄一见刘裕，对其器重有加，他对刘裕的老朋友司徒王谧说："我看刘裕风骨不凡，果然是人杰。"

之后每次宴会，桓玄都会召刘裕入座，殷勤款待，并赏赐宝物。

桓玄的妻子刘氏却不以为然。她见刘裕英武不凡，一看就不好惹，于是向桓玄规劝道："我看刘裕龙行虎步，颇有胆识，恐怕终究不在人下，不可不防。"

骄傲的桓玄一听，大笑道："若要平荡中原，正需要刘裕此等人才。等到关、陇平定，再对付他即可。"

当时，桓玄已经杀了刘牢之等一大批北府宿将，却偏偏放过了前途无限的刘裕，可能是他看刘裕资历尚浅，不会威胁到他自己的地位，又或是如他所说的，他要留着刘裕和北府兵去北伐，收复中原。

另一方面，刘裕见人说人话，见鬼说鬼话，他政治智商比刘牢之强了不知多少倍。

刘牢之的外甥何无忌找刘裕帮忙拿主意时，刘裕告诉何无忌，要少安毋躁，桓玄若不篡晋，就不能贸然反对他，他如果篡晋，就容易被打败了。暗地里，刘裕团结北府兵旧将，谋划推翻桓楚。

可当桓玄的堂兄弟桓谦向刘裕打听北府将领对桓玄的看法时，刘裕却主动向桓氏示弱，表示"劝进"，说桓玄是桓温的儿子，功勋、品德都是当世无双，晋室微弱，已失民望，乘运禅代，有何不可！

就这样，桓玄错过了除掉刘裕的机会。

元兴三年（公元404年），刘裕回到京口，与何无忌等北府兵旧将密谋讨伐桓玄。

何无忌夜里在家草拟檄文，他的母亲、刘牢之的姐姐站在凳子上看着他，哭泣着说："我虽然不能像汉代的吕母（西汉末年反对王莽统治的起义领袖）那样明事理，但你能这么做，我有何遗憾！"

何母又问同谋的都有什么人，何无忌说有刘裕。何母大喜，说他们起兵必定能成功，桓玄一定会失败。

何无忌与刘裕商定后，就去劝说另一位北府兵将领刘毅入伙。

两人都是有心机之人。何无忌先假意问刘毅："桓氏现在强盛，可以讨伐吗？"

刘毅也和他绕弯子："以正讨逆，不怕失败，可是我们连一个领袖都没有。"

何无忌特意不提刘裕，试探道："您太低估自己了，难道天下之大就没有英雄吗？"

刘毅也知道何无忌的意思，当即表示："依我所见，只有一个刘裕可成大事。"

何无忌点头称是，这件事就这么定了。

因此，刘裕被推为讨伐桓楚的盟主，和何无忌、刘毅、诸葛长民等二十七名将领歃血为盟，起兵讨伐桓楚。起初，这支军队只有一千七百人，转眼间，北府兵旧部群起响应。

桓玄一向自命不凡，若是别人造反他也不怕，可他听说造反的是刘裕，吓得连日惊慌不已。

大臣们说："刘裕的军队都是乌合之众，势必无成，不足为惧。"

桓玄却叹息道："刘裕足以称为当世英雄，刘毅也是个不要命的赌徒，何无忌酷似他的舅舅刘牢之，他们共举大事，何谓无成？"

桓玄不敢与北府兵硬碰硬，而是退守两百里，屯兵于覆舟山（玄武山，今江苏南京市东北），准备以逸待劳，可刘裕转眼间就打到了江乘。

北府兵势不可挡，桓玄只好出城向西逃，回到家族经营的荆襄之地。出城时，桓玄一言不发，拿着马鞭指了指天空，整天都吃不下饭，就算侍从把米饭捧给他，他都咽不下去。

回到荆州后，桓玄企图带领军队卷土重来，在峥嵘洲（今湖北武汉）与北府兵狭路相逢。

当时，桓玄的兵力比对手多数倍，刘裕的部下大都感到畏惧。刘裕的弟弟刘道规在军中号召全军拼死一战，说："桓玄虽有雄豪的虚名，但内心胆怯，两军决战于阵前，将领勇敢的胜，人多人少并不是关键因素！"

刘道规率领军队发起进攻，桓玄却不敢迎战，反而在江边准备好一叶扁舟，准备随时逃走，部下受其影响，毫无斗志。

之后，桓玄兵败如山倒，一路逃窜到了益州，身边的亲信所剩无几。他想打破门阀政治的游戏规则，取代皇权，却成了众矢之的，如过街老鼠，人人喊打。

益州督护冯迁到其必经之路埋伏，准备拔刀刺杀桓玄。桓玄从头上拔下用来装饰的玉导，对冯迁说："你是谁，竟敢来谋害天子！"冯迁大声回答："我杀的是天子的仇敌！"

桓玄被杀后，其首级被悬挂在建康桥头示众。

桓楚，亡了。

7.残酷的内斗

义熙元年（公元405年），晋安帝在刘裕的扶持下重登帝位，刘裕取代桓玄总揽朝政，被授侍中、车骑将军、开府仪同三司、扬州刺史、录尚书事等职位。

这一系列位高权重的任命，意味着刘裕以一个次等士族的身份打破了门阀士族长久以来对权力的垄断，东晋成了刘裕实际掌权的天下，造宋之路由此开启。

此前恍如一梦的桓楚，给了刘裕现实的经验教训。

首先，刘裕要扫清异己，独揽大权。

对于已然衰落的门阀士族，刘裕采用的是拉拢的策略。

比如早年对刘裕有恩的王谧，其侍奉过桓玄，有政治污点，很多人都上书请朝廷诛杀他。刘裕却极力保全恩人，并把获得的扬州刺史、录尚书事等职务让给王谧。王谧虽然接受了这些头衔，但并无兵权，实际权力还是控制在刘裕手中。

在此之前，还有一些门阀士族选择站在刘裕的对立面，他们把赌注压在了刘毅一方。

荆州，依然盘踞着一股强大的地方势力。

荆州刺史刘毅曾跟随刘裕反桓玄，他的"资名才力，与（刘）裕相亚"，他自以为当初勤王起兵的功劳与刘裕等同，不同意刘裕一手遮天，凭什么那个卖草鞋的功成之后，就当了王朝的"二把手"，而他这个亲自将晋安帝迎回建康并重新执政的大功臣，到头来却只配坐冷板凳。

于是，在王谧死后，刘毅向朝廷提议，把扬州划归他人兼管。他想要把支持他的谢混扶上扬州刺史的位置。

刘裕的谋士刘穆之对刘裕说："你千万不要听从！"

刘穆之是刘裕的首席谋士，聪明绝顶，喜读《尚书》《左传》，时人认为其智谋可比肩汉初的张良。刘穆之也是没落的士族中人，在门阀政治的时代背景下怀才不遇，只能担任一些小官，直到遇到刘裕，才有了展露才能的机会。

刘裕起兵伐桓玄时，刘穆之听到京口传来喧闹之声，早晨起来正好遇到刘裕的信使，赶紧回家换了条裤子去拜见刘裕。刘裕说："我刚刚举起义旗，需要一个负责文书的人才，您看谁能担当此任？"刘穆之直截了当地说："将军的军府刚刚建立，仓促之际恐怕没人比我更合适了。"

从此，刘穆之成为刘裕的智囊。

当刘穆之得知刘毅有意削弱刘裕时，刘穆之向刘裕献策说："东晋朝廷的权柄丢失已久，天命已经转移。您兴复晋朝，位高权重，不可一味自谦。刘毅等人当初和您一样起家于寒微，共同起义，取得富贵，但他们并不是彻底地服从于您，最终还是要互相兼并。现在扬州这块地盘绝对不能拱手让人，权力一旦授予他人，就会受制于人，没有夺回来的机会了。朝廷在商议此事，您就表个态，可以说朝中宰辅和地方大员的任免，是国家大事，切不可空谈，等您抽时间入朝，与诸位王公大臣探讨一下人选。您到达京城后，他们受到威慑，一定不敢越过您，将扬州授予他人。"

刘裕听从刘穆之的建议，果然在朝中坐稳了位置，回京出任扬州刺史兼录尚书事。

刘毅见软的不行，就来硬的。

义熙八年（公元412年），占据荆州的刘毅对刘裕愈发不满，扬言"恨不遇刘邦、项羽，与之争中原"，要与刘裕夺权。

刘毅的抗争，背后也是门阀士族的反抗。史载，刘毅"颇涉文雅，故朝士有清望者多归之"，为了对抗刘裕，他与门阀士族的代表——尚书左仆射谢混、丹阳尹郗僧施（郗鉴的曾孙）等合作。

刘裕当时已为太尉，他逼迫晋安帝下诏宣告刘毅的罪行，随后亲率大军西征荆州，铲除刘毅及其党羽。

刘毅打起仗来，完全不是刘裕的对手，战败后隐姓埋名逃到江陵的牛牧寺，想要投宿，却被拒绝。当初，刘毅追杀桓氏余党，曾经到过牛牧寺，处死了藏匿桓氏的僧人。此时，寺中僧人对刘毅说："以前亡故的师父是因为收留叛党，为刘毅将军所杀，现在本寺实在不敢再收留外人。"

刘毅听后有一种作法自毙般的宿命感，叹道："我断了自己的后路，没想到会这样。"说罢，刘毅绝望地上吊而死。

投靠刘毅的门阀士族谢混等人也被赐死。后来，刘裕篡晋时，以不能得谢混奉玺绂为遗憾。

刘裕起兵时的另一个盟友、出身琅邪诸葛家族的诸葛长民，也难受了。

诸葛长民一度被刘裕委以重任，都督豫州、扬州等六郡军事。刘裕出兵讨伐刘毅时，将其留在后方。当时，诸葛长民骄纵贪侈，百姓苦不堪言，等到刘裕平定刘毅后，诸葛长民开始担心自己会因胡作非为而被清算，于是开始密谋叛变，他对亲信说："昔年醢彭越，今年杀韩信。祸其至矣！"

但他仍然没有下定决心叛变，于是诸葛长民偷偷问刘裕的谋士刘穆之："外面传言，都说太尉对我不满意，怎么会这样呢？"

刘穆之立马开始稳定诸葛长民的情绪，说："刘公西征刘毅，把自己的老母亲和年幼的孩子都交给您，如果不是信任您，哪会这样做呢？"

听了刘穆之的开解，诸葛长民有所释怀，放松了警惕，但他的弟弟劝他还是赶紧先发制人，以免和刘毅一样成为弃子。

正当诸葛长民举棋不定，不敢贸然出手时，刘裕已经秘密班师回建康。

诸葛长民得知后，惊讶之余急忙入朝求见。

刘裕走下堂来，握住诸葛长民的手，和往日一样谈笑风生，说："老哥别来无恙，当初我将府中的大小事都托付给你，现在也还当你是兄弟，你肯不肯继续为我效力呀？"

刘裕话刚说完，没等诸葛长民表态，事先埋伏好的壮士已经跳出来，将诸葛长民当场杖杀。

8.北伐，北伐

在控制东晋朝政之后，野心愈发膨胀的刘裕，开始有了北伐中原、扬名立威的计划。

淝水之战后，北方的局势从前秦的一统变成了后秦、西秦、南燕、北魏诸国争强。

在地缘上，南燕割据青、徐，与东晋接壤，统治范围包括今山东及江苏的部分，不时派兵侵袭东晋边境。

南燕皇帝慕容超是个暴虐的君主，群臣稍有谏劝，就可能遭到杀害。慕容超问大臣他像历史上哪个帝王，有大臣直言不讳地批评："你是桀、纣！"

义熙五年（公元409年）二月，慕容超嫌宫里的乐伎太少，发兵攻晋，掳走宿豫（今江苏宿迁）的男女两千五百人。这是赤裸裸的挑衅。

面对南燕送上门的出兵理由，刘裕当即上表请求伐燕，但东晋朝臣纷纷表示反对，不少人认为，当下不宜北图。刘裕却亮出他的铁腕手段，力排众议，发兵北伐南燕。

刘裕率领大军从建康出发，到下邳后把船只、辎重留在此地，随后改走陆路，进军至地形险峻的大岘关（今山东沂水县穆陵关），翻过去便能到达南燕的都城广固（今山东益都西北）。

面对刘裕大军，慕容超难免心慌，手下为他献上一条"毒计"，即死守大岘关，使刘裕大军旷日持久地攻城，消耗锐气，然后派两千精骑绝其粮道，把周边土地上的粮食毁掉。史载，大岘关"峻狭仅容一轨（一辆马车）"，确实易守难攻，如果南燕采取这个策略，即便晋军攻入了齐鲁大地，也要费上一番功夫。

但刘裕断言，慕容超为人贪婪，既想要庐获，又爱惜禾苗，绝不会坚壁清野。果然，南燕没有在大岘关布置重兵，而是放东晋军入关，慕容超想要以逸待劳，用骑兵野战取胜。

刘裕大喜过望，过了大岘关，举手指天，说："兵已过险，人人有决一死战的心，禾谷遍野，无须担心缺粮，敌人已在我掌握之中。"

尽管慕容超御驾亲征，但还是被刘裕一举攻克，慕容超单骑逃回广固，陷入刘裕大军的包围。次年，城内断水断粮，南燕尚书悦寿不得不开城投降。晋军入城，慕容超仍然宁死不降，被俘后，他将母亲托付给东晋将领刘敬宣照顾，他自己则接受亡国的结局，随后被押送至建康斩首。

经此一战，刘裕为东晋收复了北方青州等地，也创造了史上少有的北伐成功战例，将他的威望推向了另一个高峰。

灭南燕后，刘裕又南伐卢循起义军，西征割据蜀地的谯纵政权，并北伐关中。

这就是南宋辛弃疾在词中所写的："想当年，金戈铁马，气吞万里如虎。"

义熙十二年（公元416年），后秦皇帝姚兴去世，其子姚泓即位，强盛一时的后秦陷入与匈奴、鲜卑等族的战争，大夏的建立者、匈奴人赫连勃勃也出兵袭取秦地。刘裕认为，这是伐后秦的大好时机，便留心腹刘穆之在建康主持朝政，再次亲率大军北伐。次年，刘裕攻破潼关，围攻长安，姚泓举国投降。统治关中地区三十三年的后秦覆灭，之后姚泓亦被送至建康街市斩首。至此，五胡十六国中的两国为刘裕一人所灭，刘裕对外的战绩达到顶峰。

然而，刘裕志不限于此，他只在长安停留了两个月，之后便安排十二岁的次子刘义真为安西将军，留守长安，王镇恶、沈田子等将领带兵一万辅佐，他自己则率大军返回建康。

刘裕入关中时，三秦父老和陇右流民纷纷前来投靠，有些地方携老扶幼，为晋军捐献粮食，希望刘裕率领的"王师"留下来经营关中，让关中百姓免受战乱之苦。

听说刘裕要离开长安，当地百姓向他诉苦："我们这些残存在此的百姓，百年来得不到汉家天子的教化，今日才终于看见衣冠北归，不禁人人相贺。长安十陵，是公家坟墓，咸阳宫殿，是公家室宅，您舍弃这些，想要去哪儿呢？"刘裕是汉朝皇室的子孙，所以关中百姓想以"长安十陵""咸阳宫殿"留住刘裕。

但刘裕还是让他们失望了。

夏国国主赫连勃勃得知刘裕北伐半途而废，便将关中视为囊中之物。夏国的谋臣王买德认为："关中形胜之地，刘裕派年少的儿子镇守，他自己南归，肯定是急着去篡位了。"

刘裕收复关中仅过一年零五个月，关中郡县便被赫连勃勃攻占，又落入胡人手中。

9.要么不做，要么做绝

不过，刘裕仓促地返回南方并非只为了帝位，也是因为担忧后方起火导致前功尽弃。在刘裕北伐后秦时，留在建康的尚书左仆射刘穆之突然病逝，作为刘裕的头号谋臣，朝廷大事向来由刘穆之主持，因此他一死，朝中便人心惶惶。刘裕担心此时朝中门阀士族与皇室司马氏开始反扑。

为了进一步打击门阀士族，刘裕推行"土断"政策。所谓"土断"，就是统一全国户口，将从北方移居到南方的民众编入现在的居住地户籍，使他们成为受当地官府管理的纳税对象。

永嘉南渡后，东晋为了安置难民，在南方设置了很多侨州郡县。在这一体制下，原住民和迁移来的居民在税收负担、管理系统上存在差别，很多南下的无籍流民沦为豪族侵吞的对象。

"土断"政策的实施，让全部居民按实际居住地编定户籍，换句话说，不管是什么身份，百姓都要向朝廷纳税、服徭役。东晋时期多次推行过"土断"，桓温实施的庚戌土断（公元364年）曾取得一定的成果，刘裕便在庚戌土断的基础上提出了义熙土断（公元413年）。

这一次，刘裕手握重兵，要求地方限期完成土断的工作，倘若有人阻止，无论其贵为王、谢，还是普通人，一经查实，直接处死。

当时，在改革重心会稽余姚，有个大户叫虞亮，他顶风作案，藏匿亡命之徒千余人，拒绝将他们纳入"土断"的管理。刘裕知道后，命人将其逮捕，以谋逆罪论处。至此，"豪强肃然，远近知禁"。

刘裕掌权后，很多司马氏宗室跑到了北方，如司马休之、司马文思、司马道赐等。永嘉南渡，他们丢了中原江山，逃到南方，现在为了躲避权臣，又逃回北方，真是莫大的讽刺。

后来，北魏统一北方，每次发兵攻打刘宋，都会用司马氏宗室来威胁南朝。北魏大臣崔浩说刘宋最怕北魏打着复辟晋朝的名义发兵南下，"存立司马，诛除刘族"。

针对东晋皇室司马家族，刘裕采用的是更决绝的方式——弑君。

年近花甲的刘裕由于连年征战，旧伤不时复发，身体大不如前，而愚笨的晋安帝比他小了二十岁，尽管距离帝位只差一步，但随着时间流逝，刘裕可能等不到那一天。

为此，刘裕派人暗杀了无能的晋安帝。在晋安帝横死之后，建康城传出一句谶语："昌明（晋孝武帝）之后有二帝。"也就是说，晋安帝之后还有一位皇帝，东晋才算寿终正寝。

这可能是传谶语的人想延缓晋室灭亡的脚步，也可能是刘裕自导自演的一出大戏，因为"二帝"之后他若篡位，便是天命使然了。

为了符合谶语，东晋末代皇帝晋恭帝司马德文被推上皇位。

10.南朝第一帝

刘裕从北伐战场回来，只为完成他人生中的最后一件大事。

拥立晋恭帝即位后，刘裕进位宋王，加九锡，这是他将篡位的标志。

有一天，刘裕召集朝臣宴饮，从容地说："桓玄篡位时，鼎命已移。我首倡大义，兴复晋室，南征北伐，平定四海，朝廷给我九锡的荣誉。如今我已到暮年，所谓物忌盛满，这不是长久之道，我欲奉还爵位，回去颐养天年。"

大臣们都知道他只是在故作推辞，一个个都歌颂其功德，不敢有任何意见。

中书令傅亮喝完酒，走在半路突然领会了刘裕的言外之意，跑回去叩门求见。刘裕给他开了门，傅亮只说了一句话："我现在就入宫。"

刘裕明白傅亮的意思，说："我派几个人护送你。"傅亮出来时已是深夜，只见长星满天，熟知天文历法的傅亮认为这是吉兆。

元熙二年（公元420年）六月，傅亮等人暗示当时在位的晋恭帝把皇位禅让给宋王刘裕，且事先起草好了诏书。

晋恭帝看到傅亮拟好的诏书，倒是表现得很乐观，说："桓玄篡位时，晋朝就已经失去天下了，后来依赖宋王才延续了十七年国祚，今天我心甘情愿地禅位于他。"

于是，刘裕接受禅让，称帝建国，国号为宋，史称宋武帝。

南朝的时代，就此开启。

但晋恭帝禅位后没那么好运。刘裕在即位的第二年，为绝后患，派郎中令张伟给晋恭帝送去毒酒一坛，打算将司马德文毒死。

张伟是个好人，认为"鸩君以求生，不如死"，自饮毒酒而死。

司马德文自知刘裕不怀好意，日夜和褚妃同处一室，一切饮食由褚妃打理。

刘裕没法从饮食下手，便策划暗杀。

他命褚妃的两个哥哥前去拜访，趁褚妃外出和哥哥相见之际，刘裕的刺客越墙而入，给司马德文送上毒药。

司马德文知道是刘裕的命令，仍宁死不从，和刺客讲起了哲学，说："佛教有云，自杀者不复得肉身。"鸩杀不成，刺客用棉被将其活活闷死。之后，宋武帝率领文武百官假惺惺地哀悼了三天。

刘裕篡位后，只当了短短两年的皇帝。

东晋门阀政治已经落幕，但刘裕唯恐死灰复燃，他在临死前下令，北府的长官由皇族或近亲充当，西府（荆州）的长官则由皇子担任，以杜绝门阀士族控制地方军队的情况。这一遗命，在刘宋一代一直被严格遵守。

历经戎马一生的峥嵘岁月，新的皇权终于由一个次等士族出身的皇帝以及刘宋军人政权建立。

历史的循环，似乎回到了熟悉的轨道。

北魏割裂：
最后一盘大棋，整整下了十五年

许多王朝都是亡于体制僵化，但北魏灭亡的根本原因却源自改革——急于推进汉化改革，使得由这个鲜卑人主政的王朝的上与下、内与外、中原与边塞之间的矛盾逐渐激化，最终演变成一系列动荡事件，并让北魏走向了失控和崩溃。

在游牧民族与农业社会融合的进程中，如何有效管理一个二元帝国，是革新者北魏面对的超级难题。他们没有经验，中国历史在他们之前也没有经验，但作为试水者，北魏为此后千年的中华帝国提供了至为宝贵的鉴戒。

神龟二年（公元519年）二月，北魏洛阳城。

一大清早，宿卫宫廷的近千名羽林卫士就骂骂咧咧地冲上街头，径直来到尚书省府衙门口。他们手持火把、砖块，高喊着"把张仲瑀交出来"。

此前，给事中张仲瑀要求朝廷取消论资排辈的任官模式，实行汉化官制，控制北魏武人参政的人数。这使得本来就反对汉化改革、大多是鲜卑人出身的羽林卫士极为不满，他们势要报复张仲瑀，以求震慑朝野，维持鲜卑军事集团的利益。

尚书省的官员胆小怕事，立刻告诉闹事的羽林卫士，张仲瑀不在单位，应该是在他身为宰相的父亲张彝府中。

于是，一大帮北魏武士直接冲到了张彝府上，他们用暴力砸开宰相府大门，直接将宰相张彝拖出来暴打，并火烧宰相府。

在这场突如其来的灾祸中，汉人宰相张彝的两个儿子张始均、张仲瑀一开始已经翻墙逃脱，但他们发现父亲未能逃出来后，张彝的长子、尚书郎张始均迅速折返回家营救老父亲，苦求羽林卫士高抬贵手，没想到愤怒的羽林卫士正愁找不到人撒气，见张始均返回来，就将其捆绑后投入熊熊大火中，活活烧死了张始均。

不久，一生清廉干练的老宰相张彝也因为被殴后伤重不治，含冤而死。

骚乱发生后，朝野震惊。对于北魏三朝元老张彝和其子张始均的无辜枉死，当时掌权的胡太后表现得十分悲痛："吾为张彝饮食不御，乃至首发微有亏落。悲痛之苦，以至于此。"

不过，悲痛归悲痛，胡太后对这起事件的处理却十分"双标"。事后，胡太后仅命令有司将羽林卫士中闹事最凶的八人处以斩刑，随后便担心继续追责下去会引发新一轮动乱，于是宣布既往不咎，"大赦以安众心"。对于张仲瑀此前建议的推进汉化改革、控制武人参政人数的建议，北魏朝廷也有意避而不谈。事件尘埃落定后，北魏官方又"令武官得依资入选"，保留了旧制度，以照顾鲜卑武人的利益。

汉化改革路上新与旧的角力、文与武的对抗，似乎过早地彰显了结局，而这一切终将把一个称霸北方百余年的王朝逼上绝路。

1.灭亡的"导火索"

事实上，神龟二年（公元519年）的羽林卫士骚乱，确实是北魏灭亡的"导火索"。

张彝父子都是当年忠于孝文帝的汉化改革推手。在张彝父子的协助下，孝文帝迁都洛阳，实行均田制，采取汉化政策，争取适者生存的前途，使生产关系适应生产力水平，并努力促进北魏境内各民族和平相处。

但，改革始终伴随着整合与破裂，孝文帝在努力追求汉化的同时，却忽略了汉化改革对鲜卑部族的利益触动，以及鲜卑族人内部的抵触情绪。尽管孝文帝不惜以杀死反对改革的太子来彰显决心，但在他英年早逝后，北魏刚启动的汉化改革就造成了支持汉化与反对汉化的两派势力的日益决裂，并最终酿成了神龟二年的这出惨剧。

愤怒的北魏羽林卫士残杀张彝父子时，一名即将影响历史走向的中下级军官正好路过，他目睹了这一过程，此人名叫高欢，是怀朔镇与都城洛阳之间的军中函使，专门负责两地的军事通讯任务。

高欢看见羽林卫士纵火焚烧张府，不由得想起数天前他奉命到一位汉人贵族家中送礼的场景。那日，他到贵族家中奉上礼物后准备离开，主人出于礼貌招呼他用餐。没见过世面的高欢遂在主人赐食时与主人同桌，打算好好感谢人家的恩赐。孰料，主人看到高欢坐于席上大快朵颐时脸上竟露出不悦之色。他挥了挥手，两旁肃立的卫士立即一拥而上，将啃着羊肉的高欢一把拖了出去，抽打四十大鞭。高欢还没反应过来，就被人家丢出了府门。

结合他自己在汉人贵族家中遭受的屈辱和此次禁军纵火焚烧宰相府，高欢意识到，天下可能要大乱了。

待结束在洛阳的公差后，高欢一刻也不敢停留，快马加鞭赶回了怀朔镇。他的妻子娄昭君出身鲜卑武人勋贵，见丈夫被打得鼻青脸肿，自然既愤怒又心疼。可高欢认为这倒是小事，他把在洛阳的见闻一五一十地告诉妻子："吾至洛阳，宿卫羽林相率焚领军张彝宅，朝廷惧其乱而不问，为政若此，事可知也。财物岂可常守邪？"

史书说，高欢"自是乃有澄清天下之志"。

次日，夫妻两人便散尽家财，广交宾客，准备在乱世来临之际提前布局。

事情果真如高欢预测的那样，洛阳的乱象仅仅是鲜卑武士与鲜卑顶层汉化贵族矛盾的一个缩影。在高欢所处的北方边镇，问题更加严重。

当年，为了防范与打击北边的劲敌柔然，北魏自建国初期便在国都平城（今山西大同）以北自西向东设立了沃野、怀朔、武川、抚冥、柔玄、怀荒六镇，将鲜卑贵族及汉人豪强安置于此，承担边境防卫任务。但自孝文帝改革以来，一方面，柔然的势力经过六镇军民近百年的打压，已逐渐衰落；另一方面，孝文帝率众南迁也导致王朝政治、经济重心南移，换言之，这六镇之于朝廷的意义显然不如过去那么重要了。

因此，在汉化改革下，倡文抑武政策实施后，首当其冲的是始终以鲜卑传统军事贵族力量为主导的六镇。从前依赖边镇军事武力发家的鲜卑武人们，一下子成了"时代的弃儿"，不仅遭到朝廷的忽略，更被剥夺了一系列社会特权。

与此同时，为了补充兵源，北魏朝廷又将六镇定为囚犯充军之所。如此一来，六镇常年良莠混杂，社会动荡不安。

被剥夺特权的六镇鲜卑贵族，面对突如其来的阶层下坠根本无法接受。于是，北魏上层对军镇贵族的剥削就被六镇贵族转嫁给当地的镇民与镇兵，他们克扣粮饷军资，欺压良民，奴役兵士，致使军镇上下充斥着浓浓的仇怨之气。

眼见六镇与中央的关系日益紧张，北魏朝廷又想到了一个"昏招"：取消六镇军管，一律仿照内地，改镇为州，编户为民。

这样看上去似乎大家都平等了，但问题恰恰出在平等上。世居六镇的士兵多是"国之肺腑""丰沛旧门"出身，也就是传统意义上的贵族子弟。如今，无论是兵还是民，通通编户为民，相当于剥夺了这些士兵的贵族身份，无疑会激起他们对朝廷的不满情绪和逆反心理。

然而，这还不是最糟的。就在边军、贵族与朝廷相互仇视时，北魏国家财政因迁都以来无端挥霍，出现了严重的赤字，"收入之赋不增，出用之费弥众"。而且在自然灾害的冲击下，北魏的财、赋重地——河套以北屡遭水灾饥荒，"户无担石之储，家有藜藿之色"。天灾叠加人祸，此时的北魏内部矛盾重重，经济又困窘无解，暴动一触即发。

2.时势造英雄

正光三年（公元522年），因河北地区饥荒不断加剧，柔然首领阿那瓌发兵三十万过境，从北魏手中"驱掠良口二千，并公私驿马牛羊数十万"，而后北还。

浩劫发生后，遭祸的怀荒镇军民只好硬着头皮上门找镇将、武卫将军于景要粮食及生产工具补助。于景是北魏权臣于忠的弟弟，生来是鲜卑上流贵族，镇民在他眼里就如同猪狗。自朝廷下令军镇编户为民后，他就"专事聚敛"，一心只想发财。所以，面对门外讨粮的军民，于景不仅闭门不出，还命手下进行鞭打驱赶。愤怒的镇民为了活命，遂聚众击杀于景，将粮库洗劫一空。

暴动就像瘟疫一般，很快在北境之地流传开来。

一个月后，匈奴酋长破六韩拔陵在沃野镇煽动边民造反；紧接着，世居高平镇的胡族首领胡琛闻风而动，宣布独立，自号"高平王"；凉州胡族酋帅于菩提和呼延雄刺杀凉州刺史，据城反叛；柔玄镇民杜洛周率领本镇军民在上谷郡（今河北怀来）自立；原怀朔镇兵鲜于修礼在定州（今河北定州）叛乱……不出三年，北魏的大后方已尽数陷于战火之中。

天下大乱，高欢却异常欣喜。

因为，他终于可以实施大计了。出于保险，他并没有第一时间宣布自立，而是听从妻子娄昭君的建议，先投靠周边势力较强的诸侯进行历练，待日后瞅准时机，再脱身单干。

于是，高欢和姐夫尉景率部投靠了义军首领杜洛周。

高欢支持义军的行为，在他日后的上司尔朱荣看来却是个糟糕的决策。

尔朱荣是世居北秀容川（今山西忻州）的契胡酋长，他的家族自北魏建国以来，就世代承担着皇家"弼马温"的职责——为朝廷畜牧。"六镇起义"前夕，常年在洛阳与草原两边跑的尔朱荣亦嗅到了天下即将大乱的气息。他知道六镇之于北魏的重要性，也清楚自己的尔朱军团实力几何，因此他选择了一条与高欢截然相反的道路——加入正规军，挂靠朝廷，力行剿匪。

时势就这样将北魏末年的两个枭雄裹挟到了一起。

高欢的抉择，恰如尔朱荣所料，糟糕得很。杜洛周是个昙花一现的乱世首领，为人最大的特点是擅于煽动大众造反，但他本人出自底层，只晓得反抗，却不太明白其势力壮大之后应如何领导手下进行更大规模的抗争。高欢在义军中爬升到一定地位后，便对杜洛周止步不前的决策心生不满。

为了取代杜洛周，高欢联合尉景、段荣、蔡俊等人策划了斩首行动。然而，高欢初出茅庐，经验不足，人没刺杀成功，倒让杜洛周察觉，反遭追杀。

幸运的是，在高欢实施斩首行动之时，他的妻子娄昭君已经察觉到丈夫的鲁莽，并提前制定了撤退方案，高欢一家才幸免于难。

行动失败后，高欢依旧没有选择归顺北魏官方，而是投靠了另一名义军首领葛荣。

葛荣从前是鲜于修礼的手下，跟高欢一样，也不是安分的人。老大鲜于修礼被部下杀害后，葛荣顺势吞并了他的队伍，成为当时河北起义军中声势最为浩大的一支。

葛荣与高欢皆出身怀朔镇，起事前的经历相近。所以，高欢第一眼看到葛荣，就有种莫名的亲切感。可在娄昭君看来，葛荣不过是个自大的家伙。没多久，野心膨胀的葛荣就在河北自称"天子"，搞起独立小王国，这与杜洛周、胡琛、破六韩拔陵等前辈的造反套路如出一辙。

因此，纵观天下形势，娄昭君给丈夫提了个建议：投奔尔朱荣。尔朱荣虽暂时投靠了朝廷，但其野心不可小觑。况且，与鱼龙混杂的各路义军相比，尔朱荣手下的士兵一概是家兵，通通出身边塞，个个都是"套马的汉子"，威武雄壮。跟着他打天下，不用再担心受仇家和朝廷两边堵截。最重要的一点是能为朝廷立功，待战事结束、论功行赏时，高欢定能摆脱过去多年"大头兵"的身份与地位。

听了妻子的话，高欢便找了个理由，脱离葛荣，投奔尔朱荣。

对主动投靠过来的高欢，尔朱荣起初十分瞧不起，这导致高欢在尔朱荣军中很长时间都默默无闻。但这并不妨碍人生走向正途的高欢开始"逆天改命"。

当时，尔朱荣和高欢效力的魏军，主帅是历仕三朝、五拜都督将军的老将李崇。李崇曾随孝文帝南征，也曾成功平定巴氏和蛮族的叛乱，在北魏一朝堪称全能型武将。依靠过去抚边统兵的经验，李崇指挥魏军平定了由叛军及柔然方面引起的动乱。论功行赏，尔朱荣、高欢以及在历次战争中选择投靠北魏的六镇降兵侯景、贺拔岳等人都获得了嘉奖和提拔。

不过，尔朱荣与北魏军队仅是合作关系，在战争结束后，尔朱荣又恢复了独立治事的状态。待朝廷有召，他才会如"救火队长"般从秀荣川出发，协助平叛，积攒军功。如此，尔朱荣与朝廷之间并没有绝对的从属关系，但高欢与尔朱荣之间则形成了绝对的上下级关系。

虽然尔朱荣瞧不起高欢，高欢却从来没有放弃展示自我的机会。

一次，他跟随尔朱荣去马厩选马，恰逢一匹烈马在里边捣乱。他赶忙冲进去，三两下就将这匹烈马驯服了，临了还不忘提醒尔朱荣："对付恶人，就得这么办！"

长期龟缩于秀荣川的尔朱荣，此时已不满足于拥有一隅之地。高欢驯马的动作和言语，显然给了尔朱荣扩张领地的提示。尔朱荣一把拉住高欢，邀其进帐详谈。

对于这次难得的"面试"机会，高欢已经准备了许久。在尔朱荣以天下形势相询时，高欢几乎不假思索地道出了标准答案："方今天子愚弱，太后淫乱，孽宠擅命，朝政不行。而您神功圣武，正是打出清君侧旗号，号召天下群雄拨乱反正的时机，如此大业可成。"

为了表露自己的忠心，高欢结尾还补了一句："这也是我的个人意愿！"

两人心照不宣，尔朱荣一改过去对高欢的态度，升其为自己的亲卫都督，并在公开场合宣称："能代替我统领全军的，唯贺六浑（高欢的小名）耳。"

当然，这并不代表尔朱荣对高欢绝对信任，因为有时候把对手留在自己身边才最安全。

3.帝、后之争

为了满足尔朱荣的野心，高欢建议他尽图并、肆二州之地，因为从当时的行政权属关系来说，秀荣川隶属肆州，且是并、肆二州之间的咽喉所在。如果尔朱氏要从根本上确保以秀荣川为中心的地盘独立，则必须谋求占领并、肆二州，形成一方军阀，才能与朝廷对抗。

于是，在一次讨逆凯旋途中，尔朱荣故意率军绕道，突袭并占领了肆州。

消息传入朝廷，北魏当局又惊又怒。可面对早已入不敷出的财政，朝臣只能干瞪眼，根本无法约束尔朱荣。而有了突袭肆州的经验，尔朱荣很快又拿下了并州。

不过，此时的尔朱荣还不敢引起北魏内部其他势力的过分注意，所以，拿下并、肆二州后，他便上表请罪，将女儿尔朱氏塞到孝明帝元诩怀里，安心做起了"国丈"。

孝明帝元诩是孝文帝元宏的孙子，虽然贵为一国之君，但从小就过得极度不自由。他的生母是胡太后，按照北魏"子贵母死"的传统——只要皇子被确立为太子，其生母就会立即被处死，胡太后这个女人本无参与朝政的机会，然而历史总是有意外。

"子贵母死"制度实施后，北魏后宫无时无刻不笼罩在死亡即将降临的氛围中，妃嫔们"谈子色变"，导致皇室生育率不断下降。孝文帝之后，皇室更是一度出现"无诸王传"的窘迫局面。而孝明帝元诩是先帝元恪唯一的皇子，为了保住北魏皇室血脉的传承，胡氏并未在第一时间被处死，而她也成为北魏历史上唯一生育了未来的皇帝而尚能存活的皇太后。

孝明帝即位时年仅六岁，活下来的胡太后自然成了垂帘听政的最佳人选。太后听政在北魏已有先例，胡太后一开始便以她的偶像、孝文帝的祖母冯太后为榜样，尽力在朝堂上展示"妇女能顶半边天"的风采。但她过分展现自我的做法，却先后遭到尚书令于忠、江阳王元义的反对和夺权。特别是元义，他作为胡太后的妹夫，竟然联合宦官刘腾"离绝二宫"，囚禁了胡太后。

到正光四年（公元523年），趁着刘腾六十大寿当日暴死、元义疏于防范之际，高阳王元雍、司徒崔光等发动政变，重新迎回胡太后。面对元义擅权的过往，胡太后的心态发生了扭曲。她认为元义之所以敢仗着宠信把持朝政，离绝孝明帝母子的关系，正是因为她无限纵容。

重掌权柄后，她的用人方针发生了严重偏移。她要求所有执掌北魏要害部门的朝臣必须始终臣服在她的石榴裙下。于是，史载孝昌年间（公元525—527年），"郑俨污乱宫掖，势倾海内；李神轨、徐纥并见亲侍，一二年中，位总禁要。手握王爵，轻重在心，宣淫于朝，为四方之所厌秽。文武解体，所在乱逆，土崩鱼烂，由于此矣"。可见，胡太后的淫乱和用人不当，加剧了北魏王朝的倾颓。

随着孝明帝渐渐长大，胡太后大肆淫乱的行为开始让这位少年君主感到羞耻。他极度希望自己能早日亲政，收拾母亲留下的"烂摊子"，带领北魏王朝重现旧日荣光。但是，两度临朝听政的胡太后比任何人都明白"权力是春药"的道理。大权在握的她要求群臣日后向她递交奏章时，必须称其为"陛下"，而她本人所下的懿旨，自即日起也一并改称"诏"，她俨然已是一代女皇。

如此一来，孝明帝与胡太后母子之间的矛盾就公开化了。

孝明帝自小是任人摆布的傀儡皇帝，但他身边不乏重视伦理纲常的汉儒大臣。他们与孝明帝的目标一致，对胡太后乱政之事深恶痛绝。在这群人中，谏议大夫谷士恢的"三观"最纯正，他每日除了劝导、规范孝明帝的行为，其余时间都在替皇帝探寻太后与佞臣同床共眠的蛛丝马迹。

兴许是谷士恢搜证的能力极强，郑俨对他颇为忌惮。每逢上朝，郑俨总要在孝明帝和胡太后面前扮演良臣角色，对谷士恢又夸又赞，极力举荐谷士恢出任州刺史。这种暗度陈仓的操作，自然加深了孝明帝对郑俨的怀疑。

在帝、后斗争的过程中，谷士恢不可避免地成为"牺牲品"，而这也令孝明帝与胡太后最终互起杀心。

武泰元年（公元528年）二月，孝明帝瞒着所有人，偷偷给尔朱荣下了一道密旨，要其起兵"清君侧"。尔朱荣的机会终于来了！他不敢怠慢，立即下令全军进入一级战备状态，克日赴洛阳勤王救驾。然而，就在这个时候，孝明帝又给尔朱荣下了第二道圣旨。

原来，孝明帝在秘密传召尔朱荣之后，也冷静下来分析他自己的处境。他发现满朝文武要么明哲保身，要么听任胡太后安排，似乎没有一个是值得托付的股肱之臣。而尔朱荣名声在外，表面看是最值得托付之人，但这些年他除了送过一个女儿进宫当妃子，就再未入过宫，见过驾。万一尔朱荣是个包藏祸心之辈，命其勤王岂不等同于引狼入室？

孝明帝的犹豫不决，最终为他自己编织了必死之局。

与孝明帝的优柔寡断相比，胡太后一党倒是毫不心慈手软。通过多方收集信息，徐纥、郑俨等人很快得出了一个惊人的结论：尔朱荣已兴兵，孝明帝要杀人了。为此，他们连夜找到胡太后商议对策。

第二天，宫里便传出孝明帝毒发崩于显阳殿的大新闻。

毒杀孝明帝后，胡太后片刻不敢犹豫，宣布奉孝明帝遗诏，立孝明帝与潘充华之女元姑娘为帝。立女帝，显然是要将冒天下之大不韪的"脏水"，泼到已经死无对证的孝明帝身上。不过，胡太后看尔朱荣大军迟迟未抵达洛阳，便更改口径，表示要尊奉传统，更立嗣君，立临洮王家里三岁的小世子元钊为新帝，由她垂帘听政。

此刻，她并不知道，权力不仅是春药，也可以变成毒药。

4."河阴之变"幕后

孝明帝突然驾崩的消息传来，尔朱荣随即想到，连日来收到的两份内容完全不同的圣旨必有蹊跷。他自作主张地认为第二道圣旨乃胡太后一党授命发出的，并非孝明帝的本意。

当然，他这么考虑，实际上是在给他自己入主洛阳找合理说辞。

孝明帝崩逝前的确给尔朱荣下过一道调兵的圣旨，尔朱荣借此入境洛阳，趁着朝堂动荡、形势不明或许更有可能实现谋朝篡位的天大阴谋。

于是，打着替先帝报仇的旗号，尔朱荣宣布不承认胡太后操控朝廷的合法性。但在那个还是元氏皇族说了算的天下，尔朱荣如果不找到一个合适的人选来继承皇位就贸然起兵，那就真的与乱臣贼子篡位无异了。可到底立谁为帝，也着实是个令人头疼的问题。

考虑到北魏幼主一向性格懦弱、易控制，尔朱荣的手下大多认为应仿效胡太后，另立一幼儿为君，以方便控制。但这项提议，遭到尔朱荣的头号亲信元天穆及高欢的极力反对。二人的理由是，如立少主，就与如今的朝廷没有区别了，这样不仅无法树立尔朱氏正派、忠诚的形象，反而更容易让人看出尔朱荣篡位的野心。

尔朱荣最终听从元天穆的意见，遵照鲜卑人的旧俗，从北魏宗室里挑选了六位年长的皇子，通过铸铜像仪式来确定下一任北魏皇帝的人选。经过一番折腾，奇怪的事情出现了：除了长乐王元子攸，其他人的铜像都铸不成功。

很显然，唯元子攸的铜像铸成，只是尔朱荣安排的一出"大戏"。

那么，尔朱荣为什么要选择元子攸？《魏书》给出了这样的回答："以帝（指元子攸）家有忠勋，且兼民望，阴与帝通，荣乃率众来赴。"一句"阴与帝通"，说明两人私底下关系颇深。说不定，早在孝明帝发密旨搬救兵之前，尔朱荣就已经做好了篡位的准备，而家世本就不强的元子攸或许就是他看上的那枚"棋子"。

既然元子攸乃"天命所归"，此时尔朱荣还不挥师入城，更待何时？

武泰元年（公元528年）四月，尔朱荣兵发洛阳。十一日，大军渡过黄河，进抵洛阳以北。作为尔朱荣的"合伙人"，元子攸此时在众臣的拥戴下于军前登基，史称孝庄帝。紧接着，元子攸以天子的身份，授予尔朱荣使持节、都督中外诸军事、开府、领左右等职位，让其代表自己讨伐洛阳城内的胡太后一党。

听闻尔朱荣大军来势汹汹，胡太后慌了。但她的情夫徐纥却表现得极为淡定，说："尔朱荣的老巢秀容川距洛阳逾千里之远，大军长途奔波必人困马乏，而咱们驻扎在京师的部队，都是北魏一等一的将士，只要部署得当，做好正面防御，鹿死谁手犹未可知。"

根据徐纥的建议，胡太后命自己的另一个情夫——武卫将军李神轨组织禁军，对洛阳城进行里三层外三层的防护。

然而，朝廷百官见尔朱荣大权在握，早已失去了维护太后、维护朝廷的信心。尔朱荣、元子攸等人一过河，他们就"奉玺绶，备法驾"，自发前往黄河岸边的尔朱荣大营中拥立新皇。连给胡太后献妙计的徐纥，也趁着洛阳城大乱收拾好细软奔向南梁，从此销声匿迹。

四月十二日，随着洛阳东北门户河桥的守将投降于尔朱荣，龟缩于宫城内的胡太后毫无办法，只能寄希望于佛祖，命留守的宫女替其剃度，打算扮作僧侣混入人群，逃出皇宫。不料，胡太后一行刚刚跟跟跄跄地踏出宫门，就遇上了前来抓人的尔朱荣军队。

抓到胡太后的第二天，尔朱荣就命人将她和小皇帝元钊扔进黄河。如此过激的举动，全然是尔朱荣一时兴起自作主张。当北魏百官被强制拉到河边观礼时，不少人对"拨乱反正"的尔朱荣生出怨恨之心，认为他与造反的六镇起义者并无二致。在此情形下，急于立威的尔朱荣听从洛阳禁军首领费穆的建议，将北魏百官通通投入黄河，朝中再无反对自己的声音。由于这起屠杀北魏帝后、百官的事变发生在洛阳城外的河阴（今河南孟津），故史称"河阴之变"。

5.一个枭雄的陨落

尔朱荣终于达成了一人之下、万人之上的成就，而其手下高欢亦凭借拥戴之功被封为铜鞮伯，完成了从士兵到将军的转变。

然而，随着时间推移，尔朱荣逐渐发现他当初选定的"棋子"——孝庄帝元子攸太有主见了。这将导致尔朱荣未来开创尔朱王朝时困难重重，甚至有可能"一着不慎，满盘皆输"。对此，高欢建议尔朱荣一步到位，将无甚用处的元子攸废黜，直接改朝换代。

高欢的提议，瞬间打动了尔朱荣。但尔朱大军中仍有不少出身鲜卑的武士及将领，高欢拥尔朱荣称帝的想法刚提出就遭到了贺拔岳的驳斥。

贺拔岳指出，高欢的提议是在颠覆社稷，给尔朱荣扣"黑帽子"，是别有用心和极度不忠。他请求尔朱荣不要犹豫，杀了高欢，这样才能重新树立尔朱荣"首举义兵，共除奸逆"的正面形象。好在高欢的人缘不错，贺拔岳的话刚一出口，众将就齐刷刷跪地求情，说高欢一向为人鲁莽，但他对尔朱荣的忠心天地可鉴，人品绝对没问题。

其实，尔朱荣也没有要怪罪高欢的意思。只不过，在这样的乱世中，他需要比平常更加谨慎，才能拨开迷雾看清历史的走向。

孝庄帝元子攸并不是鲁莽之辈，为了坐稳皇位，他甘当"接盘侠"，向尔朱荣求娶当初已嫁给孝明帝的大尔朱氏，借姻亲关系来稳固两人的联盟关系。

就在北魏朝廷前途未卜之际，自号"大齐天子"的葛荣突然发兵攻打邺城。

自三国曹魏建都以来，邺城一直是北方的经济重心城市，不容失手。因此，还没等孝庄帝在朝堂上提及此事，尔朱荣便以匡扶社稷为由，上表要求率军讨伐葛荣。孝庄帝立即准奏——在潜意识里，他无疑想听到从"双荣"作战的前线传来尔朱荣身死的消息。

然而，现实让孝庄帝失望了。在获悉葛荣大军以步兵为主的弱点后，尔朱荣亲点骑兵七千，杀入葛荣数十万人的长蛇阵中。不消半日，便将葛荣擒获。

尽管孝庄帝未能如愿盼来尔朱荣的死讯，但他手里还有一块王牌，而这块王牌最后也成了尔朱荣的"催命符"。

永安三年（公元530年）九月，大尔朱氏即将分娩，已升任北魏天柱大将军的尔朱荣收到宫里的传召，太医言皇后难产。龙嗣能否顺利降生，不仅关乎尔朱荣与孝庄帝联盟的牢靠性，更关乎尔朱荣会在什么时间实施篡位计划。所以，尔朱荣一接到消息，立即率领亲信、族人进宫，探望大尔朱氏。

洛阳宫中一片寂静，尔朱荣丝毫没有意识到异常。当他放心地大步踏入殿中时，宫门、殿门却即时紧闭。四周武士齐出，将尔朱荣团团围住。这时，孝庄帝从屏风后走出来，示意武士动手。

尔朱荣大呼上当，但为时已晚。即便此前他曾身经百战，此时面对这种近身肉搏也是毫无胜算。千钧一发之际，他一个箭步冲到孝庄帝身边，想挟持皇帝以求自保，不料孝庄帝抓起一把千牛刀，扎进了尔朱荣的腹部。一代枭雄就此丧命！

6.另一个枭雄的崛起

尔朱荣被刺身亡，一个酝酿已久的谋朝篡位计划最终流产。但是，突如其来的巨变引发的后果却超乎孝庄帝的预料。

尔朱荣的死讯一传出宫，尔朱荣的堂弟尔朱世隆就宣布造反，率尔朱族人联合尔朱荣的亲信火烧皇城西门，随后出洛阳城，集结旧部，屯兵河阴。更令孝庄帝头疼的是，自他登基以来，无论是军务还是政务，通通都是由尔朱荣把关的，此时尔朱氏与朝廷为敌，他这个皇帝手里连一兵一卒都没有。

　　事态紧急，孝庄帝临时组建了一支忠于他自己的禁军，并令宗室城阳王元徽"总统内外"，专司对抗尔朱叛军。

　　历史证明，孝庄帝的"临阵抱佛脚"并不管用，城阳王元徽根本就不是带兵打仗的料，"及尔朱宗族聚结谋难，（元）徽算略无出，忧怖而已"。城阳王不仅胆小，心眼也小，妒忌他人比自己强。在作战过程中，每逢有朝臣向孝庄帝进献退敌大策，他总能以他"独到"的见解颠倒是非，极力打压那些能力超过他的人。等到朝堂上没有其他声音，他再拿出他自己的方案，敦促孝庄帝依计施行。

　　元徽的军队对抗尔朱荣的堂侄尔朱兆，结果可想而知。眼见官军即将败阵，孝庄帝又起宗室临淮王元彧统兵。作为尚书令、录尚书事兼大司马，元彧只懂"衣冠高雅""博览群书"，在任官以及任将上大搞裙带关系，"居官不能清白，所进举止于亲娅，为识者所讥"。

　　孝庄帝连用两任昏官，其最终下场可以说是一目了然了。

　　永安三年（公元530年）十月，洛阳再次沦陷。孝庄帝在位不到三年，最后时刻只有他自己的两条腿尚值得信任，他奋力跑到云龙门外，打算看看逃命的大臣们还有谁愿意收留他。在尘土飞扬间，他还真的看到了一个熟悉的身影——城阳王元徽。城阳王正指挥着一群家丁，押着搜刮来的重宝赶路。孝庄帝不顾一切地奔向城阳王，城阳王却只当他是洛阳城里的乞丐，令家丁死死拦住他，头也不回地挥鞭而去。

　　可怜的孝庄帝只能落寞地返回洛阳宫中，束手就擒。

尽管尔朱兆与孝庄帝有不共戴天之仇，但他还算给孝庄帝留了一点面子。他没有一见面就杀了孝庄帝，而是将其关押在永宁寺。之后，又命人将孝庄帝押往晋阳（今山西太原）等候发落。

在这个过程中，孝庄帝的厄运并未终结。史载，隆冬腊月，天子央求一块头巾取暖，却被看守人员断然拒绝，逼得他只能搂着根冰冷的铁链，依靠信念取暖。到新年前，尔朱兆吃了败仗，才前往晋阳三级佛寺勒死了孝庄帝。孝庄帝死时年仅二十五岁。

天下比以前更乱了，但对高欢而言，一切却似乎在慢慢变好。

弑孝庄帝后，尔朱兆先后拥立长广王元晔和广陵王元恭即位作为傀儡，他自己则权倾朝野。此时，大权在握的尔朱兆面临着尔朱荣晚年颇为头疼的六镇军民的安置问题。葛荣造反时兴兵百万，其被尔朱荣俘虏斩首后，底下的业余军人大部分都没战死在战场上，他们的去留成为一个颇为棘手的社会问题。

尔朱氏出身于契胡族，该族本来是部落群居，既然降兵和军民众多，尔朱兆便将他们编入部落，以壮大尔朱氏的声望，为以后一统天下做准备。但这却埋下了战乱的导火索。

且不说六镇军民中有不少与拓跋氏亲近的鲜卑人，历年混杂于六镇的人群里尚有高车、汉、羌等生活习性不同的各族群，如此全然混杂在一起，不出事才怪。史载，在尔朱兆掌管六镇降卒期间，造反事件频发，"大小二十六反，诛夷者半，犹草窃不止"。

有人给尔朱兆支招：可以让高欢利用六镇出身的背景前去镇抚。

高欢正愁无兵可带，便想趁此机会培育忠于自己的亲兵，但跟着尔朱氏久了，他也知道一旦表露自己的私心，可能凶多吉少。于是，他在尔朱兆面前将支招的那个人打得鼻青脸肿，并表示他无限忠于尔朱兆。尔朱兆很感动，认为高欢忠心耿耿，便许诺给他统管六镇军民的权力。

高欢没想到天上掉馅饼竟是如此容易，他没给尔朱兆任何反悔的机会，当即下令："凡原六镇军民者，近日皆可前往汾东集合，我高欢保证只要有我一口吃的，就绝对不会饿着你们任何一个人。"就这样，只用一招"空手套白狼"，高欢在河北地区奠定了武力基础与个人威望。许久之后，尔朱兆才明白，他白送出去的所谓"问题人群"，竟会成为他的心腹大患。

对尔朱兆来说，麻烦事是一件接着一件。

由于尔朱荣生前没有确立继承人，在尔朱家族中，尔朱兆、尔朱世隆、尔朱天光都有继承其衣钵的权利。在尔朱兆弑孝庄帝后，尔朱世隆便联合尔朱天光，以国不可一日无君为由，私自立了远支宗室、广陵王元恭为皇帝，史称北魏节闵帝。

尔朱世隆在尔朱家辈分较高，尔朱兆即便不满，也不好当众对其发脾气。尔朱兆知道尔朱荣当年还未入朝时便安排尔朱世隆先期入朝做"眼线"，所以，在节闵帝登基大典结束后，尔朱兆当即找叔叔尔朱世隆"叙旧"，开口便言："叔父在朝中多时，广布耳目，如何不知不闻，令尔朱天柱（尔朱荣）受祸？"言外之意是尔朱世隆年老昏聩，做事无能，这才导致尔朱荣枉死，尔朱世隆堪称家族罪人。

尔朱兆与尔朱世隆的矛盾公开化，使得尔朱氏集团在内斗中趋于崩溃。这恰好给了高欢一个极佳的历史机遇。

随着他对六镇军民的掌控日渐深入，高欢开始图谋攫取更大的权力。他首先派人伪造了尔朱兆的书信，故意散播给六镇军民，这封伪造的书信声称契胡族人要求高欢紧急调兵，前去奴役六镇军民。紧接着，高欢不忘表演他是如何抵死不从的，努力让六镇百姓相信他跟他们是一条心。在这种氛围的烘托下，高欢的目的顺利达成，六镇军民纷纷要求高欢替天行道，反对无道的尔朱氏。

为表明自己与尔朱氏决裂，高欢于普泰元年（公元531年）六月拥立北魏宗室、渤海太守元朗为帝，并于翌年正月占领邺城，自封大丞相。

恍然大悟的尔朱兆，这才想起重新联合尔朱世隆、尔朱天光等族人抱团取暖，共同对抗高欢。然而，在占尽天时、地利与人和的高欢面前，尔朱氏松散的临时联盟终究无法对抗天下民心大潮。尔朱兆最后兵败，自缢而死，尔朱氏"霸府时代"画上了句号。

那个被临时拥立的皇帝元朗也失去了利用价值。中兴二年（公元532年）四月，元朗以"自以疏远，未允四海之心"为由，请辞帝位。高欢再三挽留无果，将其降封为安定郡王，以示遵照陛下本人的意愿。高欢的演戏天赋着实精湛，待安定郡王真的安定下来后，他又开始寻觅可以继承北魏帝业的人选。

当时，孝文帝诸子中唯汝南王元悦尚在世。所以，高欢便想推举这样一位皇室长辈出来主持江山，以便更好地实施篡位计划。但汝南王"清狂如故"，逼得高欢只能从孝文帝的孙辈中寻找合适的人选。自"河阴之变"以来，洛阳的安全系数不断下降，"当时诸王皆逃匿"，高欢费了很多功夫才将沦为农民的广平王元修从田里拉起来，扶为皇帝。

好笑的是，当高欢派出的手下斛斯椿找到元修时，元修以为来人是搞诈骗的，死活不肯跟着入洛阳。高欢只能亲自出马，靠着一段精彩绝伦的哭戏与承诺，总算让元修相信他继位是天命所归。

就这样，北魏末代皇帝——孝武帝元修被迫登基，接受高欢的训政。

7.北魏气尽而亡

正如当年尔朱荣与孝庄帝从合作到最终反目成仇一样，高欢与孝武帝元修的联合注定也不能善始善终。

史载，元修为人"博学多才，喜好武事，沉稳厚重"。他答应高欢出山当皇帝，本来就是被逼无奈做出的决定。而高欢专政比老领导尔朱荣更甚，久而久之，元修与高欢之间就形成了不可调和的矛盾。

高欢通过操控元修，证明他也有能力"挟天子以令诸侯"，但相较于尔朱荣多年留心经营秀容川根据地的底气，高欢此时所有的成就更像是从豪赌中得来的——他没有赖以生存的长期根据地，所以他比谁都担心他自己会走向溃败。在确立元修为北魏之主后，他便把活动重心放在晋阳与邺城之间，避免元修效仿元子攸，令自己落得和尔朱荣一样的下场。

高欢的遥控，显然给了元修很大的活动空间。元修不想做汉献帝，便私下发展属于自己的武装力量。他不像元子攸那么莽撞，他十分清楚自己的短板，也知道当时的天下除了高欢，还有高欢的旧敌贺拔岳等尔朱旧部占据关中，实力亦不可小觑。他想以四两拨千斤，促成两伙人争斗，从中得渔翁之利。于是，他下诏封贺拔岳为关西大行台，许其统领关西地区的一切军政要务。他刺破胸口，给贺拔岳写了一封血书，力陈他被高欢欺辱的经过，希望勾起贺拔岳对高欢的那团怒火。

对贺拔岳来说，当年在尔朱荣帐下，他就因高欢怂恿尔朱荣称帝而想杀了高欢，但此时收到元修的血书，他却犹豫不决。于是，他打算派出他最信赖的夏州刺史宇文泰前去会会高欢，顺便探知朝廷的虚实。

就这样，两位日后建立新王朝的人相遇了。高欢见到宇文泰后，产生了强烈的惺惺相惜之感。他想效仿尔朱荣，也把对手留在身边，但宇文泰对他抛出的"橄榄枝",故意视而不见。

回到贺拔岳军中,宇文泰立即将所见所闻报告贺拔岳,并提醒说:"高欢是有心做天子的,不能指望他学曹操、董卓,既然孝武帝意欲铲除高欢,我们不妨选择站好队。"于是,贺拔岳最终下定决心做"忠臣"。

见贺拔岳态度强硬,高欢怎能不早做准备?他知道贺拔岳的老兄弟兼部下侯莫陈悦向来有勇无谋,且对贺拔岳心存不满,便派人离间两人的感情,并向侯莫陈悦许诺事成之后,保举其为关西大行台,统领贺拔岳手下的全部势力。

利欲熏心的侯莫陈悦果真出手了。在贺拔岳讨伐灵州刺史曹泥时,侯莫陈悦将贺拔岳诱骗至自己军中,乱刀砍死了贺拔岳。

贺拔岳已除,高欢心情舒畅,便打算让侯景代表自己前去招安贺拔岳残部。不料,侯景晚了一步。

听闻贺拔岳被侯莫陈悦害死,宇文泰怒不可遏,立即从驻地夏州起兵,号召贺拔岳旧部复仇。此举得到贺拔岳的亲信赵贵的支持。等侯景赶到关西时,宇文泰已经成为贺拔岳的接班人。

对元修而言,这只是高欢换了个对手而已,他依然有可以倚仗的势力。所以,贺拔岳一死,他就封宇文泰为关西大都督,用其对抗高欢。

永熙三年(公元534年),为了配合宇文泰的行动,孝武帝元修率先对高欢动手。他不敢惊动晋阳方面,便对外宣称要南伐梁朝,从河南调兵,准备御驾亲征。

当时,北魏外强中干之势形成已久,孝武帝如此大规模用兵,高欢不用猜都知道,这位皇帝是想拼尽魏军最后一点力量,将他踢出局。他当即派人告诉孝武帝,他已命二十二万大军兵分五路南下,可以帮助孝武帝效仿先祖南征,同时还可以帮助孝武帝完成"清君侧"的工作,请其暂缓出兵，待在洛阳城等待他的大军凯旋。

人为刀俎，我为鱼肉，孝武帝哪会愿意坐以待毙呢？但他临时搜罗来的部队连守住洛阳宫城都够呛，遑论对抗高欢的大军。因此，他赶紧派人联络关西的宇文泰，将他的妹妹冯翊公主许配给宇文泰，希望其发兵救魏。

同时，为了鼓舞魏军士气，孝武帝公然下诏宣示高欢的罪行，并在诏书中呼吁全军"纵无匹马只轮，犹欲奋空拳而争死"。但孝武帝的算盘真的打错了。

口号喊得越响，实际上越没用。等高欢的大军兵临黄河北岸时，孝武帝便被吓破了胆。他的部下纷纷劝他趁高欢大军还未站稳脚跟发起突袭，打过北岸以扭转乾坤，而孝武帝却只想着如何尽快投奔妹夫宇文泰。

见孝武帝去意已决，支持北魏的斛斯椿只能叹息："皇上不用我计，真是天意不兴魏室。"

是的，北魏气数已尽。

永熙三年（公元534年）七月，孝武帝携南阳王元宝炬（即后来的西魏文帝）、清河王元亶（东魏孝静帝元善见之父）、广陵王元欣、广阳王元湛、陈郡王元玄、平原长公主元明月等皇室宗亲以及五千残兵西迁。路还没走到一半，清河王元亶、广阳王元湛就掉转马头，朝高欢奔去。在这两位王爷的带动下，五千残兵也陆陆续续逃走了一大半。到最后，孝武帝身边就只剩下一个半路跑来追随自己的武卫将军独孤信了。

看到独孤信宁可抛妻弃子，也要忠义侍君，孝武帝十分感动，当即给独孤信加官晋爵，并在到达关西的第一时间将这位忠臣举荐给宇文泰。从此，独孤信飞黄腾达，他的家族及姻亲在此后百年间声名远播，并深刻影响了隋唐历史的走向。

而孝武帝本人却没有运气看到日后的盛世,投奔宇文泰不久,他的价值就被利用完毕。同年十二月,他被丞相宇文泰毒杀,年仅二十五岁。

历史终究让两个酷似尔朱荣的枭雄——宇文泰与高欢,成为争霸天下的关键推手,但二人争霸天下已经是下一个阶段的故事了。在正史中,孝武帝的西迁与被杀,象征着北魏王朝的分裂及灭亡。大幕再拉开时,已经换了人间。

梁朝消亡史：
得到一个叛将，失去一个国家

持续动荡三百多年的魏晋南北朝大乱世，它的隐形终点不是陈朝，而是梁朝——随着东晋灭亡，皇权逐渐崛起，门阀士族逐渐衰落，而南朝经历刘宋、萧齐、萧梁三个王朝一百多年的开发，原本在南北对峙中占据上风，甚至有一统天下的可能。

只是一个侯景之乱突然将南朝的这种"体面"打得原形毕露，腐朽没落的士族社会被无情扫荡，南朝的精华由此元气大伤，最终无法战胜北方汉化重生的游牧民族，中国即将再次迎来大一统的前夜。

太清元年（公元547年）的一个夜里，梁武帝萧衍做了一个梦。他梦见中原各地的太守纷纷南下，向梁王朝奉上他们的土地。

这是天下一统的征兆！自晋室南渡以来，南北统一就成为无数人的念想。江南的风景固然令人迷醉，可要是能够收回中原大地，一睹那些只能在诗赋中见到的北国风光，该有多么美好。然而，念想终归只是个念想。所有的南方政权都以华夏正统自居，但北伐却从来没有成功过。

这一次，梁武帝觉得他的梦想要成真了。北方的形势发生了变化，专制河南十四年、拥兵十万的东魏将领侯景叛乱了，向南方献上十三州，为求归附。于是，梁武帝接纳了侯景，并趁机发动了"太清北伐"。

讽刺的是，梁武帝想要一统天下的欲望却引发了南方的劫难。

北伐一战，梁军大败，主帅被俘，侯景也被打得只剩下八百步骑，仓皇逃过淮河。梁武帝从统一天下的春秋大梦中醒来，哀叹："吾得无复为晋家乎？"

东魏赢了之后，与梁议和，条件是交出侯景。此乃祸水南引之计。梁武帝却盘算着，侯景只有八百人，东魏大军骁勇难当，于是同意了东魏的议和条件。

侯景岂是坐以待毙之人？太清二年（公元548年），他在寿阳起兵叛梁。梁武帝听闻后大笑："是何能为，吾以折棰笞之！"然而，侯景直奔建康而来，还得到了内奸的接应。十月，侯景攻进石头城，包围了台城。

梁朝不仅没有见到北国的风光，还令富庶的江南陷入战火之中。

侯景纵兵杀掠，建康城的道路上堆满了尸体。这些尸体来不及被埋葬，造成大疫，进而导致战争的幸存者又有大半死去，侯景只能将这些尸体"聚而烧之，臭气闻十余里"。正如史书所言："千里绝烟，人迹罕见，白骨成聚，如丘陇焉。"

侯景之乱，不仅毁掉了梁王朝，也毁掉了南朝的统治中心——江南。自此以后，统一中国的天平开始向北方倾斜。

1.底层的怒火

太清三年（公元549年），侯景终于攻陷台城，见到了梁武帝。

两个人进行了一场颇有意味的对话。梁武帝问侯景："初渡江有几人？"侯景回答："千人。"梁武帝又问："围台城几人？"侯景答："十万。"梁武帝又问："今有几人？"侯景尽显胜利者的姿态，说："率土之内，莫非己有。"梁武帝听完，低头不语。

侯景一介北人，在南方毫无政治基础，手下不过千人，虽然得到了内奸萧正德的接应，两军加起来也不过万人，但他带军进入梁王朝的大本营，不仅没有被一网打尽，声势反而越来越大，队伍竟然壮大到十万之众。

这么庞大的一支军队是怎么来的呢？

江南是一片太平无忧、富庶繁荣的乐土，至少对一部分人来说是这样的。梁武帝大兴文教，制礼作乐，为政"急于黎庶，缓于权贵"，对士族、宗室十分优待，甚至到了放纵的地步。权贵们拥有田土、奴仆、财富无数。士人们生逢其时，讴歌盛世。这些人一定不会站在侯景这边。

那么，谁会对这样的江南不满呢？

自然是数不尽的黎庶。

包围台城之后，侯景就发布了一个公告，上面写道："梁自近岁以来，权幸用事，割剥齐民，以供嗜欲。如曰不然，公等试观：今日国家池苑、王公第宅、僧尼寺塔，及在位庶僚，姬妾百室，仆从数千，不耕不织，锦衣玉食，不夺百姓，从何得之！"

不夺百姓，从何得之！江南的表面越是繁华，内里就越是糜烂，积攒的怨恨就越多。侯景未必真的关心百姓疾苦，但是这番言论正中梁王朝的要害。

侯景南下，最多算困兽犹斗，但他成功地勾起了底层的怒火。丢掉土地的农民、出卖人格的奴隶、被掳掠而来的北人……这些人成为侯景可以利用的力量。

在侯景大军中，奴隶发挥了重要作用。当时，侯景为了瓦解台城的守军，壮大自身势力，下令大规模免奴为民。他得到了梁朝大臣朱异的一个奴隶，立刻给他升官，位同三公，还把朱异的家产全给了那个奴隶。一日，那个奴隶骑着良马，穿着锦袍，慢悠悠地来到台城之下，对着朱异说道："你做官五十年，才当上中领军，我刚刚侍奉侯景，待遇就和三公一样了。"

一介奴隶翻身做"人上人"，这是最好的宣传。于是，三天之内，台城里的奴隶纷纷投奔侯景，数以千计。侯景重重赏赐他们，把他们编入军队。这些奴隶重获自由，又有借军功往上爬的机会，人人感恩侯景，悍不畏死。侯景在梁朝腹地屡战屡胜，少不了这些奴隶的功劳。

攻陷台城之后，侯景继续释放来自北方的战俘、奴隶，数以万计。出将入相的理想在这群受尽苦难的人里面被大肆宣扬，到处是"行台"，遍地是"开府"，"左右公"与"都督"成群。毫不夸张地说，侯景掀起了一场以下犯上的狂欢。

在一座狭窄的独木桥上，有人上岸，就会有人落水。当奴隶敲掉身上的枷锁,当依附民走出地主的庄园,高高在上、俯视众生的士族们便要迎来灭顶之灾。

2.扫平江南士族

侯景在反叛之前,曾向王、谢两家门阀求亲。梁武帝直接拒绝了:"王、谢门高非偶,可于朱、张以下访之。"意思是,琅琊王氏、陈郡谢氏两大豪门不是你可以高攀的,朱、张是南方的大姓,也不适宜。非要寻一门亲事,就在比朱、张等级低的门阀里挑吧。侯景愤怒地回道:"会将吴儿女配奴!"

东晋灭亡之后,门阀世族的力量已经大不如前了,不过傲慢依旧刻在他们的骨子里。或者说,这些落魄的贵族不得不保持表面的傲慢,来面对江河日下的局面。他们的婚姻讲究门当户对,做官喜欢做地位高、事情少的清流,学问尽是玄学佛讲,基本已经看不见什么进取精神了。

《颜氏家训》记录了梁朝士大夫们的丑态:他们是一群"居承平之世,不知有丧乱之祸;处庙堂之下,不知有战阵之急;保俸禄之资,不知有耕稼之苦;肆吏民之上,不知有劳役之勤"的废物。他们喜欢着宽袍大带,戴大帽子,穿高跟木屐,出门要乘车,进门要人扶,过着酒足饭饱、无所事事的生活。等到侯景之乱,士人们细皮嫩肉,不能步行,体质虚弱,受不了严寒和酷暑,常常在事故中暴毙。

侯景之乱发生时,很多士大夫的表现堪称拙劣。

士人庾信率兵扎营于朱雀航(今江苏南京市秦淮区镇淮桥东)北,抵抗侯景。侯景的军队到时,庾信还在啃甘蔗,当时远远飞来一支箭射中了门柱,庾信手中的甘蔗应声而落,吓得他直接弃军而逃。一大批临阵脱逃的士人将京口航道、朱雀航、白下城、宣阳门等要冲拱手让出。侯景初入建康之时，台城中唯一可靠的人是身为武将的羊侃。

事实上，很多士人并不觉得他们要为梁朝的失败负责。魏晋南北朝时期，皇帝换了又换，丝毫不影响世家大族稳坐中央，哪怕其权力被逐渐侵夺，世家大族也是当之无愧的统治阶层。这就导致在朝廷利益与家族利益有冲突时，世家大族永远以家族利益为重。

侯景攻陷台城，百官逃散，只有萧允衣冠整齐地坐在太子的宫署内。侯景手下的人对他很敬重，不敢逼迫他。不久，萧允迁居京口。当时侯景大军横行，百姓骚动，士族逃难，萧允却岿然不动。

别人问他为什么不走，萧允回答说："一个人的性命是有定数的，难道逃避就可以免去祸患吗？祸患的产生都是因为利欲，如果不求利，祸患又从何而来呢？今天百姓争先恐后地挥臂向前，想要博取大功劳，进一言而取得卿相的地位，这些与我一介书生有什么关系呢？"于是他闭目静处，隔日而食，最终免去祸患。

在萧允眼里，人们奔走求活、保卫家园、向上进取就是求利的行为，所以他不参与。他最大的底气在于他来自兰陵萧氏，不需要进取就能够享受荣华富贵。

这样一个冷漠、无能的统治阶层，要如何面对天崩地陷呢？

史载，侯景"纵兵杀掠，交尸塞路，富室豪家，恣意哀剥，子女妻妾，悉入军营"。城破之后，饥荒来袭，士人们饿得面黄肌瘦，虽然身穿罗绮，佩戴珠玉，但也只能在床上呻吟等死。

在侯景的屠杀、连续的饥荒、奴隶的造反之下，整个江南的士族几乎被一锅端了。这里面就包括中原衣冠随晋室南渡的大族，比如王谢等高门；三吴地区的土著大姓，比如顾、陆、朱、张。或许有些许势力留存，但也影响不了大局了。

一言以蔽之，东晋以来主宰政局的江南士族基本上完了。

3.江陵中兴

建康沦陷之后，南朝还有一丝希望，就在江陵。

当时，梁室失鹿，各地掌握大权的宗室展开内斗，决出新的南方统治者。最有优势的就是坐镇江陵的萧绎。这并不是因为萧绎本人有多么英明神武，而是因为江陵乃关键所在。

江陵，是荆州的治所。所谓"三吴之命，悬于荆江"，在南北对峙的情况下，荆州是长江防线的一大重镇，有拱卫江南之责。正因为荆州过于重要，所以当地囤积了大量兵力。

西晋末年，北方士族相继南下。底蕴强的侨居至东部的三吴地区，如王谢诸高门；底蕴弱的则迁移到西部的江陵一带，甚至更远。

东晋时期，"王与马共天下"，侨姓高门凭借荆州之力，敢和皇帝公开叫板。然而他们日益堕落，逐渐丢了实权，再也无法掌控荆州。刘宋之后，掌握兵权的二流士族崛起了。这些人远离繁华热闹的江南，没法享受醉生梦死的生活，锐气尚存几分。对他们来说，镇守地方也可扩张自己的权势。正如梁武帝萧衍，既非北来之王谢大族，也非南方的朱张高门，却能依靠荆、雍二州的力量，建立了梁朝。虽然江南士族依然挤满了朝堂，可是能做事、能打仗的人大都在西部的军事重镇。

建康沦陷之后，江陵走到台前。当时，江陵有强势的武力，有一群没有腐化的荆州士族，有萧梁宗室坐镇，自然就成为再造梁朝的希望。

从江南逃出来的士人纷纷来到江陵，比如琅琊王氏的王褒，南阳庾氏的庾信，等等。不过，他们虽然还活跃在政坛之上，但已然沦为纯粹的看客。

当时，江陵面临两条军事战线的选择，一条来自占据江南的侯景，一条来自各拥强兵的宗室。江南士人自然希望萧绎能够带领大军杀回江南，复兴他们心中魂牵梦绕的梁朝。可是，萧绎怎么可能在强敌环伺的情况下直面侯景，而且就算他打赢了，也不过是得到一片废墟。对萧绎来说，当务之急是剪除周边可能与他争权的宗室。

萧绎的战略大致为先平定湘州的萧誉，次平雍州（今湖北襄阳）的萧詧，再取郢州（今湖北武昌）的萧纶。当他讨伐完这些宗室之后，他才开始集中力量对付侯景。承圣元年（公元552年），萧绎击败侯景，收复建康，顺理成章地在江陵称帝，是为梁元帝。

这时，江南士人起了心思。他们在江陵是依附者，上升之路都被本地的士族占据了，便想要迁都建康，回到他们的大本营。江陵士族自然不肯，双方爆发了一场争论。

萧绎先提出迁都建康，试探群臣。许多江陵士族站出来反对："建业王气已尽，与虏正隔一江，若有不虞，悔无及也！"身为江南士人的周弘正、王褒说道："今百姓未见舆驾入建康，谓是列国诸王，愿陛下从四海之望。"言下之意是，如果不迁都建康，萧绎只能算诸王，得不到百姓拥戴。

江陵士族讥讽道："弘正等东人也，志愿东下，恐非良计。"周弘正立马反驳："东人劝东，谓非良计；君等西人欲西，岂成长策？"萧绎笑了，态度暧昧。

又一场争论发生，时与会者有五百人之多。萧绎再次问道："吾欲还建康，诸卿以为如何？"满堂沉默，不作一声。萧绎知道众人有难言之隐，于是说道："劝我离开江陵的人，露出左臂。"有一半人露出了左臂。可见，江南士人依然数量庞大，却不敢公开发言表示反对。

从表面上看，萧绎三番两次提出迁都建康，但他仅付诸言辞，始终不曾迁都。很明显，迁都的提议就是安抚江南士人的幌子。最后，萧绎以"建康凋残，江陵全盛"的理由，决定不迁都。

于是，梁朝在江陵迎来了"中兴"之局，江南士族成了可怜的附庸。

4.大将王僧辩

在梁朝"中兴"的过程中，江陵出现了一名力挽狂澜的大将——王僧辩。宗室战争、平定侯景之乱、拥立萧绎，他都深涉其中，俨然成为士族新的依靠。

王僧辩本是北人，随其父亲归附梁朝，任事之后一直追随萧绎。在侯景之乱时，王僧辩率军支援建康，但他赶到建康时，台城已经陷落，梁武帝也已死去，他只能先屈服于侯景。侯景知道王僧辩是北人，想收为己用，于是放走了他，可王僧辩忠于萧绎，迅速返回江陵。

萧绎也猜忌过王僧辩。有一次，王僧辩与萧绎意见不一，萧绎直接拔刀相向，砍中他的左腿，鲜血直流。王僧辩晕了过去，过了很久才醒来，发现全家人已在牢狱之中。后来，前线战事不利，萧绎只能起用王僧辩。在王僧辩的指挥下，江陵大军屡战屡捷，他也终于重获萧绎的信任。

大宝二年（公元551年），侯景挟大军朝江陵进发，沿途望风而降。王僧辩决定坚守巴陵（岳阳），以待时机。侯景凭借军力雄厚，轮番攻城，但都被王僧辩组织力量击退了。于是，侯景亲自披甲上阵，在城下督战，想要一鼓作气拿下巴陵。王僧辩也登上城墙，巡视守城将士，击鼓奏乐，鼓舞士气，丝毫不怕被流矢射中。侯景远远看着他，不由得赞叹他的胆气。

在王僧辩的坚决抵抗下，侯景军中粮尽，又受疫病影响，陷入困境，只能撤退。王僧辩趁机率军东下，收复了郢州、江州等失地。

承圣元年（公元552年），王僧辩与另一支军队在白茅湾（今江西九江市东北）会师。这一支军队的主帅是陈霸先。如果说王僧辩代表了江陵士族集团，那么陈霸先则代表了另一种能够挽救时局的力量——寒门庶族。

双方在长江之畔升坛歃血，共读盟文，约定共同讨伐侯景。两种力量合为一处，几乎不可阻挡，很快收复了建康。侯景战败东奔，与心腹数十人乘船逃往海上，最后被部下杀死。历经三年八个月，屠戮数以万计生灵，几乎颠覆梁朝的侯景之乱终于被平定。

收复建康之后，久经战乱的江南人民以为迎来了春天，纷纷从山沟里走出来，准备重建家园。然而，江陵的军队并没有将其视为自己的子民，反而当成可随意宰杀的肥羊。跋扈的士兵见人就抢，百姓的叫喊声响彻云霄，传到了石头城。

王僧辩以为有敌袭，赶紧登城看看发生了什么情况。得知是手下纵军抢掠，王僧辩顿时松了一口气，也不禁止这些抢掠的行为。对此，史书留下了八个字："王师之酷，甚于侯景。"

由此可以看出江陵集团的立场：江南不再是南朝的圣地，它仅仅意味着一块重要的地盘和一个让萧绎称帝的理由。

5.陈霸先崛起

侯景以雷霆之势杀死了盘踞在江南的巨兽，制造了一个巨大的权力真空地带。这个真空地带的一部分被江陵士族填上，另一部分则被寒门庶族填上。

刘宋以来，寒门庶族就有以军功掌权的人了。宋、齐、梁时，皇帝为了强化自身的权力，选用寒门子弟为典签，他们拥有监视地方的大权。不过，大部分寒门入仕者来自江南，而南方广大地区的地方豪强虽然拥有实力，却局限在本地，找不到向上的通道。

侯景之乱给了这些地方豪强机会。在混乱中，这些人或拥兵自重，割据一方；或以勤王的名义讨要官职；或通过军功擢升为将领。他们势如雨后春笋，纷纷破土而出，成为一支不可忽视的力量。

比如东阳长山（今浙江金华）留氏。在孙吴时代，他们一族就有不少人因军功跻身政坛，如留赞、留平、留略等人。然而这个家族没什么底蕴，称不上江东名望，在晋灭吴之后就基本归于沉寂了，史书里基本看不到留氏的名字。在侯景之乱后，留异纠集同乡，招募士卒，汇集的武力非常可观。各方势力拿他没办法，只能承认他的势力，加以抚慰。梁朝、侯景、王僧辩乃至于后来的陈朝都不得不给他官做。

陈霸先的崛起，离不开地方豪强的支持。

陈霸先是吴兴人，本是寒微人士，一直担任士族瞧不起的低下吏职，后来得到上司萧映赏识，跟随他去广州做事。在偏远多事的岭南，陈霸先得以大展拳脚，立下了赫赫战功，三十多岁就爬到了郡太守的位置。后来，广州被叛军围困，陈霸先率领三千精兵，日夜兼程疾行，屡战屡胜，大败叛军。梁武帝闻之大喜，甚至派遣画师来广州描摹陈霸先的相貌。

此时，陈霸先已经是总督一方的封疆大吏了，个人势力初现雏形。他的主要部下，比如沈恪、杜僧明等人，大都来自江南地区，属于来岭南博取功名的寒门庶族。

侯景之乱后，岭南各地也出现了骚动。陈霸先借机招揽豪强，扩充实力，准备北上救援建康。可是镇守广州的宗室萧勃只想割据一方、阻挠北伐，于是陈霸先派遣使者到江陵，投奔萧绎。

在北伐的路上，陈霸先的军队如滚雪球般扩大，士兵主要来自地方豪强的投效。

始兴（韶关）豪族侯安都，"侯景之乱，招集兵甲至三千人"，得知陈霸先要北上，率兵跟随，力战有功。

俚人首领冼夫人，曾与陈霸先会于灨石。冼夫人曾对其夫君说："陈都督非常人也，甚得众心，必能平贼，君宜厚资之。"此后，冼夫人的地方势力一直支持陈霸先，直到陈朝灭亡。

长沙豪族欧阳頠，与陈霸先交好，率领军队越过五岭，支援其北上。

这是双赢的局面，陈霸先扩充了实力；有实力的寒族得以跳出本地，有了跻身高层的资本。这些地方势力的领袖后来大都成为陈朝的开国功臣，走上了权力之巅。

承圣元年（公元552年），陈霸先从豫章（今江西南昌）出发征讨侯景，这时其已有甲士三万人，强弩五千张，舟舰两千艘。基本可以说，这就是一个南方寒门军事集团。当时，陈霸先名声甚至比王僧辩还大，还曾支援三十万石粮食给江陵，可见陈霸先集团的实力之雄厚。

这样，沦为废墟的江南迎来了两股新势力。

6.江陵之焰

如果天下只有南方一隅，或许梁朝还能够撑过去。

当时的天下形势，并非单纯的南北对峙，而是东魏、西魏、梁朝三国争霸。所以也有人把这个时代称为"后三国"。在萧绎进行宗室战争的时候，北方两国也不会坐视机会悄悄溜走。

侯景之乱爆发后，江淮地区的梁朝州郡长官要么弃城而走，要么投降东魏。大宝二年（公元551年），正值高洋改朝换代，北齐还要提防西魏，不愿意卷入南方战事太深，所以乐于接受南方州郡的投诚，而没有侵略的意图。

太清三年（公元549年），襄阳的萧詧与江陵的萧绎交战，萧詧知道自己实力不足，于是向西魏求援，打开了北朝军事力量介入南方的口子。襄阳为关中进入江汉的必经之路，梁朝向来有重兵把守，易守难攻。萧詧的主动投依，等于撤去了萧梁的襄阳防线，实乃进军江汉的千载良机。于是，西魏借机出兵，很快就拿下了"汉东之地"，甚至逼近江陵。

萧绎迫于形势，送质子求和，并签下了割地称臣的盟约。另一边，西魏册命萧詧为梁王，加强对襄阳的政治控制。从此，襄阳就成为宇文氏南下的前哨站了。

承圣元年（公元552年），益州刺史萧纪在成都称帝，率巴、蜀大众东下。当时侯景袭扰江陵，萧绎不想两面受敌，于是向西魏乞求援兵。西魏再次坐收渔翁之利，拿下了成都。

南方已是支离破碎，江陵可称一座孤城了。

承圣三年（公元554年），萧绎给西魏权臣宇文泰写信，要求按照旧图重新划定疆界，言辞极为傲慢。宇文泰大怒，直接挥兵南下。当时，江陵的主力尚在建康，守备空虚，萧绎急忙给王僧辩写信求援："吾忍死待公，可以至矣！"然而，援军来得太慢，江陵城破，萧绎被俘，最后被萧詧用土袋活活闷死。

只过了短短几年时间，江陵就步了建康的后尘。

西魏以江陵之地册立萧詧为梁主，然后把襄阳划作自己的地盘。他们留下了一片烧焦的废墟，驱赶着江陵的数万士族百姓，大摇大摆地回到长安。

为什么西魏不趁机灭掉梁朝，拿下南方呢？这和后三国的形势有很大关系。西魏最首要的威胁从来不是南方，而是东魏（北齐）。对北方两国来说，在北方统一之前，贸然南下是一种不智的行为。因此，对梁作战始终是一场有限战争，并不是灭国行为，目的是拿下成都、襄阳、江陵这样的战略要地。

经过梁朝的"慷慨奉献"，西魏从三国中最为贫弱的国家一跃成为最具优势的国家。

在凄风苦雨之中，萧詧登上了皇帝之位，礼乐制度悉数照旧，以显示他正统的身份。实际上，这个国家已经沦为西魏的附庸。江陵之战过后，梁朝其实已经不复存在了。史家把萧詧的傀儡政权称为"西梁"，把其放入了北朝的编年。

当初，西魏军队平定江陵的时候，萧詧的手下向他建议：西魏人贪婪无度，残暴不仁，现在他们的主将都在这里，不如预先埋伏武士，将其斩杀，然后奇袭魏军堡垒，再图大业。

萧詧回应道："你的计策，并非不好。可是魏人待我不薄，我不能背弃道德。"不久，当全城百姓被驱赶着北上的时候，萧詧追悔莫及，但也只能咽下苦果。

他余生都活在忏悔之中。每次读到"老骥伏枥，志在千里，烈士暮年，壮心不已"，都要长久地叹息一番。然而，萧詧作为傀儡的命运，不正是他自己一手缔造的吗？

王夫之说："江左之能延数十年者，幸也。高齐未灭，关中之势未固,宇文之篡未成,故犹幸而存也。"南北统一的局势已经逐渐明朗,南方之所以幸存,只是因为北朝两国相互牵制,并非北朝无力统一。

梁朝的失败,也是南朝的失败。

7.文化北移

西魏攻陷江陵后还有另外一个收获——南方的文化精英。

当时,江陵汇聚了士族最后的支撑性力量,既有建康之士族,也有江陵之士族。而西魏近乎空城式的迁移,给了南朝的门阀制度最后一击。人都没了,哪还有什么士族政治。另外,大量南方士人被裹挟入北方,填补了北方文化上的缺陷。

东晋以来,南方政权都以华夏正统自居,仗着礼乐衣冠,瞧不起北人。很多中原士大夫也都思慕南方的文化氛围,奉其为正朔。北方虽然具备军事优势,但是在道义和人心上始终落于下风。

江陵之战后,南朝引以为傲的文化资源,也归北方所有了。王褒等士人进入长安,宇文泰十分高兴地说:"昔日西晋平吴,得到了陆机、陆云,今天我朝平定江陵,群贤毕至,比西晋好多了。"

西晋平吴乃华夏正统平定割据政权,宇文泰这么说显然是想要淡化自身的"夷狄"色彩。

当时,宇文泰推行汉化政策,极力拉拢南来的士人,给他们加官晋爵。他的目的就是让他们装点北朝的文化,以获得更多的政治合法性。

庾信就是典型。他虽然心里一直放不下江南,却不得不屈从于现实。他的文章在北周上流社会流传,使得北周文学一改往日荒芜的景象。他还参与制作六代之乐。这批士人将南方文化移植到北方,推动了南北文化的融合。

同时，南方的贵族文化也走向了末路。梁朝的文化是香艳的、淫靡的，少了刚健的骨气。在醉生梦死的江南，人们眼里只有宫女的笑靥和风花雪月的生活。然而，繁华一瞬即逝。在家国巨变中，人们的命运发生了转折，文风也不得不变得压抑、沉痛。兰陵萧氏是那个时代最好的注脚。他们是盛世的亲历者，宫体文学的参与者，也是梁朝衰败的始作俑者。

太子萧纲在被侯景囚禁时，创作了一首《被幽述志诗》：

恍忽烟霞散，飕飗松柏阴。

幽山白杨古，野路黄尘深。

终无千月命，安用九丹金。

阙里长芜没，苍天空照心。

诗中已无儿女情长，只有一种不甘、绝望的情绪。

萧绎被俘后，在临死之前，写下了《幽逼诗四首》，诗中流露的情感更加苦了，其中一首如下：

南风且绝唱，西陵最可悲。

今日还蒿里，终非封禅时。

他悲叹自己努力经营荆州，企图中兴梁室，最终愿望落空。这首《幽逼诗》是梁末作家最凄苦的作品之一。他在江陵陷落之前，把十四万卷图书付之一炬。有人问他为何焚书，他回答道："读书万卷，犹有今日，故焚之！"在漫天大火中，他终于对梁朝的失败有了一点可悲的反思。

即便是投奔西魏的萧詧，内心也同样复杂。他的《愍时赋》有这么一句："等勾践之绝望，同重耳之终焉。"他的绝望如同当年勾践和重耳的一样，深不见底。要知道，无论是勾践还是重耳，最后都成功复国了。萧詧从来没有忘记复兴梁朝的梦想，只是在北朝的军事阴影下，难有作为。最后，萧詧忧愤而死。

活下来的南方士人，无论身处北国，还是留在南方，都在梁朝的失败中自我折磨、自我反思，努力探索着文学的出路。他们的前方，正是唐代文化的曙光。

8.陈、王相争

江陵沦陷后，南方的政治舞台上只剩下王僧辩和陈霸先两股势力。王僧辩和陈霸先，一人镇建康，一人守京口，合力拱卫江南。陈、王两家合作紧密，私交甚笃，王僧辩之子、陈霸先之女还缔结了婚约。

不过，和平的背后却是刀光剑影。王僧辩的女婿杜龛认为陈霸先不是贵族出身，手下都是些乌合之众。杜龛任吴兴太守的时候，还经常以权谋私，打压陈霸先的宗族，因此陈霸先恨他入骨。这其实是江陵士族与寒门庶族之间的矛盾。江陵士族心高气傲，十分敌视这帮政坛"暴发户"。寒门庶族也憎恨江陵士族的飞扬跋扈。两个集团之间摩擦不断。

为了遏制陈霸先的势力，王僧辩派遣亲信将领镇守在京口周围，如以杜龛为吴兴太守，韦载为义兴太守，王僧智为吴郡太守，张彪为东扬州刺史。

在萧绎死后，王僧辩与陈霸先两人的关系更为微妙。他们共立萧方智为王，王僧辩在建康独揽大权，陈霸先则等待着机会。

天保六年（公元555年），北齐动了南侵的心思，送逃亡北方的梁朝宗室萧渊明南归，有意让萧渊明继承皇位。如果萧渊明即位，梁朝就成了北齐的附庸。对此，王僧辩自然是拒绝的。随后，北齐陈兵淮南，夺下了东关，以武力威胁王僧辩等南方势力。王僧辩并无多少信心抵御齐军，想要息事宁人，因而同意接纳萧渊明。陈霸先则四次派遣使者苦劝王僧辩，决不能妥协，但王僧辩不听。

萧渊明入建康为帝后，陈霸先对他的亲信说："我和王僧辩同为托孤重臣，而王僧辩现在想依附戎狄之邦，不按次序立天子，他到底想干什么呢？"于是陈霸先准备起兵。

恰巧有人向王僧辩伪报齐军大举南下，王僧辩遣使告陈霸先备战。陈霸先扣押使者，在京口举兵，率军十万突袭建康，全军上下只有五个人知道此行的目的，人们都以为这支军队是去抵抗齐军。这次奇袭打了王僧辩一个措手不及，导致建康落入陈霸先手中，王僧辩也被斩首。至此，陈霸先成为梁朝实际的掌控者，他把萧渊明赶下台，重新立萧方智为帝。寒门势力正式成为南方政坛的主要力量。

北齐趁南方动荡，挥师南下，进犯建康。陈霸先在淮河南迎击齐军，纵火燃烧齐军的木栅，一时间烟尘漫天，齐军败退，士兵争相上船，挤成一堆，溺死者无数。当时，南方百姓在淮水边观战，呼声震天，而陈霸先的士兵个个以一当百，成功击退齐军。

第二年，齐军卷土重来，包围建康。陈霸先身先士卒，主动出击，向齐军发起猛攻。北齐南征的军事总指挥、大都督萧轨被生擒，其他大将被俘的有四十五名之多。逃亡的齐军跑到淮河边，却发现战船早已被烧毁大半。齐军为了争相上船而自相残杀，渡河溺死者不计其数。

袭杀王僧辩之后，陈霸先可谓面临危机重重。本来，建康朝廷控制的区域就很狭小，再加上江陵人士的造反、北齐的觊觎、南方各地此起彼伏的叛乱，陈霸先如同走在钢索之上，稍有不慎就会陷入万劫不复。危难之时，陈霸先运筹划策，纵横捭阖，先后平定各处叛乱，还两次抗击北齐的侵略，使得建康朝廷获得了喘息的机会。

陈霸先的声望如日中天，江南百姓也需要一个强势的英雄带领他们走出困境。这时，梁的国号就显得有些突兀了。

9.陈朝建立

史学家吕思勉说："从来人君得国，无如陈武帝之正者。……人君之责，在于内安外攘而已，当强敌侵陵，干戈遍地之际，岂可以十余龄之稚子主之哉？"

中国古代的王朝更替，无外乎两种途径：一是武力夺取，二是和平禅让。虽然枪杆子是必备条件，但政权的更替还要讲"道德"二字。

在南北朝时期，陈霸先既无显赫的家世背景，又无其他政治资本。他于太平二年（公元557年）受禅让称帝，基本没有受到什么阻碍，虽然是人心所向，但也少不了陈霸先的运作。

第一，改元换代者必须有功业和德行。

在整个南方政权陷入危难之际，陈霸先从岭南起兵，有平定侯景、延续梁祚之功。与他的前辈相比，刘裕有北伐之功，萧衍所在的兰陵萧氏本身就是大族，他们的合法性都比陈霸先要高。不过，陈霸先抗击的侯景是北人，抵御的齐军也是夷狄之师，这对当时以华夏正统自居的南朝来说十分重要。在东晋南朝时代，北伐是权臣获取政治合法性的重要手段。到了梁末，南北实力悬殊，人们不奢望能够收复北方，只希望有一个能够保存汉人正统的帝王出现。陈霸先正是这样一个人。

第二，改元换代者必须是天命所归。

既然是天命所归，那么上天一定会昭示祥瑞。自从陈霸先袭杀王僧辩之后，祥瑞就适时地出现了，甘露频频降落人间，百姓们自然心领神会。

第三，改元换代者必须是民心所向者。

这也是最重要的一点。古代的统治者常常说"民心"二字，所谓"水能载舟，亦能覆舟"，但在很多情况下，"民"指的不是最广大的老百姓，而是作为统治阶层的士人。

陈霸先集团多是地方豪强、寒门庶族，统治阶层事实上已经不同于以往的南方政权。寒门士族虽然得势，但是陈霸先依然要寻求士族的帮助。

从平定侯景到王僧辩败亡的三四年里，士族主要投奔王僧辩，陈霸先则完全落于下风。袭杀王僧辩之后，陈霸先越发意识到士族的重要性：政治需要他们做点缀，文化需要他们做装饰。比如，陈霸先的禅代文书和禅代仪式，都是由琅琊王氏的王通、王玚负责的。他们就像欧洲中世纪的教皇，为新皇帝加冕，象征着其背后力量对新政权的承认。

陈霸先优待士族，这不仅仅是一种政治姿态，更像是南朝时代的制度惯性。出身低微者虽然凭借自身的才华崭露头角，但依然会崇拜和模仿上流社会的时尚。

《陈书》载，陈霸先之侄陈蒨"少沈敏有识量，美容仪，留意经史，举动方雅，造次必遵礼法。高祖甚爱之"。仪态、文史、优雅、礼法，这些都是士族讲究的东西。陈霸先从小读兵书，练武艺，完全不具备士族的这种气质。他对陈蒨的喜爱，正是源自他对士族的倾慕。

为了讨好士族，陈霸先大兴文教，礼遇佛门，希望能成为像梁武帝一样的皇帝。开无遮大会，去佛寺舍身，与臣子游玩山水、吟诗作对，陈霸先把这些不符合他气质的事情全做了一遍。

陈霸先即位第六天，还发现了一枚神奇的佛牙。南齐时期，一名僧人从西域得到了佛牙，带回建康上林寺。梁朝普通三年（公元522年）的一个夜晚，佛牙被一伙军人劫走，从此下落不明。然而，这枚佛牙竟然在陈霸先称帝之时突然重现于世，可以称得上最大的祥瑞。

这枚佛牙的出现，向世人宣告梁朝天命已尽，接下来是陈朝的时代。

陈朝依然在仰望士族，这也是士族唯一的价值——提供合法性。政治运作则由皇帝指挥寒门庶族运行。等到陈朝被灭，士族唯一的价值也没了。

10.走向统一

梁朝还有一个小尾巴。

萧詧死后，西梁摸索出了一条生存之道：竭尽所能，奉承北朝。

承光元年（公元577年），北周武帝宇文邕灭北齐，西梁皇帝萧岿到邺城朝见。宇文邕虽然待萧岿以礼，可是对他并不重视。后来，萧岿在宴会上讲述父亲萧詧受宇文泰救命之恩，北周和西梁就像兄弟一样唇齿相依，情到浓处，涕泪纵横。宇文邕也不由得叹息。

在某次宴会上，宇文邕自弹琵琶，对萧岿说："当为梁主尽情欢乐。"萧岿连忙请求起舞。宇文邕问道："梁主竟然能为朕舞蹈？"萧岿回答："陛下既然亲自弹奏，我为什么不能像百兽一样舞蹈呢？"

后来，隋代北周，天下大乱。唯独萧岿见机行事，按兵不动。等到隋文帝杨坚登基，萧岿将女儿嫁给晋王杨广。开皇四年（公元584年），萧岿来长安朝见，隋文帝待他十分尊敬。萧岿回去时，隋文帝握着他的手说："梁主滞留荆、楚已久，未能恢复旧都，故乡之念，让人十分痛心。我要兵临长江，送您返回故乡。"

一直待在江陵的萧岿，竟然成了建康的遗民，还要北方异族送他回家。这其中复杂的国族认同，很难厘清了。

就在隋朝攻陷建康（南京），灭南陈，实现大一统的前两年，开皇七年（公元587年），隋文帝取消了西梁这个小朝廷。

后来，唐人令狐德棻在编写《周书》的时候，对萧绎冷嘲热讽，却对萧詧赞誉有加："梁主（萧詧）任术好谋，知贤养士，盖有英雄之志，霸王之略焉。及淮海版荡，骨肉猜贰，拥众自固，称藩内款，终能据有全楚，中兴颓运。虽土宇殊于旧邦，而位号同于曩日。贻厥自远，享国数世，可不谓贤哉。"

西梁虽然疆域不如从前，但是皇帝的位号还在，还传了好几代，这样的梁主难道不贤明吗？令狐德棻显然站在以北朝为中心的视角来看待这段历史，所以依附北朝者成了贤明之君，抵抗北朝者自然便是愚蠢之君了。这无疑是胜利者角度的历史叙事。

而失败的南梁和西梁，又哪里有"英雄之志"与"霸王之略"呢？令狐德棻的评价倒是像极了历史的反讽。

那时，动荡近三百年的魏晋南北朝大乱世行将结束，随着西梁的最终覆灭，中华帝国已经开始再次进入大一统的前夜了。

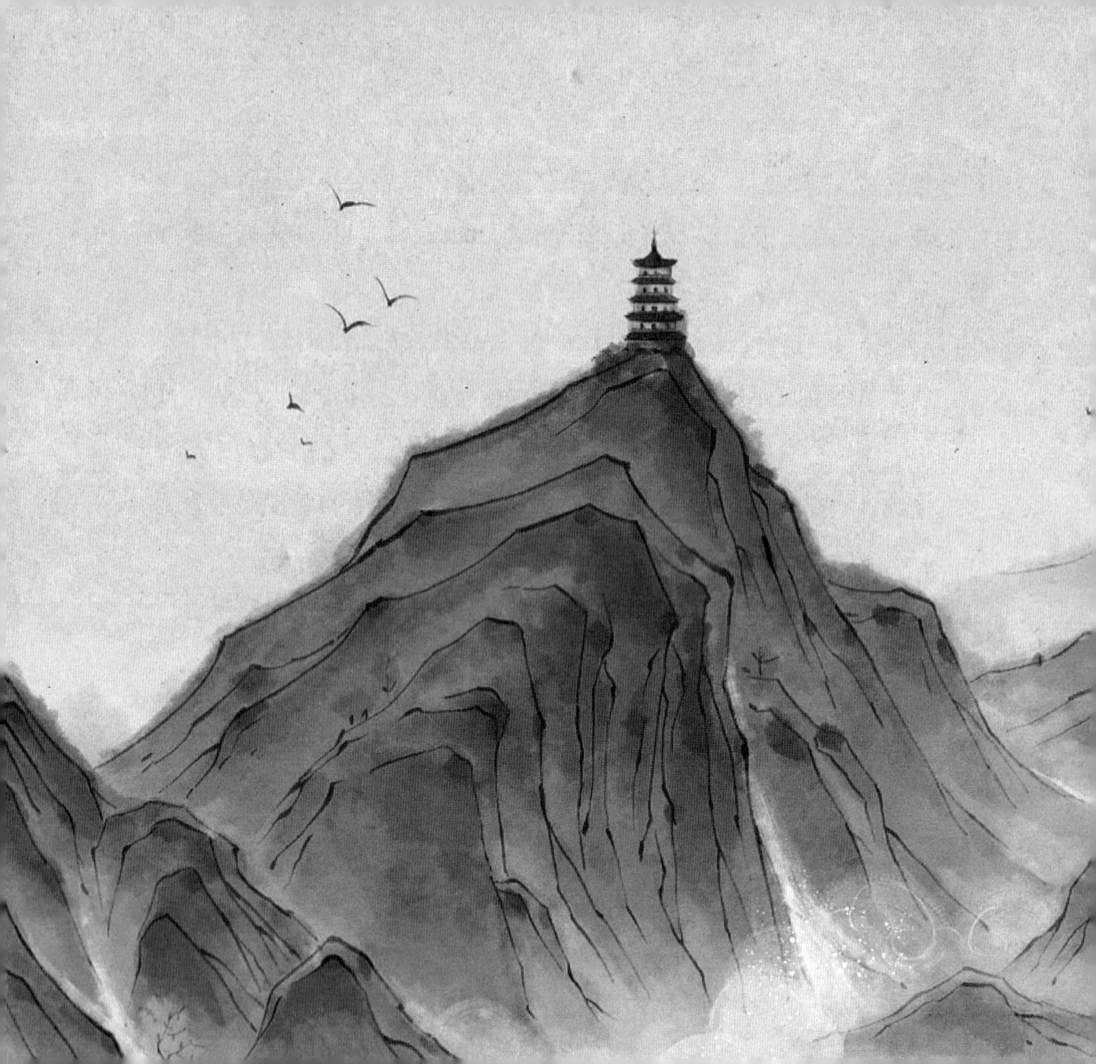

三

隋唐武功：贵族帝国的交接与陨落

隋末风云：
自杀王朝的最后五年

隋朝的灭亡，从表面看是由隋炀帝急于求成、滥用民力导致各方势力相互攻击、逐鹿天下所致，但动荡的果实最终却被源自统治阶层内部的关陇集团摘取。所以，隋朝之亡，就是表哥李渊夺了表弟杨广的江山和产业，帝国在贵族阶层内部完成了一次产权转移而已。

那么一系列所谓农民军、军阀都是干什么的呢？最后他们都成了看客，吵来吵去，最后才发现，原来是帮别人把生米做成了熟饭。

大业九年（公元613年），辽东战场上出现了古代军事史的一大奇观。

这是隋炀帝第二次征高句丽。为了攻克高句丽人固守的辽东城，隋朝大军使用飞楼、云梯、地道等不同手段，四面攻城，昼夜不息，却久攻不下。

隋炀帝见此情况，大手一挥，派人制作了上百万个布袋并装满泥土，打算让士兵前仆后继地用这些布袋堆成一条宽三十步的斜坡，最高处与城墙齐平，他称这个斜坡为"鱼梁大道"。随后他又命人建造八轮楼车，高度超过城楼，布置在鱼梁道两侧，射手站在车上可以俯射城内。

如此一来，大隋勇士只要等一声令下，便可杀入城中，踏平辽东。这种极富想象力的攻城方式，确实符合隋炀帝杨广飞扬跋扈的个性。

攻下辽东城指日可待，可就在此时，一个紧急消息从远在千里之外的黎阳（今河南浚县）传来——这年六月，在黎阳督运粮草的隋朝大臣杨玄感起兵叛乱，犹如在隋炀帝身后狠狠捅了一刀。

隋炀帝得知后"惧见于色"，赶紧下诏"六军即日并还"，从辽东回师，二征高句丽功败垂成。

隋朝统治集团内部的裂痕已然显现，同时伴随着各地农民起义的浪潮，这个曾经终结乱世、开创盛世的大一统王朝，即将走向短命的结局。

1.杨玄感叛乱的真相

历史学者韩国磐先生认为,杨玄感起兵,本质是"统治集团的大分裂"。

作为隋朝开国功臣杨素的长子,杨玄感可谓家世显赫,在官场上顺风顺水,不仅当上了礼部尚书,还被授予上柱国勋衔。但早在他起兵叛乱的四年前,杨玄感就有过"背刺"隋炀帝的念头。

当时,隋炀帝率领皇室、百官西巡,杨玄感也在被征召之列。在经过祁连山的大斗拔谷时,崎岖狭隘的山路上天气突变,风雪大作,隋炀帝一行人感受到了大自然的恶意,车驾狼狈不堪,人马死伤无数。

此时,杨玄感打算利用这一机会,带人突袭隋炀帝的行营,夺取大权。杨玄感的叔叔杨慎劝阻道:"皇帝登基几年来,为四海之内民心所向之人,国家还没有崩溃的迹象,你不可图谋不轨!"

此时的隋炀帝杨广还是世人拥护的天之骄子,杨玄感没有机会,他听从叔叔的建议,暂时作罢。直到四年后,隋炀帝二征高句丽,天下局势动荡,杨玄感才反戈一击。

杨玄感为何一再要干掉隋炀帝呢?实际上,他与隋炀帝的恩怨由来已久。

当年,杨玄感之父杨素在杨广的立储之争中曾经提供不少助力。杨广当上皇帝后，给予这位老臣极高的礼遇，但又有几分忌惮，毕竟杨素功高震主，对热衷于独揽大权的隋炀帝来说，杨素始终是个威胁。

后来，杨素年迈病重，隋炀帝特意派遣名医给他看病，并赏赐药材，装出一副嘘寒问暖的样子。可等到医生回宫汇报情况，隋炀帝就露出真面目，问医生杨素什么时候才会死，好像巴不得杨素就此一病不起。

杨素这人很精明，他见隋炀帝派人来探病，就知道皇帝的心思，干脆连药都不吃，只求速死。没过多久，杨素就病死了。临终前，杨素忧虑地对家人说："我岂须更活耶！"

史书记载，在杨素死后，杨玄感对隋炀帝日甚一日的猜忌感到不安，才心生反意，想要另立隋炀帝的侄子秦王杨浩为帝。

只是，如果隋炀帝将自己对杨玄感的猜忌暴露无遗，还对他委以重任，甚至命其督运粮草，那隋炀帝的心未免也太大了。

事情显然没有那么简单。

杨玄感谋反的深层因素，是关陇集团内部有人对隋炀帝的政策感到不满。

所谓"关陇集团"，是由历史学家陈寅恪命名的，指的是从西魏、北周延续至隋、唐的政治集团，源自北周的奠基者宇文泰设立的八柱国十二大将军。这些人很多出自北魏六镇之一的武川镇，以关中为根据地，与关陇、河东一带的世家大族形成"不可分离之集团"，北周、隋、唐三代的皇室都属于这一集团，因此长期奉行"关中本位政策"。

隋炀帝即位后却出现了打破"关中本位政策"的苗头。

早在杨广还是一个年轻皇子时，他曾与杨素等功臣一同率军平定南陈，之后到江都（今江苏扬州）担任扬州总管，度过了驻防江左的十年时光，与江南大族建立了错综复杂的联系，隋炀帝的皇后萧氏就是西梁的公主。

可以说，江南文化对杨广产生了深远的影响，这也为他的人生结局埋下了伏笔。

杨广在位时，对位高权重的关陇集团加以防范和限制，同时为了加强对关中以外地区的统治，开启了一场政治中心的东移南下运动。

隋炀帝先是举全国之力营建洛阳，于大业五年（公元609年）改洛阳为"东都"。此后，隋炀帝将权力中心从关中移至洛阳，在长达四年的时间里带着群臣在洛阳办公，这段时间约占了其在位时间的三分之一。

隋唐时期，洛阳是与长安齐名的世界级都市。但是，为了东都洛阳这个国家级工程，隋朝的百姓付出了惨重的代价。由于施工时间紧急，所需劳动量巨大，数十万民工有近一半的人累死在运输途中（"僵仆而毙者十四五焉"）。

为了确保粮食供应，隋炀帝在洛阳周边兴建含嘉仓、兴洛仓、回洛仓等几大粮仓。史载，在隋炀帝即位之初，国库储藏的粮食可供应五六十年，而据考古发现，仅含嘉仓遗址就有圆形仓窖四百余个，大窖可储粮一万石以上，小窖也可储粮数千石。

为了彰显帝国的富庶，隋炀帝在洛阳的南市举办过一次盛大的"招商引资"活动。他命人把洛阳城的树木用红绸子围起来，请外国商人免费吃饭，洽谈生意，商店中大设帷帐，摆满了珍贵的商品，每个人都衣着华贵，就连卖菜的人都用龙须草织成的席铺地。

前来参加盛会的胡人吃完免费的酒食，大都惊叹不已，只有一个聪明人察觉到异常，他看到洛阳树上的丝绸，就问酒店里的人："大隋也有衣不蔽体的穷人，为何不把这些东西赐给穷苦人民，挂在树上有什么用呢？"店家听后惭愧得无言以对。

隋炀帝在位时建造的另一项大工程——大运河，也与制衡南北的策略息息相关。大运河北抵涿郡（今北京市西南），南达余杭（今浙江杭州），由四段组成，以洛阳为中心，将海河、黄河、淮河、长江、钱塘江五大水系连在一起。

为了修大运河，隋炀帝同样动用了大量人力、物力。东都的官吏监督劳役时十分严苛，服役的壮丁"死者什四五"，运载死者尸体的车辆东至成皋，北至河阳，相望于道。

隋炀帝是一个能折腾的皇帝，但他急于求成，步子迈得太大，采用的方式也太残酷。在关陇贵族看来，杨广兴建洛阳城、修大运河的举措，有促成政治、经济重心东移、南下的趋势，将对关陇势力形成牵制。

此外，隋炀帝推行科举制，用更为公平的选拔人才的方式打破门阀政治。为了削弱魏晋南北朝以来门阀贵族的危害，更是下令"制魏周官不得为荫"，将关陇贵族子弟以门荫得官爵的大门狠狠关上，大量任用山东、江南的士人。这令关陇集团心怀愤懑，转而开始寻觅一个新的"代言人"。

大业九年（公元613年），杨广再次征高句丽时，杨玄感把握良机，在黎阳起兵反叛。

杨玄感反复宣传此次起兵是正义之举，鼓动众人，说："我身为上柱国，家里有黄金巨万，既富且贵，我一无所求。如今我不顾家破族灭，只是想为天下人解倒悬之急，拯救黎民百姓。"

很多平民受到隋炀帝无休止的徭役折磨，早就想要揭竿而起。杨玄感骁勇力大，身先士卒，时人比其为项羽，很多人深深受其吸引，愿为其拼死效力，所以"一呼而从者十万"，"众皆踊跃，称万岁"。韩相国打着支持杨玄感的旗号，仅用短短十天就召集了十余万人参加起义。

尽管民间热烈响应杨玄感起事，但真正让隋炀帝头疼的并非百姓。

早在两年前，第一次征高句丽时，邹平人王薄自称"知世郎"，作一首《无向辽东浪死歌》，在长白山（今山东章丘、邹平县境）率先举起反隋义旗，聚集了数万起义军。王薄起义的诱因是反对兵役，可起义军并没有拖住隋炀帝征高句丽的后腿，也没有动摇隋朝的统治根基。

但这次不同。杨玄感叛乱后，响应其号召的还有很多官僚子弟，如韩擒虎之子韩世谔、观王杨雄之子杨恭道、裴蕴之子裴爽、郑善果之子郑俨，以及来护儿之子来渊等四十余人，一个个都是衣食无忧、前途光明的勋贵。

前吏部尚书李子雄甚至杀了杨广的使者，大老远赶去加入杨玄感的队伍。杨玄感的好友、蒲山公李宽之子李密也被召到黎阳，拜为军师。

杨玄感明确指出杨广是昏君（"主上无道"），宣布要将其政权推翻。但是，这些达官子弟一起向身为关陇贵族的老大哥杨广挥刀未必是为了老百姓，而是因为杨广动了他们的蛋糕。

因此，当杨玄感兵变的消息传到辽东城时，隋炀帝怕老家真的丢了，连夜密召众将，率军返回，城外的军用物资、攻城器械堆积如山，也全部丢弃。

高句丽军起初以为这是隋军的诱敌之计，过了整整两天才追击，只赶上隋军殿后的数万士兵，包抄掳掠后稛载而归。

相比于第一次征高句丽，隋炀帝第二次出征时已经取得了不错的战果，也只能中途放弃，不败而退。

隋炀帝在第二次征高句丽前，询问太史令庾质："你看这次情况怎么样？"

庾质是个老实人，对隋炀帝说："我实在是愚昧迷惘，只觉得陛下御驾亲征，劳费太大，我还是不支持。"但隋炀帝不听。

等到撤军时，隋炀帝专门找到庾质，对他说："你当初不让我前去，就是担心这样的结局吧！"

2.起义军风起云涌

杨玄感的叛乱让隋炀帝大吃一惊，却很快以失败告终。

前面说到，前来投靠杨玄感的关陇集团成员中有蒲山公之子李密，他是北周八柱国之一李弼的曾孙，也是杨玄感的好哥们。

李密早年在宫中担任宿卫，与杨广有过"亲密接触"，但隋炀帝看他不顺眼，把他赶回家，李密从此事业受挫，这才跟着好哥们杨玄感造反。

李密来到军中，为好哥们杨玄感提出上、中、下三策：长驱蓟门，北据幽州，使出征高句丽的隋炀帝进退失据，此为上策；轻装西进，控制潼关，奇袭长安，夺取关陇集团的大本营，此为中策；就近攻打洛阳，胜负难测，此为下策。

杨玄感偏偏就选了下策，带兵就近攻打洛阳，和留守东都的隋军将领樊子盖死磕，结果围攻了四十五天，也没有攻下洛阳，反而等到征高句丽的大军回援，陷入腹背受敌的局面。

仅仅两个月后，杨玄感就在隋朝几路大军的围攻下一败涂地。李密幸运地逃过一劫，一路东躲西藏，后来投靠在黄河东南岸起事的瓦岗军。

万念俱灰之际，杨玄感与弟弟杨积善步行逃亡，他自知难逃一死，对弟弟说："我已经失败，不能受人屠戮羞辱，你杀了我吧！"于是，杨积善抽刀砍死了杨玄感，之后要自杀，却被追兵俘虏，与杨玄感的尸体一同被送到隋炀帝的行宫。隋炀帝下令在洛阳肢解杨玄感的尸体，暴尸三天，又把他的肉切下来焚烧。

隋炀帝不仅拿杨玄感的尸体撒气，还把怒气撒到杨玄感的同党和老百姓身上。

回到洛阳后，隋炀帝命人查处杨玄感的同党，处死了三万多人，并抄没他们的家产，其中有一大半人是受刑讯逼供含冤而死的。此外，隋炀帝还流放了六千多人。

杨玄感围攻洛阳时，曾经打开隋炀帝在洛阳周围营建的粮仓，放粮赈济百姓。在隋炀帝回来后，凡是接受过杨玄感赈米的百姓，都被拉到洛阳南面坑杀。

隋炀帝对负责审理此案的御史大夫裴蕴说了一番令人发指的话："杨玄感振臂一呼，跟随他的人就有十万，我更加明白了天下之人不能太多，多了就会相互聚集做盗贼，不斩尽杀绝就不能惩戒后人。"

但是，杨玄感那句"为天下解倒悬之急"的呼声太过深入人心，来自民间的反抗后来更加浪潮汹涌。

大业九年（公元613年）七月，远在余杭的百姓刘元进乘隋炀帝抽调江南兵马北上的时机，起兵响应杨玄感——一个月内部众多达几万人。有很多隋朝的逃兵也去投奔刘元进，他们相互议论说："往年天下全盛，我们的父兄跟着去征高句丽，一半人回不来，现在国家已经衰落，还要征兵，我们这些人就会一个都不剩了。"

俗话说，光脚的不怕穿鞋的。刘元进率领的这支军队在与隋军交战时虽然不占优势，却屡败屡战，刘元进只要在战场上脱身，就能重新组织起义军反抗。史书说，尽管隋军在平定刘元进的起义军时战无不捷，但"百姓从乱者如归市，贼败而复聚，其势益盛"，起义军就像是赶集一样，怎么样都无法驱散。

于是，隋炀帝派江都丞王世充征发淮南士兵几万人讨伐刘元进。

王世充是个狠人，他渡过长江后就对起义军发起猛攻，而刘元进这次不走运，在与王世充的军队打仗时战死，他的部下四处逃散。奸诈的王世充为了召集愿意投降的起义军，挑了个黄道吉日，在通玄寺的佛像前焚香起誓——不杀投降的人。当时刘元进的余部很多都要逃到海上当海盗了，听说这一消息，便纷纷归降。王世充却没有信守承诺，找个地方将三万降兵就地坑杀了。

经过此事，隋炀帝十分认同王世充的才能，对其委以重任。而刘元进的余党再也不相信隋朝官员，又聚集为盗，直到隋朝灭亡都没有被平定。

同年，为了杀鸡儆猴，隋炀帝下了一道诏书，规定"为盗者籍没其家"，凡是家里有当"盗贼"的人，官府一律没收他们的家产。

当时，有些郡县官吏在接到隋炀帝的诏书后借机大捞了一笔，对百姓生杀予夺，全凭个人。章丘人杜伏威和临济人辅公祏就是因为被人告发，遭到追捕，所以率众起义，他们的军队后来横行江淮，成为隋末唐初一股强大的割据势力。

后来，隋炀帝见起义军风起云涌，又下达一道奇葩的诏令，要求"民悉城居，田随近给"，也就是让农民们不再居住在乡村，全都搬迁到城里，田地就近拨给这些农民。在农业时代，农民生存就指望着那一亩三分地，现在不仅要遭受官吏的剥削，还要面临战乱的破坏，甚至耕作的地方都被限制，生活更加没有出路了。

等到隋炀帝在江都寻欢作乐时，民间已经遍地饥荒，有人采摘树皮、树叶充饥，有人把草秆捣成碎末，和泥土一起煮来吃，等到各种东西都被吃光了，就开始了人相食（"民始采树皮叶，或捣藁为末，或煮土而食之，诸物皆尽，乃自相食"）。

3.三征高句丽

面对杨玄感起兵的连锁反应,隋炀帝在盘算什么事情呢?

杨广接下来干了两件大事,一是第三次征高句丽,二是第三次下江都。

都说事不过三,隋炀帝却偏偏要逆天而行。

话说当初隋炀帝决定征高句丽,也是事出偶然。

那时是隋炀帝即位之初,他北巡东突厥,驾临启民可汗的大帐。那时,启民可汗已经当了隋朝的女婿,臣服于隋,可在启民可汗的营帐中,隋炀帝一行人见到了高句丽的使臣。

高句丽盘踞的辽东一带,本来是汉朝的郡县,往上追溯,殷商的大臣箕子曾经在此建国,因此,在隋朝看来,高句丽应该是臣属。

隋炀帝看到高句丽的使节,责备高句丽不顺从教化,不愿遣使朝贡,反而想与东突厥暗中勾结,隋炀帝回去后便兴兵讨伐。

回顾第一次征高句丽,隋炀帝召集天下军队,号称两百万之众,从涿郡出兵,光是在路上往来奔波的人就有几十万,所谓"近古出师之盛,未之有也"。但很多人还没到高句丽的地盘,已经因饥寒、疾病而死于路上,一时间"死者相枕,臭秽盈路,天下骚动"。隋炀帝第一次征高句丽出师不利,高句丽各城坚守不下,隋军大败而归。第二次征高句丽,隋炀帝再次征召全国的兵丁集结于涿郡,并首次招募平民充当"骁果"(相当于禁卫军),但杨玄感的起兵打乱了隋炀帝的节奏。隋炀帝担心后院起火,第二次征高句丽不败而退。

隋炀帝两次征高句丽,大大消耗了隋朝的国力,给人民带来了沉重的灾难。

《隋书·食货志》记载了当时天下为劳役、兵力消耗了大量财物,很多人在战争中战死或在劳役中累死,被征召的民夫有三分之二无法归家,每年征发民夫,处处都是骨肉分离的哭喊声,只剩下老弱妇孺留在家乡耕织,但仅凭他们无法维持正常生产,故而"宫观鞠为茂草,乡亭绝其烟火,人相啖食,十而四五"。

大业十年(公元614年),平定杨玄感之乱后,固执的隋炀帝第三次出征高句丽。

这一次,隋炀帝的诏书下达,一连几天百官中都没有人敢表示反对。隋炀帝又一次征召全国的兵丁,很多被迫服役的士卒半路逃走。隋炀帝抵达河北的行宫后,发现有士兵逃亡,于是命人逮捕了几个逃兵,用他们的血祭旗,但逃亡的情况仍然屡禁不止,兵丁纷纷用脚投票。

当一边进军一边叛逃的隋朝大军再次兵临辽东时,高句丽也怕了。隋军的先锋大将来护儿率先击败了高句丽军,准备进逼平壤,高句丽王高元终于遣使乞降。

隋炀帝大喜过望,派人持旌节命来护儿撤军。来护儿三次征高句丽,都无功而返,很是郁闷,召集部下说:"大隋三次出征高句丽,未能平定贼寇,这次回去可能就不会再来了,我为劳而无功感到耻辱。现在高句丽疲敝不堪,以我们现在的兵力攻破平壤,活捉高元,再向陛下报捷,这样不是很好吗?"

来护儿上表请战,准备抗旨不遵,继续进军。此时,军中的长史崔君肃出面制止来护儿的意气用事,告诉众将:"如果顺从来护儿,违背陛下的诏书,我一定会奏报皇帝,到时大家都要被治罪。"于是,众将纷纷请求撤退,来护儿才悻悻然地撤军。

这年十月,隋炀帝班师回朝,当即派人召高句丽王入朝,却只等来令人尴尬的沉默。当年,隋炀帝就是因为高句丽没有来朝贡,才大动干戈。现在,隋朝已经取得名义上的胜利,高句丽依然不给面子,不愿朝隋。

三征高句丽，就以这样一个有点"黑色幽默"的结果落下帷幕。隋炀帝大怒，敕令将帅准备第四次征高句丽，但最后未能出征，因为他与隋朝的命运都将迎来终结。

4.隋炀帝下江都

三征高句丽掏空了隋炀帝的精力，也打击了他的信心。

隋炀帝原本是一个意气风发的皇帝，即位之初，他营建东都、修大运河、创进士科、征吐谷浑、召见西域各国国君，但到了晚年，他不再有万丈豪情，已变得颓废不堪，在给宫人的诗中吟咏着："我梦江都好，征辽亦偶然。"

此前付出惨重代价换回来的苦果，在他看来竟只是偶然所为，年轻时经营的江南才是他的梦乡。

此前，下江都是隋炀帝最爱的消遣，也是他怀柔南方的手段。

隋炀帝沿着大运河下江都时，水殿、龙舟组成庞大的船队，舳舻相接两百里，除了隋炀帝和萧皇后，船上还载着嫔妃、诸王、公主、百官、僧尼、道士、蕃客，以及各地上贡的宝物。跟随这支船队巡游的，除了负责护卫的军队，还有八万名负责拉船的纤夫。

船队所经过的州县，五百里内必须进贡饮食，有时一州进贡多达百车，包含各类山珍海味，皇帝和后妃都吃腻了，每次出发前往下一处时，就将剩下的食物丢弃掉，极尽奢靡。皇帝的车舆、皇后的仪仗、百官的礼服等奢侈品，都由专门的工匠打造，所役使的工匠达十万多人，耗费的金银钱帛数以万计。

为了征集仪仗用的羽毛，隋炀帝命各州县进奉，各地百姓被迫前去捕捉禽鸟。凡是能够用于装饰的鸟兽，都被大肆捕捉，一不小心可能就灭绝了。当时，民间有个传言，说有人要砍树取下鹤巢，树上的鹤颇通人性，会自己拔下羽毛并丢下来，仿佛在请求不要砍树。这个故事明显是在抹黑隋炀帝，一些拍马屁的官员却对隋炀帝说，天子要造毛羽仪仗，鸟兽主动献上羽毛，这是祥瑞之兆。

隋炀帝之前下江都用的水殿、龙舟，在杨玄感起兵时都被叛军焚毁了。隋炀帝不好好反思，依然任性妄为，命人重新建造数千艘并送来东都，为下江都做准备，规模比之前更大，如此不知又要耗费多少人力物力。

大臣宇文述是隋炀帝的心腹，一向善于察言观色，他见隋炀帝有巡游的意向，便推波助澜，上书建议隋炀帝到江都去。

另一个大臣赵才直言敢谏，劝隋炀帝不要出行，他说："如今百姓疲劳，国库空虚，盗贼蜂起，朝廷禁令都无法推行，请陛下返回京师，安抚天下百姓。"隋炀帝估计气得嘴都歪了，命人将赵才关押起来，十天后怒气消了，他才把赵才放出来。但其他大臣就没这么好运了。

建节尉任宗上书劝谏隋炀帝不要南下，隋炀帝当场命人将其杖杀。奉信郎崔民象以天下叛乱四起在城门上发表谏言，愤怒的隋炀帝先是打掉他的下巴，然后杀了他。

任何真话在隋炀帝这里都成了触犯逆鳞的禁忌，就连老臣苏威也遭到隋炀帝猜忌。

苏威为隋文帝时期的"四贵"之一，在隋炀帝时期担任纳言（门下省长官、宰相），是隋朝法典《开皇律》的修订者之一。他的父亲名叫苏绰，曾为宇文泰制定"六条诏书"，作为关陇集团建立统治的纲领。由此可见，苏威堪称关陇集团的旗帜性人物。

隋炀帝在下江都前，曾问大臣们各地叛乱的情况。一向谄媚的宇文述为了不触怒隋炀帝，扯谎道："渐少。"隋文帝一听就乐了，又问："比之前少了多少？"一个谎言需要无数个谎言来掩盖，宇文述只好说："只有原来的十分之一。"

年过七旬的苏威听到宇文述这么说，起身站到柱子后面。隋炀帝看到后便把苏威叫到身边来，问他同样的问题。苏威回答道："老臣不负责这方面的事务，盗贼有多少我不知道，我只知道，他们逐渐逼近了。之前他们只是占据长白山，现在已逼近至汜水。陛下看以前的丁役都到哪里去了？难道他们不是都变成贼寇了吗？我还发现有人报贼情时不如实禀告，才使朝廷做出的对策失当，难以平定叛乱。另外，陛下之前许诺不再征伐辽东，最近又要征召兵丁，叛乱怎么可能平息呢？"苏威的话让隋炀帝很不爽，当即罢朝。

不久，苏威被人举报，被查出以前在选拔官员时存在问题，且与突厥人暗中图谋不轨。不知道这是不是隋炀帝让人干的，但隋炀帝借此机会，罢去苏威的官职，废其为平民，还要判处他死罪。

苏威无法自证清白，只好不停地向隋炀帝俯身谢罪。隋炀帝看着这位老臣，感到怜悯，下令释放了他，说："我不忍心现在杀掉你。"于是，两朝老臣苏威被赶出了朝廷，朝廷中再也没大臣能阻止隋炀帝了。

大业十二年（公元616年），醉生梦死的隋炀帝踏上最后一次下江都的旅程。

史载，隋炀帝的车驾到达梁郡（今河南商丘）时，郡里的民众拦住皇帝，上书说："陛下如果巡幸江都，天下就不再是陛下的了！"

隋炀帝听罢，对阻拦的民众"又斩之"。

大运河载着水殿、龙舟流向隋炀帝梦里的江南，一个欲流芳百世的帝王梦就此化为泡影。

隋朝灭亡两百多年后，晚唐诗人皮日休站在大运河边，对着奔流不息的江河作诗，曰：

尽道隋亡为此河，至今千里赖通波。

若无水殿龙舟事，共禹论功不较多。

诗人为这个背负骂名的暴君与眼前的千古工程说了几句公道话，但也抨击了隋炀帝不顾臣民反对，大肆修建水殿、龙舟，在追求享乐中迷失自我，沦为亡国之君。

用蒙曼教授的话来说，隋朝，是一个自杀的王朝。

5.瓦岗英雄

对于杨玄感之乱后各地爆发的起义，隋炀帝最初的态度也不是放任不管。但宇文述和苏威两名朝廷重臣给了他截然不同的答案。最终，杨广选择接受宇文述的谎言，自我麻痹。

事实却是，各地的农民起义风起云涌，已成燎原之势。苏威口中正在进军汜水的叛军，正是大名鼎鼎的瓦岗军。

在小说《说唐》《隋唐演义》中，瓦岗军被塑造成一支由英雄好汉组成的义军，其中不乏秦叔宝、单雄信、程咬金、王伯当等英杰，他们个性十足，战斗力爆表。

在历史上，瓦岗军也堪称传奇。这支军队的创建者，是东郡人翟让。

翟让出身底层，是个"愤青"，当过法曹，曾公然抨击隋炀帝的暴政。那时大隋正在开凿大运河、北征高句丽，翟让却整天传播"负能量"。

枪打出头鸟，翟让被判了死刑。幸亏狱吏看出翟让是个英雄，打开枷锁，放了翟让一条生路。

翟让感激涕零，哭着说道："放了我，你自己可咋办啊？"

那狱卒反倒觉得烦，说："我看你是个大丈夫，有能力拯救生民性命，才冒死助你逃脱，你怎么这样哭哭啼啼的呢？你走吧，不用管我了。"

翟让越狱，跑到了瓦岗。瓦岗是黄河东南岸的一处山岗，与大运河的通济渠、永济渠段相邻，地处交通要道。这里沙丘起伏、灌木丛生，此处若建城，易守难攻。

大业七年（公元611年），翟让在此屯兵起事，瓦岗军正式诞生。

当时，瓦岗军只是一支反对隋炀帝暴政、在河南保全一方的农民武装队伍，直到李密到来，这支军队才发生质变。

跟随杨玄感起兵的关陇贵族李密一路逃亡，后投靠瓦岗军，没过多久就帮瓦岗军打了几场大胜仗，用计打败了隋军名将张须陀，收降隋将裴仁基。

瓦岗军的弟兄们眼睛瞬间就亮了：李密既是人才，又是贵族，颇有名望。

在翟让的牵头下，瓦岗军一致推举李密为首领，称"魏公"。瓦岗军由此成为一支由关陇贵族领导的农民起义军，成为推翻隋朝、建立新王朝的破局者，向东都洛阳进军。

历史学者王仲荦认为，随着隋炀帝三次进攻高句丽，对兵役、徭役急征暴敛，波澜壮阔的隋末农民大起义爆发，反兵役、反徭役成为农民起义的中心内容。

天下叛乱四起，是隋朝面临的内忧；周边民族的背叛，则是隋朝面临的外患，也标志着隋朝东亚霸主地位的陨落。

大业十一年（公元615年），隋炀帝最后一次巡幸江都的前一年，隋炀帝曾经离开洛阳，率众臣巡视北疆，也许是想要重现当年巡幸东突厥启民可汗牙帐的荣耀。

但此时东突厥的首领是启民可汗之子始毕可汗，后者见中原地区动荡，而且突厥长期受到隋朝的分化，便不愿再臣服于隋。

当隋炀帝的车马到达雁门时，始毕可汗率领数十万军队将隋炀帝逼入城中，包围起来。

隋炀帝带了十五万人马，但只有二十天的粮食，完全处于劣势。在突厥人的铁蹄声中，曾经不可一世的隋炀帝失魂落魄，只能抱着小儿子失声痛哭，连眼睛都哭肿了。

正当隋炀帝一筹莫展时，此前在平定杨玄感之乱中立下大功的樊子盖站了出来，他劝说隋炀帝用重金等赏赐鼓励将士，并宣布不再征讨辽东，安抚民心，这样就可以抵挡突厥。其他大臣也纷纷附议。

隋炀帝勉强振作起来，像他年轻时征讨四方一样，在阵前发表了演讲，告诉将士们只要努力杀贼，就有重赏，没有人能抹去他们的功劳，守城有功者没有官爵的授予六品官爵，赏赐绸缎百匹，已有官爵的一律向上提拔。

隋朝军队似乎找回了几分精气神，一时军心大振。为了击退突厥，隋炀帝还向各地发出命令，征召天下勇武之士来救驾。

史书记载，唐国公李渊之子、年仅十七岁的李世民也率军队赶去救援。李世民向上司建议："突厥兵敢于围困皇帝，是以为我军仓促之间来不及救援。如果我们虚张声势，白天用数十里幡旗相连，晚上敲锣打鼓。突厥一定会认为我方的大军来到，自会逃去。"

隋军依计行事。突厥大军看到旌旗飘扬，听到锣鼓喧天，果然以为隋朝大军已到，急忙解除对隋炀帝的围困并散去。最终，隋炀帝成功获救。

隋炀帝回到洛阳后，却忘记了当初对将士们许下的诺言。樊子盖再一次站出来，请他兑现承诺，结果隋炀帝只是冷冷地说："你想要收买人心吗？"樊子盖一听这话，害怕遭到猜忌，不敢再多说一句。

最后，保卫雁门有功的一万名将士只有一千多人被赏赐官爵。

雁门之围仿佛是压垮隋炀帝的最后一根稻草，隋炀帝从此再也没有开拓的雄心了。

在这次战役中立下奇功的李世民与他的父亲李渊，将成为隋末乱世中新的入局者。

6.李渊起兵

隋炀帝的豪华船队到达江都时，中原已经成为起义军驰骋的战场。

在进军洛阳途中，瓦岗军攻下了兴洛仓、回洛仓等几大粮仓，又开仓放粮，因而得到了中原百姓拥戴。据记载，一时间"老弱襁负，道路不绝"，"属至数十万"。

瓦岗军兵临洛阳城下，成为当时最强大的反隋起义军。

瓦岗军中有一个叫魏徵的书生，因文才出众而受到李密赏识，当上了瓦岗军的"秘书"。魏徵为此准备了十条计策，献给李密，但后者没有采纳。

多年以后，魏徵成为唐朝的名臣，辅佐唐太宗李世民开创了贞观之治，并奉命编撰前朝的历史。

对于他曾经参与的瓦岗军，魏徵颇有微词，他认为隋末农民起义军甚至还不如秦朝陈胜、东汉张角的起义军，他们"莫识旌旗什伍之容，安知行师用兵之势"。

瓦岗军壮大后，李密私心愈发膨胀了，他还没有得到天下，就对自己人举起了屠刀。李密摆下一场鸿门宴，请瓦岗军原来的首领翟让和一众元老出席。在宴会上，李密命人砍死翟让，埋伏好的刀斧手又将翟让的亲人和心腹一一刺杀，全场顿时大乱。

李密甚至得了失忆症，走上杨玄感的老路。如他自己当年所说的，"引兵攻战（洛阳），必延岁月，胜负殊未可知"，李密就在洛阳周围与隋军僵持日久。

在称霸中原后不久，瓦岗军将领柴孝和就劝说李密直取关中，则天下可定。

关中历来是兵家必争之地，更是隋唐时期的政治中心，来自关陇集团的李密当然心知肚明。

可李密跟柴孝和说："你说的，我也早有考虑，确实是上策。但是昏君尚在，隋军兵力尚强，我军所部都是山东人，既然未能攻下洛阳，哪敢随我西入关中？"李密似乎极为担心后方不稳，人心不齐，才放弃进军关中。

当李密有所顾虑时，另一位关陇贵族出身的竞争者却凭借着远弱于瓦岗军的兵力率先进入关中，成就帝业。此人，正是唐国公李渊。

李渊和杨广，是表兄弟。

关陇贵族，通过联姻形成一个庞大的关系网。网上经常被戏称为"中国第一岳父"的是独孤信，七个女儿有三个成了"皇后"：长女嫁给北周明帝，四女嫁给陇西郡公李虎之子李昞，生唐高祖李渊，七女嫁给隋文帝杨坚，生隋炀帝杨广。

李渊在乱世中审时度势，一直在暗中积蓄力量。一些史书说李渊此前毫无起兵的打算，甚至在李世民和裴寂从晋阳宫找了几个美女来陪侍，逼迫他起兵后，李渊还惊慌失措，这显然不符合实情。

大业十三年（公元617年），李渊在太原任留守，当时朝中已经有不少人慕名前来投靠他，如隋右勋卫长孙顺德、右勋侍刘弘基，都是为了躲避出征高句丽之役，才逃亡到太原的，想藏匿于李渊家中。

李渊以平定叛军为名集结军队。太原的另外两名守将王威、高君雅是隋炀帝安插的眼线，他们见兵力大量集结于太原，怀疑李渊有谋反的企图。

李渊决定先下手为强，他派李世民到晋阳宫外设兵埋伏，然后请王威、高君雅一同来处理政务。这两人也是没眼力见，都这个时候了还敢自行去见李渊。

李渊的部下开阳府司马刘政会见人都到齐了，手持一封加密信件上来，说有事禀报。

李渊假装用眼神示意王威、高君雅去取信件，刘政会故意不给，并说道：“我要告发的就是副留守王威、高君雅，信件只有唐国公可以看。”

李渊这戏精又装作很吃惊，说：“怎么会有这样的事情？！”随后他拆开信件，上面早已按计划写下"威、君雅潜引突厥入寇"了。

高君雅这才知道上当了，捋起衣袖，大骂道：“这是反贼想要杀我们罢了。”李渊安排的伏兵立马杀出，将王威、高君雅关押起来。不久后，李渊以勾结突厥的罪名，斩杀了二人，传首示众，将太原的兵权尽收在手。

此后，李渊趁乱起兵，留下四子李元吉镇守太原，他则与长子李建成、次子李世民率领精兵强将西取长安，进据关陇集团的大本营关中。

李渊进军关中时，有人担心瓦岗军李密会派兵阻击。

李世民向父亲进言，断定"李密顾恋仓粟，未遑远略"。意思是说，李密守着堆积如山的粮食和潮水般涌来追随他的乌合之众，早就被眼前利益冲昏头脑，根本不会先攻取关中。

为了麻痹李密，李渊特意命人写了一封信对他大肆吹捧，说"天生烝民，必有司牧，当今为牧，非子而谁！老夫年逾知命，愿不及此"，又说自己没有取隋而代之的打算。

李密读后，被唬得一愣一愣的，更加得意忘形，他将进兵关中的机会轻易让给了李渊，专心攻打洛阳，直至走向覆灭。

李渊对其部下说："（我）得入关，据蒲津而屯永丰，阻崤函而临伊洛，东看群贼鹬蚌之势，吾然后为秦人之渔父矣！"

瓦岗起义军最终沦为关陇集团重新洗牌的工具，什么好处也没有捞到。

隋炀帝杨广不得人心，关中官僚早已做好准备迎接关陇集团新的"代言人"。

当李渊兵临黄河东岸时，关中的冯翊太守萧造、华阴县令李孝常望风而降，并献上位于华阴的粮库永丰仓作为礼物。京兆万年、礼泉等地的官吏也相继派人向李渊示好。

李渊率军渡河，手下大军已有二十多万，"三秦士庶，衣冠子弟，郡县长吏，豪族弟兄，老幼相携，来者如市"。

攻克大兴城（长安）后，李渊打着"尊隋"的旗号，迎立隋炀帝的孙子代王杨侑为皇帝，遥尊杨广为太上皇，他自己却"假黄钺，使持节，大都督内外诸军事、尚书令、大丞相，进封唐王"。

7.隋炀帝最后的人生

隋炀帝在江都度过了人生的最后两年，他"荒淫益甚"，酒不离口，眼见天下大乱，无力回天，于是时常头戴幅巾，身穿短衣，拿着手杖在亭台楼阁之间游走，唯恐看不够江南的美景，好像这些景色转眼间就要消逝。

到了夜晚，杨广仰观满天繁星，操着一口他喜爱的吴语，对萧皇后说："外面有很多人要害我，但是我最后还不失为长城公（指陈后主陈叔宝），你也不失为沈皇后，还是一起愉快地饮酒吧！"

有一次，隋炀帝照着镜子，对萧皇后说："好头颈，谁当斫之！"

萧皇后感到惊恐，问他是何缘故。隋炀帝笑着说："贵贱苦乐，更迭为之，有什么可感伤的。"

隋炀帝万万没想到的是最后终结他生命的竟是从驾的骁果军。

当时，隋炀帝已无意返回北方，便召集身边众臣商议，计划定都丹阳，退保江南。但是，跟随隋炀帝南下的骁果军大多是关中人，长期客居在外，难免思念家乡，而且家人也都留在了老家，看到隋炀帝没有北归的意思，军心更加动摇，甚至出现了逃兵。

武贲郎将司马德戡向来得隋炀帝信任，率领骁果军驻扎于江都的东城。司马德戡看到不断有士兵图谋叛逃，便对心腹说："现在骁果人人都想逃走，我想向陛下禀告这件事，但恐怕士兵还没逃走我就被诛杀了，不去报告我还是会被灭族，不如我们都一起反了吧！"

有宫人听说禁军要叛变的消息，上报给萧皇后："宫外人人都想造反。"

萧皇后让宫人向隋炀帝禀报，结果隋炀帝认为这不是宫人应该说的事，盛怒之下将这名宫人处死。

不久，又有小宫女跟萧皇后提起此事。萧皇后无奈地说："天下事到了这般境地，已经无药可救，说了有什么用呢，只会让陛下担心罢了。"

大业十四年（公元618年）三月，司马德戡在东城营内集结上万将士，推右屯卫将军宇文化及为首，发动兵变。

宇文化及是宇文述之子，为人不遵法度，有"轻薄公子"之称，之前与弟弟宇文智及犯了法，被削职为民。宇文述临终时恳请隋炀帝哀怜，宇文化及兄弟才得到赦免，被起用。当司马德戡等人推举宇文化及为首领时，性情怯懦的宇文化及脸色大变，汗流不止，想了半天才答应下来。

为了煽动骁果军，司马德戡利用南北方的矛盾，命人在军中传播流言，说隋炀帝准备了很多毒酒，打算举办宴会，毒死关中来的将士，只和南方人留在江都。如此一来，骁果军更加恐慌了。

三月十日夜，司马德戡收买了负责守卫的近臣，率领军队从江都玄武门潜入。

隋炀帝本来挑选了骁勇善战的数百名官奴安置在玄武门，称为"给使"，给予他们丰厚的赏赐，还把宫女赏赐给了他们，这是隋炀帝的最后一道屏障。他没想到司马德戡找人做内应，假传圣旨把给使们支开了，所以兵变发生时竟没有一个给使在场。

当叛军进入玄武门时，隋炀帝已经察觉到动乱，他乔装易服逃到巷子里，但还是被人搜了出来。

兵变发生后，被推举为首领的宇文化及与杨广一样胆战心惊。直到第二天早上，叛军迎接宇文化及入城时，他才相信兵变成功了，悬在心里的石头落地，他伏在案上低声说了句"罪过"。

此时，小人得志的宇文化及看到被俘的隋炀帝，激动地说："怎么还把这家伙拉出来，赶紧杀了他！"

隋炀帝喜爱的小儿子杨杲见叛军横眉怒目，不禁害怕起来，在他父亲身边号啕大哭。

叛军将领裴虔通大声喝止，杨杲仍哭泣不止，于是裴虔通手起刀落，将杨杲斩杀，血溅到杨广的御服之上。杨广最喜爱的幼子就这样死在他的面前，那一年，杨杲只有十二岁。

隋炀帝知道死期已至，说："天子自有天子的死法，何须利刃，取毒酒来！"

之前，隋炀帝确实让人准备了毒酒，但是他有自己的考虑，他将毒酒装在小瓶子里，对宠爱的嫔妃说："如果贼兵到来，你们先喝下毒酒，然后我再喝。"可等到兵变发生，嫔妃已经逃散，毒酒也找不到了。

叛军没时间跟隋炀帝谈条件，喝令他坐下。绝望的隋炀帝自己解开练巾，叛军当即将他缢杀。

隋炀帝死后，萧皇后和宫女们将床板拆下来，做成一口小棺材，将他的尸体暂时停放于江都宫中的流珠堂。

宇文化及得势后原形毕露，拥众十余万，占据后宫，享受着和隋炀帝一样的待遇，丝毫没有改革弊政的意思，而且十分猜忌参与发动兵变的司马德戡。

司马德戡这才知道自己选错了人，但为时已晚，他被宇文化及架空后抓了起来，随后被杀。

临刑前，司马德戡悲愤地说："我杀死昏君，就是苦于他荒淫残暴，这才拥戴你为首领，没想到你比他还荒淫、残暴得厉害。"

8.关陇集团的新赢家

此时的隋朝已名存实亡，但野心家的角逐还没有结束，天下一时竟出现了三个隋帝。

江都城中，杨广的侄子秦王杨浩因与宇文家族素有交情，被宇文化及立为傀儡皇帝，暂且保住了一命，之后被骁果军裹挟着一路北归，朝关中进发。

东都洛阳，有隋炀帝的孙子越王杨侗，他被王世充等东都官员拥立为帝，改元"皇泰"，史称"皇泰主"。

宇文化及带着他自己拥立的皇帝杨浩，挟持六宫、群臣北上。他们途经洛阳附近时，洛阳官员元文都向杨侗建议，不如招揽城外瓦岗军的李密为隋朝效力，许以高官厚禄，赐予其财物，让其率瓦岗军与宇文化及的骁果军交战。

元文都的计谋得逞了，李密为避免腹背受敌，暂时上表请降，与宇文化及的骁果军拼死一战，结果两败俱伤，瓦岗军回金墉城修整兵马，宇文化及退兵到魏县，两支军队都元气大伤。

此后，野心勃勃的王世充和宇文化及，分别毒杀了杨侗和杨浩，他们想要自己过一把当皇帝的瘾。

在关中，李渊拥立的小皇帝杨侑也沦为傀儡。

等到杨广遇弑的消息传来，杨侑这个傀儡皇帝对李渊来说也就没有任何用处。杨广被杀两个月后，李渊逼迫杨侑退位，他称帝建国，贬杨侑为鄌（xī）国公。

至此，风水轮流转，关陇集团的李渊在关中建立了新的王朝——唐。

杨侑自此遭到唐朝软禁，在长安过着寓居生活，第二年便骤然去世。史书中或说杨侑病死，或说其被杀，终是死因成谜。

之前被隋炀帝免除官爵的苏威，此时已经年近八旬。他作为隋朝德高望重的老臣，先后被宇文化及、李密、王世充等收留，像个吉祥物一样辗转。

等到唐军平定中原，苏威颤颤巍巍地回到洛阳，请求拜见带兵征战的秦王李世民。

李世民却派人责备他说："你是隋朝的宰相，朝政昏暗你不能救，致使生灵涂炭。国君遇弑，国家灭亡，你对李密、王世充行君臣大礼，如今你已年老，就不必劳烦相见了。"

苏威一生侍奉隋朝两代皇帝，他是隋朝盛世的参与者，也是隋朝覆灭的见证者，个中滋味，唯有自知。

一个王朝的崩盘，究竟该由谁买单呢？

苏威被李世民拒见后，迈着孱弱的步伐，慢悠悠地回到了关陇集团的大本营长安，最后在此撒手人寰。

那时，隋朝的落日已经杳无踪影，即将冉冉升起的是大唐帝国的朝阳。

大唐的最后二十三年：
帝国失控

从两汉、魏晋南北朝到隋唐，中国历史的本质，仍然属于一种贵族政治，而摧毁这种贵族政治的，是一个边缘的盐贩子出身的科举落榜的书生黄巢，当边缘人与流民、军阀搅合在一起时，所迸发出的，便是毁灭大唐帝国的核动力。

随着宦官的退场、士族的落寞、平民的崛起，以及集权的尝试，一个武功帝国的时代逐渐落幕，一个文治帝国的时代即将冉冉升起。

中和四年（公元884年），身在成都的唐僖宗收到了一件来自徐州的礼物——三个匣子，里面装的全是人头。

几十天前，黄巢兵败，逃入狼虎谷，在已经投降唐廷的昔日战友尚让所部的追击之下，陷入绝境。当时，黄巢的外甥林言砍下了黄巢的人头，可能是为了降唐求官，也可能是受黄巢嘱托为其了断。唐军得到黄巢首级后，林言、尚让的利用价值就没有了，他们的脑袋便被用来凑数邀功。

于是乎，三颗人头辗转数千里来到了唐僖宗的面前。这些首级估计已经腐烂了，真假难辨。不过，无论这里面的人头是真还是假，黄巢都必须死了，也只有这样，这场席卷全国的动荡才能画上一个句号。

随着黄巢的人头来到成都的，还有他生前的姬妾。

唐僖宗质问她们："汝曹皆勋贵子女，世受国恩，何为从贼？"

为首的一名女子讥讽道："狂贼凶逆，国家以百万之众，失守宗祧，播迁巴蜀；今陛下以不能拒贼责一女子，置公卿将帅于何地乎！"

兴许是被戳到了痛处，唐僖宗不再多言，下令将这些姬妾当街斩杀。行刑当天，百姓争相以酒给这些可怜人送行，独独为首的那个女子不饮不泣，神色肃穆，无言地等待着屠刀落下。

历史并不遥远，一百三十年前的剧本再度上演——当时爆发了安史之乱，唐朝的皇帝无奈放弃了长安，逃至蜀地。与安史之乱时不同的是，这一次没有一个杨贵妃可以当替罪羊了。为此感慨，进士韦庄作了一首诗《立春日作》："九重天子去蒙尘，御柳无情依旧春。今日不关妃妾事，始知辜负马嵬人。"

天宝十五年（公元756年），安史之乱的大火烧至长安，唐玄宗仓皇出逃，藩镇割据的时代拉开大幕。光启元年（公元885年），黄巢之乱平息，唐僖宗在西川度过惊魂的四年后，开启了回归长安的旅途：好不容易拼凑出完整的帝国，又遭到一次毁灭性的打击，长安城是否还能重现往日巍峨的景象呢？

1.文臣的惆怅

在唐僖宗准备重返长安之际，宰相郑畋却高兴不起来，因为大宦官田令孜和凤翔节度使李昌言联合向皇帝进言，说郑畋的坏话，要皇帝卸了郑畋的职。一个是奸佞的宦官，一个是跋扈的武夫，文人最讨厌的两种人如今勾结在一起，而郑畋没有任何还手之力。

他心里明白，黄巢之乱虽然结束了，但旧有的某些秩序已经崩溃了。文人本该如同众星拱月一般，匡扶王室，成为唐帝国的支柱。可是，这天下已经不是文人的天下，甚至不是皇帝的天下了。

一切都是从安史之乱开始的。帝国被迫将地方的控制权交给节度使，他们截留财税，主导官员任免，还拥有自己招募的职业军队。为了对付不听话的藩镇，唐廷不得不设立新的藩镇以抗衡；为了对付这群职业军人，唐廷不得不放弃兵农合一的府兵制，转而建立起职业化的世袭的军人集团。那么何为听话的藩镇？何为朝廷的军队？这便只能仰仗节度使的忠诚了。

会打仗却不知礼义的武人永远不值得信任。因此，随着唐廷权势的恢复，大部分藩镇都安稳下来，越来越多的文臣出任节度使。即便百年来叛乱不止，但在乾符二年（公元875年）黄巢起义爆发之时，依然有近一半的文臣在藩帅任上。

有一句古话叫"儒者不知兵"。在读书人的幻想中，他们是发号施令的猎人，军人则是听话的猎犬。他们天真地认为，只要学会兵法便会打仗。可是战争不只是打打杀杀，还有人情世故——不亲临战阵，就无法与士兵建立人际网络；不建立人际网络，就无法培养出听话的猎犬。

就拿文人心中"出将入相"的典范裴度来说，在淮西之役中，他的作用更多是给武将施加压力，以及赶走乱指挥的宦官。等到长庆元年（公元821年）河朔三镇复叛，裴度再次督军讨伐，终因诸将不配合而徒劳无功。

在所有人都意识到培养私兵的重要性的时候，唯独文人依旧高高在上，视而不见。黄巢起义直接打破了文人的幻想，各地文臣出身的节度使或被杀，或狼狈逃亡，只能被动地接受藩镇一个个被武人所占据的事实。

广明元年（公元880年），长安被黄巢攻破，身为凤翔节度使的郑畋迎来了黄巢派出的劝降使者。他虽有心抗贼，但帐下各位将领却各怀鬼胎。在他被气晕厥的时候，底下的人已经接受了降表。幸好郑畋还算有魄力，在人心未定之际，他立马咬破手指，写下血书召集众将，然后与众将士歃血为盟，修缮城池，准备战斗。此外，他还拿出钱财招揽还在关中的中央禁军，一时间军心大振。

趁着这个势头，郑畋决定向天下发布檄文，共讨黄巢。这一举动的确引起了各藩镇对自己所处位置的思考，纷纷发兵勤王，收复了长安。

郑畋的挣扎很能反映文人真实的处境。他已经竭尽所能：攻心计、纵横术……一番操作下来，只能算勉强稳定了西北的藩镇。黄巢很快又杀了回来，关中的局势并没有好转。

郑畋没有属于他自己的班底，所有的军事行动主要由凤翔行军司马李昌言来完成，从而导致后者野心变大。最后，李昌言煽动士卒作乱，袭击了凤翔府城。郑畋不愿部下自相残杀，便将兵权交给李昌言，当日离城西去，直奔成都。而唐廷只能承认既成事实，允许李昌言占据凤翔节度使之位。

所以，郑畋并不意外李昌言选择在唐廷回师长安的时候出手中伤于他。郑畋向唐僖宗称病请辞，接着说："陛下回京必经凤翔，沿途供应，全都要靠李昌言来保障。臣若以宰相随驾，必然会让他心怀不安，还是免去臣的宰相之职吧。"在大势面前，人就像立在山岳前的一株孤零零的小草，感受着空前的无力与绝望。

在黄巢起义之后，与其说是节度使侵夺了唐廷的权力，不如说是唐朝必须依赖这些跋扈的节度使才能生存下去。于是，唐僖宗答应了郑畋留在成都养病的请求。

不掌私兵的文臣藩帅被驱逐出了历史的舞台，唐朝这片江山已经是职业军人的天下了。

2.宦官的心思

比起文人的败退，宦官深知军队必须紧握在手的道理。

自中唐以来，宦官掌控了唐朝的中央禁军——神策军，并借此挑战士人的权威，甚至干预皇帝的废立。黄巢攻入关中之时，神策军驻守潼关。不过，此时的神策军已被腐蚀干净，大多是走后门进来的纨绔之辈，看见凶恶的流民连武器都拿不稳。为了保住小命，他们只能雇用贫农代替自己出征，这样一支军队还有什么战斗力可言？潼关很快不保，唐僖宗被迫逃至蜀地。

但是，宦官之中还是有善于统兵之人的，比如常年在藩镇担任监军的杨复光。

如果说郑畋之功是使唐朝获得喘息的机会，那么挽狂澜于既倒的人便是杨复光。黄巢之乱时，他利用监军的身份和唐廷尚有的号召力，取得了当时中原最具战斗力的一支军队——忠武军的控制权，并在正面对决中劝降了黄巢的大将朱温。

拥有军队，才拥有话语权，才能与藩镇合作而不成为他们的附庸。杨复光凭借战绩诱降了朱温，又靠着与沙陀部落的友谊征召了李克用。杨复光一方面折损了黄巢的军力，另一方面引进了强力的外援。史载："诸军皆畏贼，莫敢进。及克用军至，贼惮之，曰'鸦军至矣，当避其锋'。"沙陀骑兵所向披靡，打得黄巢军节节败退，最后收复了长安。可以说，唐朝能够击败黄巢，平定黄巢之乱，杨复光厥功甚伟。

中和三年（公元883年）七月，杨复光病死于河中，没能亲眼看到黄巢的末路。不过，他给后来的宦官留下了非常丰富的遗产：一支强大的忠武军，还有一条新的思路——既然神策军基本已经废了，不如直接向藩镇渗透，获得军权。

遗产的继承人之一是杨复光的堂兄弟杨复恭。忠武军中有非常多杨复光的养子，这些握有实权的将军自然站在杨复恭这边。

遗产的另一个继承人则是杨氏兄弟的死对头——田令孜。相比于"世为权家"的杨氏兄弟，田令孜一开始只是一个小小的马坊使，靠着唐僖宗的信任才跃升为宦官集团的领袖。一个是新起的暴发户，一个是盘踞政坛百余年的宦官世家子弟，两者之间的冲突不可避免。

杨复光去世后，田令孜立即抓住机会反击。他先将杨复恭贬为飞龙使，接着又去挖杨家的墙脚，将忠武军的王建、韩建等人收为养子。最后，田令孜重建了神策军。

两方的军备竞赛在某种程度上壮大了唐廷的力量。唐僖宗回到长安之后，宦官们扶持自己人出任藩帅，可以称其为"宦官系武人"。这些人与宦官的关系往往非常亲密，或为宦官之养子，或与宦官有真正的血缘关系，或者早年与宦官共同生活过很长时间。他们利用宦官的权势稳固自身的势力，然后掌握军队，声援朝中的宦官。

这是一个三赢的局面：宦官得到藩帅的军事支持，藩帅倚靠宦官进行统治，而唐朝则借此延续国祚。

宦官们用私人关系和朝中权势这两条线来捆绑藩镇。但反过来，这也是藩镇控制宦官的两条线。一切都要靠实力说话。杨氏的藩帅大都实力不强，必须依赖杨复恭；而田令孜的养子们个个强势，田令孜反倒成了附庸的一方。

光启元年（公元885年），田令孜向河中节度使王重荣索要其治下的盐业管理权，这一行为犯了大忌。王重荣联合李克用进逼京城，朝廷的禁军又一次耻辱地战败了。

田令孜携唐僖宗先后逃往凤翔、宝鸡。他自知不为天下所容，于是推荐杨复恭为左神策军中尉、观军容使。他自己则做甩手掌柜，跑到西川投奔其兄弟陈敬瑄。

唐僖宗在长安的龙椅还没有坐热，就又一次被驱赶离京，天下已经对这个无能的皇帝绝望了。邠宁节度使朱玫趁机立襄王为帝，僖宗的合法性遭到了巨大的挑战，处境岌岌可危。在这种情况下，僖宗可引以为援者，竟然只剩下刚刚进攻长安的王重荣和李克用。

于是乎，与这两位跋扈的藩帅有旧谊的杨复恭成了救世主。当年，李克用二人和杨氏兄弟合作大破黄巢军，结下了相当牢靠的利益关系。如果说唐廷之中还有这两位跋扈的藩帅值得信任的代言人的话，非杨复恭莫属。

在杨复恭的斡旋下，李克用和王重荣欣然领命，立马献布十万匹，还表示愿意率兵平叛以自赎其罪。两位节度使刀锋一转，杀得叛军节节败退，轻松地平定了襄王之乱。由此可见，无论是财力还是军力，唐廷都不如地方的强藩了。

平乱之后，杨复恭内掌禁军，外有杨姓藩帅为援，又与王重荣、李克用保持密切联系，已经成为唐末中央的一根支柱。

3.两个强人

黄巢之乱后，武人势力重新崛起，文臣与宦官相互平衡的局面被打破。中和年间，地方掀起了一阵独立狂潮，许多藩镇自行推举出节度使和刺史，而唐廷能做的只有承认他们的地位。

这时候，地方崛起了两个非典型的藩帅，一个是朱温，另一个是李克用。他们成为唐廷最后的救命稻草。

朱温本是平民出身，后来加入了黄巢的队伍，却在关键时刻投降了唐朝，还得到了"全忠"的赐名。在藩镇的独立潮之中，朱温是先得朝廷诏命，然后赴任宣武节度使的，其他节度使却是先驱逐前任，然后逼迫朝廷认可的。因此，朱温与朝廷的关系是相对正常的。

李克用则出自沙陀贵族，帮助过唐廷，也造过反，后来把沙陀经营数十年的代北之地给丢了。要不是黄巢攻入长安，他估计很难有翻身的机会。由于沙陀骑兵的神勇及其收复长安的功劳，李克用获得了河东节度使的职位。

唐廷任命这两人为节度使本是无奈之举，但至少他们二人是唐廷授权任命的"自己人"。在这两个人的联手之下，逃出长安的黄巢再次被击败。唐廷看到了一丝曙光，以为似乎能够借助这两个人的力量恢复昔日的权威。

然而胜利是短暂的，一场争吵很快便在两位节度使之间爆发。

中和四年，李克用率兵援助朱温，共击黄巢，两人相聚汴州。虽然二人是对付黄巢的盟友，却相互忌惮。作为东道主，朱温犒劳远道而来的李克用，却不想让他的骑兵进城，两人的矛盾一开始就埋下了。

当晚的宴席十分盛大，美酒、声乐、美食应有尽有。李克用喝酒之后，全无顾忌，他以李唐宗属和忠臣自居，对朱温从贼的经历多有谩骂。朱温也不是一个忍气吞声之人，怒火攻心之下决定除掉李克用。

宴席散时，李克用已然醉倒，不省人事。朱温派兵攻打李克用入住的驿站，放火烧房。幸亏李克用的亲卫武力超群，射杀朱温方数十人，挡住了攻势。李克用的亲卫熄灭蜡烛，将李克用藏在床下，用水泼醒李克用并告诉他事态。李克用顿时惊醒，拿起弓箭，开始反击。

火势越来越大，烟雾弥漫开来，突围的希望越来越渺茫。就在这时，天降雷电，随后一场大雨浇熄了大火。李克用趁机突围而出，借着闪电的光亮，用绳索越过城墙，可是他的三百多名亲卫全都死于朱温之手。

这就是改变此后历史走势的"上源驿事件"。

对朱温来说，这次刺杀除了报羞辱之仇，还有一个意外的收获，那就是杨彦洪之死。杨彦洪是朱温入汴之前的宣武军旧将，朱温要掌控宣武军，必须除掉旧有势力的重要人物。《资治通鉴》载，杨彦洪向朱温建议道："胡人急则乘马，见乘马者则射之。"结果，他自己在雨中骑马奔走，被朱温一箭射杀，这便有些耐人寻味了。

李克用逃出来之后，对上源驿事件一直耿耿于怀，毕竟此次南下围剿黄巢，未见兵将有重大损失，倒是因他自己的疏忽，令三百余人折损于汴州城中。李克用想要反攻汴州，他的妻子刘夫人不同意："你为国家讨贼,师出有名。朱温谋害于你,朝廷自有公论。如果你反击攻城,那么是非曲直就说不清楚了。我们不如还军晋阳,将此事告诉朝廷。"

以李克用当时随身的兵力,他要在汴州城下与朱温交战,胜算极小。因此,他决定回到藩镇,徐图进取。回到河东后,李克用八次向朝廷上表,痛诉他自己破黄巢有大功却被朱温背刺,要求朝廷同意他率兵讨伐朱温,言辞恳恳,尽是委屈。

当然,李克用是一个聪明人,他并非真的想要在此时与朱温决战,委屈的姿态更多是为了获得朝野的同情,以及维护其朝廷忠臣的形象。

朝廷中兴的希望破灭了。河南与河东地区因这次对抗而分离,没有再进行合作。唐廷夹在两个极具实力的藩帅之间,只能寻求姑息和解,于是想出了一个不伦不类的解决办法:给李克用升职,但不追究朱温的罪责。

朝廷的软弱和无能被所有藩镇看在眼里,天子的威望跌进了谷底,既然皇帝不能主持公道,各藩镇间只能用武力来解决纷争。

上源驿事件之后,李克用视朱温为其最大的仇敌,其仇怨之深,穷二人之一生都未能化解。二人在各自的地盘上扩张势力,聚敛财富,并相互抗衡,建立了两个权力中心。此后四十余年里,整个中国北方发生的历史几乎都直接或间接与二人的仇怨相关。

4.汴晋之争

华夏大地仿佛回到了东周列国时期,唐朝在关中苟延残喘,勉强维持着天下共主的体面,但实际上以"强藩"为中心的格局已逐渐成形。

河东由李克用把持,凤翔周边为李茂贞的天下,淮南被杨行密占据，两浙地区由钱镠控制，王建据蜀中以自固，河南诸镇则是朱温的势力范围。藩镇之间的吞并已成常态，其中最具侵略性的就是朱温和李克用，两者的宿怨也让整个中国北方战火不断，史称"汴晋之争"。

我们知道，藩帅必须依靠帐下的世袭军人，而这些军人有一个特点：他们在反抗外来势力（包括中央）的时候非常凶悍，却不喜外出作战、扩张地盘。朱、李二人的强势，不仅毁了唐朝的中兴之梦，更让那些割据的藩镇坐立难安——依附还是反抗，他们必须做出选择。

河朔三镇之一的魏博镇，从安史之乱后就是武人把持的藩镇，有着非常悠久的自治传统。这里的军人自利且保守，靠着封赏过日子，如果藩帅不能带给他们足够的经济利益，那么改易主帅便是常有之事。魏博镇当时流传着这样一个说法："长安天子，魏博牙军。"正是这种自利的性格，使得魏博镇只能称霸一隅，无力走出河朔争夺天下。

偏偏魏博镇地处河北，就在朱温和李克用两方势力的旁边，在两方势力的拉扯之下，分裂已久的河北诸镇似乎慢慢融入统一的大势中。

文德元年（公元888年），魏博镇发生内乱，藩帅与牙军相争，一个默默无闻的军校罗弘信被推举出来充当牙军的代表。当时，朱温正想着如何将河北地区纳入势力范围，以对抗李克用。朱温手握精兵，算得上左右战局的胜负手，他先站在藩帅这边，大破牙军，后来又与罗弘信达成协议，以退军换取财富与友谊。在汴军的支持下，罗弘信成为魏博的藩帅。在这场政变中，外来势力第一次成为左右魏博历史走向的关键因素。

乾宁三年（公元896年），朱温征讨山东，李克用为了阻止朱温所在的河南势力坐大，派遣大将李存信率师支援，假道于魏博镇。可是李存信御军不力，士兵劫掠藩镇，这引发了罗弘信的不满。朱温趁机写信给罗弘信："李克用志在吞并河朔，他回师之日就是魏博遭难之日。"罗弘信慌了，立马出师三万攻打李存信，将其逐出魏博。

李克用自然要反击，于是大举进攻魏博，击败并杀害一万多魏博军，攻下多座城池。汴、晋双方在魏博大打出手，朱温的部将葛从周在此战中大放光彩，几乎全歼晋军，李克用本人差点被俘，其子李落落落在敌人手里。

晋方想向朱温赎回李落落，朱温却想出了一条毒计。朱温将李落落交给罗弘信，并让罗弘信杀了李落落，朱温的目的很明确，就是要借此彻底破坏罗弘信与李克用的关系，使罗弘信从此完全倒向他这边。此后，魏博镇成了朱温的附属藩镇。

在汴、晋相争的大部分时间里，晋方都处于劣势。天复元年（公元901年），朱温的军队更是深入河东腹地，晋阳周围的城池都被汴军占领，李克用处在四面楚歌之中，史载"孤城无援，师旅败亡，武皇（李克用）昼夜登城，忧不遑食"。好在汴军因粮草不继而不能久战，李克用才得以保住晋阳。

不过，朱温通往最高权力的路途仍很艰难，几乎没有戏剧性的胜利。河南处于四战之地，没有任何安宁的边界，他必须在各个方向上和不同的对手进行拉锯战。因此，为了寻求解决之法，他曾三次用兵淮南，以期获得江南的财富，再通过河南道内的通济渠将这些财富运往前线。可惜三次用兵都失败了，朱温的势力被阻绝于扬州之外。

这样一来，朱温集团最终只是一个局限于河南道及周边地区的地方军事集团，四面邻敌，财源紧张，后劲不足。

5.皇帝的纵横术

虽然在汴、晋争霸中朱温处于上风,但是他并没有强大到可以击败所有敌人。藩镇之间钩心斗角,相互猜忌,没有谁会坐视其他势力独大。因为藩镇间错综复杂的关系,唐廷反倒又一次得到了喘息的机会。

文德元年(公元888年),唐昭宗即位,他决心要振作唐廷,实现中兴。

摆在唐昭宗面前的第一个障碍就是杨复恭。这个大宦官掌握禁军,又与藩镇交好,几乎把持了朝政。大顺元年(公元890年),有人上表请求讨伐李克用,朱温亦上书附和,可是朝中大臣大都不同意,唐昭宗为了抑制杨复恭的权势,不计后果地同意讨伐李克用,最终失败。

后来,唐昭宗采取内部分化的办法,扶持杨复恭的假子杨守立(后赐姓名李顺节)掌握禁军。宦官养军人为子,是其扩大权势的一种手段,杨氏兄弟之所以能频立大功,假子的作用不可忽视。但"假父子皆以利合",一旦二者利益发生冲突,掌握兵权的军人假子势必成为宦官的威胁。李顺节对杨复恭知之甚深,使皇帝逐渐占上风。

唐昭宗顺势下诏让杨复恭致仕。这种夺权的方式比较温和,并不会引起太大的反弹,而杨复恭自知四面皆敌,虽然心怀怨怼,但是不得不接受现实。

就在这时,有人诬告杨复恭谋反,唐昭宗不加查证,立刻派遣李顺节率领禁军前去讨伐。杨复恭本就心怀不满,又被人诬告,索性就反了,带走了一部分禁军,投奔山南西道的节度使杨守亮。

可是,唐昭宗刚爬出龙潭,又掉入了虎穴。凤翔节度使李茂贞见唐廷禁军孱弱,决定趁机扩大地盘,以讨贼为名请求出兵。唐昭宗这时才惊觉:"如果李茂贞得了山南,恐怕没有人可以制约他。"他立马下旨要求和解，可是已经控制不住局势，李茂贞不听劝阻依然出兵，杨复恭等人一败再败，最后被杀。

至此，杨氏兄弟扶持的藩帅被吞并，而田令孜的养子们纷纷走上了扩张和割据之路。宦官集团借藩镇重掌军权的计划全部失败。

杨复恭虽然专权、跋扈，但他毕竟还是风雨飘摇的唐朝的支持者。有他在，唐廷起码还可以维系在关中地区的统治。杨复恭被杀，意味着支撑唐王朝的禁军力量大损，山南西道没了，巴蜀的财赋来源也断绝了。唐朝已经没有可以维系自身独立的资本了。

李茂贞则以凤翔为核心，坐拥关中四塞之地，势力范围扩至河西与山南，遂萌生了"问鼎之志"。唐昭宗想要将李茂贞驱逐出凤翔，李茂贞上表拒绝，并表达他对唐廷的蔑视："陛下贵为万乘，不能庇元舅之一身；尊极九州，不能戮复恭之一竖。"他在表中还威胁道："我怕将来军情有变，军队难以控制，只会使百姓遭难。到时陛下车驾远行，又到哪里去避难呢！"

唐昭宗气极，召宰相杜让能商议如何遏制李茂贞。杜让能对唐昭宗进言："李茂贞势力强大，现在我们无力应对，况且凤翔又离京城这么近，万一出兵失利就无法收拾残局了，到时候即使像当初汉景帝那样诛杀晁错向诸侯谢罪也来不及了。"但是唐昭宗只觉得当下羞辱至极，根本听不进去："朕不能坐视凌辱，卿只要为朕调兵输饷，成败与卿无干！"

唐廷出兵讨伐，自然又是大败而归。李茂贞兵临长安兴师问罪，要求唐昭宗杀死宰相。杜让能自知必死，于是对唐昭宗说："臣请归死以纾难。"唐昭宗流泪答应："与卿决矣！"唐昭宗随后赐死了杜让能。

看到唐廷反抗藩镇的下场之后，朝中的宦官和大臣开始向节度使们靠拢，成为地方势力把持朝政的工具人。

李茂贞的强势让时局发生了变化，北方已呈三足鼎立之势——河南的朱温、河东的李克用、秦岐的李茂贞。唐昭宗开始尝试用纵横术来获得新的平衡，然而他忘了，朝廷已经不是执棋子的人了。

乾宁二年（公元895年），李茂贞再次发兵长安，昭宗本想逃往河东，寻求李克用的庇护，却被镇国军节度使韩建拦住，活生生地被囚禁了三年。

这时，朱温夺取了洛阳，准备迎圣驾于东都，这对所有人来说都是一个危险的信号。就算唐昭宗已经没有什么威胁，李克用和李茂贞也绝不想让朱温有"挟天子以令诸侯"的机会，双方立马结盟，要求韩建将昭宗送回长安，使昭宗远离朱温的军队。

就这样，唐昭宗又回到了长安。他的未来仍然是飘渺不定的：去洛阳还是留在长安，两条路于他都如同毒药，可是他没有决定他自己生死的权力。

事实证明，一颗棋子再有想法，也逃不过被执棋子之人主宰的命运。

6.凤翔之战

在唐朝的最后时刻，大臣与宦官之争再度出现了。他们都没有自己的军队，只能借助外力。宦官争取的藩帅是李克用和李茂贞，文官则倒向了朱温。

在朱温的支持下，宰相崔胤权势滔天，拔除了一个又一个政敌。而宦官在光化三年（公元900年）酝酿了一次反击，废唐昭宗为太上皇，立太子李裕为帝。即便如此，宦官依然不敢对崔胤动手，毕竟打狗还得看主人。次年，崔胤重新掌权，迎请唐昭宗复位，密谋尽诛宦官。宦官不甘心失去权柄，又担心遭到诛杀，于是立马联系了李茂贞。

皇位争夺战开始了。

朱温从大梁出兵，准备迎驾东都。宦官闻讯，焚毁长安宫室，劫持唐昭宗去凤翔。汴军很快兵临凤翔城下，凤翔方面坚守不战，崔胤则率领百官和京城百姓尽数迁往河南。唐昭宗立马赐朱全忠李姓，使其与李茂贞为兄弟，可是朱温果断拒绝了。朱温的"全忠"之名虽然一直用到他称帝，但是此时国姓的恩赐已经不足以让他感动。

在这时，李茂贞的盟友李克用介入了战局。他派兵进逼晋、绛二州，朱温立刻折返迎击，最后取得大胜，反攻至晋阳。幸好李嗣昭、李嗣源等神勇非凡，他们率领敢死队夜袭敌营，才解除晋阳之围，但是晋军终究无力入关争夺皇帝。

解除河东的威胁之后，朱温再次入关。李茂贞无奈只能迎击，依旧是胜少负多，于是继续龟缩在城内，坚壁不出。这一策略很快让李茂贞取得优势地位，因为汴军长期在关中作战，导致后方统治不稳，又逢阴雨连绵，疫病在军营中肆虐，这迫使朱温召集众将准备退兵。

朱温的部下高季兴立马劝道："天下的豪杰们关注此事已经一年了，我们不应仓促撤兵，而且敌军和我们一样疲惫，城破就在旦夕之间。大王担心的只是敌方总是闭门不出，以消耗我们的给养和士气。这不难对付，我有办法可以将敌人引出来。"高季兴招募勇士，令他们去凤翔城下大声喊话："宣武军就要东撤啦！"李茂贞没有细想，只道是汴军久战疲惫，于是开门追击。

埋伏好的汴军见状杀出，岐军不堪一击，最后"十不存三四"。李茂贞自然垂头丧气，只能与朱温议和。自古以来，有心挟天子成霸业者不少，但成者少而败者多。究其原因，天子既然被挟，便已是作用不大，诸侯并不唯被挟天子之命是从，一切要以实力说话。

谈判桌上的利益终究还是要从战场上取得的。虽然双方使者往来，唇枪舌战，但是凤翔城外的战斗却不曾停止。攻城者斥守城军为"劫天子贼"，守城军骂攻城者为"夺天子贼"。

入冬以后，凤翔持续降雪，城中冻死者不可胜数，城内已经有亡命之徒猎杀活人卖人肉，一斤值一百钱，而狗肉却值五百钱。唐昭宗也不得不典卖御衣换取钱财，以维持性命。李茂贞看到汴军开始砍伐城外的草木时便下定决心投降了，他知道朱温不会撤军，哪怕将唐昭宗困死也在所不惜。

为了保住自己的性命，李茂贞将一切罪责推给宦官，斩杀宦官七十余人献给朱温。唐昭宗的车驾在汴军的护送下，缓缓驶出凤翔。

凤翔之战中获利最大的自然是朱温。他获赐"回天再造竭忠守正功臣"称号，并被授命为诸道兵马副元帅，进爵梁王，声威大振，无人可与他匹敌。最惨的则是宦官，唐昭宗回到长安的第二天，全城搜捕宦官七百余人，这个控制唐朝政坛百余年的群体被打入历史的尘埃中，宦官干政典兵的时代结束了。

不久，李茂贞卷土重来，朱温感到长安还是离他自己的大本营太远，于是加紧了迁都的步伐。

天复四年（公元904年）正月，长安的百姓被士兵驱赶着离开了他们的家园，沿途都是哭声。百姓身后是一片废墟，汴军拆毁了大量宫室与民间房屋，取其中的木材渡河。

皇帝的车驾虽然浩浩荡荡的，但他本人已是真正意义上的孤家寡人。宦官没了，宰相崔胤也因为想要重建禁军而被杀，身边的侍卫全是朱温的人。这是唐昭宗第四次，也是最后一次离开长安。长安作为一个政治中心的时代就此终结。

唐昭宗路过华州之时，看着夹道高呼万岁的百姓，只能自嘲："勿呼万岁，朕不复为汝主矣！"

挟持唐昭宗到洛阳后，朱温考虑的就是以何种方式结束唐朝和建立新王朝。

第一件事是扫除任何阻止他称帝的障碍。

当时，河东的李克用、关中的李茂贞、西川的王建等人联盟举义，以兴复唐朝为名，在河南边界蠢蠢欲动。对朱温来说，迁都的战略意义远远大于"挟天子以令诸侯"，只要象征王朝政治中心的首都在地理方位上临近大梁，唐昭宗便再无利用价值。

天祐元年（公元904年）八月十一日夜晚，朱温的部下朱友恭等人在得到默许后，以奏事为名，率兵进入内宫，刺杀了唐昭宗。朱温见皇帝被杀，还装作不知情，痛哭流涕地说："奴辈负我，令我受恶名于万代！"随后，他处死了朱友恭等人，以塞天下人之口。

但是，组织弑君事件的枢密使蒋玄晖活了下来。在唐昭宗被弑不久，蒋玄晖缢杀了唐昭宗的诸位皇子于洛苑九曲池。

没过多久，朱温将裴枢等三十余位大臣诛杀于白马驿。谋士李振是个在科举考试中屡试不中的落魄文人，最恨这些以清流自居的士大夫，他对朱温说："此辈自谓清流，宜投于黄河，永为浊流。"朱温大笑，命人将那些士大夫的尸体投入了黄河。

清代思想家王夫之对此评价道："这些被杀的人，难道都是以身殉国者吗？他们其实大都是在朱温手下求生却不得要领的人。"李唐之将丧，当时朝廷内外都已看得很清楚，所有人都在坐等强人取李唐天下而代之。

自作聪明的蒋玄晖想要劝进，组织了一次禅让，没想到拍错了马屁，不仅被朱温拒绝，还丢了人头。

在那个"天子宁有种邪？兵强马壮者为之尔"的时代，秩序都是靠人头和鲜血换取的。朱温对王朝合乎法典这件事似乎也并不太在意，他曾说："借使我不受九锡，岂不能作天子邪？"言语之中尽是他对神器的蔑视。

第二件事就是如何建立新的秩序。这件事，朱温很早之前就开始做了。

朱温集团的结构是一种藩镇体制，节度使掌管大权，武人分享权力。随着朱温势力的扩张，他不可能担任所有地区的节度使，也不可能亲自指挥每一场战役。那么，老问题又来了，朱温要如何维系他与其他地区官员的主与臣、长官和下属的关系呢？

常见的办法是收养义子。收养者通过收养他人，与养子建立一种更加亲密的关系，从而结成紧密的政治军事集团。唐末以来，这种风气非常盛行。李克用就有多个假子，个个都是战功卓著的大将，甚至还专门组建了一支"义儿军"。朱温也有不少养子，比如朱友文、朱友谦、朱友恭等，他们或为禁军大将，或为节度使，有的还被封为王。

然而这种关系并不牢固，养子的忠心就如同泡沫，轻轻一戳就破。朱温的地盘虽大，但其实就是一个松散的靠亲密关系勾连的藩镇联合体，稍有不慎，便会土崩瓦解。对朱温来说，集权，势在必行。

朱温借鉴了唐廷的实践。唐廷能够对付藩镇，主要靠的是两招。一招是分权，将一个大的藩镇分割成许多小藩镇，化大为小。第二招是把持财源。对唐廷来说，控制东南便控制了财源。朱温则将境内的盐铁行业紧紧握在手中，通过财政控制军人的封赏和军队的后勤，从而使武人听话。

朱温还采用了一套恐怖的驭下之术。汴军的军纪非常严苛，如果长官在战时被杀，那么他的部下都要被屠戮，因此汴军将士中有很多逃兵。为了解决这个问题，朱温给士兵刺面，只要士兵逃走了，一旦被发现就会被缉拿回军营处死。即便逃走的是位高权重者，朱温也丝毫不手软，军中将士稍有小过便是刑罚加身，这使得诸将畏惧。

此外，朱温努力提高州刺史的权力，让他们敢于对抗节度使，并且只听命于中央。这样，朱温的命令便可以直接下达到地方，而不会被节度使截留或者篡改。

当然，这些集权的手段只在河南道的内环地区有用，外围地区被强敌环伺，依然是武人跋扈的地区。

天祐三年（公元906年）最后一个月，朱温收到了一个消息，他最早的追随者丁会带领昭义镇投降了李克用，理由是朱温弑君。昭义镇的背叛，使汴军失去了一块钳制河东、河北的战略要地，也让朱温感到前所未有的压力。他怕天下离心，于是急忙赶回汴州。这时的朱温已经是一个五十五岁的老人了，被病魔缠身，筋疲力尽。平民出身的他当时只有一个想法，就是尽快品尝位列九五之尊的滋味，即便代价是成为天下公敌。

开平元年（公元907年），朱温十分潦草地执行了禅让的流程，废除了唐哀帝，在未能战胜所有反对者的情况下强行登基为帝，留下了一个不大不小的隐患。次年，李克用去世，沙陀政权迎来改革，逐渐逆转了与朱梁集团的形势。

统治中国二百八十九年的唐朝彻底成为历史，随之而来的是一个更加动荡的年代。《水浒传》引首的开场云："朱李石刘郭，梁唐晋汉周。都来十五帝，播乱五十秋。"

在大多数人眼中，唐末五代似乎只是隋唐盛世的狗尾续貂，以及赵宋王朝的治世殷鉴。而中国的历史似乎就是治乱相继、无限循环的历史。但仔细观察这条看似浑浊的历史河流，我们其实能够发现越来越清晰的脉络是：宦官的退场、士族的落寞、平民的崛起、集权的尝试……所有的水滴都指向一个新体制的酝酿与诞生。

南唐覆灭：
危局求存，富国悲歌

对一个处于时代浪潮下的过渡政权来说，偏安不思进取，便是最大的死局。

而在军事上仍然处于北强南弱的时代，南唐的蜷缩一隅或许从一开始就决定了李煜的命运。

中国历史有内生的大一统的动力，北武南文的融合是五代十国的魅力所在。

大宋开宝四年（公元971年），当南汉被灭的消息传到金陵时，南唐后主李煜慌了。

决定攻伐南汉之前，宋太祖赵匡胤曾让李煜牵线搭桥，劝降南汉。但南汉国君刘鋹颇具"骨气"，一口回绝，这才招致战祸，为宋军十州兵马所灭。

此时，放眼天下，除了吴越、南唐与北汉，地盘尽归了大宋。而李煜听命写信劝降南汉，已让宋太祖看到了南唐的软弱，并锁定了下一个目标。

这次，轮到李煜面对要不要投降的问题了。

1.北宋离间计

惶恐的李煜赶紧命自己的弟弟郑王李从善备厚礼，出使大宋，企图抢在吴越国之前向大宋表明忠心。

此次出使大宋，是李从善第一次，也是最后一次。抵达汴京后，他拜会了宋太祖，转达其皇兄李煜愿自降仪制、做大宋臣子的想法。宋太祖不禁失笑，萌生了扣押李从善，逼李煜无条件投降的想法。

于是，打着爱惜人才的名号，宋太祖下诏封李从善为泰宁军节度使、兖海沂等州观察使，要求他留在汴京为大宋效力。

消息传回南唐，李煜心知肚明。为了让宋太祖相信南唐皇室兄友弟恭，他三番五次向宋太祖上表，要求放归他的弟弟，然而通通如石沉大海，即便偶有一两封辗转递至御前，宋太祖依旧拒绝批复。不仅如此，为了实现对南唐不战而降的战略目的，宋太祖一边命令细作往南唐散布李从善在宋朝沉溺酒色、乐不思归的消息，一边暗自屯兵长江北岸，做出随时准备进攻南唐的姿态。

由于李从善当时已娶妻，故宋太祖的操作无疑加重了南唐皇室内部的矛盾。李从善之妻时常闯宫向李煜哭诉自己的不幸，埋怨李煜做出的错误的决策，使其一家被无情分隔。对此，李煜只能打落牙齿向肚中咽，夜深人静时作《阮郎归》，倾诉自己对李从善归家的期盼：

东风吹水日衔山，春来长是闲。落花狼藉酒阑珊，笙歌醉梦间。

佩声悄，晚妆残，凭谁整翠鬟。留连光景惜朱颜，黄昏独倚阑。

李煜的懦弱让侍中林仁肇内心不爽。林仁肇是两朝老臣、军中猛将，因胸前刺有猛虎，人送外号"林虎子"。尽管此时的他已身居高位，却依旧与士卒同吃同住，在军中颇孚众望。谈及他的战绩，最引人注目的当数他早年在涡口与后周名将张永德的正面交锋。

后周显德三年（公元956年），周世宗柴荣亲征江南，林仁肇率部防御。当时，后周的精锐主要屯驻在下蔡（今安徽凤台）、涡口（今安徽怀远东北）一带，准备依靠新搭建的浮桥实施渡江战役。林仁肇闻讯，亲率一千敢死士赶往前线，欲乘风放火。孰料，就在南唐水军准备就绪之时，风向突变，后周大将张永德趁势发动进攻，致使南唐遭遇"滑铁卢"。

危难之际，林仁肇不惧危险，单马殿后从容指挥大军后撤。张永德素以"善射"著称，见林仁肇泰然自若，遂张弓朝其射去。面对张永德凌厉的箭锋，林仁肇并不在意，只见他轻轻一格，便将张永德的箭矢统统打落，惊得对岸的张永德大叫："彼有人焉，未可逼也！"

李煜对宋朝的退让和躲避，早就让林仁肇看不下去。

林仁肇认为，大宋实际上就是过去的后周，南唐若一味向敌人妥协，无异于自杀。他上疏李煜，恳请"独对"，希望用单独面圣的机会使李煜明白个中利害，及早挽救南唐国运。

南唐后主就这样跟江南一代名将会面了。

这次一对一的面奏，林仁肇十分珍惜。见到李煜的那一刻，他又是请命，又是献策。尽管南唐多年来对抗北方的战绩乏善可陈，他仍无比虔诚地告诉李煜，现在还有挽救的机会。他指出，大宋在承继后周使命后，就连年出兵，平荆楚，破后蜀，取南汉，看似实力大增，实则历千里征伐，士卒难免为战争所累而处于全军疲敝的状态。若此时南唐出奇兵率先发起渡江作战，在长江以北建立根据地，再徐徐图之，或能扭转乾坤。

当然，林仁肇也清楚李煜的个性。为了成全这位国主对宋朝的"忠心"，他请求李煜在实施此项计划时要先将其留在江南的亲眷悉数逮捕下狱，再向宋太祖上表指控林仁肇拥兵自立，这样便能使南唐、李煜置身事外，即使计划失败亦不受牵连。

"陛下如果担心大宋问罪，可以对外宣称是臣起兵反叛。此战臣若成功，淮南归唐所有；臣若兵败，陛下可灭我满门向宋谢罪，以示陛下并不知情。"林仁肇说。

可以说，林仁肇在做出如此抉择之时，已经将个人乃至家族的生死置之度外，堪称南唐最后的忠义之臣了。然而可悲的是，李煜在听完林仁肇的肺腑之言后，认为以对方的能力，这项计划不仅无法实施，还容易引火烧身。所以，为了保全南唐，也为了保全林氏家族，李煜将林仁肇贬至洪州（今江西南昌），让其出任南都留守兼南昌尹，负责治理南唐的大后方。

李煜"雪藏"林仁肇，这可把宋太祖高兴坏了。不过，熟悉长江沿线军务的林仁肇只要活着，对大宋的统一事业而言始终是个威胁。

于是，一条针对林仁肇的毒计开始实施了。

眼见李从善在汴京安定了下来，宋太祖煞有介事地把他请入宫中，告诉他林仁肇将军已在南昌城与宋朝使节达成协议，不日将启程北上，归顺大宋。宋太祖又问李从善届时林将军到来，大宋该以何种礼仪优待。

南唐国家存亡，不仅关乎皇兄李煜一人之性命，更与整个南唐皇室、与他这个第一次出使宋朝就被软禁的落难皇子息息相关。因此，李从善怀着惶恐之心回到下榻之处后，立即遣人去信南唐告知李煜——林仁肇怀有"贰心"。

另一边，林仁肇被贬之后，南唐内部论资排辈，名将之后皇甫继勋被公推出来担负守土之责。皇甫继勋是南唐猛将皇甫晖之子。当年皇甫晖在清流关之战中被宋太祖砍中脑袋，伤重而亡，皇甫继勋以烈士之后继承了父亲的衣钵，成为南唐有名的少将军。

按说老子英雄儿好汉，皇甫继勋即便不如其父勇猛，也当思报效国家。然而，自从获得优厚的待遇后，皇甫继勋就尽显一个"卖国贼"的无能。他十分嫉妒林仁肇的才华，又怕宋军万一南下灭唐会搅扰了他在金陵城舒适且奢侈的生活。因此，当李从善的信件传回南唐时，他便抓住李煜不愿扩大事端的弱点，一个劲儿地劝杀。

尽管李煜对林仁肇叛国之事将信将疑，但还是以"不忠不义"的罪名，将这位南唐最后的名将赐死了。林仁肇死后，曾举荐过他的枢密使陈乔不无惋惜地哀叹："事势如此而杀忠臣，吾不知其死所矣。"

陈乔的预见很准，林仁肇的冤死，令宋太祖感到一阵轻松。与之相对，李煜却没有在这起事件中得益，随着南唐国势日渐衰微，他的烦恼将与日俱增。

2.内忧外患的李煜

林仁肇冤死半年多后，大宋开宝六年（公元973年）七夕，已降尊为江南国主的李煜迎来了三十七岁生日。此时，宋太祖特命有司在汴水之滨加紧营建一幢江南风貌的深宅大院，并赐名"礼贤宅"，作为李煜北上归降的定居之所。

担心李煜不来，宋太祖又令翰林学士卢多逊为江南生辰国信使，南下为李煜贺寿并筹备江南国主北上迁居事宜。

卢多逊博涉经史，聪明强记，文辞敏捷，自小就是个"学霸"。而李煜号称江南"词宗"，文学功底更是深厚。两人一见面，李煜就被彬彬有礼且文采出众的卢多逊迷住了。不过，当卢多逊力邀李煜北上之时，这位江南国主还是保留了必要的清醒。他坚称自己身体有恙，怕离开江南后，李氏祖先无人祭祀，会使他背上骂名，也会陷大宋皇帝于不义。

李煜的托词说得滴水不漏，卢多逊也毫无办法。但卢多逊向来最善钻营，他十分清楚宋太祖一统天下的决心，也知道自己身为翰林学士的位高清贵，他决意为自己的政治前途杀出一条血路。因此，在完成贺寿使命准备回国之际，卢多逊露出了狡黠的面目。

借着李煜为自己饯行的酒劲儿，卢多逊遣人告知李煜，他来江南之前宋朝皇帝曾令其收集天下图经，汇编准确无误的舆图造福百姓，但由于自己来江南这些日子得国主盛情款待，竟不意误了正事。如今若空手回去，恐遭杀身之祸，望国主助兄弟一把，交出江东诸州舆图，让兄弟完成皇命，不负天下百姓重托。

将江东诸州舆图交给卢多逊，无异于间接助宋军攻唐，李煜死活不肯。但卢多逊早已拿捏了他想借臣服宋朝偏安一隅的心理，声称江南乃大宋不可分割的一部分，要挟李煜乖乖从命，否则待北方天兵一至，江南将永无宁日。

最终，在卢多逊三寸不烂之舌的巧逼下，李煜违心地交出了江东十九州的资料。而这些意外得到的资料，也使宋太祖看到了卢多逊的才干，对其始有大用之意。

宋太祖在卢多逊还朝后，立马又派出负责朝会祭祀的东上阁门使梁迥，以"天子今冬行柴燎之礼，国主宜往助祭"为由，前往江南敦促李煜以"降王"的身份北上。出发前，梁迥还跟手下制订了"B计划"，即如果李煜再像前次那样婉拒宋使的提议，不愿北上，则需乘李煜为宋使饯行之际，设法将其掳走，押至汴京。

然而，可笑的一幕出现了。

梁迥一行到了江南，李煜执意"抱病"，两方僵持不下。江南方面想到了贿赂宋使，以换取江南的片刻和平。于是，梁迥等人自从下榻南唐的"国宾馆"后，江南方面就每日定时上门安排各式美酒、美食、美人。对于江南方面的特殊安排，梁迥等宋使一开始"严毅不可犯"，使南唐大臣们颇为头疼。直到南唐拿出一箱箱价值连城的财宝，这群宋使终于禁不住诱惑，"大喜过望，登舟纵酒，继日宴乐"。就这样，梁迥不但没能顺利完成请李煜北上的任务，更是把自己先前制订的"B计划"抛到了九霄云外。

尽管梁迥的出使丢尽了宋人的脸，但这并未磨灭宋太祖的耐心。很快，他又让"有仁有勇"的知制诰李穆持诏再赴金陵。在李穆出发当天，宋太祖同时命曹翰、曹彬、李汉琼、田钦祚、潘美、刘遇等将领兵分两路，水陆并进南下施压。

对于宋太祖的软硬兼施，李煜虽知其中深意，却依旧想保有江南国主该有的尊严。

李穆到达江南，李煜除了诚惶诚恐地接待，也不时以稍带怨气的口吻指责宋使。李煜声称："臣事大朝，冀全宗祀，不意如是，今有死而已。"言外之意即，大宋泱泱大国，寡人都说了要对你们称臣纳贡，你们还不满意，非要对我李氏苦苦相逼，若宋帝真连这点肚量也没有，非要鱼死网破，我们江南也不是不可奉陪的！

李穆回应道："入朝与否，国主理当自己决定，本使不宜多言。不过，我朝兵多将广，南征北战从无败绩，更何况我出发之日，官家已令名将曹彬、潘美挂帅出征，相信战事不久便会蔓延到江南。国主若是识时务，本使建议您还是及早入朝，以免日后追悔莫及。"

李煜当众驳斥李穆的威胁，并对臣下发愿："他日王师见讨，孤当躬擐戎服，亲督士卒，背城一战，以存社稷。如其不获，乃聚室自焚，终不作他国之鬼！"

终于，李煜的"骨气"消磨尽了宋太祖的最后一点耐心。在李穆北返宋朝当月，宋军就相继攻陷湖口、池州、芜湖、当涂等长江军事重镇。而吴越的钱俶也在宋朝的号召下，进犯南唐的常州、润州（今江苏镇江），使李煜腹背受敌。

值此生死存亡时刻，李煜放下了对大宋的幻想，下令金陵全城戒严，筑城聚粮，大加守备。然而，南唐的财政窘迫却让他备感头疼。

南唐前期，经过杨吴及南唐烈祖李昪的苦心经营，所辖范围地跨江淮，拥茶盐米丝之利，是"十国"中地盘最大、人口最多、实力最强的一国。可自从李煜的父亲、南唐中主李璟接替烈祖称帝后，南唐就开始走下坡路，可以说"中主时代兵连闽楚，未及十年，国用耗半"。不仅如此，在李璟对外扩张的战役中，南唐也是败多胜少。随着北方后周的崛起，南唐在与后周对抗的过程中丢失了淮南等大片滨海盐区，使南唐国都金陵成为"前线"，直面后周兵锋。

为了维持江南的统治权，从李璟时代开始，南唐国君就不时自称江南国主，每岁主动承担起对后周以及之后宋朝贡输之事。到李煜即位后，这种国事传统履行得更加频繁。史载，李煜"每闻朝廷出师克捷及嘉庆之事，必遣使犒师修贡"。总之，无论大宋是出兵还是过年，只要有喜庆之事，南唐国君总要抢在各大政权之前给大宋进贡、献媚，以换取大宋方面的另眼相看。

这种不加节制的讨好,换来的后果却是南唐经济进一步恶化。

在连年战事以及持续的巨额岁贡压力下,南唐早在中主时代就出现了严重的"钱荒"。为此,在韩熙载、钟谟等大臣的支持下,因袭盛唐旧制,南唐于饶州、池州、建州等地设置钱监,开铸铁钱,实行币制改革,推动铁钱和铜钱共同流通,试图缓解市面上货币紧缺的困境,进而盘活江南经济。

但此项措施除了使朝廷获得一笔巨额的铸币收入,对经济的刺激作用并不大。由于新币制的出现改变了人们的交易习惯,在铁钱盛行的同时,民间纷纷私匿铜钱,仅以铁钱交易。而铁钱兑铜钱的比值,也从过去官方规定的"铁钱六权铜钱四"变成了李煜时代的"以十抵一"。

币制体系的彻底崩塌,使得李煜在位期间物价飞涨,通货膨胀达到史无前例的水平。甚至有史料记载:"李先主以国用不足,税民间鹅卵出双子者,柳花为絮者。"这一记载颇为夸张,真实性存疑,但也能说明在宋灭南唐之前,南唐百姓的生活已经到了水深火热的地步。

对此,李煜只能坚持原有的币制政策,推行土地改革,以维持南唐"卑礼事宋"的屈辱外交。

李煜的亲信、知制诰潘佑此时举荐了"能人"李平。李平是南唐的一介道士,发迹之前常在民间发表一些怪力乱神之说。所以,听到潘佑在朝堂上举荐李平,不仅众臣惊掉了下巴,连李煜也觉得潘佑是在开玩笑。

李平不愧是位"能人"。他告诉李煜,南唐通货膨胀、物价飞涨的最主要原因是生产力不足。在他看来,任何政权在富国强兵之前,都必先寓兵于农,让士兵和百姓吃饱肚子才能打胜仗。以南唐的经济基础来看,当时要想效仿古人实行兵、农之事两不误,最好的方式就是依照《周礼》复井田之制,造民籍,造牛籍。如此,南唐就可以按丁授田,依户征兵，对治下黎民登记造册，就不必怕他们趁乱北逃，影响南唐生产力的发展。另外，造牛籍一方面可以保护、繁殖耕牛，助力发展耕稼；另一方面也可以保障牛群的生命价值，改变社会无端宰牛的不良风气。

李煜听得心里乐开了花。

不过，上述措施虽然利国利民，却不利于一直走在兼并土地之路上的高官豪强，因为他们一旦点头同意实施"井田制"，就得无条件归还土地，并向国家缴纳高额赋税。上述措施遭到他们的抵制，也就在意料之中。

所以，在张洎、徐铉等重臣的谏议下，李煜很快把李平连同骂自己是昏君的潘佑处死，这致使南唐错过了最后的翻盘机会。

3.一个叛徒引发的灾难

南唐改革宣布失败的同时，开宝七年（公元974年）十月，曹彬的部队抵达长江下游的军事重地采石矶。

采石矶山势险峻，突兀江中，扼据大江要冲。可以说，宋军只要安全通过这里，拿下金陵城就指日可待了。然而，李煜始终认为只需借助长江天堑庇护，宋军不敢轻易渡江作战。

对此，宋太祖却胸有成竹，因为他手下有位自南唐来的和尚樊若水。

樊若水落发为僧之前，曾是南唐官宦子弟。秉承家族遗风，他早年也以报效南唐为己任。他自认为学富五车、才高八斗，遂作诗百首呈奉御前。奈何李煜是一位对文辞十分精通且一丝不苟的皇帝，他发现樊若水的诗句中屡次出现与前朝名诗类似的字句后，便认为樊若水是个没啥才学、投机取巧之辈，彻底断绝了后者报效家国之路。樊若水一气之下生出了北归宋廷的想法。

但凡投敌就得交"投名状"，樊若水知道宋军久久无法南下灭唐所忌惮的就是传说中的长江天堑。因此，他决定剃度出家，跑到长江边的广济寺当和尚，借用方外之人的身份替宋太祖架一座浮桥。

可是在那个年代，在波涛汹涌的长江上搭建一座浮桥绝非容易之事。更何况，樊若水秘密从事之事类似于今日的间谍行为，其危险系数可想而知。为了掩人耳目，也为了方便测量出准确的水文数据，樊若水向广济寺捐了一笔善款，让寺庙用这笔资金在临近采石矶的牛渚山上建佛塔，自己则顺势前往监工，这样他就获得了久驻采石矶的机会。

利用建塔的空隙，樊若水时常划着竹筏，带着长长的丝绳在采石矶对面的江面上反复测量。为了保证测量的精准性，他将丝绳拴在采石矶下的礁石上，然后牵着这根长长的丝绳划船到西岸，再根据丝绳的长度来计算长江的宽度。随后，他又以同样的办法将长江南北两岸的距离精确地测算出来。

对于樊若水在江面上的反复作业，驻守于长江南岸的南唐士兵居然未曾察觉。数月之后，广济寺佛塔落成，樊若水也完成了隐秘的测量工作，他随即北上求见宋太祖，并呈上他亲手绘制的《横江图说》。

樊若水架设浮桥以破长江天堑的计划，在宋廷大臣的眼中无异于天方夜谭。可所有人把注意力集中到《横江图说》后，却又为其精妙、宏伟的设计所折服。宋太祖见樊若水确为可用之才，遂令朝廷加开学士院试，亲自录取他为当科状元。或许是为了报答宋太祖的知遇之恩，樊若水不仅为宋军献上架桥良策，还亲自参与了浮桥架设的各项准备工作。

根据樊若水的设计，宋太祖立即下令让工匠在长江、荆湖一带水域秘密打造千艘黄黑龙船，为架设长江浮桥打下基础。紧接着，依照宋太祖的指示，曹彬等前线将领又命人砍伐、采集巨竹，囤备大量粗麻绳，扎制了规模可观的竹筏，以做浮桥桥面。宋军原计划将这些龙船、竹筏直接运往采石矶，并在那里进行组装。但由于目标过大，宋廷内部一些行事谨慎的大臣对此提出了反对意见。最终，宋军经过多番研究，决定先在石牌口（今安徽怀宁县西临江处）试架一座浮桥，待试验成功后再将剩余物料运往采石矶，正式架设军用渡江浮桥。

让宋军想不到的是，他们在石牌口大费周章地搭建浮桥，对岸却是毫无动静。到浮桥竣工落成，南唐方面似乎也没有发现情况不妙的端倪，甚至连派兵骚扰也没有。这不禁令曹彬等将领感叹南唐气数将尽。

石牌口的浮桥搭建好后，曹彬立即开展采石矶架桥计划。据《宋史纪事本末》记载，采石矶浮桥搭建得十分顺利，当时正值长江枯水期，宋军根据樊若水提供的水文数据，仅用了三天便完成了浮桥搭建工作，且分毫不差。

有了这座浮桥，宋军集结全部步兵，由采石矶直扑金陵。这下，李煜终于有了"鸦啼影乱天将暮"的亡国忧愁。

李煜想到了吴越，在"十国"之中，吴越和南唐这两国素来地缘相邻，常发生地盘之争，双方的积怨很深。可为了阻碍宋太祖一统天下的步伐，李煜还是选择冰释前嫌，主动放下身段，与吴越沟通议和细节。他专门给钱俶写了封信，希望吴越认清"唇亡齿寒"的形势，联兵北上或解兵东去，不要做宋军的帮凶。

为了激起钱俶的斗志，李煜故意在信中写道："今日无我，明日岂有君？一旦明天子易地酬勋，王亦大梁一布衣耳。"

但李煜的去信未能换来吴越国的退兵。钱俶还将此信转呈宋太祖，求宋廷制裁南唐。吴越国这种卑躬屈膝的行径，引来了南唐内部"主战派"的一致不满。以枢密使陈乔、沿江巡检卢绛为首的一批强硬派提出，必须先灭吴越，方能巩固南唐之本，以抗宋军。

平日里南唐打吴越无可厚非，但在眼下主动挑起战事，无异于引火自焚。所以，卢绛等人之策立马遭到了李煜驳斥。

进退失据，腾挪不得，一些始终对李氏祖孙三代尽忠的大臣也失去了继续活下去的信心。陈乔以自己"失报军情"为由，向李煜请死。李煜不允，陈乔就自己回家上吊了。而一向知恩图报、事事以国家为重的御史中丞廖居素，则言"吾不忍见国破主辱耳"，开始闭门绝食，身穿朝服袍冠，最终跳井而死……

4.最后的挣扎

在这些大臣为国死节之时，南唐内部却还无法一致对外。

为了抑制"相权"，南唐的君主建"清晖殿""澄心堂"，将一批文人墨客纳入朝堂，让他们参与政务决策，逐步分割朝权。久而久之，这种类似于后世内阁形态的政治部门便取代了中央原有的决策机构，而这些拥有"殿堂"身份的学士仗着国君的信任，也一步步取代宰相，攫取统治中枢的权柄。

由于李煜的理政能力并不强，因此到南唐后期，听命于皇帝的"澄心堂"诸学士实际上就成了决定南唐命运走向的最高决策者。他们清楚，以自己身居高位的现状，一旦南唐整体投降于大宋，将会荣华尽失。因此，不少出身"澄心堂""清晖殿"的大臣主张坚决不降于大宋。

与诸学士相对的则是前文提到的皇甫继勋等一众将领，他们要么清楚南唐与大宋的实力悬殊，不愿做困兽之斗；要么只想纵情享受当下的美好，根本不愿为朝廷卖命。

即便如此，李煜还是想孤注一掷。他召来皇甫继勋和水军将领郑彦华，要他们率领两万精锐水师自金陵溯江西进，另外又派禁军都虞候杜贞率领一万五千步骑军沿长江南岸西进，配合水军进兵采石矶，迎战宋军。

临行前，李煜特地嘱咐郑彦华和杜贞，声称："朕看好二卿，我朝成败在此一举，望两位能精诚合作，让宋军看看我南唐男儿的豪气。"

但郑彦华在遇到宋军小战失利后，立即放弃原定用战舰摧毁浮桥的计划，只是按兵不动，致使配合他作战的杜贞所部孤军奋战，并被随后赶来支援的宋军打得一败涂地。此战失利不仅严重打击了江南水师士气，更令原先已岌岌可危的金陵城防务雪上加霜。

随着宋军逼近，被李煜寄予厚望的金陵防卫总司令皇甫继勋也开始阳奉阴违。郑彦华一败，他就命人将金陵城各门紧闭，并要求斥候侦探前方战报。一有南唐将士战败的消息传回金陵，他就欺上瞒下，粉饰太平，还不时躲在府里暗自庆幸，只盼早日随李煜归宋，结束这乱世的焦虑。

皇甫继勋的异常行为瞒得过李煜，却瞒不过军中将士。那些不愿轻易投降的将领早就对这样的主将十分不满，他们之中一些胆大之人干脆暗中联络敢死士，计划秘密出城夜战，奇袭宋军营地。然而，这一计划被皇甫继勋察觉，皇甫继勋为避免事态进一步发展，命人将这群江南将士鞭笞杖击、荷枷囚禁。同时，他还利用手中的职权，扣压一切军报，令"澄心堂"的中枢机构做出错误的判断。

纸终究包不住火，就在皇甫继勋尽力粉饰太平之时，李煜却突然心血来潮，想亲临金陵城头为南唐将士训话鼓气。就这样，一个天大的谎言在李煜面前炸开了——城楼之下、江面之上，皆为宋军。

还未被公开定罪，皇甫继勋就被愤怒的南唐军民寝皮食肉、肢解干净，南唐士气为之一振。李煜也打算趁热打铁，组织第二波抗宋大战。他把希望寄托于驻扎在南昌的水师大将朱令赟身上，指望对方率南唐后备的十万水师北上抗敌。

遗憾的是，朱令赟并不认同李煜的决策。当金陵使者陈大雅冒着生命危险赶至南昌时，这位曾立下赫赫军功的将领却告诉使者，他不希望南唐诸臣为了这场无谓的战争白白丢了性命，但作为一名军人，他理应在江山倾颓之时为国家抛头颅、洒热血。最终，朱令赟消极备战，与宋军遭遇后兵败而死。宋军在南唐军队的节节败退中抵达金陵城。

开宝八年（公元975年）十一月二十七日，金陵城破，统治江南不过三十九载的南唐宣告寿终。就在李煜等一众南唐君臣急得如热锅上的蚂蚁时，宋军主将曹彬却"病"了。

原来，在宋军出发前，宋太祖特别面谕曹彬，要减杀戮、多安抚，只要李煜开门投降并随宋军北上即可，切勿搞出有损江南民生的事情来。曹彬谨记皇帝的要求，到了金陵城下就只令士兵喊话、射劝降信，一步步瓦解南唐君臣的心理防线。但在攻城前夕，曹彬忽然称病，不理军务。众将见关键时刻主帅病倒，纷纷前来探病。谁知曹彬却说："我的病不是药物能治的。只要大家诚心发誓，攻下南唐后，不妄杀一人，我的病自然就好了。"众将于是焚香发誓。次日，曹彬自称病情好转了。

李煜也终于认清了现实。最后，在宋军的簇拥下，他率司空殷崇义、清晖殿学士张洎等四十五名臣子走出宫门，奉上宝玺、舆图，正式投降。

不知是同情李煜的遭遇，还是出于宣传宋军的仁德，曹彬在接受李煜投降后，就准许他返回自己的皇城，收拾细软，并叮嘱他尽量多拿些钱财，以备北上不时之需。

对于曹彬公然"放走"李煜的做法，宋军诸将很不解。曾经出使过南唐的梁迥更是不顾一切闯入曹彬的帅帐，直言："将军如此，难道就不担心李煜回宫后，一时想不开，上吊自杀？"

当然，梁迥的出发点是为了钱财，他小心提醒曹彬，若李煜自杀，那他们此次出师江南的奖赏恐怕要减半了。

曹彬笑着说："一个口口声声说要守护祖宗基业、为国捐躯的人，最终居然选择无条件投降，这太不符合常理了。唯一的解释，就是李煜根本不想死。既然如此，我放他回去收拾细软，还需怕他自杀吗？"

果然，李煜第二天一大早便来到江边匆匆登船北上。船到中流时，这位亡国之君才想起要跟逐渐远去的金陵城永别了，不禁悲从中来。他触景伤情，随即吟诗一首：

江南江北旧家乡，三十年来梦一场。吴苑宫闱今冷落，广陵台殿已荒凉。

云笼远岫愁千片，雨打归舟泪万行。兄弟四人三百口，不堪闲坐细思量。

李煜是否一出城就想起了故城的美好，我们不得而知，但他这一路走得确是艰辛困苦。金陵城破之际正值隆冬，从金陵到开封，只能走运河，运河水浅，宋军北还要靠沿途州县的储水补给。一路上冷冷清清，直到第二年正月李煜才抵达目的地。作为阶下囚，他的内心始终不得安宁。作为敌国皇帝，他进入开封城的第一件事，就是依照献俘程序随宋军到明德楼聆听宋廷对他的口诛笔伐。

眼见李煜屈身前来，作为胜利者的宋太祖终究还是给他留了几分薄面。按照规矩，所有被迫投降大宋的政权之君都得经过"露布示众"这个环节，也就是将这名君主过去的罪行全部写于帛制的旗子之上，昭示天下，让百姓唾骂。宋太祖认为李煜虽然罪孽深重，但李氏两代人有过臣服宋朝的举动。看在这份情面上，"露布示众"的环节他就免了。

不过，考虑到李煜在治理南唐时多有违抗宋朝的举动，宋太祖给他封了一个充满戏谑意味的爵位——违命侯。

自从李煜入宋，就如他从前所料，他彻底失去了自由。宋太祖许诺给李煜的"礼贤宅"，如今成了吴越王钱俶的居所，李煜住在官方分配的一处小院子里，完全失去了一位君主抑或一位落难王侯该有的尊严。

入宋仅两年多，李煜便走到了人生尽头。

太平兴国三年（公元978年）七夕，李煜迎来了四十二岁生日。半生沉浮，落得如此下场，他开始反思自己从前执政的过失。在那个蛾眉月高挂星空的夜晚，他多喝了几杯。借着酒劲儿，他再也控制不住自己的思绪，写词称"故国不堪回首月明中"，而自己不过是"梦里不知身是客，一晌贪欢"。

李煜的愁思引起了南唐旧臣的关注。徐铉和张洎心中清楚亡国对李煜的打击，决定前往李煜的居所进行劝慰。看到两位老臣前来，李煜百感交集，他想起了曾经为南唐存亡出力颇大的潘佑、李平二人，悔恨自己当初一意孤行错杀了忠臣。但李煜没细想，眼前的二臣对潘、李二人的嫉妒始终未曾消解。李煜刚抒发完胸臆，他的话就原原本本地传到了宋太宗赵光义耳中。

当晚，李煜的生日变成了忌日，他暴毙于居所。

随着他的离去，南唐也如滚滚长江东逝水，汇入了历史的汪洋大海。

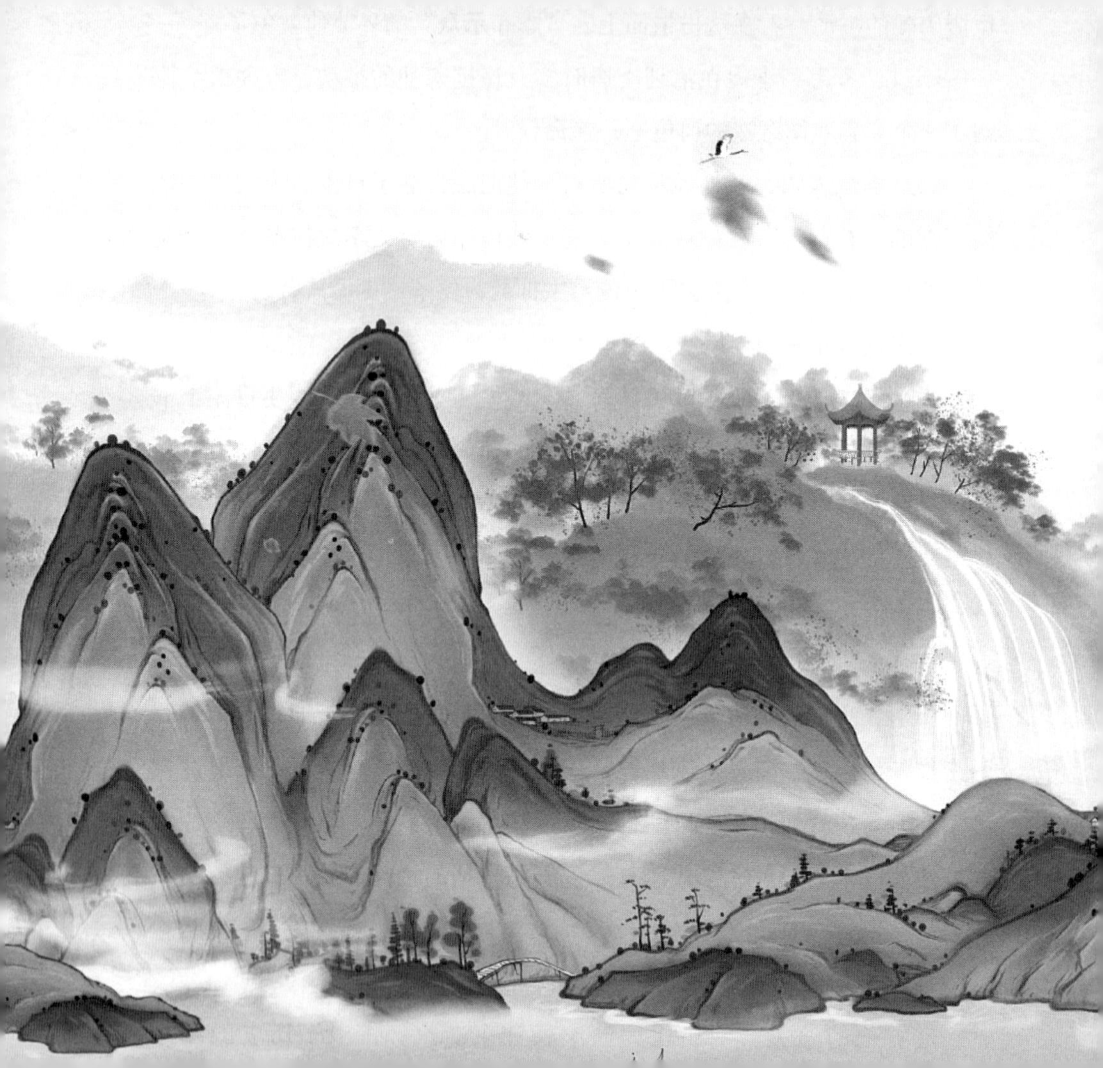

四

两宋危局：文治社会的孱弱与悲壮

北宋生死局：
靖康之变的真相

对于北宋在盛世时期突然亡国，当时的人普遍是没有心理准备的，盛世的戛然而止令无数人奋起搏击，与懦弱胆怯的赵宋皇室相比，战场上的英雄不断涌现。

在一个自废武功的文治帝国时代，在蛮族的外力冲击下，自诩文明的帝国轰然倒塌，但仔细摸索，我们可以发现许多不同于以往朝代灭亡的气息：科举制的勃兴、平民的崛起、阶层的流动，使国民的天下意识高度发展起来。正是在这种天下意识的驱动下，宋人开始了普遍的动员与战斗，帝国不仅仅是君主的帝国，天下也是天下人的天下，就这个意义而言，大宋帝国才不至于彻底消亡，才具有重生的可能。

想到即将兵临城下的金军，宋徽宗无比恐慌。

此前两个月，北宋宣和七年十月（公元1125年11月前后），金兵在攻灭辽国后，又兵分东西两路南下进攻北宋，尽管西路金军被顽强的宋军困阻于太原城下，但是东路金军却所向披靡，一路直逼河南。

金兵攻势迅猛，宋徽宗只得一边下令天下勤王拱卫首都开封，一边下发罪己诏，自责即位二十多年来导致贤良蒙难，小人得志；横征暴敛，奢靡成风，民财将尽，利源已竭——大难临头之际，情辞颇为恳切。

为了表示悔过的决心，宋徽宗承诺废除所有不得人心的恶政，包括花石纲、道官制度等。他呼吁有识之士站出来，有军事才能的拱卫王都，有治国良策的上书言事，并表态朝廷绝不辜负人才。

但话是这么说，自封"教主道君皇帝"的宋徽宗还是决定三十六计，走为上策。为此，他向臣子们表态他自己"欲幸淮浙"，并留下太子赵桓守卫首都开封。

在遭到臣子们激烈反对后，宋徽宗竟然心一横，决定提前禅位给儿子赵桓，好推卸责任，方便自己逃之夭夭，于是，宣和七年十二月二十三日（公元1126年1月17日），宋徽宗传令太子赵桓入宫接受禅位，并命令手下将龙袍强行披在赵桓身上。

眼见金兵即将兵临城下，父皇宋徽宗却选择临阵脱逃，要自己肩挑大任，全无骨气的太子赵桓死活也不肯接受父亲禅位，在宋徽宗面前痛哭流涕，甚至几次"气绝于地"。

宋徽宗无奈，只得用左手写道："汝不受，则不孝矣。"赵桓则立马回答："臣若受之，则不孝矣。"于是宋徽宗叫来郑皇后一起劝说赵桓："官家老矣，吾夫妇欲以身托汝也。"

说完，宋徽宗又命令宦官强行将太子赵桓拥挟到福宁殿即位。万般无奈之下，赵桓只得接下来这个烫手山芋，他就是北宋末代皇帝宋钦宗。

当然，这个末代皇帝的头衔本来应该是宋徽宗的，只是这个头衔被他甩给了儿子宋钦宗。如此也难怪赵桓死活不肯当这个天下至尊的皇帝。

此时距离北宋亡国，还有一年多。

1.第一次开封之围

宋钦宗在心不甘、情不愿地当上皇帝六天后,北宋帝国迎来了亡国前倒数第二个新年,宋钦宗宣布将年号从宣和改为靖康,所以在公元1126年1月,北宋进入靖康元年。

新年伊始,探子就传来金军即将渡过黄河的消息,已经身为太上皇的宋徽宗极度惶恐,于是下诏说他自己要去亳州(今安徽亳州)太清宫"烧香",随即在正月初三晚上狼狈出逃。由于仓促,宋徽宗身边只有权臣蔡京的儿子蔡攸和几个太监随从,他们先是出开封通津门乘船南下,宋徽宗嫌船行太慢,于是又乘肩舆,宋徽宗也觉得太慢,于是就在岸边随便找了一艘搬运砖瓦的船南下,因为粮食没带够,宋徽宗在船上肚子饿得要命时,只得从船家那里要了一张炊饼,几个人分着一起吃掉了。

考虑到亳州距离开封还是太近,宋徽宗临时又改了主意,指示去更远处的镇江。到了镇江,宋徽宗这才觉得金兵远了,心神稍定下来。于是,尽管已身为太上皇,他还是以"今上"的姿态向东南各地官员发出了几道诏书,核心内容是:要求东南各地官员不得向东京(开封)传递任何公文;江南的军队也不准再勤王支援开封,要留下来保护他;东南各地的物资也不准再运往开封,要留下来给他享用。

大敌入侵，帝国陷于危难之际，宋徽宗赵佶作为天子却"禅位"并逃难至镇江，不顾首都前线的安危，截留军队和物资，试图在东南地区另立朝堂。对宋钦宗来说，这个老父亲确实不够仁义。

不仅如此，宋徽宗到了江南，就忘了逃难时的炊饼，又重拾奢侈的物欲，他下令手下在江淮地区肆意搜刮百姓，"所至藩篱鸡犬，萧然一空"，而江南地区的官员们则在太上皇宋徽宗与今上宋钦宗之间莫知所措。大敌当前，北宋朝政已然出现分裂局面。

在前线，就在宋徽宗逃出开封的当天，靖康元年（公元1126年）正月初三，东路金军就渡过了黄河，并在正月初六抵达开封城下，开始了第一次开封围城之战。

由于约定联合进攻的西路金军受阻于太原城下，此次孤军深入开封的东路金军仅有六万多人，尽管如此，面对近十万守城宋军，立国伊始、军心高涨的金军还是对攻下开封志在必得，悍然发起进攻。

起初，宋钦宗在父亲宋徽宗逃跑后，也想溜之大吉，朝中大臣多数也主张迁都避难，没想到会被兵部侍郎李纲强力阻止。无奈之下，刚登基没几天的宋钦宗为了做样子，只得命令进士出身的文人李纲以尚书右丞、东京留守的身份统兵御敌。

为了防止唐代安史之乱以后藩镇割据和五代十国军人专权的局面再现，北宋在开国之初就立下了崇文抑武的国策，这使得在靖康元年的大难之际，北宋皇城内竟然没有一位武将可以统兵出战。

尽管毫无统兵经验，李纲还是出色地履行了职责，宋军在他的调遣下依靠开封坚城，多次击退了金兵的强攻，但宋钦宗却畏金如虎，对击退孤军深入北宋腹地、犯了兵家大忌的金军不仅没有丝毫信心，反而派出主和派的"浪子宰相"李邦彦到金营谈判，东路金军主将完颜宗望（斡离不）提出要宋人赔偿五百万两黄金、五百万两白银，以及绢彩百万匹，马、驴、骡各以万计，并割让太原、中山（今河北定州）、河间（今河北河间）三镇之地，宋人皇帝尊称金主为伯父的苛刻条件。

奇怪的是，满朝文臣除了李纲，绝大部分人竟然都支持如此可耻的议和条件，于是宋钦宗下令在开封城内大肆搜刮掠夺，最后凑到二十多万两黄金和四百多万两白银送给金人，宋钦宗为了表示诚意，又命少宰张邦昌和康王赵构作为人质，前往金营议和。

就在宋、金双方议和之际，北宋各路勤王援军也源源不断地来到开封城下，到了正月十八，各路援军已达二十多万人，加上开封城内的十万守军，开封内外的宋军高达三十多万人，对六万金军形成了绝对优势。

眼见援军已至，宋钦宗命令来自西北的武安军承宣使姚平仲带领万人夜袭金营，没想到消息走漏了，宋军大败。主和派趁机攻击主战的李纲和来自西北的名将种师道等人，宋钦宗因此将李纲和种师道罢职，以向金人"谢罪"。

听到这个消息，开封全城军民震动，太学生陈东更是带领几百名太学生到皇城宣德门伏阙上书，请求恢复李纲和种师道的职务，让他们继续带兵作战，当时开封城内有十几万人闻声而动支持陈东等人的请愿。

为了防止兵变、民变发生，宋钦宗不得已下令恢复李纲和种师道的职务。在这两人的主持下，宋军依托开封，开始内外夹攻金军，金军主将完颜宗望眼见形势于己不利，只得无奈地带着掳掠、勒索得来的战利品，匆匆退兵北归。宋朝军民由此取得了第一次开封保卫战的胜利。

2.解围之后

尽管第一次开封之围解除，宋钦宗却始终畏金如虎，将名将种师道"派兵尾随金兵，待金兵半渡黄河时击之，打残东路金军"的建议完全否决，眼睁睁看着金兵毫发无损地回撤，这为几个月后金军卷土重来埋下了祸患。

眼见宋钦宗不同意主动出击，种师道又提出下策，主张应该将勤王大军驻扎在黄河两岸，防止金军再次渡河，预为"防秋"之计，宋钦宗对此准奏，但主和派的文臣吴敏、唐恪、耿南仲等人则认为如此一来不仅劳师动众，也会浪费很多钱，因此，种师道防卫黄河的计划也被否决。

不仅如此，朝中主和派还以勤王军队远来耗费太多为由，将各地勤王军队大部分遣散，并命令他们不得轻易来开封勤王，免得朝廷花太多钱。这些决策，为金兵几个月后二围开封但开封城内外竟然没有多少勤王军队可拱卫首都，以及最终城破国亡埋下了伏笔。

听说金兵撤退，宋徽宗又想念起开封。在江淮逃难的日子，他虽然四处搜刮、发号施令，俨然像在位时一样威风，但想到自己临阵脱逃，而儿子却能"神勇"御敌，宋徽宗难免一下子失了人心、落了下势，只得在儿子宋钦宗的"恭迎"下返回开封。

见到仓皇归来的父亲宋徽宗，宋钦宗估计难免恼火，此前开封被围，父亲宋徽宗不仅无耻脱逃，而且在镇江截留东南地区的军队、财源，不仅不顾儿子和国家，而且俨然有另立朝政、分庭抗礼的架势，这不免让宋钦宗心生猜忌。

回到开封的宋徽宗则竭力为他自己辩解，他说："我当初都是被小人蛊惑陷害，人到江南但兵力不足，所以我才截留军队和财源，免得儿子你担心我的安危啊，我要是被金人劫持，也不太好，是不是……"

面对无耻的父亲，宋钦宗虽然不好发作，但却开始暗中运作，将宋徽宗身边的内侍全部换成自己的耳目，并且派遣"全忠孝大节者"来监视宋徽宗的言行。

靖康元年十月初十，这一天是宋徽宗的生日，宋钦宗带着百官前去祝寿，当日开怀畅饮的宋徽宗亲自给儿子倒了一杯酒，宋钦宗正要喝的时候有大臣赶紧上前轻碰钦宗的脚，暗示钦宗要小心酒里有毒，于是钦宗"坚辞，不敢饮而退"。

宋徽宗一看自己竟然被怀疑要投毒复辟，或许是悲从中来，于是号哭入宫。

而在两个月前，靖康元年八月，金兵卷土重来，二次侵宋。

此前，宋钦宗在第一次开封保卫战胜利后，先后命令宋军兵分多路，三次北上救援重镇太原，但北宋中央还是沿用祖宗旧例，以丝毫不懂军事的文臣驾驭武将，结果导致武将临阵无法灵活指挥，处处受制于瞎指挥的文人，各路宋军先后大败，二十多万北上宋军要么被歼灭，要么被重创，因此当八月金军卷土重来时，北宋在北方边境已然没有大军可以御敌。

对于第二次侵宋，金军跟第一次一样，依然兵分东西两路，其中东路由完颜宗望指挥，西路由完颜宗翰（粘罕）指挥。此次伐宋，金军吸取教训，继续围攻太原，而此前遭遇数月围城的太原城早已人困粮绝，守军到最后甚至人相食。即使如此，太原的宋军在知府张孝纯、建武军节度使王禀的率领下仍然誓死不降。

虽然太原的宋军英勇守城，但由于各路前往救援的宋军相继被击溃，最终金军在靖康元年九月初三攻陷太原。太原城破后，王禀率领残余士兵继续进行巷战，最终与儿子王荀投汾河自尽，壮烈殉国。完颜宗翰因围攻太原死伤惨重而对王禀恨之入骨，他在获得王禀的尸体后，不仅对其破口大骂，还下令将王禀的尸体剁为肉泥以泄愤。王禀之死，前后堪称壮烈。但是太原保卫战中的另外一位功臣——太原知府张孝纯则在被俘后晚节不保，投降了金人。

太原失守，使西路金军得以逼近潼关，由此堵住了试图从陕西等地东进增援开封的宋军，当时，完颜宗翰留下五万多人封锁潼关，他自己则带领七万多人继续南下进攻开封。

东路金军方面，完颜宗望则在靖康元年十月于井陉击败了宋朝将领种师闵，然后又历时四十多天攻占河北重镇真定府（今河北正定），宋军守将刘翊在城破后仍然进行巷战，最终力尽，自缢殉国，知府李邈也在被俘后拒绝投降，从容就义。

至此，北宋在河东的门户太原、在河北的重镇真定全部沦陷，西部的门户潼关则被金军封锁，在金军的锋芒之下要塞尽失、门户大开。

除去五万多封锁潼关的金军，东西两路金军共十五万人，分别于靖康元年闰十一月初二和二十五日抵达开封城下，此时是公元1126年12月底。

在第一次开封保卫战中，围城的金兵仅有东路军六万多人，而宋军内外则有三十多万人，宋军的兵力优势是第一次开封保卫战能够取得胜利的原因；但时隔几个月，大部分勤王宋军被遣散，加上二十多万北上援救太原的宋军被击溃，这就使得在金军第二次兵围开封时，宋军在城内的守军竟然只有约七万人，与城外的十五万金军相比，宋、金的力量对比已经明显易势。

由于此前勤王大军被遣散，加上北宋朝廷为了节约经费，严令各地不得轻易勤王，这就使得在金军第二次兵临城下时，开封城内外顿时陷入十万火急的危局之中，尽管南道都总管张叔夜与他的两个儿子张伯奋、张仲熊违抗命令，率领一万三千人火速来援，这也是第二次开封保卫战中唯一能进入开封城的勤王军队，但至此，开封城内能守城御敌的也仅仅只有八万来人。

3.沦陷与毁灭

早在北宋建国（公元960年）前十三年，公元947年，契丹军队就曾经攻陷开封，灭亡了后晋。

鉴于历史教训，宋太祖赵匡胤在立国后就对位处平原、除了北面黄河几乎无险可守的开封忧心忡忡，并为此多次前往河洛盆地考察，希望将首都西迁到"河山共戴，形势甲于天下"的易守难攻的洛阳。

但就在赵匡胤谋划迁都之时，他的弟弟赵光义等人则以"安天下者，在德不在险"为由极力反对，赵匡胤为此仰天长叹："患不在今日。自此去不出百年，天下民力殚矣。"

不久，开宝九年（公元976年）十月，赵匡胤在斧声烛影之中离奇暴毙，赵光义夺位，是为宋太宗。宋太宗上位后，北宋迁都的计划彻底搁浅，而位处四战之地的开封，果然在赵匡胤死后一百多年迎来了北宋亡国之战。

除了立都开封的战略失误，北宋长期以来崇文抑武的国策也使得军队虽然人数多，但却大多不堪一战，加上皇帝经常远隔千里盲目指挥、不懂军事的文臣长期驾驭武将和军队，这种种不利因素使北宋一旦面临强敌，很快就进入了亡国境地。

金军从靖康元年闰十一月初二开始第二次围攻开封，正当宋钦宗手足无措之时，原兵部尚书、后改任同知枢密院的孙傅，竟然举荐了一个据说懂得道术"六甲"破敌之法的市井游民郭京，据说此人身怀道家法术，可以用七千七百七十七人布阵作法打败金兵，宋钦宗喜出望外，于是授以官职，并赐以金帛数万，命令郭京在开封城中募兵抗击金兵，江湖骗子郭京于是招募了一批市井无赖作为"神兵"，于闰十一月二十五日出战，结果还没开战，郭京的所谓"六甲神兵"就四处逃窜，金兵则趁势尾随"神兵"攻入开封的宣化门，开封外城就这样被轻易攻破，郭京则趁乱逃跑，不知去向。

在攻占开封外城后，金军暂停了进攻，宣布要议和、退兵，并要求宋朝使臣通知宋徽宗作为代表来金营议和。无奈之下，宋钦宗以孝道为鉴，于金兵攻占开封外城五日后，也就是靖康元年闰十一月三十日，亲自前往金营议和。

如此一来，软弱无能的宋钦宗自送虎口，这正中金人下怀，于是金人要宋钦宗献上降表。更为戏谑的是，宋钦宗让大臣改了四遍文字，金人才接受降表，随后金人又举行了受降仪式，让宋钦宗和随行大臣在香案前向北朝拜金主，并当众宣读降表。

被禁三天后，宋钦宗君臣被放归开封内城，他们在金人的要求下，让宋军在城内搜刮了七千多骡马和一千五百名少女送给金人，由于少女的人数不够，宋钦宗甚至让他自己的妃嫔充数。

在金人的要求下，靖康二年（公元1127年）正月初十，宋钦宗被迫率群臣再赴金营，但此次他被金人扣押了，身处孤城之中的宋臣则继续搜刮百姓，掘尽民财，最后得到十六万两黄金、二百万两白银和一百万匹绸缎，悉数送给金人。贪婪残暴的金人则要求宋人用女子来替代金银纳贡，并规定每名公主或王妃可以抵一千锭金，皇室同宗的女儿可抵五百锭金，贵戚的女儿抵一百锭银。在金人的此次掠夺中，开封城内从公主、妃嫔到普通市民和妓女，又有五千多名女子被强行掠送给金人凌辱淫乐。

恰逢开春的严寒风雪，开封孤城内的百姓已陷于外援断绝、无以为食的境地，在吃光城内的猫狗后，又开始吃死人肉，由此导致瘟疫蔓延，城内因饥荒、瘟疫而死者不计其数。

眼看开封城内从人到财产都已被搜刮压榨殆尽，金人于是决定废黜失去利用价值的宋钦宗。靖康二年二月初六，金人正式废黜宋钦宗和宋徽宗父子为庶人，还强迫宋钦宗脱下龙袍，吏部侍郎李若水就紧紧抱住宋钦宗，不让他脱下，金人因此暴殴李若水。完颜宗翰见李若水忠勇可嘉，就想收买并利用他，宗翰对李若水说："今日顺从，明日富贵矣！"他没想到李若水会对金人大骂不绝，完颜宗翰恼羞成怒，命人将李若水的舌头割掉，李若水又怒目而视，以手怒指金人，最终被挖目、断手、凌迟而死，时年仅三十五岁。

宋钦宗、宋徽宗被废，标志着北宋在名义上已经亡国。随后，金人又命宋人汉奸、京城四壁都巡检使范琼派兵四处搜寻赵宋皇室成员三千多人，并将他们捆绑在一起送到金营。赵宋皇室中除了宋哲宗的废皇后孟氏因被废后住在民宅而幸免于难，其他开封城内的皇室成员几乎全被抓住。

考虑到金军撤离后的宋土治理问题，金人又于靖康二年二月十三日指示立张邦昌为帝，让他建立一个国号为"楚"的傀儡政权来代替金人行政。

在将开封城内外掘地三尺，进行掳掠搜刮后，到靖康二年三月，金人将掳掠得来的金银财宝、古董礼器等和赵宋皇室成员、宫人、工匠、民女等共十几万人分成七批押解北上，其中宋徽宗于当年三月二十九日被北遣，宋钦宗与太子赵谌则于当年四月初一被押北上。至此，这场被后世称为"靖康之变"的旷世巨难以北宋屈辱灭亡告终，但宋室对金人的抗争并未结束，南宋也将继北宋而起，靖康之变给中国历史带来的剧烈的冲击性影响此时才刚刚开始。

4.南宋时间

对金人而言，从公元1114年完颜阿骨打起兵反辽，到第二年完颜阿骨打称帝并建立金朝，再到公元1125年灭辽，公元1127年灭北宋，金人从崛起到相继歼灭辽国和北宋两大强国仅用了十三年时间，短短时间就取得如此巨大的成就，因此金人对于如何治理宋土一时之间也没有经验和更好的主意，对金人来说，更重要的收获在于以一种游牧民族秋风扫落叶的方式掠夺财富和人口，至于土地，他们还没下定决心进行经营治理。

因此，就像公元947年契丹军队攻陷开封、灭亡后晋不久就匆匆北撤一样，考虑到即将来临的炎热夏季，不习惯南方气候的金人决定北撤，而更重要的原因是此次攻灭北宋，金人像第一次围攻开封一样采取了跳城作战、直捣开封的方式，沿途有大量北宋城池仍然在宋军的掌控之中，各路宋人的勤王军队可能像在第一次围城战中一样再次聚拢过来围攻，金人因此也必须迅速撤退。

对宋人来说，开封虽然陷落，宋钦宗和宋徽宗也被俘北上，但与以往王朝沦亡不同的是，此时的北宋王朝在经济上仍然处于盛世，且广大的西北和南方地区并未受到战乱影响，无论是从土地、人口，还是经济来看，北宋的猝然而亡虽然使得所谓盛世局面戛然而止，但宋朝仍然有大量人口和强大的经济基础来支持反攻和复国。

在此情况下，金人在掳掠宋钦宗、宋徽宗和北宋皇室成员等十几万人口北上之时，沿途会经过不少仍在宋军掌控之中的城池，宋人虽然不敢贸然出击，但显然也明白宋国的实力仍在，仍然有反戈一击的潜力和可能性，他们缺的只是一面新的旗帜和一个新的带头人。

承担起重振宋室江山重任的，是宋徽宗的第九子：康王赵构。

在靖康之变中，宋徽宗的三十一个儿子（包括宋钦宗）基本都被金兵俘虏、押解北上，唯一逃过一劫的，正是康王赵构。

赵构是宋徽宗的第九子，其生母韦氏本是宫女，出身卑微，他自己又是第九子，因此无论是以嫡还是以长论，他都跟皇位距离遥远。

史书记载，第一次开封之围时，金人除了要求宋朝割地、赔款，还要求送一位亲王和一位宰相至金营作为人质，宋钦宗将作为亲王的弟弟们召来，问谁愿意前往，仅有二十岁的康王赵构自告奋勇，称愿意前往，又或者说，因为他在亲王中的地位本就处于边缘，所以宋钦宗会同意送他入金人的魔掌之中。

但利益得失、焉知祸福，与后人对赵构胆怯、懦弱，只是一位文弱亲王的认知不同的是，史书记载，真实的康王赵构实际上喜欢骑马射箭，左右臂可以各平举一百一十斤重物，而且还可以如此走数百步，在皇子中堪称神勇。即使在军人中，他的体魄也堪称健将级别，也正因如此，赵构后来能活到帝王中罕见的八十一岁高龄，这应该跟他喜欢锻炼、在帝王中体质超群有很大关系。

康王赵构被送入金营做人质后，据说金军主将完颜宗望或许是为了测试，与他一同射箭比武，没想到赵构连发的三箭全部中的，这引起了完颜宗望的怀疑，他原以为皇室子弟按理说过得养尊处优，不会是武艺超群的。此事后没多久，各路勤王大军陆续抵达开封城下，宋钦宗随即下令反击，来自西北的将领姚平仲带领万人夜袭金营，结果夜袭一事被金兵提前获悉，姚平仲等将士被伏兵击败——两件事连在一起，或许使完颜宗望严重怀疑赵构是个冒牌皇子，否则宋人怎么会不顾赵构的死活发起夜袭。于是，完颜宗望提出要宋钦宗更换人质，赵构因此又被送回开封城内，逃过一劫。

在北宋第一次开封保卫战胜利后，金军第二次兵围开封前，赵构又被宋钦宗指派与使臣王云一起前往燕京与金人商谈割地议和之事，没想到他们半路抵达磁州（今河北磁县）时，愤怒的民众拦住议和车队，并当场打死了王云，磁州守臣宗泽也顺势劝导赵构不要前往金营，而是留下来领导军民抗金。

本来就畏惧金人、担心再次被扣押的赵构于是找借口不再北上，但他也不敢停留在靠近宋、金对峙前线的磁州，而是折返至相州（今河南安阳）观察形势。转眼进入靖康元年闰十一月，金军第二次兵临开封城下，宋钦宗派人潜出开封寻找赵构，任命他为河北兵马大元帅，让他火速率兵勤王开封。

利用宋钦宗的诏命，赵构开始募兵扩军，随后迁往大名府（今河北大名），宗泽、张俊纷纷率领兵马赶来会合，赵构手下逐渐拥有了十万大军，但他只是派宗泽率领几千士兵赶往开封救援，他本人则拥兵自保，观望时局。

由于金军第二次围城仅仅用了二十多天就攻陷了开封外城，不久宋钦宗、宋徽宗相继被俘，到了靖康二年四月初一，宋钦宗、宋徽宗父子连同北宋皇室、宗亲、大臣、工匠和百姓等十几万人被全部陆续押解北上。眼见金兵北撤，被金人立为楚国皇帝的张邦昌立即宣布还政于赵氏，并恭请被金人搜索时遗漏的宋哲宗的废后孟皇后垂帘听政。

在张邦昌还政后，孟皇后授旨，作为宋徽宗唯一幸存的皇子，康王赵构在靖康二年五月初一，于南京应天府（今河南商丘）宣布即位，并改年号为建炎，是为宋高宗。由宋高宗开启的宋代，也被后人称为南宋。

故，公元1127年前半段是宋钦宗的靖康二年，从五月开始的后半段则是由宋高宗开启的建炎元年。"建炎"的寓意是"以火克金"，同时也有跟北宋宋太祖赵匡胤的开国年号"建隆"相呼应之意。

历史，由此开始进入南宋纪年。

5.开国之困

宋高宗赵构虽然是南宋的开国皇帝，但他显然并非中兴雄主。

金人听说张邦昌竟然私下还政于赵宋后随即谋划再次南下，将刚刚立国的南宋扼杀于摇篮之中。在危急之下，宋高宗不得不起用领导第一次开封保卫战的名相李纲。在宋高宗称帝第二个月，建炎元年六月，李纲抵达应天府，并向宋高宗献上了"议国是"等十条建国之策，他还推荐宗泽为东京留守，来扼守开封以图反攻，并建议宋高宗在战、守之中积蓄国力，酝酿反攻，以救回徽、钦二帝。

宋高宗虽有一身武艺，内心却与父兄一样畏金如虎，对于李纲的建议——将首都回迁至开封，他根本不敢，李纲只得妥协，说那就迁往河南、荆襄之地经营反攻，以示不放弃中原之志，宋高宗还是不肯，因为在他看来，只有逃往东南才更加安全一点，至于北伐，他更是毫无计划，更不要说迎回父兄徽、钦二帝来与他争权。

对于宋高宗企图逃往东南的计划，李纲以战略家的眼光指出："自古中兴之主，起于西北，则足以据中原而有东南，起于东南，则不足以复中原而有西北。盖天下精兵健马皆出于西北，一委中原而弃之，岂惟金人将乘间以扰关辅；盗贼且将蜂起，跨州连邑，陛下虽欲还阙，不可得，况治兵胜敌以归二圣哉？"

在李纲看来，只有立足中原才能与金人真正对峙，进而光复天下；一旦逃往东南，则陕西和整个北方势必将为金人所据，宋人此后要反攻，就无比艰难了。历史印证了李纲的宏图远见，但只想苟且偷生的宋高宗则对李纲越来越看不顺眼，他甚至对只知道溜须拍马的两位佞臣黄潜善、汪伯彦愤愤不平地说："李纲这个家伙，竟然把朕当小孩子看待！"

在宋高宗的授意下，黄潜善、汪伯彦上奏弹劾李纲，而宋高宗以李纲"狂诞刚愎""独擅朝政，杜绝言路"的罪名将其罢相，此时距离李纲拜相仅仅过了七十五天，李纲为宋高宗规划的开国恢复的战略也几乎被完全抛弃，由此给南宋在开国战略上留下了被动的隐患，在后来一百多年间一直被金国和蒙古人牵着鼻子走。

就像在第一次开封保卫战中被罢免一样，李纲在危难之际再次被罢相，再次震动了忧心国事的太学生群体，于是在太学生陈东的再次带领下，欧阳澈等人伏阙，请求宋高宗罢免黄潜善、汪伯彦，留任李纲，并"还汴，治兵亲征，迎请二帝"。

尽管南宋刚刚开国，正是用人之际，但是认为李纲以相权压皇权的宋高宗眼里根本容不下名望日隆的李纲，为了打压相权、抬升皇权，为自己新建立的南宋政权立威，他甚至违反北宋开国时宋太祖赵匡胤立下的不杀读书人和言事者的祖训，下令杀害忧心国事的太学生陈东、欧阳澈二人。

在被罢相后，李纲被一路贬黜向南，最远甚至到了海南岛，后来他虽然被提拔为潭州（今湖南长沙）知州、温州知州等，但每次都是上任不久又被罢免，最终在反复的任用和罢免之间被耗尽余生。

6.最后的宗泽

李纲被罢相，也意味着主战派在新建立的南宋朝廷中失去了话语权。而在罢免李纲后，畏于金人压力的宋高宗又向南逃到了扬州。如此一来，最难熬的就是宗泽。

此前，李纲在上任之后就立马上奏请宋高宗提拔宗泽为开封府尹、东京留守。面对经历靖康之变后开封城内外盗贼蜂起、人心惶惶，城中残破不堪，"冻馁死者十五六"的局面，宗泽努力经营，招揽流民和各路民兵。到建炎二年（公元1128年）春，留守开封的宗泽手下招抚、聚拢的各地义军达百万之众，并且积蓄了半年军粮。

当时，京西、淮南、两河一带的"草头王"们在宗泽爱国精神的感召下，纷纷加入匡扶宋室的队伍。例如濮州义军的首领王善，自称手下有数十万之众、兵车万乘，本来不给宗泽好脸色看，还想出兵占领开封。宗泽听闻此事，亲自前去劝降，他单骑入营与王善相见，请他加入抗金大军，说："朝廷正当危难之时，如果有一两位如你这样的人，朝廷岂还会有敌患？今日就是立功的好时机，机不可失啊。"看到年近七旬的宗泽仍在为国家四处奔走，王善感佩不已，二话不说就同意解甲归降。

还有盘踞在寿春的丁进，江湖人称"丁一箭"，他聚众数万人，听闻宗泽的威名，便带兵前往京城近郊求见。宗泽的部下都担心有诈，宗泽却说："精诚所至，金石为开，何况是人呢？"

丁进到后，宗泽亲自接见，并像对待老部下一样与他亲切交谈。丁进十分感动，当即请宗泽去视察他的队伍。宗泽毫不怀疑，第二天就去慰问了丁进的队伍。从此，丁进所部归入宗泽麾下，成为保卫汴京的一支生力军。

除此外，外号"没角牛"的杨进、李贵、王大郎、杨再兴等各自拥兵割据一方，宗泽都对他们晓以大义，将他们一一招降。

宗泽在开封四处招揽贤才，仅有二十多岁的岳飞就是在此时加入了宗泽的抗金大军，并被宗泽提拔为统制，由此逐渐成长为大将。

眼见悉心经营的开封已有一定基础，军马、粮草都开始稳定，又探听到两河州县的金军兵力空虚，宗泽因此前后向宋高宗上疏二十多次，恳请宋高宗"早还华阙"，发兵北伐。

鉴于宋高宗可能对大将掌兵有所顾虑，宗泽在奏疏中披肝沥胆地说："臣若有毫发误国大计，臣有一子五孙，甘被诛戮。"

尽管宗泽甚至愿意以全家子孙作为人质担保，来说服宋高宗还都开封，或者支持他北伐，但一路向南逃难的宋高宗始终没有表态，一直拖到建炎二年（公元1128年）七月，年迈的宗泽始终没有盼来宋高宗的回复。

当时已经近七十岁的宗泽忧愤成疾，背生毒疮后更加一病不起。

当将领们前来问候时，宗泽支撑着坐起来说："我本来没病，只因二帝蒙尘，心生忧愤致病。希望诸位能够奋力歼敌，成就主上恢复中原的志向，那样我虽死而无恨。"众将听罢，纷纷泪流不止，表示一定不会辜负宗泽的嘱托。

在生命的最后时刻，宗泽反复悲吟着杜甫写诸葛亮的诗句"出师未捷身先死，长使英雄泪满襟"，没有一句话谈及家事。

建炎二年七月十二日（公元1128年8月9日），宗泽在临终之际大呼三声"渡河！渡河！渡河！"后，最终悲愤离世。

宗泽去世后，他的儿子宗颖将宗泽的遗表上呈宋高宗，表中最后几句写道："属臣之子，记臣之名，力请回銮，亟还京阙，上念社稷之重，下慰黎民之心，命将出师，大震雷霆之怒，救焚拯溺，出民水火之中。夙荷君恩,敢忘尸谏!"

逃到东南的宋高宗看到宗泽的遗表后做何感想,不得而知,而朝野上下听闻宗泽病逝于前线后,无论老少,都"相吊出涕"。

宗泽之死,距离北宋亡国仅一年多,这位终生不得志的老英雄,也像是此后时代的一个隐喻,后来有人说,宋高宗时代的南宋"有恢复之臣,而无恢复之君",从宗泽到后来的韩世忠、岳飞、吴玠、吴璘,均为南宋初期名将,但宋高宗畏金如虎,不仅不敢出师北伐,甚至大肆打压韩世忠等名将,诛杀岳飞,自毁长城;等到了南宋第二个皇帝宋孝宗时期,尽管宋孝宗锐意进取,希望恢复中原,但是南宋却已人才凋零,"有恢复之君,而无恢复之臣"。历史的辗转反复,令当时人和后人都为之扼腕叹息。

7.宋徽宗之死

宋高宗登基后不久,金人就于建炎元年八月再次南下扫荡,随后宋高宗从应天府南逃至扬州,金人为了扫荡北方的各路民兵和抗金势力,直到建炎三年(公元1129年)正月才进入淮南,逼临扬州。

在靖康之变后,华北和中原的广大地区,实际上仍在零散的宋军和各路民兵手中,金人只是占据要点,并没有全面深入统治北方,但由于宋高宗自弃中原,金人得以对中原的城市逐个扫荡。金人最终征服了整个北方,牢牢掌握了北方的土地、税赋和人口、兵源,从而奠定了此后宋、金南北对峙的局面。

在金兵即将兵临扬州之际,宋高宗又逃往镇江,后南下杭州。建炎三年二月,跟随宋高宗一路逃亡的禁军发生兵变,他们在将领苗傅和刘正彦的带领下，强迫宋高宗禅位给其当时仅有三岁的儿子赵旉，随后以清君侧的名义诛杀了临阵脱逃、抗金不力的将领王渊和备受宋高宗宠幸的宦官康履等人，史称"苗刘兵变"。

尽管苗刘兵变只有一个多月，就被前来勤王的张浚、韩世忠等部平定，但这次兵变或许成了宋高宗终生的心理阴影，为他后来收兵权、贬抑武将埋下了伏笔。

宋高宗虽然复辟成功，但从苗刘兵变中看出希望北伐中原、力主抗金的军心民意后，迫于压力的宋高宗不得已选择北上江宁（南京），假惺惺地表示自己要抗战北上，还声称自己"每念中原，未尝终食敢忘"。

结果建炎三年（公元1129年）七月，金军以完颜宗弼（兀术）为统帅，分兵四路企图一举攻灭南宋。宋高宗再次逃之夭夭，甚至在大海上漂泊数月以躲避金军。金军则在扫荡、掳掠后北撤，途中与韩世忠所部相持于黄天荡达四十八天，才得渡江而去。

金军逃回北方后，又扶持投降金人的北宋济南知府刘豫建立伪齐政权，对抗南宋。此后，金人又将进攻重点转向仍在宋军控制之中的陕西等西北地区，但在吴玠、吴璘兄弟的坚守下，从公元1130至公元1134年，宋军先后在和尚原之战、饶风关之战、仙人关之战中多次大败金兵，既保住了汉中和四川，牢牢控制住了长江上游地区，又在西北战线为东部战线和南宋朝廷的生存赢得了至为关键的时间与空间。金兵逐渐停滞于江淮以北，宋人则驻守在江淮以南，宋、金对峙的局面逐渐形成。

在靖康之变后宋、金反复争战的过程中，担心宋军会北上抢夺徽、钦二帝的金人则将宋徽宗、宋钦宗父子一再北迁，到建炎二年八月，宋徽宗、宋钦宗父子二人又从中京（今内蒙古自治区宁城西大明城）被迫迁徙到上京（今内蒙古自治区巴林左旗南）。父子二人抵达上京后，金太宗先是强行将宋徽宗、宋钦宗身边的多位妃嫔霸为己有，然后又举行献俘仪式，命令宋徽宗、宋钦宗父子脱去袍服，其他人则无论男女全部脱去上衣，身披羊裘，腰系毡条，模仿中原皇帝曾经举行过的献俘仪式，金人还命令宋徽宗、宋钦宗祭拜金太祖完颜阿骨打的宗庙，跪拜金太宗。不久，宋徽宗被封为昏德公，宋钦宗则被封为重昏侯。

但金人并不放心。在上京举行献俘仪式后不久，建炎二年十月，金人将宋徽宗父子及诸王、驸马、内侍等一千八百多人北迁到了韩州（今辽宁昌图县北），金人给了他们四十五顷农田，让宋徽宗等人种地养活他们自己。

在韩州住了一年多，就在宋徽宗父子以为将要在此终老，开始搭建草棚准备长期定居时，建炎四年（公元1130年）某一天，金人突然到来，宋徽宗赵佶匆忙从草房屋顶上爬了下来，还援引《韩非子》向来使赔笑说"尧舜茅茨不剪"，为自己亲自干粗活的窘况进行文饰。

宋徽宗没想到来使带来了一个噩耗，说金人要将他从韩州迁徙到更为偏远的五国城（今黑龙江依兰），从靖康二年被俘虏后北迁，颠沛流离三年多的宋徽宗原本以为可以安定下来，没想到却要继续北上。在这如丧家之犬的迁徙旅途中，宋徽宗写下了《燕山亭·北行见杏花》，这首词也被后来的清末民国间词人朱孝臧编选为《宋词三百首》的开篇第一词：

裁剪冰绡，轻叠数重，淡着胭脂匀注。新样靓妆，艳溢香融，羞杀蕊珠宫女。易得凋零，更多少、无情风雨。愁苦。问院落凄凉，几番春暮。

凭寄离恨重重，这双燕，何曾会人言语。天遥地远，万水千山，知他故宫何处。怎不思量，除梦里、有时曾去。无据。和梦也、新来不做。

从韩州北上五国城的颠簸苦旅中,只有沿途开放的杏花陪伴着他,但他早已看花是泪。在年年向南望,望穿秋水的等待中,绍兴五年(公元1135年),宋徽宗最终病死于五国城。

传说宋徽宗死后,金人将他的尸体架在一个石坑上焚烧,烧到一半又用水灭火,然后将尸体扔进坑中,而原因是这样可以让坑里的水变成灯油。见此惨景,悲伤至极的宋钦宗也要跳入坑中,却被人死死拉住。

宋徽宗的死讯一直到两年后才传到临安(今浙江杭州)城,据说宋高宗听闻消息后几天吃不下饭。

但就宋高宗来说,他对主战派激烈呼吁的"光复故土,迎回二圣"早已意兴阑珊。

8.高宗权术

就在宋高宗逐渐在临安驻留下来,开始逍遥快活时,名相李纲逐渐走到了生命的终点。

晚年,李纲在被贬居鄂州(今湖北武汉)期间,曾经写了一首《病牛》诗:

耕犁千亩实千箱,力尽筋疲谁复伤?

但得众生皆得饱,不辞羸病卧残阳。

尽管他抗金之志至死不渝,但宋高宗并不允许他这样的主战派有出头之日,绍兴十年(公元1140年),李纲在福州病逝,享年五十八岁。

就在李纲病逝这一年五月,金军再次南下,试图攻灭南宋,但在宋将刘锜、岳飞、邵隆、王德等人奋战下,宋军先后击败金军主力,其中刘锜、张俊、杨沂中在顺昌之战和柘皋之战中大破金军主力,岳飞则率军在郾城之战、颍昌之战中相继大破完颜宗弼的主力部队,并且进军至距离开封仅有四十五里的朱仙镇,一时令金人震动,甚至准备撤离开封,南宋恢复北方的形势一片大好。

前线战士抗金取得了辉煌战绩,但宋高宗和权相秦桧却忧虑不已,担心自己想要议和、无耻偏安的心思会被将士们的抗金功绩毁掉。

此外,鉴于宋朝是武将赵匡胤发动政变所开创的,因此宋一代对自唐朝安史之乱后的武人专政局面一直非常忌讳,在整个宋代,崇文抑武都是基本国策。宋高宗自从南渡经历苗刘兵变后,更是对武将心怀猜忌。

在靖康之变后,宋朝的北方主力军几乎被金兵打垮,在此背景下,迅速成长起来的岳飞、韩世忠、张俊、刘光世、吴玠、吴璘等人迅速带出了自己的亲军,甚至还被民间冠以"岳家军""张家军""刘家军"等名号。面对军队私有化的趋势,以崇文抑武为国策的宋高宗,在平定南方乱匪、击退北方金兵后,也开始筹划着剥夺各位统兵大将的兵权。

于是,为了苟且偷生和满足个人专权私欲,宋高宗和权相秦桧在北方抗金形势一片大好的情况下主动停战,并主动与金国媾和,而金国主政的完颜宗弼提出的议和附带条件之一就是必须杀死他的死敌——南宋名将岳飞,然后"和议乃成"。

为了满足金人的要求,宋高宗决定自毁长城,以十二道金牌下令岳飞从前线班师回朝,绍兴十一年(公元1141年)十一月,宋、金议和达成,宋向金称臣,耻辱地称"世世子孙,谨守臣节";此后宋每年向金进贡银二十五万两、绢二十五万匹,并将淮河和大散关以北的土地永久割让给金国。

至于议和的附带条件之一,绍兴十一年十二月二十九日(公元1142

年1月27日），宋高宗下令赐死岳飞，岳飞于临安大理寺内被害。

在宋高宗自毁长城后，金人放回了宋高宗的生母韦太后。在韦太后临行前，宋钦宗赵桓仰面躺在地上，拦住韦太后的车驾痛哭流涕，哭着说："幸语丞相归我，处我一郡足矣！"

宋钦宗希望韦太后能让秦桧出面，跟宋高宗说让他们来营救自己，他南归后不想争夺帝位，只要找一个郡县养老即可。

根据一部野史的记载，宋钦宗对即将南归的韦太后说的是："寄语九哥（宋高宗在兄弟中排行第九），吾南归但为太乙宫主足矣。他无望于九哥也。"这句话的意思是希望韦太后告诉宋高宗，他南归后做一个道观观主即可，其他的已无意争夺。

但宋高宗并没有意愿接回这位兄长，因为在宋高宗赵构看来，宋钦宗如果活着南归，就是一个烫手山芋，与其如此，还不如让兄长宋钦宗在金人手里死掉。

韦太后则当面向宋钦宗发毒誓说："我先南归，如果我们不来迎接你，就让上天罚我瞎掉双眼。"

韦太后没想到宋高宗真的不愿意迎回自己的哥哥宋钦宗，后来，韦太后双目果然逐渐失明。

宋钦宗则在父亲宋徽宗死后又活了二十一年，死于五国城。

关于宋钦宗的死因，有一种传说是他临死前被金主完颜亮强迫打马球，结果因为年老体衰而从马上摔下来，最终被金人乱马践踏、踩躏致死。

宋钦宗死后第五年（公元1161年），金主完颜亮举兵南侵，试图消灭南宋，结果先是在采石之战中被宋军击败，后死于金人内乱。

厌倦了战乱和恐惧的宋高宗则在金人退兵后，于绍兴三十二年（公元1162年）主动禅位给养子赵昚（宋孝宗），宋高宗最终活到了淳熙十四年（公元1187年），享年八十一岁。

这不由得让人感慨，英雄豪杰总是英年早逝的，苟且偷生者却经常享乐长命。

至此，经历靖康之变的一代人已近烟消云散，但历史留给宋朝和中华文明的创伤并未消减，自北宋亡国遗留下来的隐患还将在此后像梦魇一样伴随南宋始终，最终在祥兴二年（公元1279年），厓山（今广东新会）一战，大宋帝国彻底终结。

金国陨落：
女真衰亡史

英雄一入温柔乡，壮志就会消磨，帝国就会沦亡。

对游牧渔猎民族来说，起初他们进攻农业帝国似乎都是摧枯拉朽式完成的，但一旦建立了新的二元帝国，停驻下来，他们当初所嘲笑的又都融入了他们的生命和灵魂，当他们把汉地统治阶层的毛病都学到的时候，对于如何学习优点和如何管理一个二元帝国，如面对无解的难题，他们显得茫然，莫知所措。最终，他们的英雄身死，帝国沦亡，消失于历史的烟云之中，难题被抛给了继承者。

金贞祐年间（公元1213—1217年），成吉思汗的大军以排山倒海之势横扫华北，所到之处无不残灭。

二十多岁的完颜陈和尚与无数北方难民一样，遭受家乡陷落的命运，他不幸被蒙古军俘虏。蒙古将领见完颜陈和尚一表人才，将其安置于帐下，但完颜陈和尚身在蒙营心在金，为蒙古军效命一年多后便以返乡探望母亲为借口，离开了蒙古军营。

蒙古军特意安排士兵监视完颜陈和尚，可完颜陈和尚是个猛人，到家后和堂兄迅速下手，杀死了监视他的士兵，夺取了他们的马匹，随后在逃脱的途中用兵车载着老母一路南下，历经九死一生，到达金朝皇帝所在的南京开封府。

金朝廷正值用人之际，完颜陈和尚不久后就被金朝任命为皇帝的护卫。衰落的金国仍不乏英雄出世，但英雄总是与悲剧相伴。这个曾经称霸东亚的百年王朝，此时正处于危急存亡之秋。

南渡的金人，躲在这座曾经见证他们野蛮征服的都城之中，苟延残喘，金国也即将迎来悲情的谢幕。

1.贞祐之变：蒙古兵临城下

贞祐二年（公元1214年），蒙古大军包围金中都（今北京），金朝上下不得不直面成吉思汗带来的恐惧。

作为公元13世纪异军突起的征服者，蒙古人原本是散落在漠北的多个游牧部落，长期忍受着金朝残酷的民族政策。

金朝将蒙古草原各部统称为"鞑靼"，一度有"必是鞑人为我国患"的忧虑。自金朝建立，蒙古各部就屡屡侵扰北境，让金朝不胜其扰。当时北方流行一首歌谣："鞑靼来，鞑靼去，赶得官家没处去。"

为了解决北方边患，金朝对蒙古各部采取高压政策。克烈、乃蛮、塔塔儿、蔑儿乞、乞颜各部之间的关系错综复杂，与金朝亦多有恩仇。

皇统六年（公元1146年），金熙宗为了惩治叛乱，将乞颜部首领咸补海罕（俺巴孩汗）活活钉死在木驴上。咸补海罕与成吉思汗同宗，这个血海深仇，乞颜部一直记着。

金世宗在位期间（公元1161—1189年），针对大漠南北的蒙古诸部互不统属的局面，一面采取"分而治之"的政策，引各部互相攻击，削弱实力，另一面采用屠杀掠夺的"减丁"政策，每三年派兵向北剿杀蒙古人，甚至将蒙古人的子女掳卖为奴婢。

到金章宗在位时，泰和六年（公元1206年），乞颜部的铁木真经历多次征战，统一了漠北诸部，建立了蒙古帝国，在斡难河的"忽里勒台"（部落和各部联盟的议事会）中被推举为蒙古大汗，上尊号为"成吉思汗"。

从此，草原上不再有克烈部、蔑儿乞部和塔塔儿部等松散的部落，这些游牧部落已经臣服于同一个男人，组成了一个统一的民族——蒙古。成吉思汗不仅统一了蒙古各部，还实行生产组织、行政组织、军事组织为一体的政权体制，使蒙古帝国成为一个"军政一体，兵民合一"的战争机器。《元史》记载："家有男子，十五以上、七十以下，无众寡尽签为兵"，"上马则备战斗，下马则屯聚牧养"。

随着蒙古帝国横空出世，一场横跨亚欧大陆的征服就此开启。在象征权力的九斿白纛下，成吉思汗将目光投向了强盛一时的金国。

金章宗去世那一年，由于继嗣未立，金章宗的叔父卫绍王完颜永济被拥立为帝。

新君即位后，金朝派使者到蒙古宣告，要成吉思汗下拜接受。

成吉思汗在帐外接见使者，问："新登位的皇帝是谁？"

使者告诉他，是卫王。

成吉思汗轻蔑地说："我还以为中原的皇帝都是天上人当的，像这种平庸、懦弱的人也配当皇帝？我拜他干什么？！"

说罢，成吉思汗将金朝使者晾在一旁，纵马扬鞭而去。

一切果然如成吉思汗所料。

大安三年（公元1211年），野狐岭（今河北张家口北）之战爆发，成吉思汗率领十万蒙古兵击败金朝三十万精锐，金军兵败如山倒，蒙古大军逐渐向金中都逼近。金主完颜永济对此却无能为力。

弱主之下，必有野心家。

面对蒙古军的强大攻势，镇守西京大同府的金将胡沙虎（又名纥石烈执中）临阵脱逃，他将官库搜刮一番后，抢了别人的马逃到金中都。完颜永济却不敢问罪胡沙虎，只是将其罢官，之后又起用他抗蒙。

野心勃勃的胡沙虎根本瞧不起庸懦的完颜永济，他复出后就派兵入宫，杀掉宫中卫士，并换成他自己的军队，自称"监国都元帅"，然后指使宦官用毒酒毒杀金主完颜永济。

在内忧外患之下，金世宗之孙完颜珣（即金宣宗）被权臣胡沙虎拥立为帝，接下了这个烂摊子。

贞祐元年（公元1213年），蒙古军兵分三路，铁蹄踏破河北各州县，蒙古士兵烧杀掳掠，"河朔为墟，荡然无统"，不少百姓和贵族被蒙古军劫持到草原上充当奴隶，一路上因劳累或受冻而死的十有七八。这场灾祸，史称"贞祐之变"。

一个世纪前，女真人曾经带给宋人相似的灾难，让后者吞下靖康之耻的苦果。如今风水轮流转，金朝成了受害者。

为了向蒙古求和，金朝接受成吉思汗提出的苛刻条件，献上童男女各五百、绣衣三千件、御马三千匹、大批金银珠宝，还有一位公主。

这年三月，岐国公主在一支车队的护送下，离开了饱经蒙古大军摧残的金中都，她将远赴漠北，嫁入成吉思汗的"斡鲁朵"（宫帐）。金国宫人习惯称这名公主为"小姐姐"，她是前任皇帝完颜永济的四女儿，相貌并不出众，但她的血统将成为成吉思汗征服金国路上的勋章。

当初，蒙古人只是被金人镇压的松散部落，金朝公主自然是高不可攀的对象。如今，蒙古大军兵临城下，血统高贵的公主也成了成吉思汗的女人。

岐国公主沦为和亲的牺牲品，却在冥冥之中躲过了厄运，她不会像其他皇室成员一样遭遇后来的屈辱和屠杀。数年后，丘处机西行拜见成吉思汗，路过蒙古帝国的都城和林时，岐国公主还专程派人送来御寒的用具与食物。

蒙古军围攻金中都，对金朝的索求更多是经济上的。这个新兴的游牧帝国，还未做好入主中原的准备。

因此，成吉思汗派使者告知金宣宗："汝山东、河北郡县悉为我有，汝所守惟燕京耳。天既弱汝，我复迫汝于险，天其谓我何？我今还军，汝不能犒师以弭我诸将之怒耶？"

金宣宗厌了。金朝进献大量财物后，成吉思汗马上退驻鱼儿泊（今内蒙古自治区克什克腾旗达来诺尔湖）。1214年，金宣宗却以金中都缺粮不能应变为由，下诏迁都南京开封府，史称"贞祐南渡"。消息一出，太学生赵昉等四百人上书，极力反对迁都，金宣宗以"大计已定，不能中止"为由，拒不采纳反对意见。

在岐国公主出嫁两个月后，金宣宗任命太子完颜守忠留守中都，自己则与满载珠宝的三千匹骆驼、载运文书的三万辆车南奔至地势平坦、无险可守的南京开封府。

金宣宗南迁，将金朝统治者的怯懦暴露无遗。元代史官说："宣宗既迁，则中都必不能守，中都不守，则土崩之势决矣。"

驻守在中都以南涿州、良乡一带，以契丹人为主的乣（jiǔ）军长期受到女真人的歧视，对女真统治者一直心怀不满，他们听说金宣宗跑路了，立马起兵发动叛乱，随后投降于蒙古。

金朝统治下的汉人也乘机宣泄积蓄已久的愤懑，益都杨安儿、潍州李全等揭竿而起，山东、河北一带爆发了声势浩大的红袄军起义。

贞祐南渡的次年，蒙古大军卷土重来，攻陷金中都，如入无人之境，将城中的大量财物运往蒙古，一代名都沦为废墟，金朝就此失去了黄河以北的广袤疆域。

2.留给金国的时间不多了

《金史》认为,金朝在金章宗时期"盛极衰始",至金宣宗时,金国衰亡已成定局。在贞祐南渡后,金朝的国祚进入倒计时。

关于金朝衰亡的原因,后世众说纷纭。

金亡后,成吉思汗的孙子忽必烈(元世祖)慕名召见北方有名的儒士张德辉。

刚一见面,忽必烈就抛出一个尖锐的问题:"孔子已经去世很多年了,他的精神如今在哪里呢?"

这个问题对推崇儒家的士子来说不甚友好,但张德辉硬气地回答:"圣人的学问与天地共存,无处不在。如果您能行圣人之道,圣人的精神就在您这里。"

接着,忽必烈话锋一转,又问:"有人说,'辽以释废,金以儒亡',是这么一回事吗?"

原来忽必烈一开始搬出孔子并不是要和张德辉探讨儒家学说,而是想引出话题让张德辉解答他的一个疑问,也就是坊间常说的中原文化与辽、金灭亡之间的关系。

作为金朝遗民的张德辉,再次将了忽必烈一军,他说:"辽朝的事,我未能周知,但金朝亡国之事我是亲眼所见的。金朝虽然也会任命一两个儒臣为宰相,但其余的都是世袭的女真贵族,军国大事也不让儒臣参与。凭借儒臣身份晋升为宰相的,大约只占三十分之一。国之存亡,自然有人需要负责,但儒士有什么错呢?"

忽必烈与张德辉的问答其实也是对所谓"汉化亡金论"的讨论。

正如张德辉所说,金朝的陨落与他们接受中原文化无关,这个黑锅汉儒不背,只能女真人自己背。

实际上，金朝衰亡的原因，更多在于女真贵族内部的腐化。

金宣宗南迁后，金宣宗与女真权贵不学越王勾践卧薪尝胆，却学南宋统治者"直把杭州作汴州"（尽管金宣宗等金人此时身在汴京），金朝"贵臣、豪族、掌兵官莫不以奢侈相尚，服食车马惟事纷华"。

女真大将牙吾塔仗着手握兵权，不听朝廷节制，但金宣宗要靠他镇压山东农民起义，还是给予他百般优待。牙吾塔平日里不喜文士，看到手下有儒生身着长裾衣裳，就用刀将其衣袖割短。他时常派心爱的妓女到各州县敲诈勒索，甚至在朝廷下派官员视察公干时支使他的妓女去侍寝，在官员睡醒后伸手要钱。牙吾塔身为一方大将，不去练兵，改当老鸨了。

早在金章宗时期，金朝官员中就有约三分之二为门荫补叙者，既无功绩，也无能力，但他们的特权还能荫及子孙。金宣宗南迁后，朝中尸位素餐、不思进取的女真贵胄更是有增无减。

大臣完颜白撒大字不识一个，却性情贪婪，在开封城西修建的宅邸堪比皇宫，手下婢妾数以百计，个个穿着绫罗绸缎，奴仆每月的工资比将领的还高。白撒手下的军队在外四处掳掠，即使在饥民数不胜数，尸横遍野时，白撒的一顿饭也要几十两银子，老百姓人心惶惶，巴不得蒙古军赶紧南下（"日皆傒大兵至矣"）。

宰相仆散七斤不学无术，靠溜须拍马跃居高位。有一次，金宣宗责问仆散七斤："近来朝廷纪纲安在？"仆散七斤竟然听不懂，不知"纪纲"指朝廷法度，以为是个人名，对部下说："皇上问我纪纲在哪里，你们把他找来见我。"

金宣宗看着满朝大臣，陷入深深的焦虑中，但他担忧的不是国家命运，而是自己的皇位。

金宣宗是在权臣胡沙虎的拥立下，取代卫绍王完颜永济成为皇帝的，算是"得位不正"。因此，即便在大敌当前的背景下，金宣宗仍然把大量心思用于塑造自身的合法性。为了避免大权旁落，他任人唯亲，而且"防忌同宗，亲王皆有门禁"，卫绍王的儿女除了岐国公主远嫁，其余都被终身禁锢，直到金朝快灭亡时才被放出来。

当初，胡沙虎拥立金宣宗有功，彻底飘了，对其他大臣颐指气使。金将尤虎高琪与蒙古军交战失利，胡沙虎警告他说："你连吃败仗，如果再战不胜，将以军法处置。"

尤虎高琪再次出战，果然不敌蒙古军，撤军后惶恐不安，害怕为胡沙虎所杀，索性先下手为强，他带兵包围了胡沙虎的家，斩下胡沙虎的首级献给金宣宗。

自胡沙虎死后，尤虎高琪成为金宣宗的亲信，被任命为平章政事、尚书右丞相，位极人臣。

贞祐年间（公元1213—1217年），尤虎高琪私结党羽，多次在朝野上下作威作福，就连金宣宗也拿他没办法。

太府监丞游茂见尤虎高琪权势过重，便入宫求见金宣宗，请他屏去左右后密奏，请求金宣宗对尤虎高琪加以抑制。金宣宗无奈地说："既然已经对他委以重任，他的权力自然大了。"

游茂出宫后，感到深深不安，又想去巴结尤虎高琪，便跑到其府上说："宰相自有制度，怎么可以招致国君的猜疑，使天下人在背后议论纷纷？"他怕尤虎高琪不相信，又说："我曾私下见皇帝，他确实讨厌相公权力过重。相公如能任用我，我一定能使皇帝不再怀疑相公，下面也没有人再妄加议论。"

尤虎高琪听说游茂曾经请金宣宗屏退左右后奏事，以为其中有鬼，便将他在相府说的话告知金宣宗。游茂因泄露机密被判处死罪，但金宣宗法外留情，下诏免去死刑，责打一百杖。从此，只要是屏退左右奏事时，都会有一名近臣侍立于旁。

尤虎高琪擅权时期，朝中很多政策都出自他之手。

兴定元年（公元1217年），金宣宗对大臣们说："我听说息州（今河南息县）那里来了很多宋人，这是宋朝边界的饥民在作乱吗？还是宋人来进犯我大金？"

尤虎高琪借此机会上奏，请金宣宗攻打南宋，扩大国土。金宣宗说："我只要能够守住祖宗留下的土地就够了，何必向外攻打？"金宣宗嘴上说不要，身体却很诚实，不久就采纳了尤虎高琪的意见，派遣大将南取宋地。宋、金再度决裂。

尤虎高琪力劝金宣宗攻宋，令金朝的外交形势进一步恶化。尽管有人上书宣宗，指出以武力迫使南宋屈服是难以实现的目标，但更多的大臣害怕尤虎高琪的权势，每次朝议只敢谈论其他事，"独论南伐则一语不敢及"。

南下攻宋，是金朝末年的一手昏招。

直到兴定三年（公元1219年），金朝皇权与相权的明争暗斗才落下帷幕，尤虎高琪被多名大臣告发，于1220年因罪伏诛。金宣宗晚年时常悔恨地说："坏我天下的，是高琪和象多（即抹撚尽忠，贞祐年间的另一名宰相）啊！"这句话不过是平庸的君主在推脱责任罢了。

这一年，蒙古大军刚从灭西辽的征战中班师，随后集结重兵，出兵西征花剌子模。留给金朝的时间也不多了。

3.宋、金形势逆转

贞祐南渡不仅是金朝的"骨折点"，也给北边的蒙古和南边的南宋带来了不同的影响。

金宣宗南迁后，蒙古军不费吹灰之力就攻占了黄河以北的大片土地，还收降了乣军，以及张柔（张弘范之父）等汉人武装部队。

南宋也不忘对金朝落井下石，遥遥拉拢在北方起义的红袄军，发给粮饷，给予他们"忠义军"的官方身份。

在过去的一百年间，金与南宋几度和战，恩怨难了。

宋高宗在位时，冤杀抗金将领岳飞，与金朝签订"绍兴和议"，对金称臣，"世世子孙，谨守臣节"，每年向金贡纳银二十五万两、绢二十五万匹，金、宋以淮水中流至大散关为界。

宋高宗的养子宋孝宗不认账，即位后为岳飞平反，发动隆兴北伐。但此次北伐虎头蛇尾，收复的州县得而复失。于是，宋、金签订"隆兴和议"，刚经历内乱与战争的金朝稍做让步，金、宋相约为叔侄之国，宋孝宗称金世宗为叔；宋向金缴纳的岁币减为银二十万两、绢二十万匹，比之前各减五万；疆界以"绍兴和议"中的为准。

宋宁宗时期，外戚韩侂胄主持了开禧北伐。此次北伐同样未能取得理想战果，韩侂胄还被朝中的主和派刺杀身亡，其首级被送往金国。随后宋、金订立了"嘉定和议"，南宋的岁币从每年的银、绢各二十万两、匹一下子增加到每年银三十万两，绢三十万匹，还需向金支付战争赔款三百万贯，宋朝皇帝还得叫金朝皇帝一声伯伯。

在贞祐南渡后，宋、金形势再次逆转。

金宣宗即位时，宋宁宗曾派大臣真德秀出使金国。

真德秀半路遇到蒙古大军，险些把命丢了，他眼见金兵面对蒙古人时的狼狈不堪，深知金朝已经在毁灭的边缘，于是给宋宁宗献上三策：上策是趁金人疲弱之时出兵北伐，中策是停止向金输贡岁币，下策是继续与金国保持友好关系。

宋宁宗为了保守起见，采纳了真德秀的中策，不再输贡岁币。

金朝的处境本来就窘迫不堪，南宋竟然还不交"保护费"，金宣宗气得牙痒痒。

南宋对金朝的又一个致命打击是打"贸易战"，即关闭宋、金边境的榷场。

榷场是宋、金交界地区设立的互市市场，主要设于宋境的盱眙军（今江苏盱眙）、光州（今河南潢川）、枣阳（今湖北枣阳）以及金境的泗州（今江苏境内）、寿州（今安徽凤台）、息州、凤翔府（今陕西凤翔）等地。榷场是金朝重要的经济来源之一，史载，仅息州榷场，"每场所获布帛数千匹、银数百两，大计布帛数万匹、银数千两"，而自宋、金决裂后，"俱失之矣"。

据宋军侦测得到的消息，金兵意图南侵还有一个重要原因是缺粮。南宋的侦察兵发现，"大金见欠三月粮草，诸军只给十日口食前来"。

拖欠军粮，也是金朝末年的常事。一方面是金朝体制腐败导致的。自进入中原后，女真贵族强取豪夺，侵占大量田地，且全为官田、河滩地等膏腴之地。他们大多占用土地，却不耕种，终日饮酒作乐，任土地荒芜。有的女真贵族学习汉人用租佃的方式进行经营，有的竟然直接将田里的桑树、枣树砍了当柴烧。土地兼并造成贫者愈贫，富者愈富，贫民只剩下贫瘠的土地可耕种，却还要承担沉重的赋税，到了战乱时期，自然没有多余的军粮供给军队。

另一方面，在贞祐南渡后，金朝贵族拖家带口，蜂拥而至，河南凭空多出了几百万人口。为了供养大量迁入的官僚、将士，金宣宗下令"民之赋役三倍平时"。为了应付繁重的赋税，老百姓没等到麦熟，就会割下交付，这导致河南有些地区连年饥馑，百姓只能以树皮充饥，即便如此，官吏还要催索钱粮。在民生凋敝的局面下，金宣宗只能将矛头对准昔日的手下败将南宋。

金朝本想通过侵宋开疆拓土，以弥补北方的损失，没想到失去精锐的金军这一次连宋军都打不过了。

兴定三年（公元1219年），降宋的红袄军首领李全等出兵援宋，牵制了南下金军的兵力。西北的西夏也响应南宋夹攻金军的倡议，出兵袭扰金朝西境。南下的金军大将完颜讹可遭到宋军内外夹击，三万多金兵被杀，剩下主帅完颜讹可一个人骑着马狼狈北逃。

4.成吉思汗的方案

金对宋发起的战争得不偿失，金国损失惨重，在南、北、西三面同时开战，被迫分兵于河南、河北、陕西，形势急转直下。

兴定六年（公元1222年），金宣宗再次向成吉思汗求和，此前他在信中称成吉思汗为"兄"。成吉思汗可没空搭理金宣宗这个小兄弟。蒙古军占领金中都、北京、西京等地后，太师木华黎率军过太行山，尽占河东之地，每到一处即令金军土崩瓦解，还有不少地方传檄而定。

所以，成吉思汗对金宣宗的使者说："我之前让你的主子把河朔之地让给我，令汝主为河南王，彼此罢兵，汝主不从。如今木华黎已尽取之，你们倒来求和了。"

金使苦苦哀求，但成吉思汗冷冷地说："看在你远道而来的分上，河朔既然已归我所有，关西那几座未攻下的城池，你们也割给我，让你家主人当河南王，不要再违抗我的命令。"

割地赔款已经是屈辱，成吉思汗还要人家退位当藩王，太霸道了。金宣宗不肯答应，和议也就不了了之。

不过，成吉思汗晚年致力于平定西北，就连最后一次征战也是在平定西夏的途中，并没有把太多精力用在伐金上。

正大四年（公元1227年），成吉思汗神秘去世，传位于第三子窝阔台。

在临终之际，成吉思汗留下了"假道于宋"南下攻金的方案："金朝的精兵镇守在潼关，这里南据连山，北限大河，难以很快攻破。如果向宋借道而行，中路绕道唐（今河南唐河）、邓（今河南邓州）二州，直驱开封。金廷危急，必然会从潼关调兵，但他们以数万之众，千里赴援，即便赶到也已人马疲乏，可一举击溃。"

此时，距离金朝灭亡还有七年。

5.完颜陈和尚：国乱必出奇男子

开封城似乎总是在白雪皑皑的时节，见证权力的更迭交替。

元光二年十二月（1224年初），老迈的金宣宗在开封去世。这位被权臣拥立上台的老皇帝，在位期间未能扭转王朝衰败的颓势，反而耽于享乐与钩心斗角。

面对危局，新即位的金哀宗完颜守绪力图重振朝纲，他选贤任能，一度收复了平阳、太原等重镇。在得知蒙古正集中力量进攻西夏后，金哀宗紧急召集陕西的将领到开封商议军事，并告诉他们："倘若边境告急，可随机应变，不必事事上奏。如果不能当机立断，迅速采取措施，情况会更加危险。"

金哀宗希望金朝上下齐心协力，共抗蒙古，保卫社稷，起用了很多能臣良将。

当年曾被蒙古军俘虏的完颜陈和尚回归金朝后常年担任护卫,后来跟随其堂兄出镇地方。

有一次,军中有两个军官斗殴,然后跑到完颜陈和尚面前申诉。完颜陈和尚认为其中一方有错在先,就下令杖打了那个人。没想到这个人觉得受委屈了,事后竟然抑郁而死,留下遗书让他的妻子去状告完颜陈和尚。那妇人便指责完颜陈和尚以私人恩怨故意杀害她的丈夫,完颜陈和尚因此被判有罪,关入大牢。

金哀宗得知完颜陈和尚蒙受冤屈后,力排众议,任用完颜陈和尚为将。金哀宗对完颜陈和尚说:"我不顾天下人的议论赦免你,希望你能为国尽忠,发奋努力,天下人就不会认为我是随意赦免你的。"完颜陈和尚深感君恩,边哭边拜,连一句话也说不出来,也许在那一刻,他就已经下决心为国捐躯。

出狱后的完颜陈和尚被任命为忠孝军的统领,这支军队以骑兵为主,除了女真人、汉人,还有回纥、乃蛮、羌等其他民族的士兵,他们作战勇猛,桀骜不驯,但在完颜陈和尚的率领下,这支军队"每战则先登陷阵,疾若风雨,诸军倚以为重"。

在金哀宗的经营下,金朝抗蒙战争的形势一度有所好转。

正大二年(公元1225年),曾被金朝封为"河北九公"之一的武仙暗杀史秉直之子史天倪,率军镇守卫州(今河南汲县),数年后在完颜合达、完颜陈和尚等军的援助下解卫州之围,痛击蒙古军。武仙因此成为金哀宗的救命稻草,直到灭国前夕,金哀宗还指望着他来救驾。

正大五年(公元1228年),完颜陈和尚带领忠孝军进驻大昌原(今甘肃宁县东南),随金军总帅、平章政事完颜合达与蒙古军一战。号称"四杰"之一的蒙古军大将赤老温大举来犯,完颜合达询问诸将谁能当先锋,完颜陈和尚应声而出,带着手下四百骑"擐甲上马不反顾",大破赤老温手下的八千之众。

这是金、蒙战争以来,金军在野战中取得的最大战绩,完颜陈和尚从此名震天下。

然而,大厦将倾,孤木难支,金哀宗君臣骨头再硬,也敌不过蒙古军的"降维打击"。蒙古灭西夏后,掉转马头,向金朝发动总攻。

6.三峰山:金、蒙决战

正大八年(公元1231年),坐稳大汗之位的窝阔台分三路出兵攻金,意图围攻开封城。中路军由窝阔台率领,先取黄河以北的河中,再渡河直指洛阳,进逼开封。东路军由成吉思汗的弟弟铁木哥斡赤斤率领,以河北、山东的汉人武装向西推进,牵制开封以东的金军。西路军由成吉思汗的第四子拖雷率领,按照成吉思汗的遗策,渡渭水南下,过宝鸡,进入汉中,向东假道唐、邓二州,绕过潼关,直捣开封。

蒙古大军的分兵,让金朝上下陷入了两难的境地。由于东路军主要起牵制的作用,金朝要应付的应该是中路和西路的蒙古军,但金朝君臣对是否出兵迎战产生了分歧,最后陷入"以逸待劳,未可与战"的迟疑中,将战略主动权让给了蒙古军。

转眼到了正大八年岁末,西路的拖雷眼看就要渡过汉水(汉江),中、西两路蒙古军将要对河南形成合围之势。金哀宗做了一个重大决定,他下诏宣布南下与西路蒙古军决战:"南渡二十年,所在之民,破田宅,鬻妻子,竭肝脑以养军。今兵至,不能逆战,止以自护,京城纵存,何以为国?天下其谓我何?朕思之熟矣,存与亡,有天命,惟不负吾民可也!"

在这道铁血诏令的号召下，宰相完颜合达等率领的主力军、完颜陈和尚的忠孝军、杨沃衍的党项军与地方军阀武仙的军队，共计十五万，迎战西路蒙古军。

蒙、金两军对峙于邓州，拖雷所部骑兵仅有三万多，人数远不及金朝集结的大军，且历经长途跋涉，本应是强弩之末。但是，金军没有遵从"敌半涉水击必胜"的历史经验，而是想等拖雷军渡过汉江后再将其尽数歼灭，故而忽视了蒙古军善于机动作战的特点。

拖雷军在金兵的眼皮底下渡过了汉江，随后果断摆脱了金军，避免了缠斗，只留下三千骑兵试探金军的虚实，其余骑兵"散漫而北"，消失在金军的视野中。

原本想以逸待劳的金军反而成了蒙古骑兵的狩猎目标，蒙古军不断抢掠金军的辎重，拖雷又派出一支军队，等到金军休息时就去袭扰，整夜在金军大营前敲锣打鼓。

金军原本要截击西路军，如今却对西路军的去向一无所知，只能且战且行。当拖雷军再度出现时，金军已经疲惫不堪，而中路的窝阔台军已经快攻到开封城下。

与拖雷交战的金军这才知道中计了，赶紧回师支援开封。金军走到钧州（今河南禹州）三峰山时，漫天大雪阻挡了去路，拖雷军已经抢先占领了山岭周围，紧急行军的金兵"僵冻无人色，几不能军"，但仍在完颜陈和尚等猛将的率领下仰攻山岭上的蒙古军，一度让蒙古军落入下风。

天公不作美，是夜，大雪封山阻碍了金兵进攻的路线。山下的金兵瑟瑟发抖，士气低落，再加上补给被截断，他们已经三天没吃饭了。拖雷想出一招毒计，他率军围困金军，随后故意在包围圈上留下一条通往钧州城的通道，又在两侧设下伏兵。

绝境中的金军奋力突围，却被蒙古军拦腰截断，"金军遂溃，声如崩山"，而蒙古军又追击数十里，金军将士夺路逃生，死伤惨重。

完颜合达、完颜陈和尚、杨沃衍等金军将领败走钧州，但城池很快被蒙古军攻破。

杨沃衍不愿被俘，向南京开封府的方向跪拜，痛哭道："无面目见朝廷，唯有一死耳！"随后他自缢而死，与他一同自缢的还有十多名部下。

号称"良将"的完颜合达藏身于一处密室之中，却未躲过蒙古军的地毯式搜索，被蒙古士兵杀死。后来，蒙古大军围攻开封，对城中高喊："汝家所恃，惟黄河与合达耳。今合达为我杀，黄河为我有，不降何待？"

猛将完颜陈和尚不愿为无名小卒所杀，他缓缓走向蒙古大军，自称金国大将。蒙古军将领接着问他的姓名，完颜陈和尚说："我乃忠孝军总领完颜陈和尚也，之前在大昌原、卫州、倒回谷战胜你们的就是我。我若死于乱军中，有人会诬陷我有负国家，今日明明白白地死，天下必有知我者。"

蒙古军主帅见完颜陈和尚是一条好汉，不忍心处死他，劝说他归顺蒙古。但完颜陈和尚不为所动，宁死不下跪，蒙古兵就砍断了他的腿，他也不屈服，蒙古兵就用刀将他的脸从嘴到耳划开。完颜陈和尚喷血大骂，至死方休。蒙古军主帅钦佩完颜陈和尚的忠义，以马奶酒祭奠他，说："好男子，他日再生，当令我得之。"

史载，三峰山之战后，金朝"兵不复振"，金哀宗历经数年培养的人才和军队损失殆尽。

7.宋、蒙联军围攻蔡州

蒙古军击溃金军主力后,三路大军并进,将开封城围得水泄不通,并使用从西域带回的抛石机攻城。

抛石机又称"回回炮",是冷兵器时代的攻城利器,一直到公元15世纪都是世界一流的大规模杀伤性武器。

尽管蒙古军有抛石机这个大杀器,但开封城高墙厚,蒙古军整整攻打了六十个昼夜也未能攻下,蒙古军主帅速不台只好下令暂时退兵,金哀宗松了口气,送给蒙古军无数金银珠宝,并以酒肉犒劳蒙古兵。

可就在蒙古军退走后不久,一场瘟疫袭来,开封城中数十万人死于非命。据当时身处开封城内的名医、金元四大家之一的李杲回忆,每天运到城门外草草埋葬的死者"多者二千,少者不下一千,似此者几三月"。

到了正大九年(公元1232年)年底,开封城中出现饥荒,甚至出现了人吃人的惨剧。金哀宗自知开封难以坚守,就带着随从自开封逃到归德(今河南商丘),随后前往蔡州(今河南汝南),以避蒙古军锋芒。

在战乱、瘟疫、饥荒侵袭下,金朝皇帝再度南迁,开封则沦为人间地狱。

尽管留守开封的金军最终主动投降,但"身经六十五战,灭国三十二"的速不台还是向窝阔台提出请求,要按照蒙古军的惯例进行屠城:"金人抗拒持久,师多死伤。城下之日,宜屠之。"

幸而大臣耶律楚材及时劝阻,对窝阔台说:"将士暴露数十年,所欲者土地人民耳。得地无民,将焉用之!"在窝阔台犹豫未决时,耶律楚材进一步劝说:"奇巧之工,厚藏之家,皆萃于此,若尽杀之,将无所获!"窝阔台这才下令禁止屠城。

然而，蒙古人进入开封城后，还是大肆搜掠金银，纵兵折磨官员、百姓，还把两宫皇太后和皇族宗室等五百多人粗暴地塞进三十七辆大车，押送回蒙古，一同被劫走的还有无数工匠、绣女、宫人。城中虽"触目皆瓦砾废区"，但宋、金时期的皇宫保留了下来，空余黍离之叹。

诗人元好问目睹了金朝衰亡，为之慨叹，在他的《癸巳五月三日北渡三首》其一中写道：

道旁僵卧满累囚，过去辎车似水流。

红粉哭随回鹘马，为谁一步一回头。

金哀宗逃到蔡州后，重新聚拢将士，勉强组织了一支万余人的精兵，同时派遣使者向南宋借粮，以唇亡齿寒的故事告诫宋朝不要弃金朝于不顾。

金哀宗告诉当时在位的宋理宗："蒙古人灭国四十，西夏亡了就来灭我大金，等到我们亡了，必将祸及宋朝。唇亡齿寒，这是自然之理。若与我联合，一同抵御强敌，对你、对我都有好处。"

金哀宗还对南宋抱有最后一丝幻想，南宋却早已接受蒙古人的邀请，相约一同进攻蔡州，南宋也想在灭金战争中分一杯羹。

天兴二年（公元1233年），蒙古使者来到南宋都城临安，为宋朝带来了一个消息：蒙古军攻下开封后，金主完颜守绪带着一帮大臣逃出城，正躲在蔡州苟延残喘，蒙古军围城数月还未攻克，想请宋朝出兵相助。

金哀宗听到宋、蒙古来往的消息后，"惊悸无人色"。

于是，蒙古、宋联军合兵蔡州，轮番攻城。

宋军的统帅为名将孟珙，蒙古军的主将是成吉思汗的侄孙倴盏。双方会师于蔡州城下，结下了短暂的"革命友谊"。

蒙古人性格豪爽，倴盏见到孟珙后，知他是个英雄，与他约为兄弟，一起射猎，同入帐中吃野味、喝马奶酒，一时惺惺相惜，就像是有过命的交情。

他们合作默契，在与金兵交战中，蒙古军将领张柔的一支先锋部队陷入金兵的包围。张柔身中数箭，跟刺猬似的。危急关头，正是孟珙所部冲入阵中，将这位蒙古军名将从死亡边缘拉了回来。

在金国灭亡之后，等待宋、蒙古两军的，将是近半个世纪的战火。张柔有个儿子叫张弘范，日后将成为蒙元灭宋的关键人物，历史的吊诡正在于此。

8.女真王朝的落幕

当时，蔡州已是一座孤城，金军在缺水、少粮的困境中顽强地坚守了三个月。能吃的东西都吃光了，到最后只能吃"人畜骨和芹泥"，就连鞍、鞋、甲革也都扒下来煮熟充当"军粮"。

得知城中弹尽粮绝，蒙宋联军就在城外大开盛宴，饮酒吃肉。城中军民听闻后，情绪更加低落。为了继续战斗，金哀宗只好杀御马分给士兵充饥。一些老弱病残和重伤士兵也被杀死，其他人"拘其肉以食"。

在绝望的环境中，金哀宗苦苦支撑到天兴三年（公元1234年）正月初九，他终于崩溃，决定将皇位传给金将完颜承麟。

完颜承麟死活不愿接受，金哀宗只好安慰他："朕身体肥胖，不便鞍马，卿身手矫健，又有将略，万一能够幸免于难，还有希望复国啊。"

大概意思就是你跑得快，更有机会逃脱。皇帝都这么说了，完颜承麟只能同意。

金哀宗不愿做亡国之君。他曾经向近侍倾诉："我佩戴金印紫绶十年，为太子十年，为天子十年，自认为没有什么大罪恶，死亦无恨！所遗憾的是，祖宗传下国祚百年，至我而绝，我就要和自古荒淫暴乱的亡国之君并列了。我唯独对此耿耿于怀。"

金哀宗退位第二天，蒙宋联军攻入城内，金哀宗解下腰间的带子，在城中的幽兰轩上吊自杀。临死前，他让侍臣放火烧毁幽兰轩，以免尸体受辱。

在城破之际，即位的完颜承麟率领残兵展开巷战，不一会儿就死于乱军之中。

那时，距离完颜承麟登基仪式结束还不到一个时辰，他因此成为中国历史上在位时间最短的"皇帝"。

金朝至此灭亡。

城中战火平息后，宋、蒙古两军在幽兰轩中找到了金哀宗的尸体。

当时，近侍看到士兵就纷纷逃走，只有一个人守在幽兰轩前，那是金哀宗的奉御完颜绛山。宋、蒙古军队问他："别人都逃走了，为何只有你留下来？"绛山淡定地说道："我的君主终于此地，我等大火烧尽，收瘗其骨。"

士兵们取笑他："你是疯了吧，你连自己的命都保不住了，还想为你家皇帝收尸。"

绛山说："人各事其君，我们的皇帝在位十年，功业未成，身死社稷，我不忍看到他的尸骸暴露，葬入乱葬岗，等我将他安葬，你们将我千刀万剐也无所谓。"蒙古军士兵将此事告诉蒙古军主帅倴盏。倴盏叹道："此奇男子也！"

但是，按照约定，宋、蒙古军将金哀宗的尸体一分为二，金朝皇室的仪仗、玉带、印牌等宝物也都被瓜分。据蒙古伊儿汗国宰相拉施特主编的《史集》载，蒙古军仅获得金哀宗的一只手。金哀宗的大部分遗体被宋军带回临安献给太庙，随后，宋理宗依照大臣的建议处理了金哀宗的遗体，将其藏于大理寺狱库。

《大金国志》记载，蒙古军允许完颜绛山从幽兰轩的灰烬中取出一部分金哀宗的遗骸，用破布包裹，在汝水岸边立一座无名坟墓。

多年后，金朝旧臣王鹗来到汝水边，想要祭拜金哀宗，却见其坟墓早已沉入河底，遂大哭而去。

天若有情天亦老，人间正道是沧桑。

南宋末日：
历史的十字路口

任何历史的叙事，都是带着立场的。所谓成王败寇，胜利者的叙事往往主导了历史，而后来的叙事者，又会以自己的价值观去重新定义历史。

但是假如跳脱出强化黑白二元对立的预设立场，在南宋亡国的历史十字路口，我们到底应该铭记什么呢？在一个以文治国、崇文抑武的朝代，在蛮族与武力的空前威胁下，士大夫与文官群体走出庙堂，走上战场，他们最终败了，但千古以降，人们始终记得这群失败者奋争的背影——中华文明之所以绵延不绝，正是靠着这一批批仁人志士的坚守与抗争，才一次次留下了传承与复燃的星星火种。

南宋亡国前夜，忠臣与降将在元军大营留下了历史的交集。

这是德祐二年（公元1276年）正月，刚刚被擢升为右丞相兼枢密使的文天祥奉命前往元军大营议和。在临安城（今浙江杭州）北皋亭山的元军驻地，文天祥与元军主帅伯颜进行了激烈的抗辩，因而遭到扣留。文天祥当场怒斥伯颜失信，此时早已降元的南宋将领吕文焕从旁劝解。

见这人是吕文焕，文天祥火气更盛，转而痛斥吕文焕是逆臣乱贼。

吕文焕说："丞相为什么骂我是乱贼？"

文天祥答："国家不幸至今日，汝为罪魁，汝非乱贼而谁？三尺童子皆骂汝，何独我哉！"

吕文焕长叹一口气："我当初死守襄阳六年，却等不到救援啊！"

文天祥说："力穷援绝，死以报国可也。汝爱身，惜妻子，既负国，又隳家声。今合族为逆，万世之贼臣也！"

这是一场偶然的见面与对话，却犹如绳子的两端互相撕扯着：一端象征着道德，一端代表着现实；一端象征着忠义，一端代表着苟且；一端象征着坚定，一端代表着放弃。

两人的见面亦犹如历史的隐喻，整个南宋走向溃败的最后十五年，便是这股互相撕扯的绳子最终断裂的过程。

在史家的叙述中，有奋发救国者，便有自保卖国者，有救民于水火者，便有置民于地狱者，有大忠大义者，便有不忠不义者。没有一段历史没有奸邪，也没有一段历史没有忠贞。彼此互为镜像，强化着黑白二元对立的预设立场。

但是，抛开历史的教化意义，我们真正想问的是：处在历史的十字路口，精英个体该如何抉择？为何如此抉择？事情到底是怎样变坏的？结局为什么会是这样的？最后又有什么值得铭记呢？

1.扑朔迷离的"鄂州大捷"

南宋败亡的征兆,是从一个军事骗局中显露出来的。联合操纵这起骗局的人,一个是权臣,一个是名将。

景定五年(公元1264年)十月,宋理宗赵昀去世,太子赵禥(qí)继位,是为宋度宗。因拥立之功,权臣贾似道获得特别优待——宋度宗不直呼其名,而是叫他"师臣",亦师亦臣,以示尊敬。但贾似道还摸不透新君的心性,于是提出要负责宋理宗的陵寝和丧葬事务,担任总护山陵使。这实际上是权臣对新君的试探,因为在历史传统上,老皇帝死后,新皇帝若想打发掉老皇帝生前身边的权臣,就会任命该权臣负责老皇帝的陵寝事宜,委婉地将其赶出权力中心。

没想到,宋度宗同意了贾似道的请求,任朝中官员怎么上书要求他收回成命,他都不听。五十二岁的贾似道只好离开临安,前往绍兴。这一刻,贾似道或许认为宋度宗是有心计之人,不过事实可能是宋度宗只是欠考虑或一根筋而已。史载,宋度宗出生前,其母曾被逼服过打胎药,这导致他天生发育不良,七岁才会说话,智力水平有限。当上皇帝后,他无所作为,唯以好色闻名,据说高峰时曾一天临幸三十多名宫妃,创下纪录。

但在当时,宋度宗刚上位,贾似道不知道这名新君是真的愚蠢还是深藏不露，于是便跟这名新君杠上了。

处理完老皇帝的丧事，贾似道并未返回朝廷，而是选择回他的老家——天台县。这是以消极的姿态来对抗新君的鲁莽。与此同时，他开始唆使自己的亲信大将、京湖制置使吕文德向朝廷谎报军情，伪造蒙古军队大举南下的战报。这是以主动的姿态来表明他自己的重要性。

接到军事急报的宋度宗，果然惊惶无措，连忙下诏请贾似道回京主持大局。贾似道这才慢悠悠地出发，往临安走。等他抵达临安，开始处理军国大事时，军事警报也适时地解除了。

通过这起军事骗局，贾似道成功地营造了"朝中不可一日无贾似道"的氛围，并且从此拿捏住了宋度宗的"命脉"——只要宋度宗不能满足他的要求，他便以辞官还乡相要挟，由此确保他对朝政的绝对控制。这样，贾似道很快被拜为太师，封魏国公。

之后的数年间，贾似道多次假意辞官，每次宋度宗都很惊慌，要么发动文武百官劝说挽留，要么不顾君王威严，亲自恳求其留任。有一次，为了挽留贾似道，宋度宗甚至要向他下拜。站在一旁的参知政事江万里赶紧抱住宋度宗，说自古无君拜臣之理。江万里是贾似道一手提拔起来的。眼见自己的亲信如此多管闲事，贾似道表面不动声色，后来便指使人攻击江万里，迫使他辞去参知政事的职位。

贾似道此时已经是丞相兼枢密使、太师，官职上已封无可封，但宋度宗对其闹辞职总还得有所表示，于是特授其"平章军国重事"，允许他三日一朝，后来又逐渐加码到十日一朝，还特许他入朝不行君臣大礼。当皇帝的恩宠到了极致，贾似道大权独揽的程度也到了极致。

这种依靠诈术巩固权位的做法，也很符合贾似道的本性。在此数年前，他就是以一个骗局，具体来说是以一场扑朔迷离的军事大捷得到了个人身份、地位的双重荣耀。

那时是宝祐六年（公元1258年），蒙古大汗蒙哥兵分三路，大举侵宋，次年其本人却在攻打钓鱼城（今重庆合川）时死于军中。一开始，蒙哥之死并未影响其四弟忽必烈率领的中路军的作战计划。已经屯兵鄂州城外的忽必烈听闻蒙哥的死讯，没有立刻班师，而是下令围攻鄂州，他说："吾奉命南来，岂可无功遽还？"

鄂州是长江防线重镇，与襄樊同为南宋门户，事关全局。忽必烈十万大军"进围鄂州，中外大震"。南宋朝廷召集各路军队、各地义勇之士支援，前后出军费"缗钱七千七百万，银、帛各一百六万两、匹"。有大臣请宋理宗迁都以避锋芒。正是在此时，贾似道战前受命，被擢升为右丞相兼枢密使，前往鄂州主持军务。

贾似道到达鄂州后，一夜之间就在城墙内壁建造了一道木栅，形成夹城。蒙古大军来势汹汹，望着鄂州城坚固的防御工事，一时进退失据。忽必烈在城外生擒了两个宋军俘虏，一打听，才知守城的是贾似道，且宋军"事起仓卒，皆非精锐"，城中多为老弱之兵。

此后百余日，宋、蒙古军攻防战异常激烈，鄂州城死伤一万三千人，却愈挫愈勇，始终将蒙古大军拒之门外。到了当年冬天，蒙古军已粮草匮乏，军中疾病流行，忽必烈仍未能攻克鄂州，不禁感慨："吾安得如似道者用之！"

四个月，蒙古十万大军竟然未能攻下鄂州。蒙古诸将心急如焚，把气撒在忽必烈重用的南方士人身上，说："如果不是你们向老大建议不可屠城，我们早就把鄂州拿下了。"忽必烈听到后破口大骂："宋军守城的只有一个贾似道，你们带领十万之众不能胜，打了几个月也不能攻下这座城。这分明是你们的罪过，哪里是士人之罪？"

但当时心里最着急的还是忽必烈，他要尽快赶回北方与其弟阿里不哥争夺汗位，没时间在鄂州耗，后方拥护他的蒙古大臣也都写信催促他早日北还。

战局在当年闰十一月发生转变。宋、元史书都有记载，贾似道在此时欺君卖国，私自遣使者向蒙古军求和，以"割江为界，且岁奉银二十万两，绢二十万匹"为条件订立城下之盟，解鄂州之围。忽必烈同意了，率军撤离鄂州，回家和其弟弟争夺汗位去了。

"鄂州大捷"后，贾似道回朝上表称："诸路大捷，鄂围始解，江汉肃清，宗社危而复安，实万世无疆之休。"宋理宗表彰贾似道说："吾民赖之而更生，王室有同于再造。"随后，贾似道被封为肃国公，享受着这场"军事大捷"带给他的无上荣耀。

第二年（公元1260年），忽必烈即汗位，派使臣郝经带国书出使南宋，来进一步商定和议之事。贾似道担心自己私下请和的行为被抖搂出来，遂将郝经扣留在真州军营中。有意思的是，忽必烈此后忙于蒙古贵族内部争斗，竟把郝经遗忘了，这导致郝经被扣留在南宋长达十五年。

关于"鄂州大捷"的真相，到底是贾似道私自求和后虚构出来的，还是忽必烈久攻不下、急于北返而无奈退兵呢？目前史学界存在不同观点。但从鄂州之战中仍能看出贾似道的两面性，一方面他确实有军事才能，同时也是主战派；另一方面他对权力有强烈的欲望，希望把自己打造成救世的大英雄。这种两面性具有极强的诱惑：南宋末期一再重用贾似道，就跟养蛊似的，最终南宋也遭到了反噬。

2.军事系统大清洗

贾似道逐步独揽大权的时候，却是南宋名将凋零之时。孟珙、杜杲、余玠等名将早已相继故去，此时的南宋武将系统按照站队归属——

唯一的标识为"是不是贾似道的人",出现了不同的结局。

最先遭到贾似道忌惮的人是王坚。

当王坚在钓鱼城立下炮轰蒙哥致其死亡的辉煌战绩之后,朝廷已不需要王坚继续为国立功,只需要他离开前线,离开军队,因为他的战绩太大,大到让贾似道嫉妒。景定元年(公元1260年),王坚从四川被召回京城临安。

年少时,王坚就是一个热血男儿。他加入孟宗政、孟珙父子建立的"忠顺军",参与对金战争。他所属的鄂州都统司与岳家军一脉相承,而孟氏父子又是当时名扬天下的将帅,在抗金、抗蒙古中屡建大功。王坚可谓一出道就继承了南宋两支著名军队——岳家军和孟家军的优良传统。后来,王坚入川增援西线战场,名将余玠将精心打造的钓鱼城托付给他。王坚及其副将张珏对钓鱼城城墙进行加筑,厚度从一点五米增至五米,不仅可以阻挡大军,还可以抵御蒙古军的回回炮。

开庆元年(公元1259年),蒙哥亲征南宋的四川防线,驻钓鱼城东五里的石子山督战。王坚负险守城五个月,蒙古军始终攻不能下。七月,蒙哥命人于钓鱼城东门高地上筑台,探城中情势以谋决战。史料表明,当蒙哥登上高台擂鼓发起总攻时,王坚调来大炮,向擂鼓之人射击,直接就把蒙哥轰飞,鼓声也戛然而止。张珏又将城中两条三十斤重的鱼以及一百多张面饼,向城下的蒙古军投掷,附上字条称"尔北兵可烹鲜食饼,再守十年,亦不可得也"。蒙古军由此开始撤退,蒙哥随后因伤痛迸发而死。

钓鱼城建城不过十几年,却凭借城池牢固、军民同心,将不可一世的蒙古军拖垮,被称为"上帝折鞭处"。王坚用来之不易的胜利阻止了蒙古大军的步伐,也间接改变了鄂州之战的结局,以及忽必烈和贾似道的命运,当然也改变了他自己的命运。

由于战功引起佞臣嫉妒，王坚此后一直受到贾似道排挤，先是被调回京城，免去其在四川的兵权，不久又被调出京城置之闲散。景定五年（公元1264年），王坚忧愤而死。

王坚被打压的数年，正是贾似道对武将系统进行大清洗的时候。跟排挤个别人不同，发动大规模清洗需要一个合理的、长期的名目。在贾似道这里，这个名目以改革之名确立，叫作"打算法"。

打算法是对宋蒙战争中所用军费的特别会计监察，主要针对武将。对于其中不合规定的支出，打算法要求武将予以偿还，并将获罪的将领投狱治罪。打算法的初衷，是整治军队中的贪污腐败现象，但最终却成为贾似道打压手握兵权的异己、扶持亲信武将的手段。曹世雄、向士璧等人都对贾似道不满，拒绝听其调遣，结果均以"侵盗官钱"之罪遭贬谪，被迫害致死。这轮武将大清洗最终逼反了刘整，为南宋灭亡埋下伏笔。

刘整原是金人，金朝末年投奔南宋，隶属于名将赵方麾下。在赵方的军队中，刘整表现沉毅，有勇有谋，所以赵方临死之前对儿子赵葵说："刘整才气横溢，汝辈不能用，宜杀之，勿留为异日患。"赵葵不听。后来，刘整跟随孟珙攻打金朝，担任前锋，一天夜里带领十二名勇士飞速入城，生擒信阳太守。孟珙得知后大惊，想起五代名将李存孝率十八骑攻占洛阳的典故，于是称呼刘整为"赛存孝"。

宝祐二年（公元1254年），刘整随抗蒙名臣李曾伯入蜀，被选拔为将，并屡建战功，七年后升任泸州知府兼潼川十五军州安抚副使。然而，在刘整的升迁过程中，他的"归正人"（南宋对北方沦陷区归附者的称谓）身份逐渐引起南方诸将的猜忌。跟他最不对付的，是另一个处于上升期的名将——吕文德。

吕文德出身贫寒，早年以卖柴、打猎为生，后被赵方之子赵葵收入军中。赵葵发掘吕文德的经过颇有意思，史书说他在路边看见一只被丢弃的麻鞋，尺寸很大，不像是一般人穿的。有人告诉他，这是一个卖柴人的鞋子。赵葵派人找到了这个卖柴人，也就是吕文德，说服他到自己军中效力。

吕文德确实很有军事天赋，此后三十多年转战于江淮、荆湖、四川，多次击退蒙古军，战绩斐然。在升迁的过程中，他组建了一支"吕家军"，主要由他自己的亲族及家乡的樵夫、炭农等编成。他的亲戚、故旧跟随他征战，逐渐在军队系统中得到提携，比如他兄弟辈的吕文信、吕文福、吕文焕，子侄辈的吕师夔、吕师龙、吕师道、吕师孟、吕师望，女婿范文虎，同乡夏贵等，均成为南宋末期的重要将臣。不过，在吕文德崛起并成为南宋抗蒙的中流砥柱的背面，我们也会看到他在人品上不甚光彩的诸多表现。简单来说，他是靠支持贾似道来换取权位的巩固与提升的。

在开庆元年（公元1259年）的鄂州之战中，作为节制诸路军马的统帅贾似道并无法赢得各路将领的拥戴，导致战略部署和协调工作难以落实。这时，吕文德"谄（贾）似道"，呵斥那些反对贾似道的将领："宣抚（贾似道）在，何敢尔邪？"可以说，贾似道赖以独揽大权的"鄂州大捷"，离不开吕文德的鼎力支持，二人由此结成同盟。为投桃报李，贾似道入朝拜相后，将京湖地区的军政大权交给吕文德。而在景定五年（公元1264年）十月，宋度宗即位后，一开始受到猜忌的贾似道亦指示吕文德谎报军情，借机巩固自己的权势，吕文德则全力配合他。

同为独当一面的名将，吕文德比刘整官阶更高，他对刘整的猜忌或许源于南宋人对"归正人"的偏见与不信任，或许纯粹由一个名将对另一个名将产生了"既生瑜何生亮"的嫉妒之心。具体原因已不可知。我们只知道刘整所谋划的策略都遭到了吕文德的否定，所有功劳也都被吕文德隐瞒不报；吕文德还让与刘整有矛盾的俞兴出任四川制置使，希望以打算法之名打击刘整。刘整惊恐不安，向朝廷上诉，但又投诉无门。他看到曹世雄、向士璧等人的下场后，"益危不自保"，所以下定决心另择明主，暗中与蒙古联络。南宋景定二年（公元1261年），刘整终于叛宋降蒙。

打算法逼反了刘整，但对于真正的"军中大老虎"，这项以军队反腐为名的改革却疲软无力。

这只大老虎正是吕文德。吕文德及其家族的贪腐在当时就不是什么秘密，时人形容吕家"宝货充栋，宇产遍江淮，富亦极矣"。直到南宋亡国，宋朝遗民还记得"吕氏子孙珠玉锦绣之习，舆马声伎之奉"，并说与吕文德家族所拥有的财产相比，"石崇又何足数也"。

然而，操控全局的贾似道对自己亲密的盟友的巨额财产视而不见。相反，在贾似道的支持下，吕文德不断加官晋爵。从开庆元年到咸淳五年（公元1269年），吕文德一直担任京湖制置使、开府鄂州，并任湖广总领财赋、管内劝农营田使，在刘整降蒙之后一度兼任四川宣抚使。以武将身份出任封疆大吏连续十年之久，总领一方财赋，兼任三衙长官，这在整个宋代都是绝无仅有的例子。在这十年间，吕文德还获授太尉、少保、少傅，封崇国公、卫国公。

面对如此"双标"的打算法，降蒙后的刘整仍然咽不下胸中恶气，开始酝酿他的复仇大计。

3.襄阳生死战

投靠新主之后，刘整日子也不太好过，他在蒙古帝国的位置相当边缘,很长一段时间内并不受重用。直到景定四年(公元1263年)七月,他向忽必烈提出了一条计谋。

刘整献计说,灭宋应该"急攻缓取",蒙古方面可以在襄阳城外设置榷场,以两国通商的名义掩护蒙古军的军事行动,而南宋方面所依靠的主力无非是吕文德所部,吕文德此人"可以利诱"。忽必烈当即采纳了刘整的建议。于是,蒙古帝国派人向吕文德行贿玉带,贪财的吕文德竟同意建榷场。蒙古人又借口"南人无信",要求建城墙以保护其货物。吕文德见蒙古人得寸进尺,内心不爽,便没有同意,但此时身边的人对他说:"榷场成,我之利也,且可因以通和好。"为人好利的吕文德终于被说动了,奏请宋廷开设榷场。

就这样,在宋蒙战争打了三十年之后,宋人居然在自己的前线重镇跟蒙古人做起了贸易。吕文德的堂弟吕文焕看出开设榷场是蒙古人的阴谋,两次捎信向吕文德说明,但被吕文德的亲吏陈文彬藏匿起来。蒙古人则趁机于鹿门山(今湖北襄阳东南)大兴土木,建起土墙,形成城堡,以阻宋军南、北之援。等到蒙古人在白鹤城垣筑第二座城堡时,吕文焕又提醒吕文德,吕文德这才得知实情,懊悔不已:"误朝廷者,我也!"

与此同时,刘整开始说服忽必烈调整攻宋战略,从三路并重转向主攻中路,具体来说,就是先从攻打襄阳入手。

此前,蒙古大军习惯从西到东——川蜀、襄汉和两淮三路同时向南宋全线施压,但并未取得多大的战果。双方交战三十年,始终处于相持状态。原因在于,两淮地区水路密集,不利于蒙古骑兵作战,而川蜀地区易守难攻,宋军可凭借山城顽强固守,尤其是钓鱼城战役,甚至让蒙哥付出了生命代价。忽必烈继位后,一方面由于蒙古贵族的内部矛盾需要解决,另一方面由于拿不出有效的攻宋战略,所以暂时停止了对南宋的猛攻。

咸淳三年（公元1267年）十一月，刘整率先提议重启南征。

刘整向忽必烈进言："宋主弱臣悖，立国一隅，今天启混一之机。臣愿效犬马劳，先攻襄阳，撤其扞蔽。"刘整所言有两个意思：其一，是时候灭宋，以统一宇内了；其二，想灭宋，要先攻襄阳。对此，蒙古贵族内大多数人不愿重启南征，忽必烈本人也犹豫不决。刘整急了，接着说："自古帝王，非四海一家，不为正统。圣朝有天下十七八，何置一隅不问，而自弃正统邪？""天下""正统"等词一出，不啻于将了忽必烈一军，试问哪一个雄才大略之君不被这些词语触动？最后，忽必烈点头道："朕意决矣。"

蒙古灭宋的具体战略，刘整也讲清楚了："攻蜀不若攻襄，无襄则无淮，无淮则江南可唾手下也。"他建议蒙古军重点突破襄阳，因为一旦攻下襄阳，长江中流的重镇鄂州就失去了屏障。鄂州不守，南宋的千里防线就被拦腰截成首尾两段——西面，川蜀将与宋廷失去联系；东面，蒙古军可顺江而下，直取临安。

次年（公元1268年）七月，忽必烈任刘整为镇国上将军、都元帅。九月，刘整同蒙古军主帅阿术一起督军，率兵五万围攻襄阳。南宋历史上最后一场襄阳之战打响了。

襄阳分襄阳城、樊城二城，二城隔汉江南北相对。正如刘整所分析的，襄阳东接江淮，西连巴蜀，是宋蒙对峙战线的中间点。从地形来看，襄阳北面是南阳盆地，南面是广袤的江汉平原，而东西两侧皆山地。在这样的格局里，襄阳宛如门户一般扼守着南宋的荆楚腹地。

保襄阳对南宋而言不仅是为了联结东西两线的防线，更是为了保障荆鄂的安全，保障长江的安全，保障整个国家的安全。而对蒙古而言，打下襄阳不仅可以尽享汉江交通之利，沿汉江下鄂州、走陆路陷荆州也不再是难事；若攻下了荆鄂，长江之险便自然化解了，兵临临安、统一宇内便指日可待了。一个必争，一个必守，注定了襄阳之战是一场死战。

事实上，蒙古军曾经打下过襄阳。

那是端平二年（公元1235年），蒙古、宋联合灭金后，战时同盟关系随即破裂，襄阳一下子变成了抗蒙前线。当时襄阳的指挥官是赵方的儿子赵范。赵范虽然一直与弟弟赵葵并称，声名显赫，但襄阳这一战实在打得太差了。简单来说，赵范手下有一支由金国降兵组成的"克敌军"，宋蒙一交战，这支"克敌军"便倒戈了，襄阳就这么轻易地丢掉了。四年后，名将孟珙收复襄阳，但襄阳城已破烂不堪，没法驻守，孟珙不得已又放弃了。再十二年后，名臣李曾伯带着猛将高达再一次克复襄阳。这一次，李曾伯不打算走了，他命人重修襄阳城、樊城，加紧建造各种防御设施。襄阳终于脱胎换骨，高大的城墙、宽得逆天的护城河，以及天赐的地理位置，让襄阳有了"铁打"之名。李曾伯对襄阳寄予厚望，在襄阳近郊的山壁上刻下铭文：

壮哉岘，脊南北。繄塪壑，几陵谷。

乾能夬，剥斯复。千万年，屏吾国。

这一次，刘整引蒙古军来攻襄阳，宋、蒙古两方的形势早已大变：大蒙古国已结束内乱，大权统于忽必烈一身，兵强马壮；南宋则因权相贾似道的揽权和改革，弄得满朝风雨。抗蒙防线的设计师孟珙早已作古，刘整曾经的上司李曾伯也赋闲在家，行将就木，南宋的良将不是老死，就是被清洗出局，再有就是像刘整这样的，改换门庭，对旧主兵戈相向。

此时把守襄阳的是吕文德的堂弟吕文焕。由于之前吕文德的错误决策，蒙古人以设置榷场之名在襄阳城外修筑了堡垒，所以铁打的襄阳相当于被一道更长的围墙给围住了。守城的宋军被困在城里，出城变成了"攻城"，吕文焕向坐镇鄂州的吕文德求援，但吕文德认为襄阳城坚池深，未予重视。吕文焕多次出击，均未能破围，只好退回城内据守。战争打响没多久，襄阳城内却已人困马乏。

眼见襄阳沦为"城中之城"，南宋的军事救援行动这才展开，不过都以失败告终。而京湖战区的最高军事长官吕文德也于咸淳五年十二月病逝。临终前，他对自己晚年所犯的决策错误深感愧疚。但他的反思并未引起南宋朝廷的警醒，在军情万分紧急之时，战线前后方始终无法拧成一股绳，派系斗争仍然制约着南宋这场自救危局。

咸淳六年（公元1270年）春，吕文焕以步骑一万五千人和兵船将士奇袭襄阳西北的蒙古军造船基地万山堡，反被蒙古将领张弘范打败。这个造船基地是刘整打造蒙古水军的基础。相较于南宋，蒙古军队强于骑兵而弱在水军，故刘整意欲提升蒙古军水上作战的能力，为蒙古打造一支奇兵。《元史》载，刘整"筑实心台于汉水中流，上置弩炮，下为石囤五，以扼敌船"，他还对阿术说："我精兵突骑，所当者破，惟水战不如宋耳。夺彼所长，造战舰，习水军，则事济矣。"最终，刘整造船五千艘，操练水军七万人，并在随后的攻宋战争中发挥了关键作用。

吕文焕突袭万山堡失利后，南宋朝廷不断有人呼吁起用猛将高达。高达曾守过襄阳，经验丰富，但宰相贾似道却说："吾用（高）达，如吕氏何？"御史李旺十分着急，当场回道："吕氏安，则赵氏危矣！"

身在前线的吕文焕担心自己的位置被取代，一直密切关注着来自临安的消息。一个门客趁机献计说："今朝廷以襄急，故遣（高）达；吾以捷闻，则（高）达必不成遣矣。"于是，吕文焕抓了几个蒙古军哨骑后就向朝廷报捷，以此显示他的战功。但事实是朝廷并没有急于派高达支援襄阳。可见襄阳前线与朝廷之间彼此不信任，始终存在着信息不对称的问题。

对于这些深刻的矛盾，南宋的最高统治者似乎所知甚少。一日，宋度宗突然问贾似道："襄阳围已三年，奈何？"贾似道说："北兵已退，陛下何从得此言？"宋度宗答："适有女嫔言之。"哪个女嫔敢这么多嘴，贾似道心想，于是他诬女嫔以他事，将该女嫔处死。此后，边境战事日渐危急，却没有人敢向皇帝提及。

与此同时，蒙古人利用吕文焕与南宋朝廷的隔阂，开始劝降吕文焕。在一封劝降信中，蒙古人如此写道："足下在吕氏族中，最才且贤，（宋廷）必将易置腹心，尺书见召，鱼脱于渊，其祸不可测也。"但面对蒙古人的吹捧与离间，吕文焕不为所动，仍奋力抗敌。

咸淳八年（公元1272年）五月，京湖制置大使李庭芝派张顺、张贵兄弟援襄樊，成功突破了元军的封锁，为襄樊军民送去了盐、布等物资。其间，张顺战死，吕文焕和张贵共守襄阳。后来张贵在试图突围并与郢州（今湖北钟祥）守将范文虎的援军会合时，被元军俘虏，最终遇害。元军派了四名南宋降兵运送张贵的尸体到襄阳，吕文焕将四名降兵全部斩杀，并为张顺、张贵立双庙以祀。在此之后，襄阳城内物资越发紧缺，对外联系也被断绝，史载吕文焕"捍御应酬，备殚其力。粮食虽可支吾，而衣装薪刍断绝不至。文焕撤屋为薪，缉麻为衣，每一巡城，南望恸哭"。

次年正月，在回回炮的助攻下，元军轰塌了樊城的城墙，蜂拥而入。樊城守军陷入死战，而无法援救樊城的襄阳守军只能隔江哀叹。攻下樊城之后，元军屠尽全城，吕文焕跪在襄阳城头，他似乎能听到江对面传来的惨号之声。外援已绝，掎角已失，襄阳彻底沦为孤城。元世祖忽必烈诏谕劝降吕文焕："尔等拒守孤城，于今五年，宜力尔主，固其宜也。然势究援绝，如数万生灵何？若能纳款，悉赦勿治，且加迁擢。"

痛苦中的吕文焕终于动摇了。

元军的攻势还在继续，失去屏障的襄阳已是孤掌难鸣，沦陷只是时间问题。守将吕文焕要面对的已经不是输赢的问题，而是一城人的生死问题。

刘整曾在襄阳城下劝降吕文焕，却为伏弩所伤，因此他主张毁灭襄阳城、俘虏吕文焕。但元军将领阿里海牙不同意，亲自至城下再次劝降吕文焕："君以孤军御我数年，今鸟飞路绝，帝（忽必烈）实嘉能忠而主信。降必尊官重赐，以劝方来，终不仇汝，置死所也。"经过元朝的多番劝降，吕文焕已欲投降，只是犹疑未决。于是，阿里海牙折箭为誓担保，吕文焕为此感泣，遂出城投降，归顺元朝。历时近六年的襄阳之战，以襄阳失守而告终。

降元后，吕文焕北上觐见忽必烈，途经磁州时当面收到了元朝士人杨威写的讽刺诗，诗中有云：

自言镇襄阳，于此今五纪。

为惜万人命，此来非为己。

…………

人生苟富贵，直笔一张纸。

见说李陵生，不若张巡死。

吕文焕读后十分尴尬，"敛衽而去"。"为惜万人命，此来非为己"，杨威以讽刺的口吻道出这只不过是吕文焕投降的借口，但在真实的历史情境中，襄阳免于像樊城一样被屠城，也确实是由于吕文焕的投降决策。如果他选择血战到底，襄阳和他个人的结果都会完全不一样。然而，一个守城之将该不该用一城百姓的性命来成全个人的名节，这本身就是争议颇大的选择难题。史书总是过度强调骨气与热血，但这也忽视了平民的生命权，殊不知他们遭逢乱世，生如蝼蚁，本不应该被剥夺生存的权利。在这样艰难的抉择难题面前，吕文焕的投降似乎不应只换来一声嘲笑，就如宋末孤忠谢枋得所说："文焕守襄六年，古无有也。势穷援绝，遂失臣节。议者遽加以叛逆之名。今沿江诸郡，有能守六日者乎？"

是的，吕文焕并非不能被批评，但谁才有资格批评一个守城守了六年的降将，这正是南宋末年必须直面的问题。

4.贾似道之死

降元后，吕文焕迅速"黑化"，从守宋的忠臣变成了攻宋的先锋。

忽必烈很快在元大都接见了这名降将，此前他坚持要对吕文焕进行劝降，实际上是看中其在南宋的人脉以及手中所掌握的军事情报。正如元朝官员胡祗遹所说的："吕生（吕文焕）世握兵柄，兄弟子侄布满台阁，宋君臣之孰贤孰愚，宋河山城郭之何瑕何坚，宋兵民之多寡虚实，宋兵刑政之得失巧拙，不为不知。"

吕文焕亦懂得投桃报李，主动为元朝策划攻打鄂州，自请为先锋。南宋咸淳十年（公元1274年）九月，二十万元军集结襄阳，以伯颜为统帅，开启了以攻占临安为作战目标的最后战役。

南宋这边，自襄阳失守后，门户洞开，江淮与巴蜀之间的纽带被切断，整个防御体系随之崩溃。元军不用再取道水网密布的江淮，也不用向山高谷深的巴蜀要长江的控制权，依靠刘整编练的水军，元军沿着汉江转入长江，一路顺流东下。

根据伯颜的部署，吕文焕随大军"浮汉入江"，渡江攻鄂州；刘整则改行淮西枢密院事,主要任务是牵制南宋江淮的兵力,保证元军主力渡江成功。

但执意要亲自灭宋的刘整并不满意只是"虚晃一枪",他找到伯颜,请求担任伐宋的前锋。他向伯颜指出,从西面顺江而下灭宋,效率上还是太慢了,不如给他一支部队,趁宋军主力向西移动、东方空虚的时机,一举攻下东面的扬州城,直取临安。伯颜或许考虑到此举颇为冒险,所以拒绝了刘整的"奇招"。

没多久,前线就传来了吕文焕随伯颜大军攻克鄂州的捷报,刘整竟失声疾呼道:"首帅(伯颜)止我,顾使我成功后人,善作者不必善成,果然!"言外之意,他原本是灭宋的首功之臣,但现在只能为他人做嫁衣裳了。身为更早的降元者,他似乎感觉自己还不如刚刚降元的吕文焕受人待见。

或许是因为满腔愤恨难以纾解,刘整于南宋德祐元年(公元1275年)正月病逝,年六十三岁。而元军中的"红人"吕文焕,正拿着忽必烈"善遇降将"的圣旨,一路诏谕元军尚未攻下的州郡。当时长江沿江诸将多是吕氏旧部,如守卫黄州的陈奕、守卫九江的吕文德的长子吕师夔、守卫安庆的范文虎等,因此他们争相望风献城,投降元朝。在吕文焕的引领下,元军一路没遇到什么像样的抵抗,迅速兵临建康(今江苏南京)城下。

此时,南宋权相贾似道已无退路,率领十三万宋军奔赴前线,在芜湖一带布防,准备跟元军大战。

出征前,贾似道收到京湖制置使汪立信的来信,信中说如今只有两条计策,上策是将各州府的七十余万军队全调出来守卫长江,中策是与元军议和,作为缓兵之计,待两三年后边防稍固,可攻可守。贾似道阅信后大骂:"瞎贼怎敢如此胡说!"因汪立信有一只眼睛失明,所以贾似道骂他"瞎贼"。

尽管如此,贾似道也做好了最坏的打算,出兵前特意嘱咐大臣,在江面上准备好出海船只,一旦前线发生变故,可请赵宋皇室逃到海上,再图复兴:"或江上之师设有蹉跌,即邀车驾航海至庆元,吾当帅师至海上迎驾,庶异时可以入关,以图兴复。"在赴前线的路上,贾似道再次写信回朝,说:"但得赵家一点血,即有兴复之望。"

就在刘整病逝一个月后,德祐元年(公元1275年)二月,丁家洲之战爆发,上下离心的南宋军队还未与元军交战就全部瓦解,兵败如山倒。南宋十三万大军大败而归,贾似道败走鲁港,在部下的掩护下逃走。从此,南宋再难组织起抵抗元军的部队。

兵败前,贾似道见到之前被他痛骂的汪立信,向他求助:"端明(汪时任端明殿学士),端明,悔不听你的话,以至于此!"汪立信只好说:"平章(宰执之称),平章,瞎贼我已经没什么可说的了。"听闻贾似道兵败后,汪立信不忍见亡国之祸,自杀而死,临终前叹道:"吾今日犹得死于宋土!"

贾似道兵败丁家洲的消息传回临安,朝廷任命陈宜中知枢密院兼参知政事。陈宜中早年以上书批评权相丁大全而闻名,是"太学六君子"之一,因此遭到放逐,后在贾似道的推荐下重回官场,但已锋芒尽失,对贾似道唯命是从,成为其"马仔"。但眼下贾似道兵败失势,陈宜中认为他的机会来了。

当时,陈宜中得到了一个假消息——"贾似道已死",于是上奏疏请求追究贾似道的误国之罪。同时,他假意召总管禁兵的贾似道的亲信韩震商量事情,却暗中埋伏壮士,将韩震击杀。通过这两件事,陈宜中与走向末路的贾似道一党划清界限。

朝廷官员纷纷要求杀贾似道以谢天下。但赵宋皇室不忍杀三朝老臣,只是下诏将其罢官,贬到循州(在今广东)。会稽县尉郑虎臣与贾似道有仇,主动要求押解贾似道到贬所。押解一路上,他们对贾似道百般羞辱,讽刺其为何不自杀。到了漳州木棉庵,郑虎臣忍无可忍,决定自己动手,将贾似道杀死,然后说了一句:"吾为天下杀似道,虽死何憾?"

5. "天荒地老英雄丧"

贾似道死了,但南宋最后的主战派,无论是曾经反对他的,还是支持他的人,仍然在绝境中奋战。

此时,元军已占领建康,进围扬州,攻占两淮,南宋都城临安完全失去了屏障。虽然朝廷屡次诏令各地宋军入卫临安,但最终只有郢州张世杰、赣州文天祥等将帅,以及两浙、福建部分厢禁兵到达临安守卫。

文天祥是宝祐四年(公元1256年)科举考试的状元,这一年的上榜进士还有二甲第一名谢枋得、二甲第二十七名陆秀夫等人。进入仕途后,文天祥因得罪贾似道而遭贬斥,数度沉浮,当朝廷发出勤王诏书时,四十岁的他正担任赣州知州。面对元军虎狼之师,友人劝告他:"如今元兵三路直逼临安,而你却带着一万多人的乌合之众去以卵击石,这跟赶着一群羊入虎口有什么区别?"这位状元出身的地方官员回答:"我又何尝不知,但'国家养育臣庶三百余年,一旦有急,征天下兵,无一人一骑入关者,吾深恨于此,故不自量力,而以身徇之'。"

文天祥散尽家财募兵,奔赴临安。到了虞桥(在今江苏常州),他临时组织的勤王义军被凶悍的元军屠戮殆尽,他不得不率领残兵退保余杭。然而,到了临安城外,文天祥却被拒绝入城。在右丞相陈宜中等人看来，文天祥的勤王之举是"猖狂"和"儿戏"。或许在一心想着明哲保身的朝廷高官眼里，文天祥越忠诚，就越衬托出他们的卑鄙。所以，一直到德祐元年（公元1275年）十一月，元军已将临安城团团包围之时，文天祥才被允许入城。随后，文天祥被风雨飘摇的南宋朝廷任命为临安知府，协助拱卫京师。

当时，元朝大军已逼近临安城外的皋亭山。在敌军的震慑之下，比文天祥早十二年考中状元的左丞相留梦炎逃走了，不久，右丞相陈宜中也逃走了。

在丁家洲之战后，与贾似道划清界限的陈宜中，虽然早已跻身南宋权力核心，关键时刻却总是行踪飘忽不定。战事当前，他竟擅自离开临安，任太皇太后谢道清怎么召唤都不肯回来。直到谢道清亲自给他的母亲写信，他才返回临安。回到临安后，面对抗战无力、求和不成的局面，陈宜中主张迁都，谢道清起初不答应，但在陈宜中的苦苦哀求下只好答应下来。他们约好逃出临安的日期，到了那一天，谢道清已做好准备，却从早等到晚都没看到陈宜中的人影。愤怒的谢道清摘掉发簪、耳环，然后摔到地上，斥骂道："吾初不欲迁，而大臣数以为请，顾欺我邪？"是的，欺骗了谢道清的陈宜中又一次神秘失踪了。

临安城内的皇城中此时几乎无人来朝，只有憨直的文天祥和少数官员还毕恭毕敬地侍立在谢道清及五岁的宋恭帝赵㬎（xiǎn）左右。无人可用的谢道清只得颁发懿旨，任命文天祥为右丞相兼枢密使，全权负责与城外元军主帅伯颜的谈判事宜。

妇人、小儿无力挽救赵宋天下，文天祥只得代表宋廷再次出城谈判。面对气焰嚣张的元军统帅伯颜，文天祥毫不退缩，他坚持与伯颜抗争辩论，并将从旁劝解的吕文焕痛骂了一顿，骂他是"万世之贼臣"。已经沦为元军前锋的南宋原将领吕文焕自感万般委屈，在宋、元对峙的当下却难逃来自故国的道德审判。几个月前,太皇太后谢道清曾下诏晓谕吕文焕等人,希望其回心转意,颇有才华的吕文焕写了一封《回本国书》作为答复,翔实披露了自己降元的心路历程,里面写道:

"伏念某少服戎行,壮临边徼。干戈满眼,轻性命于鸿毛;弓箭在腰,系死生于马足。不但驰驱于西北,誓将屏蔽于东南。幸以微劳,屡收薄效。至若襄城之计,最为淮甸之危。……坐一日为尤难,居九年而可奈!南向高筑,盖欲拒吾喉襟;樊城尽屠,其在剪我羽翼。……孤城其如弹丸,谓靴尖之踢倒;长江虽曰堑,欲投鞭而断流。凶焰如斯,先声屡至。臣能死尔!仰天而哭,伏地而哀。男既生泯,析骸而爨,易子而食。尚冀庙堂之念我,意令邻郡之聚兵。委病痛于九年之间,案几肉于群虎之口。因念张巡之死守,不如李陵之诈降。犹期后图,可作内应。……"

这封回信道尽了吕文焕的耿耿于怀,在他死守襄阳,"析骸而爨,易子而食"的时候,南宋朝廷的援军在哪里?这是他始终绕不过去的一个心结,也是他决定效仿李陵投降的根本原因。所以,自始至终,吕文焕都认为即便自己做了降将有错,也是朝廷有错在先。这种心理跟刘整当年受到排挤、打击而投奔蒙古人如出一辙,整个南宋末年降元的文臣武将或许有一半是出于贪生怕死,另一半则是由于无法忍受当局的昏聩。而吕文焕属于哪一半,也许不好轻率地界定。

总之,吕文焕对南宋朝廷最后的召唤不为所动,依然冲在灭宋战争的最前头。文天祥当面的讽刺和羞辱,也只能激起他反驳与申诉的欲望,未能让他产生些许反思与忏悔之情。

这次出城谈判,一身正气的文天祥最终惹怒了伯颜。在伯颜看来,一个即将亡国的南宋宰相,竟然敢当面顶撞他,还敢奢谈正义与骨气。于是伯颜下令将文天祥拘押、锁铐起来。这一天是德祐二年(公元1276

年）正月二十四日。

大约十天后，南宋朝廷在临安向元军投降。吕文焕、范文虎等南宋故将入城安抚百姓，禁止杀掠，封闭仓库，收缴宋廷大批财宝、器物，运往大都。伯颜亲自入城安置宋廷人员，把宋恭帝赵㬎、皇太后全氏、太皇太后谢道清，以及其他朝官、宫廷人员监护起来，开始浩浩荡荡北上。在正史中，南宋在此时已经亡了。

然而，在此之前，文天祥的同榜进士陆秀夫与殿前指挥苏刘义等人保护益王赵昰（shì）、广王赵昺逃出了临安，直抵温州瓯江口的江心岛。他们拥立赵昰、赵昺为天下兵马正、副都元帅，并商定了建立海上行朝、到南方开辟抗元基地的大略方针。这意味着南宋的血脉还在，还有反攻与再起的机会。

原先逃跑的陈宜中，此时在温州被找到了。他的母亲死了，张世杰抬他母亲的棺材到船上，陈宜中这才一起南下到了福州。在临安之降三个月后，陆秀夫、张世杰和陈宜中一起在福州拥立赵昰（宋端宗）登基。

此前被伯颜拘押的文天祥，历经九死一生逃了出来，他乘船南归到福州时正赶上宋端宗新立，遂被任命为通议大夫、右丞相、枢密使。从职务上看，文天祥似乎是集大权于一身，但实际上，权柄掌握在左丞相陈宜中手里。虽然陆秀夫力荐文天祥，但由于陈宜中的排挤，文天祥在福州被边缘化。文天祥不愿缠斗其间，于是自请到江西设都督府聚兵。

当时，南宋领地的各个角落，仍然有忠臣义士在顽强抵抗元兵。

在扬州，尽管得知临安已经沦陷，驻守扬州的李庭芝始终不降。使者手持已经降元的太皇太后谢道清的诏命，前来劝降，李庭芝则登上城楼，高声回答："奉诏守城，未闻有诏谕降也！"随后，又有使者前来传诏令："今吾（指谢道清）与嗣君（指赵㬎）既已臣伏，卿尚为谁守之?"李庭芝不为所动,命人朝传达诏令的使者射箭。直到半年后,元军才拿下扬州城,而李庭芝被部下杀害。

在重庆,张珏等人则一直孤军奋战。直到临安沦陷两年后,祥兴元年(公元1278年),从钓鱼城率兵转战重庆的张珏才最终兵败被俘,他不愿投降元朝,用弓弦上吊自尽,以身殉国。

与此同时,文天祥重回江西组织义兵,一度收复了被元兵占领的赣州、吉州等地。然而在江西永丰,他再次遭遇败绩,妻妾子女都被元兵俘虏。而在进军广东潮州的过程中,他的军队中开始流行瘟疫,并夺走了他剩下的唯一的儿子。文天祥已然一无所有,可他仍在坚持战斗。他率领最后的残兵一路转战,在退到广东海丰时遭到元朝将领张弘范部队的突然袭击。仓促之中,他吞下脑子(龙脑)试图自杀,没想到自杀失败。

历史或许要留着他的生命,来记录南宋最后的惨烈与骨气。

文天祥被张弘范扣押在船中,前往厓山招降南宋流亡朝廷。在途中,他写下了千古闻名的《过零丁洋》:

辛苦遭逢起一经,干戈寥落四周星。

山河破碎风飘絮,身世浮沉雨打萍。

惶恐滩头说惶恐,零丁洋里叹零丁。

人生自古谁无死,留取丹心照汗青。

此时,南宋流亡朝廷已经转战到了厓山。自从福州小朝廷建立,陈宜中又玩起了权术,将陆秀夫贬谪到潮州乡下,随后小朝廷一路溃败。后来在张世杰的干预下,陈宜中才不得不召回陆秀夫,但小朝廷已从福州败逃到了南澳岛。就在生死存亡之际,陈宜中又一次神秘消失了——他跑到了占城(今越南南部),后死于暹罗(今泰国)。至此,流亡朝廷由陆秀夫与张世杰一起主持朝政。

史载，每次朝会前，陆秀夫都束带持笏，认认真真地走完仪式。也许在这最艰难的时刻，他知道只有仪式和信念可以凝聚人心。而当他独处的时候，他则时常面朝大海，"凄然泣下，以朝衣拭泪，衣尽湿"。如果当时有一张世界地图摆在陆秀夫的面前，他将会看到除了广东沿海孤悬的海岛和个别地方，以及西南地区最后的堡垒——钓鱼城，偌大的欧亚大陆基本已是蒙古铁骑的天下。这是多么艰难而痛苦的坚守，难怪一个连死都不怕的英雄会在没人的时候流泪。他是那个时代一面孤独的旗帜。

景炎三年（公元1278年）四月，十岁的宋端宗赵昰因为此前落水惊悸成疾，病逝在广东雷州湾的硇洲岛。群臣见此多欲散去，陆秀夫痛心陈词："度宗皇帝一子（指赵昺）尚在，将焉置之？古人有以一旅（五百人）一成（十平方里）中兴者，今百官有司皆具，士卒数万，天若未欲绝宋，此岂不可为国邪？"陆秀夫的一番话重新燃起了众人的斗志，大家拥立七岁的赵昺登基，是为宋少帝，改元祥兴。作为最后的精神支柱的陆秀夫，被任命为左丞相，总揽军国大事；张世杰为太傅，负责军事指挥。两个月后，流亡朝廷东移到了厓山。在那里，二十万不甘亡国的南宋军民将在陆秀夫和张世杰的带领下，迎来史上最惨烈的一战。

祥兴二年（公元1279年）二月初六，宋、元厓山海战。被羁押的文天祥在元军船上目击了海战的整个过程，后来，他写下了《二月六日海上大战，国事不济。孤臣天祥坐北舟中，向南恸哭，为之诗曰》：

…………

楼船千艘下天角，两雄相遭争奋搏。
古来何代无战争，未有锋猬交沧溟。
游兵日来复日往，相持一月为鹬蚌。

南人志欲扶昆仑，北人气欲黄河吞。

一朝天昏风雨恶，炮火雷飞箭星落。

谁雌谁雄顷刻分，流尸漂血洋水浑。

昨朝南船满厓海，今朝只有北船在。

昨夜两边桴鼓鸣，今朝船船酣睡声。

北兵去家八千里，椎牛酾酒人人喜。

惟有孤臣雨泪垂，冥冥不敢向人啼。

六龙杳霭知何处？大海茫茫隔烟雾。

我欲借剑斩佞臣，黄金横带为何人！

战斗的结果，是陆秀夫将八岁的赵昺缚在自己的背上，纵身跃入海中。眼看陆秀夫背着小皇帝跳入海中，"贵官士女多腰金赴水自沉，死者数万人"。而逃出包围圈的张世杰还想侍奉杨太后，再图后举，但杨太后听闻赵昺的死讯，亦蹈海自杀，张世杰将其收葬海边。后来，张世杰在今广东阳江海陵岛海面上遇大风雨，因拒绝登岸而溺毙。

身不由己的文天祥只能眼睁睁看着悲剧发生。他痛苦不已，向南恸哭。他写下《南海》一诗，记录了他的心痛：

羯来南海上，人死乱如麻。

腥浪拍心碎，飙风吹鬓华。

一山还一水，无国又无家。

男子千年志，吾生未有涯。

厓山海战四年后，至元十九年十二月（公元1283年1月），始终不愿降元的文天祥在元大都被杀。临刑前，他特地要求向着南方故国大宋的方向郑重跪拜。然后，他要来纸笔，写下了绝命诗：

天荒地老英雄丧，国破家亡事业休。

惟有一腔忠烈气，碧空常共暮云愁。

六年后，至元二十六年（公元1289年），抗元失败的文天祥的同榜进士谢枋得被元朝强迫到大都入仕。谢枋得不愿降为元臣，留下遗书说："大元制世，民物一新，宋室孤臣，只欠一死。"最终他因绝食五日而死。

从公元1276年临安沦陷，到公元1279年厓山海战，再到公元1283年文天祥就义，公元1289年谢枋得绝食而死，南宋史才算合上了无尽叹息的最后一页。一个以文治国、崇文抑武的朝代，遭遇了武力和军事的巨大威胁，士大夫与文官群体不得不面对走出庙堂，走上战场的历史抉择。从结果上看，他们失败了，既败于对手强大的军事推进力，也败于朝廷内部的权力争斗。但千百年后，人们依然记得这群失败者奋争的背影——中华文明之所以绵延不绝，不正是靠着这样的人的坚守与抗争，才一次次留下了传承与复燃的火种吗？

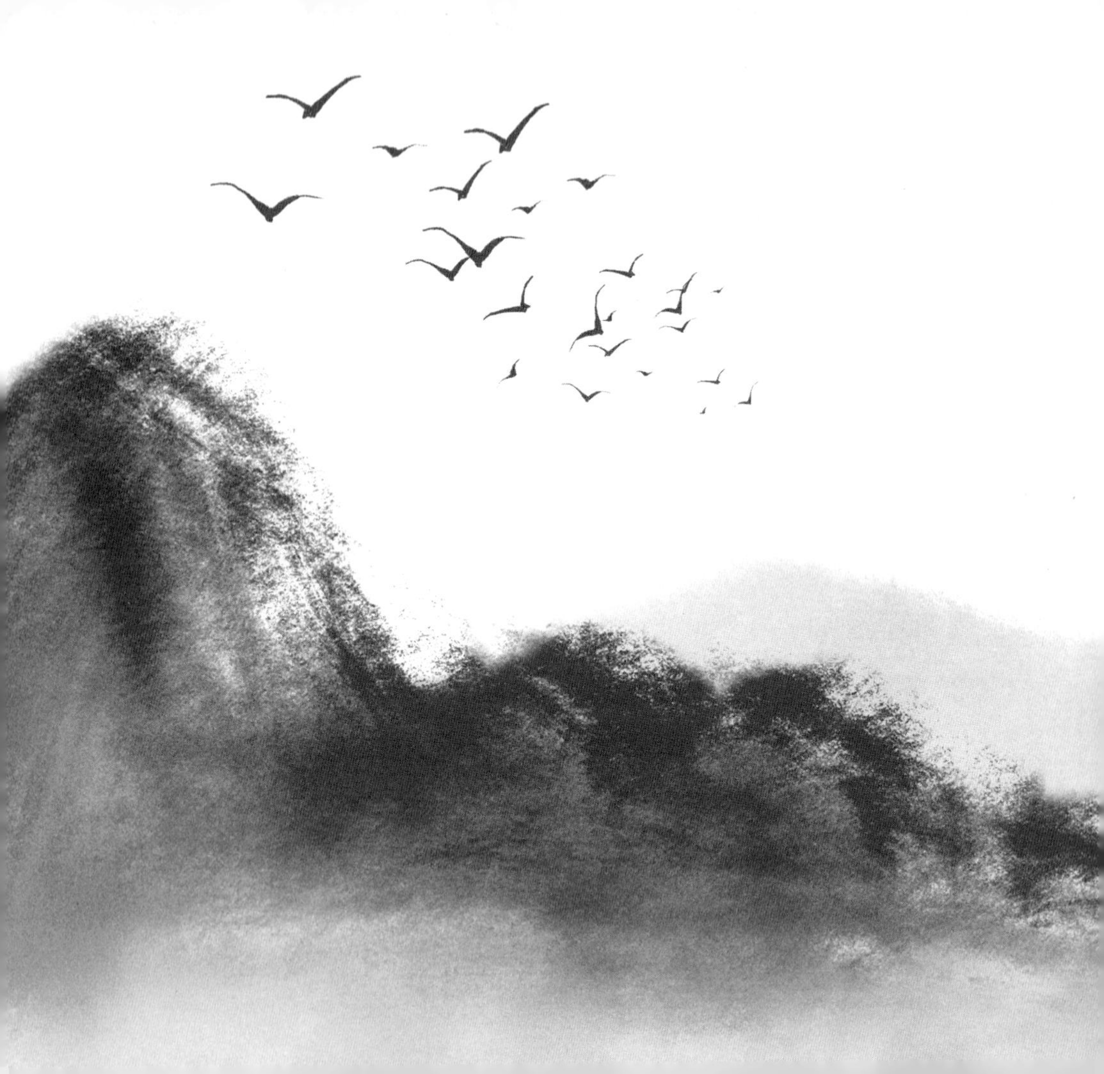

五

元明清时代：游牧、农耕与千年大变局

元朝终结：
百年帝国的崩溃

蒙古人建立了有史以来最为恢宏的二元帝国，但对于如何管理一个融合游牧与农业社会的二元帝国，蒙古人始终没有找到诀窍。

"以马上得天下"，却不能马上治天下，在创业与守业，打江山与坐江山之间，蒙古人始终处于一种粗放的管理状态，不知道如何守业与坐江山，甚至在南方汉地大乱时，元廷仍然忙着内斗。

这不仅仅是蒙古人子孙斗志全无的问题，还关系到如何守业治理的问题，但到最后，草原民族还是没有摸索到其中的门道。

元至正二十年（1360年），天下大乱。

这是元顺帝孛儿只斤·妥懽帖睦尔在位的第二十八年，亲政的第二十一年。他的名字，意译过来是"蒙古黄金家族的铁锅"。之所以取这个名字，大概源于这个黄金家族的传统，正如成吉思汗的名字孛儿只斤·铁木真，其名字的本义是"铁匠"。

但名字的寓意或许真能说中宿主的命运，铁木真靠着如钢铁般的意志创立了大蒙古国，而妥懽帖睦尔却成了元朝最后的"背锅侠"。

此时，这口铁锅所代表的元朝地盘已被日渐侵蚀，元朝基本失去了对长江以南地区的实际控制权。那儿将诞生新的王朝缔造者。

这一年，陈友谅杀了红巾军起义的头领徐寿辉，自称汉帝。

这一年，张士诚和方国珍运粮十五万石至大都，方国珍出船，张士诚出米。

同样在这一年，朱元璋得到了一名梦寐以求的谋士。

历史总是在不经意间掀开新的篇章，而成败得失往往深嵌于微妙的细节里。

1.大元传奇终结的"背锅侠"

作为元朝灭亡的"背锅侠",此时的元顺帝内心并没有太多波澜。

在亲政初期,他便起用了元末著名的政治家脱脱编修前朝三史,还重启了科举考试,以"至正新政"来应对元末倾颓的统治危机。然而,元朝内部积弊已久,"至正新政"对元朝的提振作用并不明显。元顺帝向来心机深沉、擅弄权术,一旦发现其重臣没有利用价值,又或者重臣的势力过于强大而威胁到了皇权,就会翻脸不认人,将对方置于尴尬之地。脱脱正属于前者,至正十五年十二月(1356年1月),在元顺帝的默许下,脱脱为奸臣所害。"至正新政"名存实亡。

大都的皇宫照样歌舞升平。元顺帝下令在宫中大兴土木,修建清宁殿、百花宫,他自己也迷上了做木工。他制作的宫漏精美绝伦,据说一上市,就在大都城内被一抢而空,百姓因此将这位大元天子比作鲁班。

"鲁班天子"虽然凭借高超的手艺而声名大噪,但元朝内部的贵族却以有这样的"庸君"而感到羞耻。

就在元顺帝快乐地做着木匠活时,漠北传来了宗王造反的消息。

这个公然挑战元顺帝统治的王爷叫阿鲁辉帖木儿,是元太宗窝阔台的第七子灭里大王的后裔。自元宪宗蒙哥起,元朝的统治权一直都由成吉思汗的第四子拖雷系的子孙承继,所以阿鲁辉帖木儿算是元朝宗室里极远的旁支。

不过，这位王爷造反还是很懂得一些必备的程序的。起兵之前，他特地遣使到大都给元顺帝下檄书。在檄书中，阿鲁辉帖木儿直言："祖宗把天下传给你，结果自你执政后，大元王朝的国土丢了一大半。你把玉玺给我，我帮你当这个皇帝！"

对于阿鲁辉帖木儿的"大不敬"，元顺帝表现得镇定自若，他对使者说："阳翟王（阿鲁辉帖木儿）之意，朕已知悉。既然阳翟王觉得自己够资格做天子，那就让他带人打到大都来，只要他打赢了，朕决不食言！"

说完，元顺帝下旨令众将率军击讨。

阿鲁辉帖木儿也是个"人才"，计划造反却没有事先部署。待元顺帝的大军接近时，他才下令征集兀鲁思（封地）内的数万名牧羊人参战。这群人向来只懂放牧，哪懂打仗？他们看到元朝骑兵整装袭来，竟纷纷丢下武器，四散奔逃。阿鲁辉帖木儿战败，被抓到大都处死。

一场闹剧般的军事叛乱平息了，但元顺帝心里彻底失去了对漠北宗王们的信任。他不清楚未来是否还会与漠北的宗王们产生矛盾。然而，元朝想在他这个时代重现旧日大蒙古国的荣光，怕是不可能了。

2.打破传统的奇皇后

事情没有最糟，只有更糟。元顺帝刚解决完漠北宗王谋反之事，朝中又出现了奇皇后乱政之事。

奇皇后是皇太子爱猷识里达腊的生母。她虽有个蒙古名字叫完者忽都，却是个高丽人。

按照黄金家族的家规，元顺帝的太子必须是第一正宫皇后所生，而第一正宫皇后必须是弘吉剌部人。元世祖忽必烈也曾立下大元天子不与高丽女子共事的规矩。然而，这些条条框框皆被元文宗的皇后卜答失里打破。卜答失里是元顺帝的婶子，她是弘吉剌部人。当初权臣燕帖木儿发动政变拥立元文宗图帖睦尔，害死其哥哥、嫂嫂，也就是元顺帝的父母——元明宗和世㻋及皇后八不沙。元文宗此后开始信仰藏传佛教，相信因果报应，内心惴惴不安，年仅二十九岁便英年早逝。临终前，出于忏悔，元文宗在遗诏中立元明宗之子以自赎其罪。卜答失里担心元顺帝秋后算账，遂以"新君已立，迟迟不册立皇后"为由，将燕帖木儿的女儿答纳失里许配给了元顺帝，开启了非弘吉剌氏称后的先例。

答纳失里一身"公主病"，嫁给元顺帝后竟然还看不起元顺帝。这导致她后来因为过分"作妖"，在家族势力衰败后为元朝的另一权臣——丞相伯颜所杀。

答纳失里死后，元顺帝打算立他一向宠爱的高丽贡女奇氏为正宫皇后，但丞相伯颜极力劝阻，元顺帝只好立了弘吉剌部女伯颜忽都为正宫皇后。在伯颜失势后，元顺帝第一时间就将奇氏册立为皇后，其所生的皇子爱猷识里达腊便成为皇太子。

奇皇后在元朝皇宫内摸爬滚打多年，将各项宫规记得滚瓜烂熟。她知道高丽多年来一直是元朝的藩属国，蒙古贵族向来对高丽人低看一等。为了摆脱此种成见，自被册立为皇后起，她就极力扮演着"贤后"的角色，没事就抄抄《女孝经》《史记》，然后再启蒙儿子学习孔孟之道。她知道元顺帝能亲政，靠的是伯颜的侄子——丞相脱脱的支持。因此，等爱猷识里达腊长大些，她就让儿子拜这位蒙古杰出的政治家为师，并让其住到脱脱家里，接受脱脱的教学与监督。

奇皇后如此筹谋，一心想的是以后如何利用脱脱的权力保他们母子的江山永固。

不承想，自"至正新政"稍有成效后，元顺帝就受哈麻、秃鲁帖木儿的蛊惑，沉迷密宗，开始以木工为业，在朝中倒行逆施。丞相脱脱虽与爱猷识里达腊有师生之情，内心却始终不愿拥立其学生为太子。最终，在奇皇后的排挤下，脱脱丢了相位，爱猷识里达腊成功成为储君，汉人太平则接替脱脱做了丞相。

即便如此，针对元顺帝的怠政，奇皇后策划许久的逼迫元顺帝内禅皇太子的阴谋还是没能顺利实施。

丞相太平向来不喜废王杀驾，奇皇后又是赐酒，又是送礼，始终没能让太平归附于她。眼见自己控权的欲望被一再打压，奇皇后又羞又恨，只能故技重施，在元顺帝面前极力贬损丞相太平。顶不住奇皇后的枕边风，元顺帝赐死了丞相太平，朝政大权如愿落入奇皇后的手中。

3."背锅侠"父子的狗血权斗

连杀两任丞相，使元朝的朝政斗争进入白热化阶段。

丞相太平死后，搠思监在奇皇后的支持下，获任丞相。不过，与前两任丞相相比，他不但没有匡扶国政的能力，而且本人更是私德有亏。当上丞相后，搠思监在朝中大行索贿之风。后来，为了敛财，他甚至让家奴朵列和他的小妾的弟弟崔完者帖木儿印制伪钞，以扰乱市场，从中牟利。监察御史燕赤不花发现此事后，在朝会上弹劾搠思监，要求元顺帝将罪魁祸首绳之以法。

搠思监见事情败露，便密令朵列自杀并销毁一切罪证。就这样，元顺帝最后被所谓"证据不足"困扰，只是下诏收回了搠思监的丞相印绶，并未加以深究。

元顺帝蜻蜓点水般的处理，让不少大臣暗自担忧元朝的统治。作为其中的代表，元顺帝的母舅、御史大夫老的沙反应最为激烈。老的沙亲自求见元顺帝，要求彻查搠思监与太监朴不花勾结之事，并要求元顺帝将这伙人及整天吹歪风的奇皇后通通流放至不毛之地。

老的沙出马，使原先对内禅之事并未上心的元顺帝一下子警醒起来。

为防止老的沙遭人暗算，元顺帝赶紧传旨给在山西镇压农民起义的军阀孛罗帖木儿，要求其务必保障老的沙的人身安全。

一切正如元顺帝所料，听闻老的沙告状至御前，奇皇后和太子爱猷识里达腊也意识到了问题的严重性。当初元顺帝希望撇开政务烦忧，曾赐予太子专断之权，爱猷识里达腊遂趁机假传圣旨，将老的沙贬往东胜州（今内蒙古自治区托克托县），并令搠思监寻觅杀手，在路上杀掉老的沙。

搠思监的行动终究还是晚了一步，太子的谕令发出后便有人将事情报告给了元顺帝。而老的沙也在元顺帝的安排下由大都出发，直奔孛罗帖木儿军中。

为了杀掉老的沙，爱猷识里达腊决定故技重施，再给孛罗帖木儿一道假圣旨，要求对方务必将老的沙杀害，否则即视孛罗帖木儿为谋反，天下共诛之。

太子的命令自然没能吓到孛罗帖木儿，传旨的宦官一到，他就命人将其斩于辕门之外。随后，太子迫使元顺帝以"匿老的沙，谋为悖逆"为名削除孛罗帖木儿的官爵，孛罗帖木儿拒绝受命。

鉴于元顺帝一味忍让，孛罗帖木儿决定给太子一党下点"猛药"——至正二十四年（1364年）四月，他以"清君侧"为名，大举发兵向大都方向进攻。

4.天完政权，完了

如果说孛罗帖木儿起兵是为了匡扶社稷，那么陈友谅"篡位"就是为了加快缔造新天下的步伐。

作为红巾军的早期领袖，徐寿辉早在至正初期就与邹普胜、彭莹玉等人举起了反元大旗。他们以白莲教众为基础，在南方打出了"摧富益贫"的口号，迅速占领鄂、浙、湘、江、皖、赣等省。随着徐寿辉一伙的势力愈发强大，元朝方面也加紧了对南方红巾军的围剿。在元朝几个行省的军力围剿下，徐寿辉很快被打得抬不起头来。所幸，红巾军将领倪文俊作战勇猛，徐寿辉于至正十一年（1351年）在蕲水（今湖北浠水）被拥立为帝，国号"天完"，年号"治平"。至正十六年（1356年）春，徐寿辉被倪文俊迎至汉阳。

但是，徐寿辉本人并没有什么过人之处，缺乏制约臣下的能力。天完政权建立后，倪文俊俨然成了政权里的"曹丞相"，连所谓皇帝徐寿辉都得让他三分。而倪文俊的"头马"，正是日后陈汉政权的建立者陈友谅。

随着倪文俊在天完政权中的实力越来越强，野心与欲望也在持续影响着他的每一次决定。终于，倪文俊不再甘于做"挟天子以令诸侯"的臣下，他要窝里反，他要当老大。通常在这种情况下，对于一个反复无常的家伙，历史给予的下场都是不好的。倪文俊也不例外。在他准备密谋造反之际，他的异心被"傀儡皇帝"徐寿辉知晓，由此倪文俊举事失败。

兵败后，倪文俊出走黄州，投奔坐镇此地的老部下陈友谅。不承想，陈友谅扯下伪善的面纱，乘机杀了倪文俊，吞并了他的军队，随即自称平章政事，成了天完皇帝徐寿辉身边的新一任"曹丞相"。

陈友谅年少时曾遇到一个算命先生，对方说他有"天子相"。

当徐寿辉想要摆脱陈友谅的控制，迁都龙兴（今江西南昌）时，陈友谅果断出手，将徐寿辉的亲信一一剪除。

至正二十年（1360年）五月，陈友谅趁着所部胜利拿下采石矶之际，派部将到徐寿辉面前陈述战果。徐寿辉不知此事是计，正听得津津有味，突然被陈友谅安排好的壮汉用铁器击碎了脑袋。徐寿辉一死，陈友谅便以采石五通庙为行殿，即皇帝位，改国号为汉，改元大义，以徐寿辉的原班人马作为自己称帝的资本。

由于徐寿辉的天完政权已经占据了长江以南的广阔地区，陈友谅全盘接管后，陈汉政权遂成为当时南方势力最强、地盘最大的割据势力。

但陈友谅称帝当天却天有异象。大风狂吹，暴雨如注，下个不停，群臣没能按原定登基事项完成对陈友谅的朝贺。对此，有人认为这是不祥的预兆，可兴头正盛的陈友谅根本不在乎这点"天灾"。

5.高筑墙，广积粮，缓称王

在陈友谅称帝之时，位于其势力东边的朱元璋已拿下集庆路（今江苏南京）。但与天下群雄争相正位立国不同，此时把控着长江出海口的朱元璋倒开始低调起来了。

自从邓愈引荐了老儒生朱升之后，朱元璋就没日没夜地琢磨起朱升所献的三策："高筑墙，广积粮，缓称王。"朱升还着重指点朱元璋，先拿下徽州，再图婺州路（今浙江金华），进而夺取处州（今浙江丽水），最后称霸应天（今江苏南京）。

朱元璋根据朱升的策略集兵攻打婺州路。元军在参知政事石抹宜孙的率领下发动城中全部军民，以先进武器"狮子战车"开路，愣是将朱元璋部压制得无法前进。

朱元璋只能再次问策朱升。

朱升说,打仗不能再用过去的思维,宜以"杀降不祥,唯不嗜杀人者,天下无敌"这十四字为进攻方针,责令部下入城后不得妄杀,如此婺州路便可收入囊中。

应该说,朱升的建议是极具前瞻性的。婺州路能发动全体军民守城,他们守的就不仅仅是冷冰冰的城池,而是城墙背后无数百姓的家园。只要朱元璋承诺入城后"缴枪不杀",其部队便能摆脱匪军的形象,从而赢得地方民心,减少百姓的抵抗。

依照朱升的建议,朱元璋果然拿下了婺州路,并准备向处州开进。

在攻打处州时,朱元璋没有胜算,因而犹豫不决。朱升获悉后,告诉朱元璋一定要集中兵力攻下处州,因为"处州有刘基、叶琛、章溢,皆王佐才"。只有攻下处州,他才能请这些贤人出山。

至正十九年(1359年)岁末的一个黄昏,刘基正在家中围炉读书,突然有人来访,说是处州总制官孙炎派来的特使。刘基见到来人后,来人从怀里掏出一封书信递给他,言明是小明王麾下江南等处行中书省左丞相朱元璋请先生到帐中议事。

刘基一听是朱元璋的人,立即把门关上,并吩咐家里人,若此人(朱元璋)再派人登门拜访,无须通报,立即撵走。

在朱元璋到来之前,刘基已在家中蛰居了近二十年。他曾是元朝为数不多的进士官员之一,之所以放弃高官厚禄,跑回老家做个庄稼汉,很大程度上是因为元朝君主不明,内斗不断。他一直寄希望于寻找一个明主,以施展他自己的宏大抱负。

朱元璋在朱升的辅佐下,广纳贤士,约束兵丁,在浙东一带已是声名远播,但基于当时的生存环境和过往的仕途经历,刘基必须以极谨慎的姿态面对朱元璋。刘基认为，朱元璋若是听到一两次辞谢之后便选择放弃，那只能证明其广纳贤士之举不过是诓人的噱头。

好在朱元璋并未让刘基失望。他一而再，再而三地派人去看望刘基，并命人拿出自己绞尽脑汁写的打油诗请刘基以老师的身份进行点评。到至正二十年（1360年）三月，刘基终于决定出山。

从此，朱元璋与刘基这对君臣携手翻开了历史的新篇章。

6.乱世之下的按部就班

成为朱元璋的谋士后，刘基开始替"未来的天子"规划发展蓝图。

刘基指出，要想统一天下，必须先剪灭江南各路诸侯，稳定好大后方，才可北上灭元。他特别强调，元朝内部虽然乱成一锅粥，但此时的朱元璋还不是元军的对手。不过，元朝官军各怀鬼胎，朝廷难以集中兵力南下围剿群雄。而江南群雄都有兼并同盟、谋夺天下的雄心，故方今之计，唯有先拿实力最强的陈友谅开刀，再趁机吞下张士诚、方国珍的地盘，我方才有机会称霸江南，继而与北方的元军对抗。

此番谋划不无道理。就在孛罗帖木儿兵犯大都之际，他的对手兼同僚、元末大将察罕帖木儿刚刚大败刘福通部下的红巾军。

察罕帖木儿是武侠小说《倚天屠龙记》中赵敏的父亲察罕特穆尔的人物原型。他是成吉思汗座下名将木华黎的后裔，因祖上屯军河南，所以自小出生在颍州（今安徽阜阳），且有一个汉族名字叫李廷瑞。

李廷瑞虽为贵族，但此前除了中过元朝的进士，就未曾任过其他官职。眼见祖宗基业即将毁于元顺帝这个"庸君"之手，李廷瑞在老家拉起一支民兵部队，义务加入元朝剿匪军事行动中。

当时，在颍州地界上，刘福通率领的红巾军频繁发动叛乱，这支部队也是天下红巾军的核心部队。靠着反元斗士的努力，刘福通曾兵发三路北伐，将三十万元军精锐斩落马下。同时，他利用红巾军悍不畏死的勇敢占据中原，光复赵宋故都汴梁，拥世侄韩林儿为小明王，建立龙凤政权，他还指导北方红巾军对抗元军，在这一过程中相继收复了东自山东，西至甘肃，北达辽阳，南至江淮、荆楚、巴蜀等广阔地盘。

这样的猛人对抗李廷瑞的民兵，战绩如何呢？

史书记载，刘福通几乎未有胜绩。在李廷瑞的攻势下，刘福通不仅丢失了汴梁，更在随后的战役中相继丢失了甘肃、辽阳、山东等地，麾下的红巾军更是被打得一蹶不振。

所以，慑于李廷瑞的军威，朱元璋在汴梁失守后，立即派人与其通好。

在朱元璋连派两拨使者拜谢元军"不杀之恩"后，李廷瑞才接受了朱元璋的议和条件。他将朱元璋所部情况如实汇报给元廷，并向元廷提议招安朱元璋，授其以"行省平章事"。

李廷瑞的奏议得到元顺帝的认可。为了尽快分化江南群雄的势力，元顺帝命户部尚书张昶、郎中马合谋与奏差张琏等人带着玺书及各种赏赐，找到了一边交好朱元璋、一边讨好元朝的江南枭雄方国珍，希望他作为两方沟通的"使者"，代表元朝收复应天等失地。

然而"好事"多磨，方国珍刚接旨出发，李廷瑞已率兵攻打益都，且由于行军匆忙，竟忘了放归朱元璋派出的使者。更要命的是，在围困益都的过程中，李廷瑞遭人设计被刺杀，战死沙场。

一连串的变故，让本来就无投降之意的朱元璋更坚定了自己的想法。他对左右亲信说，李廷瑞"徒以书来而不返我使者，其情伪可见"。就这样，方国珍两度派人来劝朱元璋奉诏，都被朱元璋以各种理由婉拒了。

朱元璋此刻虽然势单力薄，却从未放弃扩张势力的想法。既然暂时惹不起元军，又没能力全面吞并陈友谅，他就准备先推行"广积粮"的策略，再谋出路。

朱元璋开始在自己的地盘上对百姓征收各种赋税。但与元朝政府及其他江南政权相比，他的税法显然要明晰且宽松许多。他规定，凡属地农税率只"十征其一"，剩下的部分归农民所有。在工商业税方面，他立盐法并置局设官，规定税率为二十分之一。凡所收之税全充军用。另外，属地内的商人贩茶必须要有官府发放的经营许可，且每次进货前须先缴纳税，以每百斤茶叶收钱二百计算。为了加强属地内的百姓的归属感，他还特别下令设宝源铸币局，专门铸造其属地内流通的货币"大中通宝钱"，以四百文为一贯，四十文为一两，四文为一钱。"大中通宝钱"在流通过程中可与元朝通行的"至元钞""至正通宝"进行兑换，产生的盈余货币价值则全由百姓享有。

朱元璋的税收政策一出，其所部在浙东一带开始享有更广泛的民望。不过，"广积粮"策略也不是任由属地内的百姓自由发展。考虑到田地耕力以及经济影响的情况，朱元璋提倡百姓优先种植桑、棉、麻等一系列经济作物，并规定"凡民田五亩至十亩者，栽桑麻木棉各半亩，十亩以上倍之。麻亩征八两，木棉亩四两。栽桑以四年起科。不种桑，出绢一匹。不种麻及木棉，出麻布、棉布各一匹"。总之，不管百姓最后种什么，税不能少交，不能饿着朱元璋麾下的红巾军弟兄。

朱元璋暗暗内修实力，倒是让隔壁已经称帝的陈友谅愈发躁动。陈友谅知道朱元璋有一统天下之心，两雄相争免不了一战。早在称帝之前，他就死盯着朱元璋。篡位称帝之后，他就忙不迭地利用新君的权威，号召盘踞吴地的张士诚起兵反朱。

张士诚不是傻子，他以"十八条扁担起义"，聚拢了一批如《水浒传》的作者施耐庵、《三国演义》的作者罗贯中在内的能人异士。造反前，张士诚以贩私盐为业，起义后又占据了江南最富庶的常熟、平江两个重镇，因此在江南诸侯中一向以"巨富"著称。陈友谅发迹后，江南地区的百姓将两人编在一起传唱："友谅最桀，士诚最富。"

正因为太富有了，张士诚自占据东南膏腴之地起，每天想得最多的就是怎样继续割据一方，垄断财赋。对争夺天下一事，他的兴趣反而不大。看到陈友谅与朱元璋展开地盘争夺战，张士诚则选择坐山观虎斗。

7.龙湾大战

挟新君之威，陈友谅部队先出九江，打算迅速占领池州。朱元璋似乎早已预判到，陈部还未到池州，半道上就被徐达俘虏了三千多人。

秉着"杀降不祥"的原则，徐达本不想置这三千多人于死地。但徐达的副手、大将常遇春是个急性子，不等徐达把前线战况汇报给朱元璋，就私自下令将这三千多人通通杀了。

常遇春的莽撞，彻底激化了陈、朱之间的矛盾。陈友谅恼羞成怒，集结三十万大军朝朱元璋的老巢应天杀来。陈友谅自小便以打鱼为生，指挥水军作战是他多年来最为擅长的。当陈部绕开池州，朝应天在长江上的"桥头堡"太平（今安徽当涂）而来时，"淮西二十四将"之一的花云只能率部死死抵抗。经过陈友谅水军连续三日的猛攻，太平陷落，花云和朱元璋的养子朱文逊等文臣武将通通战死。太平城沦为人间地狱。

朱元璋脸上不免罩上一片乌云。尽管他知道自己与陈友谅之间势必会有一战，但战争来得如此之快，还是让他始料未及。

关于双雄争霸之事，刘基却早有想法：陈友谅之所以能在三天内拿下临江的太平城，不就是依靠他手里最引以为傲的水军吗，所以朱元璋何不避其锋芒，以己方的优势打他们的劣势？

刘基随即向朱元璋举荐了一个人：康茂才。康茂才是陈友谅的老朋友，从前曾招兵买马效力过元朝，后因多次为朱元璋所败，才选择归降朱元璋。这个人无疑是陈、朱争霸"破局"的关键。

为了骗取陈友谅的信任，康茂才在朱元璋的授意下给陈友谅写了封信，说他愿意投诚陈友谅，请其率兵前来接应，两人里应外合直接将"朱秃驴"灭了。

陈友谅对康茂才的信深信不疑。他不听部将的劝阻，率大部队朝朱元璋预先布置好的"口袋阵"进发，结果在龙湾（今江苏南京市郊）遭到了朱元璋所部的全力打击。陈友谅大败，只能在少数部将的护送下，乘小舟逃离战场。趁陈部战败之际，朱元璋又夺回太平与安庆，并让胡大海拿下了信州。

龙湾大战不仅沉重打击了陈友谅的嚣张气焰，还扫除了朱元璋进军江西、湖广，从而称霸东南的障碍。

8.洞庭湖决战

陈友谅吃了大亏，自然不愿就此消停。

至正二十三年（1363年），趁张士诚所部围困小明王，朱元璋前往"救驾"之际，陈友谅再率大军攻打洪都（今江西南昌）。洪都东面就是鄱阳湖，所以陈友谅这次以楼船为主力，打算一举夺下洪都，以挫朱元璋的军威。

值此危急时刻,朱元璋一边令侄子朱文正等人死守洪都一个月,一边组织部队研究对付陈友谅大军的方案。当时,陈、朱两方兵力悬殊,陈友谅大军有六十万人,而朱元璋拼拼凑凑也只能筹到二十万人。更要命的是,朱元璋的二十万人只有小舢板可用,跟陈友谅的水上装备相去甚远。

但朱元璋清楚,洪都之战如果输了,他将完全失去争夺天下的资本。因此,在部队集结完毕后,他便打算孤注一掷,率军进入鄱阳湖,介入陈友谅的攻伐战中。

这次还是刘基制止了他。刘基说,陈友谅之所以不乘虚发兵应天,是畏于上次龙湾战败的教训。而攻打洪都则不一样,洪都之于九江进可攻,退可守。他们不可一味陷入战争,应分派人手把守泾江口及鄱阳湖西面,断陈友谅的增援与退路,方为上策。

战场形势果然如刘基所料,当两军对阵鄱阳湖时,朱元璋军队的小舢板来去自如,陈友谅的大楼船却腾挪不便。鏖战数日后,陈友谅令楼船全力压制朱元璋。不料,战场刮起了逆风,朱元璋的士兵纷纷搭起火箭,朝陈友谅的楼船射去。风助火势,楼船不便机动、掉转不灵的问题一下子暴露出来。原本占据战场先机的陈友谅瞬间失去了最佳进攻机会,全军也陷入混乱当中。陈友谅军队且战且退,陈友谅从船中伸出头来指挥作战,却被一支暗箭贯穿脑袋,当场毙命。

一代枭雄落幕,但陈友谅的军队还不知道陈友谅已死,还在为他拼命死战。于是,朱元璋听从铁冠道人张中的建议,命人为陈友谅写了一篇祭文,再派人拿着祭文前往陈友谅大军前哭祭。陈友谅大军得知消息,果然大溃。但陈友谅的部将张定边忠肝义胆,带着陈友谅的次子陈理,趁夜色冲出了包围圈,沿长江逆流而上,死守武昌城。陈汉政权终究还是"存活"了下来。不过，陈友谅已死，朱元璋赢了。

鄱阳湖之战结束后不久，至正二十四年（1364年），朱元璋在应天自称吴王，设百官司属。诡异的是，出力颇大的刘基并不是朱元璋认可的丞相人选——在天下形势愈加明朗的时候，刘基似乎变得越来越默默无闻了。

朱元璋称王后，立即兵发武昌，迫降陈理，紧接着发布檄文声讨张士诚。张士诚这才如梦初醒。因长期奉行享乐主义，张士诚的军队普遍没什么战斗力。朱元璋决定以劝降为手段，逼迫张士诚放下武器，和平解决争端。但张士诚内心始终不服朱元璋，遂断然拒绝投降，死守平江。最终，在朱元璋大军的攻势下，张士诚弹尽粮绝，率军与朱部展开巷战，最终失败被俘。

徐达多次派张士诚的旧将李伯升、潘元绍等人去劝降张士诚，但张士诚到底也是乱世枭雄，趁人不备选择了自缢而死。

张士诚在占据江浙时，对当地的文人雅士颇为敬重，因此他的自杀在东南一带的文人群体中留下了深刻的记忆。若干年后，苏州知府魏观请"吴中四杰"之一的高启为他的府衙写《上梁文》。这个府衙正是当年张士诚的宫殿遗址，高启写的文中有"龙蟠虎踞"四个大字，但这四个字触动了朱元璋敏感的神经。他借口高启为张士诚招魂，将其腰斩。可见，张士诚在东南一带的影响力与号召力。

接连平灭陈理与张士诚后，朱元璋改写历史的气魄更为宏大了，因为他的面前只剩下一个对手：元顺帝。

9.元朝内讧升级

就在南方群雄竞起时，元朝宫廷却陷入一片混乱。

此前，孛罗帖木儿兵发大都，从未上过战场的太子爱猷识里达腊根本不是其对手，将一切军政要务委托给东宫太子詹事不兰奚，随后便只身从大都的皇宫直奔古北口。太子出逃，东宫部队群龙无首，只能举手投降。

孛罗帖木儿大军解除东宫的武装后，便全数聚集在大都城外。

由于大都已经许久未出现过围城之困，孛罗帖木儿大军的到来加重了都城军民的惶恐。元顺帝没有办法，只能亲自出面收拾残局。他先是下诏逮捕搠思监和朴不花，将二人交给孛罗帖木儿处置，再加封孛罗帖木儿为太保，并颁下罪己诏承认他以往执政的过失。

本来事情发展到这里就该结束的，可事后元顺帝却觉得他被冒犯了。他越想越愤怒，当即变脸收回对孛罗帖木儿的一切封赏，并召回太子，打算号召全国元军讨伐孛罗帖木儿。

这时，李廷瑞的养子王保保已在河南地区收拢了义父的部队，并宣誓效忠元朝太子。因此，当孛罗帖木儿二度进伐大都时，王保保兵分两路，一边攻打孛罗帖木儿的老巢——山西大同，一边组织部队前往大都救驾。

一场恶战过后，久经沙场的孛罗帖木儿二度杀入大都。

在生死面前，面子一文不值，元顺帝又一次推翻了自己的政令，尊孛罗帖木儿为丞相。孛罗帖木儿入宫后，让人把奇皇后关起来，并准备废掉爱猷识里达腊，另立伯颜忽都的儿子孛儿只斤·雪山为太子。但他未得到元顺帝的同意。

为了调解孛罗帖木儿与太子、王保保之间的矛盾，元顺帝做起了

"中间人"，他对外下诏："孛罗帖木儿、扩廓帖木儿（王保保）俱朕股肱，视同心膂，自今各弃宿忿，弼成大勋。"太子爱猷识里达腊却不吃这一套，接到父皇的圣旨后，他立即要求以王保保为帅，克日集结大军，收复大都。

王保保大军来势凶猛，孛罗帖木儿当时却纵情享乐，甚至将"咸猪手"伸向了元顺帝的后宫之中。为了保命，奇皇后也转变了态度，命宫人给孛罗帖木儿丞相进献美女。就这样，祸国殃民的奇皇后竟然躲过一劫，逃出生天。

放跑奇皇后注定是孛罗帖木儿一生中最错误的一个决定。

奇皇后回宫后，将孛罗帖木儿的丑态汇报给元顺帝，并与其定下了刺杀孛罗帖木儿的计划。至正二十五年（1365年）七月，孛罗帖木儿遭元顺帝事先安排的杀手刺杀，身亡。

10. "背锅侠"失国流亡

孛罗帖木儿已死，元朝总该集中兵力南下平乱了吧，然而并没有。不是元顺帝没这个打算，而是元廷内部又开启了新一轮内斗。

本来王保保拥皇太子进京，辅佐元顺帝，元朝的内斗就应该告一段落了。可在返京路上，奇皇后和皇太子又打起了算盘：既然王保保选择效忠皇太子，那他就应该好人做到底，将昏君元顺帝推翻，拥立太子称帝。奇皇后和皇太子疯狂的想法，被王保保以"调军回营"委婉拒绝。

返京面见元顺帝后，奇皇后故技重施，向皇帝大进谗言，称王保保的飞扬跋扈不亚于孛罗帖木儿。向来听信枕边风的元顺帝闻言大怒，下旨免除了王保保的兵权，又令关中诸将对王保保发起进攻。

此时是至正二十八年（1368年），也是大明洪武元年。朱元璋已经取得南方的绝对统治权。他不满于"吴王"的称号，打算以一个更清明、开明、光明的视角去引领天下，诠释他的统治力。所以，新年一过，正月初四这天他就在应天称帝，改国号为大明。

北方依旧混乱，朱元璋打算以武力促成南北和平统一。出兵之前，他特地立下"驱逐胡虏，恢复中华，立纲陈纪，救济斯民"的十六字纲领，号召中原百姓奋起反元。在反元洪流的冲击下，陷入混乱的大元帝国终于感受到了生死存亡的紧迫感。就在王保保效仿孛罗帖木儿筹谋逼宫之际，元顺帝下诏恢复王保保本兼各职，求其率军抵御已渡黄河向北开进的明军。

但元顺帝的出尔反尔，显然激怒了王保保军中诸将。他们认为替这样的昏君卖命不值得，建议王保保驻军云中，静观两军作战。忠诚的王保保最终驳斥了这种意见，下令全军急速增援大都。

可笑的是，王保保全力以赴增援，元顺帝夫妇却早已没了斗志——明军还没到，他们就北逃上都（今内蒙古自治区锡林郭勒盟正蓝旗）。临阵脱逃前，元顺帝对左右说："我怎么能学宋徽宗、宋钦宗当俘虏呢？"

昔日不可一世、横扫天下的大元帝国，眼下只剩下狼狈逃窜、斗志全无的子孙们。

洪武元年八月，明军顺利攻占大都，蒙古人在中原的统治寿终正寝，中国历史自此翻开新的一页。

大明的最后三年：
天意与人事

如果说明朝死于天谴，或许没有多少人会反对——在中华帝国历史上，没有一个帝国像明朝末期一样连续多年出现大规模干旱、蝗灾、饥荒、瘟疫，由此导致国内流民四起，北方满人也在气候变化的影响下不断南侵，由此掀翻了朱明政权。

但天谴之外，人事又占了几分呢？作为一个视野内缩的农业帝国，明朝的财政体制从一开始就存在严重缺陷，在危机来袭时根本无法灵活拆招；庞大的官僚体系则受"天下为主，君为客"的思想主导，大多数官员都默默等着"换公司""换老板"；海量的宗室人员，从一开始就是啃蚀大明根基的寄生虫。

一个在制度设计上存在严重缺陷的大明帝国，在人事纷扰频仍之下，或许真的抵抗不了天意。

自崇祯十五年（1642年），西洋传教士汤若望就在紫禁城中焦急等待，此前几年他奉崇祯皇帝之命在北京城中率领工匠铸造火炮，支援辽东前线对抗满清（后金），但此前一年，大明在辽东的最后一支精锐部队共十三万人出山海关救援锦州，却被清兵击溃，统兵的蓟辽总督洪承畴也生死不明。

已在中国传教多年，帮助明朝官方修订历法、铸造大炮的汤若望明白，他寄予厚望的大明帝国眼下已摇摇欲坠，在内有农民军、外有满清的双重夹击之下，或许已经时日无多。

一个积重难返的农业帝国，不是最先进的历法和大炮就能轻易拯救的。

就在汤若望焦急等待之际，前线消息传来，说蓟辽总督洪承畴在城破后不愿投降，已经"殉国"了。为此，崇祯皇帝震悼痛哭，甚至下令设祭坛于朝天宫前，准备亲往祭奠，在朝堂上，崇祯皇帝也不禁流下眼泪，说："我不曾救得承畴。"

但这场松锦之战的事实并非如此。在困守松山城半年后，崇祯十五年二月，洪承畴在松山城破后被俘，起初他确实是绝食数日，拒绝投降。对此，已经将国号从金（后金）改为大清的皇太极多次派人前往劝降，都被洪承畴大骂而回。

不愿放弃的皇太极于是派出吏部尚书范文程前去劝降。范文程见到洪承畴后，也不提招降之事，只是与他谈古论今，谈话间只见梁上掉下来一块灰尘，落在洪承畴的衣服上，洪承畴一边说话，一边"屡拂拭之"，而察言观色的范文程也不声张，告辞出来后对皇太极说："洪承畴不会死的。他对自己的衣袍还这么爱惜，何况性命呢！"

皇太极打铁趁热，于次日接见洪承畴，见洪承畴立而不跪，皇太极也不生气，只嘘寒问暖。当时辽东仍然寒冷，皇太极又故意将他身上的貂裘脱下，披在衣着单薄的洪承畴身上，这个举动或许最终打动了洪承畴，又或许给了洪承畴一个投降的台阶，第二天，洪承畴正式向皇太极投降称臣。

当初，早在松山、锦州城破之时，皇太极就非常高兴，对各位将领说："取北京就像砍大树，要先从两边开始斫削，这样大树自己就会扑倒。我如今取了关外四城，明国精兵已尽，北京可得矣。"

在洪承畴带着祖大寿等将领一起投降后，皇太极更加开心了，亲自设宴款待这些明朝将领，但满人内部的一些八旗将领对此很是不满，皇太极知道后，私下叫来那些将领对谈，说："我们这些人栉风沐雨几十年，为了什么？"

将领们回答："自然是为了夺取中原！"

皇太极立马说："那就对了，夺取中原就好比走在路上，我们都不认路，今天得到了一个引路人，我能不高兴吗？"

尽管皇太极将在说出这番话的一年后暴毙身亡，他本人未能活着见到大清夺得中原，明朝灭亡，但大明帝国确实已日落西山。

1. 多疑的崇祯

明朝大军在松锦之战中彻底失败、洪承畴被俘后，明朝在山海关外只剩下三万残兵，他们跟随吴三桂退守孤城宁远。

关外大势已去，而在关内，李自成率领农民军第三次包围重镇开封，令中原震动。为内忧外患所扰、手足无措的崇祯皇帝，此时已不知如何是好——他自十七岁继承皇位，即位之初就雷厉风行地铲除了权宦魏忠贤，一度博得内外喝彩，但无奈大明多年来国势日颓。满清从东北、农民军从西北的夹击，搞得大明帝国疲于应对，而眼下满清已逼近山海关，农民军则在大明帝国内部转战南北，双方大有合围北京之势。

于是，在洪承畴被俘之后，崇祯皇帝便像三年前一样再次在紫禁城中设立斋堂，拜佛念经，又召来道家正一派的第五十二代天师张应京，命令他设坛作法，召唤天兵天将，希望神仙能够下凡，帮助大明外驱满人、内剿乱贼。

祈求神仙显灵是一方面，但接近走投无路的崇祯皇帝明白，成事核心还是要靠人事。在无奈之下，此前一直坚持不议和的崇祯皇帝只得密令兵部尚书陈新甲与皇太极议和，没想到在议和进行到关键时刻时，陈新甲与满清的议和文书竟然被陈新甲的仆人错当成塘报通报各地，由此闹得满朝文武皆知。

本来明廷与满清的议和是秘密进行的，但眼下事情已经泄露，碍于面子的崇祯皇帝于是决定拿陈新甲做替罪羊——崇祯十五年七月二十九日（1642年8月24日），陈新甲下狱。随后，朝中大臣多方营救，大学士周延儒、陈演上书："按照国法，敌兵不打到城下来，不应当杀掉兵部尚书。"但已下定决心杀陈新甲灭口的崇祯皇帝回复道："（在陈新甲当兵部尚书期间）我的七位亲王遇害、受辱，这不比敌兵打到城下更严重吗？"

同年九月二十二日，陈新甲被斩于市。至此，明朝与满清的最后一次议和彻底中断，大明只能与满清在战争这一条路上干到底了，而本来就捉襟见肘的大明帝国必须将有限的资源分散到关外以应对满清的进攻，形势更加危急。

陈新甲代替崇祯皇帝议和，竟然因为泄密就被下令斩杀，替皇帝衷心办事却随时可能被弃卒保车，这使得满朝文武更加噤若寒蝉。

所以，在明朝最后灭亡之际，文武大臣在李自成进军北京期间大部分人纷纷弃械投降，也可以理解为他们对崇祯的绝望和放弃。

据统计，崇祯皇帝在位十七年间（1627—1644年），共斩杀总督七人、巡抚十一人，其中督师蓟、辽的兵部尚书袁崇焕，被性格多疑、中了满人反间计的崇祯皇帝下令凌迟处死，山东巡抚颜继祖因为清兵入关攻克济南、生擒藩王德王，也被作为替罪羊处死，兵部尚书陈新甲代替崇祯皇帝议和，因意外泄密而被杀——崇祯皇帝随意屠戮大臣、推卸责任，也使得手下文武百官更加战战兢兢，不敢声张出头。

对此，崇祯皇帝的应对之策是重用东厂和锦衣卫监视大臣，并动辄以私刑代替国法处死大臣，例如在处死陈新甲的这一年，上言直谏的行人司副熊开元、给事中姜埰就因为直言冲撞了崇祯皇帝而被崇祯皇帝命令锦衣卫逮捕后秘密处死。

国事纷乱，性格偏隘的崇祯皇帝很希望励精图治，但又能力有限，无奈下，后来自诩"朕非亡国之君，诸臣皆亡国之臣矣"的崇祯，只得经常将怒气发泄到臣子身上，他要么杀人泄愤，要么频繁更换臣僚——根据统计，崇祯在位十七年，仅仅刑部尚书就换了十七人；而整个明朝二百七十七年历史不过一百六十多位阁臣，崇祯皇帝在位十七年就占了五十人，由此可见他对手下臣子的换人之频和疑心之重。

国势江河日下，崇祯皇帝心急如焚，但其所作所为却又让臣子们更加离心离德。

2.干旱、饥荒与瘟疫

明一代出了许多奇葩皇帝，例如因胡乱北伐而被蒙古人俘虏，后来又成功复辟的明英宗，三十年不上朝的嘉靖帝、二十八年不上朝的万历帝，以及崇祯皇帝的哥哥——热衷做木匠手工活、宠信魏忠贤的明熹宗朱由校，但在晚明的一系列混蛋皇帝中，崇祯皇帝算是一股难得的清流，他即位之初就铲除魏忠贤，随后励精图治，试图挽救日渐西山的大明帝国。但貌似诡异的是，相比前面几任大明皇帝，崇祯皇帝明显更勤奋、更努力，但为何明朝还是不可挽回地走向了覆灭呢？

对此，由明入清的遗老们在撰写《明史》时就提出了一个观点："故论者谓明之亡，实亡于神宗。"他们认为明朝之亡，其实在怠政、腐败的明神宗（万历皇帝）时期就埋下了严重祸根，这种观点有其深刻一面，但帝国内部的腐败是一种慢变量，促成大明帝国灭亡的导火索与快变量其实是自崇祯皇帝上位以后，严峻的气候变化与蝗灾、饥荒、瘟疫等各种灾祸的轮番打击。

早在崇祯皇帝上位之前几年，明熹宗时期，大明的陕北与关中地区北部就已是连年干旱、草木枯焦、赤地千里。就在明熹宗去世、崇祯继位的天启七年（1627年），当时陕北地区"草木尽，人相食"，农民"皮骨已尽，救死不瞻"，而明朝官方对此不仅没有减免税赋、赈济灾民，反而增派"新饷""均输"等赋役，并严令官吏督责催收。在此情况下，农民王二在陕西澄城率众杀死了知县张斗耀，揭开了明末农民起义的序幕。

到王二起义第二年，崇祯元年（1628年），因为年荒乏食，曾经作为边兵的王嘉胤也组织灾民揭竿而起，王自用、高迎祥、李自成也先后参与农民起义，一时陕西遍地烽火，并蔓延到山西、宁夏、甘肃三地，明末农民起义由此逐渐成势。

分析崇祯上位前后的一系列流民起义，我们可以发现，它们都与天灾有着重大关系。

据不完全统计，崇祯在位十七年间，全国各地竟发生了十四次特大干旱，各地"饿殍遍野""人相食"的记载十分常见。虽然干旱在中国历史上并不罕见，但明朝中后期的干旱范围之广、程度之严重，让人触目惊心。

旱灾波及华北、西北地区，受灾人口极其广泛。许多地方更是连年受灾，百姓生产、生活遭遇四连击、五连击，甚至九连击。

根据气象学者张德二的研究，在崇祯继位初期的干旱灾害导致的次生效应还未消除之际，崇祯十年至十六年（1637—1643年），大明帝国又出现了一个长达七年的全国范围的大干旱时期，"其持续时间之长、受旱范围之大，为近百年所未见。连年酷旱引起严重饥荒并伴有蝗灾和瘟疫流行，加剧社会动荡。此事件正值小冰期最寒冷的第2个寒冷阶段，是寒冷气候背景下的持续干旱的典型案例"。

当时，全国范围内共有二十三个省（区）相继遭受严重旱灾，"主要干旱区域在北方，初始于西北、华北，以后逐年向东、向南扩大，及至长江中下游地区，旱区范围和旱情在1640年前后达到顶峰，河北、河南、山西、陕西、山东许多地方连旱5年以上"。

史书记载，例如河南兰考地区，当时从"（崇祯）十一年（1638年）秋七月旱至十三年（1640年）六月十二日方雨"，接近一年十一个月无雨，这对一个地方的农业几乎是毁灭性的打击；而河南沁阳"自去年（1638年）六月雨至今（1639年）十一月不雨"，是长达一年五个月无雨；山西运城则"自（1639年）九月不雨，至十三年（1640年）七月"，接近十个月无雨。

在这种地域广泛、持续时间长的干旱影响下，山东诸城"潍水断流"；到了崇祯十三年，河北安新"白洋淀竭，九河俱干"，江苏睢宁"黄河水涸"；到了崇祯十四年（1641年），安徽巢县"巢湖水涸"，山西河津"五月汾河干"，浙江桐乡"河流尽竭"；进入崇祯十五年（1642年），河南兰考"十一月黄河水干，人可徒步"；到了明朝灭亡前一年的崇祯十六年（1643年），河南虞城"黄河绝流夏旱"，上海松江"河水尽涸"。

在这种残酷的大规模、持续多年的干旱影响下，崇祯十年至崇祯十四年又暴发了连续五年的特大蝗灾，学者张德二的研究指出，"1639—1640年蝗灾达到极盛，蝗区遍及甘肃、宁夏、山西、陕西、河北、河南、山东、江苏、安徽、湖北、湖南"，而"飞蝗蔽天，食禾稼皆尽"的记载遍布当时的各地县志和时人记录，当时的河南地区更是记载，万历四十年（1612年）以后蝗灾几乎每年都有，"明崇祯十二年（1639年），兰考飞蝗盈野蔽天……禾稼瞬息一空，焚之以火，堑之以坑，终不能制"。

到了明朝灭亡这一年（1644年），史书记载河南的蝗灾更是到达顶点："河南飞蝗食民间小儿。每一阵来，如猛雨毒箭，环抱人而蚕食之，顷刻皮肉俱尽。"在这种飞蝗无以为食，开始吃人的历史背景下，人民的苦难竟然还未终结。

在崇祯时期连年的大干旱和蝗灾影响下，"崇祯庚辰（1640年）秋，山东、河南、山西、畿南人食木皮，至冬人相食。辛巳（1641年），江南北皆竞弃子女、售器具，流殍塞路。少妇不值千钱"——华北平原、黄土高原地区，以及北京南面到处是"人相食"、流民死尸"塞路"，甚至出现了把死尸从坟墓里扒出来吃掉的残酷现象，例如崇祯十三年在山西，"蒲州四门外掘深坑以埋死者，人争就坑剐食其肉"。在江苏，"树皮食尽，发瘗胔以食"。

山西稷山县志记载：明崇祯十一年至十三年（1638—1640年）频旱，野无青草，斗米千文，草根树皮采食殆尽，人相食。有幼孺独行被人攫食者，有殡未旋踵剖冢盗食者，有同室共寝暮夜剐食者，有子死而父母食之者，父母死而子食之者，种种惨凄不胜枚举。

在这种干旱、蝗灾和大饥荒的影响下，人民死亡高发，瘟疫也随之而来。

史料记载，明代中后期发生了两次大瘟疫，分别在万历十四年至十八年（1586—1590年）和崇祯十三年至十七年（1640—1644年），而与明代末期持续干旱同步的第二次大瘟疫，危害程度尤其严重。在这些瘟疫中，鼠疫的危害程度非常大。据学者估算，明清之际，华北三省的死亡人口中，至少有五百万人死于鼠疫。

检阅史书可以看到，崇祯十四年由于长期干旱，竟然出现了老鼠互相咬着尾巴、成群结队地渡过江河险阻，进入安徽、河南、河北等省觅食的怪异现象，而在长期旱灾和饥荒中，饥不择食的灾民们则以老鼠为食，由此导致了鼠疫更大规模地暴发——当时，整个北方"瘟疫大行，人死十之五六，岁大凶"，往南方督催漕运的户部给事中左懋第在途中给朝廷上疏，说他从天津静海抵山东临清，"见人民饥死者三，疫死者三，为盗者四。米石银二十四两，人死取以食"。

就在明朝灭亡前一年，崇祯十六年（1643年），蔓延于华北平原的鼠疫传入北京，"京师大疫，死亡日以万计""死亡枕藉，十室九空，甚至户丁尽绝，无人收殓者"。因瘟疫而死亡的人数实在太多，当时北京城内甚至出现了有的人户全部死光，甚至连收尸人都没有的惨况。北京城内的人口约为一百万人，在这场大瘟疫中死亡人数预估高达二十多万人，而幸存的人也奄奄一息，"病者吐血如西瓜水，立死"。

到崇祯十七年（1644年）开春，瘟疫又在北京复发，李自成的军队也从陕西顺利推进到北京附近，北京城内因为鼠疫导致人口死亡率到了百分之四十左右，所以城中许多街巷都已冷落得无人行走，而负责保卫北京的京军三大营当时在名义上虽有十万人，但除了缺额，剩下的几万人也大多患病，"鞭一人起，一人复卧如故"，身体已经虚弱得无法守城。再加上明朝财政艰难、欠饷太久，士兵们已经斗志全无。

因此，当李自成的军队于崇祯十七年三月兵临城下时，已经被瘟疫折磨得半死不活的北京官民立刻土崩瓦解。

3.危与机：气候变化

综合以上史料可以看出，导致明朝灭亡的因素，除了内在因素，外在的导火索或者说快变量，毫无疑问来自残酷的、大规模的、长时间的干旱、蝗灾、饥荒和瘟疫等自然灾害。

根据气候统计分析，明朝末年，中国正处于小冰期的寒冷期，冬季平均温度比现在要低两摄氏度左右，中原气温与北方农牧带的降雨量也直抵秦汉时期以来的最低点。

国内通常将15世纪后期至19世纪末的气候寒冷期称为小冰期，由于这一时期恰是明清时期，因此也称为"明清小冰期"。

不要小看小冰期气候变化上一两度的气温下降，在农业社会，这点气候的非正常变化足以摧毁整个社会的生产基础，并极大地削弱国家的经济实力，同时产生令社会不稳定的各种连锁因素。

对此，早在天灾逐渐进入高峰时，崇祯二年（1629年），官员马懋才就在给崇祯皇帝的《备陈灾变疏》中，提到了受灾最为严重的陕北的情况，他说：

"臣乡延安府，自去岁一年无雨，草木枯焦。八九月间，民争采山间蓬草而食，其粒类糠皮，其味苦而涩，食之仅可延以不死。至十月以后而蓬尽矣，则剥树皮而食。诸树惟榆树差善，杂他树皮以为食，亦可稍缓其死。殆年终而树皮又尽矣，则又掘山中石块而食。其石名青叶，味腥而腻，少食辄饱，不数日则腹胀下坠而死……

"最可悯者，如安塞城西有粪场一处，每晨必弃二三婴儿于其中，有涕泣者，有叫号者，有呼其父母者，有食其粪土者。至次晨则所弃之子已无一生，而又有弃之者矣。

"更可异者，童稚辈及独行者一出城外，便无踪影。后见门外之人炊人骨以为薪，煮人肉以为食，始知前之人皆为其所食。而食人之人，亦不免数日后面目赤肿，内发燥热而死矣。于是，死者枕藉，臭气熏天。"

马懋才在上疏中讲了人相食的惨状后，说当地百姓中那些不甘饿死的，开始铤而走险，相聚为盗。即便他们被官府抓获了，也不后悔，甚至公开表示："死于饥与死于盗等耳，与其坐而饥死，何若为盗而死，犹得为饱死鬼也。"

由于陕北地区是明末自然灾害的初始发生地，加上陕北地区经历先民数千年的森林砍伐和破坏性开发，此时生态环境已经日臻恶劣，因此到崇祯皇帝即位那年（1627年）和第二年，王二、王嘉胤、高迎祥等人先后在陕北率领农民起事，大明帝国其他地区也有很多饥民喊着"与其坐而饥死，何若为盗而死"的口号，纷纷发动起义。面对农民军，明朝官军起初在围剿时经常占据优势，但随着气候变化导致大干旱、大饥荒普遍蔓延，越来越多的农民涌入起义军，农民起义呈现"野火烧不尽"之势。

根据当代历史地理学家葛剑雄的统计分析，明代的人口在峰值时期应该已经达到二亿人左右，而拥有如此庞大人口资源的大明帝国，实际能够控制和征收赋税的编户齐民在高峰时期也只有五六千万，之后由于饥荒、干旱、土地兼并、瘟疫、战乱等各种原因导致人民流离失所，明朝政府能够掌控的人口资源越发减少，这也意味着政府的税源和兵源在不断流失，而面对满人侵扰的边境战争以及内部叛乱，明朝政府所需的开支却在不断膨胀。日趋减少的可掌控的资源，使明朝政府生存所需的人口、空间等资源被不断压缩。

作为后来农民军最重要的首领，李自成出生在陕北，起初是一名在驿站工作的驿卒。崇祯时期，由于内忧外患、政府收支缺口太大，明朝官方不得不精简政府机关，这就导致李自成被裁员，从公务员队伍下岗。后来李自成当过边兵，因为军将克扣军饷而参与兵变，从此进入流民队伍。

到了崇祯十年（1637年），李自成所部一度被明军洪承畴、孙传庭部打得溃不成军，仅仅带着十七名部下躲到陕西东南的商洛山中避难。当时，明军剿匪颇有成效，另外一名流民领袖张献忠也一度投降官军，但到了崇祯十二年（1639年），先是张献忠因大干旱、大饥荒而再次反叛明朝，随后李自成也杀出商洛山——由于崇祯十二年至十四年（1639—1641年）的连年大干旱，参加李自成农民军的"远近饥民荷锄而往，应之者如流水，日夜不绝，一呼百万，而其势燎原不可扑"。

除了农民军，当时不断南下的后金（清军）部队的本质也是受到了北方小冰期的气候变化，以及大干旱、草原生态恶劣的影响，在气候危机的影响下，本来就颇具野心的女真后裔（满人）不断南下，试图通过攻城略地来掠夺人口、物资等资源，进而度过艰难时期。

尽管明军、清军同样受到气候变化的影响，但相对而言，在后金（满清）崛起的过程中，努尔哈赤和皇太极父子依托战争，在不断掠夺辽东和关内财富、人口资源的同时，也不断拉拢关外的蒙古部落，又多次出兵征讨朝鲜，使蒙古各部和原本为明朝藩属国的朝鲜都被满清拉入麾下，加上满人在辽东不断争取当地汉族的支持，从而使满清在与明朝争夺天下的过程中不断扩充势力，成为明朝越来越大的威胁。

同样是面临危机，与明朝人不同，满清人成功转危为机。当然，从现实的角度看，满清在东北的地盘小、人口少，船小好掉头，加上策略得当，四处拉拢资源和人心，这就使满清得以在明朝内部的大动乱中隔岸观火，而明朝政府与李自成、张献忠等流民大军的对战也让满清这个第三者能在关外坐享渔翁之利，这确实是崇祯皇帝这个大明帝国的"大当家"所不具备的特殊优势，这也是满清足以让大明帝国陨落的优势。

4.财政缺陷与崇祯死局

大明帝国内外交困，又屋漏偏逢连夜雨——就在崇祯十五年（1642年）清军取得松锦之战的胜利、歼灭明军在关外的最后一支大军后，皇太极又派兵绕开吴三桂驻守的孤城宁远和山海关进入华北平原，一路烧杀掳掠至山东，在连破八十余城后扬长而去。

根据后来的统计，清军此次侵扰共掠夺黄金二千二百五十两，白银二百二十万五千二百七十两，并掳掠了三十六万九千汉人作为奴隶北归。而已经没有可用之兵的崇祯皇帝，只得眼睁睁看着清军在境内来去自如。为此，崇祯第三次下发罪己诏，他在罪己诏中自陈已经力不从心：

"比者灾害频仍，干戈扰攘，兴思祸变，宵旰靡宁，实皆朕不德之所致也！罪在朕躬，勿敢自宽。自今日为始，朕敬于宫中默告上帝，修省戴罪视事，务期歼胡平寇以赎罪戾。"

纵观崇祯在位的十七年间，他分别于崇祯八年（1635年）、崇祯十四年（1641年）、崇祯十五年和因亡国而自杀前夕的崇祯十七年（1644年）二月共四次下发罪己诏：在崇祯八年，张献忠军队攻破安徽凤阳、焚烧明朝祖陵，崇祯皇帝以"流贼未平，震惊陵寝"下发罪己诏；到了崇祯十四年，帝国内部连续多年干旱、蝗灾、饥荒并起，崇祯又以灾异频现下诏罪己；而此次下发罪己诏，自感心力交瘁的崇祯除了自述"于宫中默告上帝，修省戴罪视事"，他已经对时局的进一步恶化感到无能为力。这种无能为力，说穿了也与大明财政的亏空息息相关。

话说明朝以农业立国，财政主要依靠农业税，明朝开国初期统计出的天下土地有八百五十多万顷，但实际上可征税的税田只有四百多万顷。随着时间的推移，豪强隐瞒土地数据的情况加剧，明朝官方实际掌控的税田面积不断下降，加上各种天灾造成农作物减产等因素，明朝官方后期能够收到的农业税实际上越来越少。

学者方志远研究指出，万历时期，主持改革的张居正通过强硬推行"土地清丈"，将全国的税田面积增加到了七百多万顷，但即使是这样，当时明朝国内每年的田粮税收大概也只有两千五百万两白银，即使加上工商税、盐税等税收，明朝官方实际能收到的年税银也就是四千万两左右。

这四千万两税银，大概有一半（约两千万两）还要留给地方政府使用，真正能上缴到中央的——在风调雨顺、没有动乱的时期——也只有大概两千万两白银。

但这两千万两白银，除去各种开支，真正能进入户部太仓的银子，大概只有四百万两，到了崇祯末期，受各种天灾人祸影响，每年甚至都收不到四百万两银子。

万历十年（1582年），张居正去世后，缺少了理财高手的大明帝国财政逐年陷入赤字的窘境，后期的万历三大征（宁夏之役、万历朝鲜战争、播州之役）更是几乎耗尽国库存银，所以万历二十五年（1597年）紫禁城内三座大殿因失火而被焚毁，明朝财政却拿不出钱来重修，一直拖到二十八年后的明熹宗天启五年（1625年），明朝才凑够了资金重修三大殿。

由此可见，晚明时期的财政问题，不是一天两天形成的。但是，当时的大明穷得叮当响，经济却很活跃，民间尽是声色犬马，尤其是东南的江浙地区，非常繁华。

问题在于，坐拥经济繁华的东南地区，大明政府却收不到那里的税，根源是早在明朝建立之初，明太祖朱元璋就规定，将洪武十八年（1385年）所收的商税数字作为定额，此后不得加征，这就给明朝官方政府套上了一个枷锁，也就是说经济在发展，政府却不能享受其中的好处，因此当国内天灾频发、东北满人不断侵扰，大明帝国对内需要赈济灾民、对外需要养兵用钱的时候，帝国只能眼睁睁看着东南地区独自富裕，中央却穷死了。

万历皇帝也看出了问题所在，他多次想加征商业税，但都被官员们以"祖制不可改、税重民生苦"的名义反对而作罢，无奈之下只好派出太监到全国各地去开矿、收工商税，但这些太监到了地方以后到处敲诈勒索，搞得民间怨声载道。太监们中饱私囊，实际上缴给万历皇帝的钱也是他们所得的极小部分，也就是说，万历皇帝忙活一场，没赚到什么钱，却把皇帝和中央政府的名声给搞臭了，实在是得不偿失。

早在万历皇帝后期，满人已不断侵扰明土，明朝政府为了养兵北伐，平定祸乱，在万历四十六年（1618年）正式开征"辽饷"。"辽饷"一开始的征收标准，是每亩地加派三厘五毫（明朝的银两单位依次为两、钱、厘、毫），后来固定为每亩地加派九厘，所以在稳定时期，"辽饷"大概每年可以为明帝国增收五百二十万两白银。

随着明末各种天灾的蔓延和农民起事的扩散，为了剿灭"乱匪"，明朝政府不得已又于崇祯三年（1630年）开征"剿饷"，一年大概可以增收三百三十万两白银；为了练兵以平定东北和对内剿匪，明朝政府开始征收"练饷"，每年大概收入七百三十万两——"剿饷""练饷""辽饷"三饷加在一起，大概每年可以为明朝财政增收一千六百万两白银。

但问题是，加征的这三饷属于土地税，负担大部分都落在农民头上，尤其是落在了北方农民头上。

学者方志远指出，尽管明末看似有七百多万顷土地可以征税，但由于豪强大户和地主可以通过种种方式隐瞒他们自己的田地面积，并且他们的收入也不一定完全源于土地，这就使三饷的实际负担主要落到了农民头上，当时，加征的三饷意味着每一亩农田要增加百分之七十左右的税收。并且，由于加征的三饷是按照土地面积来征收的，这就导致占地广阔的北方地区农民在天灾频发的荒年要承担更多的税收。

实际上，从唐朝后期以来，中国的经济重心就逐渐向南方转移，到了明末，东南地区的工商业已经非常发达，富甲天下，而实际上从南宋开始，南方的人口就已超过了秦岭、淮河以北的北方地区——问题的一方面是，南方虽然人口众多、经济发达，但是土地面积却没有北方的多，并且南方尤其是东南地区，财富来源占比越来越大的已经是工商业；另一方面是，明朝的主体税仍然是农业税，"三饷"也是农业税，如此一来，明朝的这种税制就成了财政缺陷，导致有钱的东南地区不用交什么税，有钱人交不了多少税，但穷人，尤其是农民——北方农民，却要承当更重的税赋。

学者方志远指出，如果把'三饷'的压力落到每一个劳动力身上，可以发现一个西北地区的农民承担的加派负担，是一个东南地区的农民的十倍左右。

但这样分析，是否说明明朝的财税负担非常重呢？专注中国财政史研究的学者刘守刚指出："正如黄仁宇先生指出的，明代财政的平均税负只有10%左右，而同时期的日本，税负达到50%。……明代财政的根本问题在于国家机构与正常财政不能对日益发展的工商业经济实现有效征税，不能充分动员起帝国时期的财政资源。"

刘守刚还指出："在这样的条件下，一旦国家对税收有紧急需要，没有正路可走就只能走上歪路，而歪路则会让所有人都受到损伤。"

无论是万历皇帝指使太监到处去开矿收税，还是明末政府开征"三饷"，本质都属于一种财政"歪路"。

刘守刚说："明代之所以设计如此的工商税制，既有吸取宋元工商税收教训的原因，也跟自明代起帝国进入成熟期有关。因为成熟，国家职能转向内向，不以进取为能，不以扩张为目的，对支出的需要也就很少；因为成熟，国家试图消除一切不确定，而采用定额措施去管理财政活动。对属于自由流动资源的工商业经济，则采取轻视和不负责任的态度。没有必要的保护措施，没有正规的商事法律和周到的法律程序，大大小小的官吏在工商税的管理方面更是以马虎和腐败出名。"

如此一来，没有从晚明时期蓬勃发展的工商业经济中享受到税收好处、形成命运共同体，却只能通过农业税盘剥农民的大明帝国，境内烽烟四起已经成为必然之势——到崇祯时期，大明帝国陷入了"崇祯死局"的困境中不能自拔。简单说就是，大明帝国由于天灾人祸导致财用短缺，为了解决财用短缺的问题而对农民加征赋税，进而加剧了天灾人祸的恶劣影响，而财政体制的缺陷又使帝国和农民的矛盾不可调解。在这种恶性循环中，大明帝国的"崇祯死局"已无法破解，最终在"缺钱"中逐渐走向毁灭的边缘。

5.蠹虫宗室

就在崇祯皇帝为财政困局焦头烂额之时，他的皇室宗亲却普遍富得流油。

崇祯十四年（1641年），李自成围攻洛阳，就藩洛阳的福王朱常洵拥地两万多顷，其田产遍布河南、山东、湖广等省，当初，他的福王府邸仅仅建造费用就花了二十八万两白银。但就是这样一位富甲天下的藩王，不要说拿出钱财支持明朝中央和皇室共度时艰，就连面对农民军围攻洛阳的生死存亡时刻，朱常洵仍然不肯劳军，让士兵饿着肚子为他守城，结果守军哗变倒戈，李自成几乎是兵不血刃就占领了洛阳。

进城后，李自成当众怒斥朱常洵："汝为亲王，富甲天下，当如此饥荒，不肯发分毫帑藏赈济百姓。汝奴才也！"随后，李自成下令将朱常洵受枭首之刑，并将他的尸体剁碎杂以鹿肉，煮成"福禄宴"食用，以泄愤。

尽管有福王朱常洵在前，但明代很多藩王死到临头仍全然不顾明朝政权的安危及百姓的死活，只顾守着自己的私财。就在崇祯十五年（1642年）底，清军再次绕过北京攻入华北地区，掳掠人口和财富，同年十二月，清军进攻山东兖州，兖州知府邓藩锡劝说鲁王朱以派散发钱财募兵守城，邓藩锡说："如果鲁王您愿意散财募兵，城犹可守，否则大势一去，悔之晚矣。""守财奴"鲁王朱以派死活不肯散财募兵，结果清兵不久就攻占兖州府，朱以派只好自缢而亡，王府的钱财也被清兵掳掠一空。

对明朝的这些宗室藩王来说，尽管他们是倚靠着明朝中央这棵大树而生的，但是在王朝的生死存亡时刻，藩王们也不肯拿出一丝一毫来支援中央财政，更不要说赈济百姓，这些"守财奴"藩王最终也在明末天下大乱的烽火中或为清兵所杀、或为农民军所杀，最终覆灭于时代的怒海波涛之中。

尽管福王朱常洵和鲁王朱以派因为吝啬而惨死，但他们并非明末无良藩王的最后两位。

到了崇祯十七年（1644年），在崇祯皇帝上吊自尽后，张献忠统率的农民军也攻入了四川。面对危局，四川巡按御史刘之勃急忙劝说蜀王朱至澍拿出钱财来犒赏军民、加固城防，没想到富甲四川的朱至澍却要无赖，说："孤库中钱粮有数，只有承运殿一所，老先生等拆去变卖充饷！"

面对全然不知死活的无耻蜀王，主持成都城防的刘之勃直接怒怼："殿下，承运殿无人买得起，唯有李自成是受主！"意思是一旦农民军破城，一切都将不再为蜀王所有。但朱至澍对此"终不悟"。对这些藩王来说，他们以明朝宗室身份掠夺天下民财，但到了国家有难，需要他们奉献出来，以御敌之时，这些人却普遍表现出鼠目寸光和贪婪无耻的"守财奴"形象，对他们赖以立身的政权安危全然不顾，最终身死陨灭且为天下笑。

不久，张献忠率军攻破成都，后悔不及的蜀王朱至澍走投无路，只得投井自杀，其在成都城内的宗室子孙被张献忠下令捕杀殆尽。蜀王自杀后，此前劝说他散财守城的四川巡按御史刘之勃也为农民军所捕，张献忠让人劝说他投降，但刘之勃破口大骂，张献忠于是下令将他凌迟处死。刘之勃毫无惧色，临死前大喊着说："宁多剐我一刀，少杀一百姓。"

但疯狂的张献忠并未放过成都的百姓。顺治三年（1646年），他在撤离成都前，下令对成都进行屠城，疯狂屠戮了成都城内的数十万百姓，而他对所经过处的明朝宗室的态度，则是："凡王府宗支，不分顺逆，不分军民，是朱姓者尽皆诛杀。"

崇祯十七年，李自成率领的农民军进军山西。后来投降的太原总兵姜瓖回忆说："凡所攻陷，劫掠焚毁备极惨毒，而宗藩罹祸尤甚。"例如在山西平阳，李自成率领的农民军先是斩杀当地的皇族西河王等三百多人，后在汾阳，对皇族"宗绅"大开杀戒，"彼汾一方，几成罗刹鬼国"。攻克太原后，出于对朱明皇族的极度仇恨，李自成率领的农民军又"捕晋宗室四百余人送西安，悉杀之"。为了防止山西底层皇族作乱，李自成率领的农民军"恐宗人为变，闭门搜捕，得千余人，杀之海子堰，若歼羊豕"。时任太原总兵姜瓖回忆说："云（今山西大同）之宗姓，约计四千余，闯贼盘踞六日，屠戮将尽……"

尽管在改朝换代之际，后来者多有屠戮前朝皇室宗亲的行为，但若论屠戮的范围和广度，没有一个朝代能像明朝末年这次广泛、残酷，究其原因，则在于明朝宗室已然成了明朝社会的吸血鬼，让当时的农民军从上到下都无比痛恨和仇视。

话说明朝开国之初，朱元璋将他的儿子全部分封为亲王，并规定皇族子孙不受普通法律约束，不归当地官府管制。诸王的府第、服饰和车旗，"下天子一等"，连公侯大臣见了朱明皇族子孙都要"伏而拜谒"。

当时，朱元璋给明朝官员们定下了历代王朝最低的工资标准：正一品官员年俸米千石……正七品百石。明朝时一石米折合约一百五十斤，以现今每斤米五元计算的话，明朝一品宰相的年薪约为人民币七十五万元，七品县令的年薪约为七万五千元。明朝行政官员的年薪中，还包括需要自行承担的各种公务费用，这就使得明朝著名清官海瑞甚至穷得吃不起肉，以至于海瑞为了给老母亲祝寿而破天荒买了三斤肉，轰动了当时整个明朝官场。

与此同时，朱元璋却规定皇族成员一旦被封为亲王，其年俸至少在万石，是明朝最高级官员的十几倍，这还不包括土地等大量赏赐。为了让子孙后代过上最优越的生活，朱元璋还规定皇族子孙不必从事任何职业，每一个皇族后代的所有消费全部由国家承担：十岁起还可以领工资，享受俸禄，结婚时由国家发放房屋、冠服、婚礼费用；死后还有一笔丰厚的丧葬费。

由于生孩子的福利很多，因此明朝宗室最喜欢生孩子。"宗室年生十岁，即受封支禄。如生一镇国将军，即得禄千石。生十将军，即得禄万石矣……"因为生孩子有这么多好处，所以在明朝二百七十七年历史中，朱元璋的子孙们几乎是铆足了劲生，史载："利禄之厚如此，于是莫不广收妾媵，以图则百斯男。"其中最夸张的是生活在明朝中期、居住在山西的庆成王朱钟镒，他就至少生了九十四个孩子，在朱钟镒活着的时候，据说他个人传下的嫡系子孙就达七百多人，令人震惊。

在明朝政策的鼓励下，到了万历三十二年（1604年），明朝宗室人数已经快速扩大到八万多人，这还仅仅是玉牒上列名的高级皇族人数，如果加上海量的底层皇族，据安介生等人口史学家推算，到了明朝末年，朱元璋的子孙已繁衍至近百万人之众。而按照当代学者的推测，明代皇族的人口增长率，是当时全国平均人口增长率的十倍。

对于国家厚待皇族，明朝人则感慨说："我朝亲亲之恩，可谓无所不用，其厚远过前代矣。"

庞大的皇族子孙，也使明朝政府背上了沉重的财政负担，社会矛盾更是日益激化。

明朝皇族不仅拥有超高的俸禄，往往还占据着大量土地。明朝中叶以后，在全国人均土地面积不断下降、贫者几无立锥之地的同时，全国土地也越发向皇族手中集中，以景王、潞王为例，他们在湖广等地的庄田各多达四万顷，另外福王的庄田有两万顷，桂王、惠王、瑞王的庄田各有三万顷。在湖南，吉王占有的土地更是高达七八十万亩，其中湖南长沙、善化两县百分之四十的田地都为吉王所有。而在河南，全省一半的土地都为各个亲王所有。以明神宗万历皇帝的第三子、福王朱常洵为例，朱常洵结婚时，万历皇帝赏赐婚费达三十万两白银；朱常洵前往洛阳就藩，万历皇帝又为他花了二十八万两白银营建府邸。此外，万历皇帝为了这个宝贝儿子，一次赏赐土地就达四万顷，由于官员力陈此举太过奢侈，最后才减为两万顷，但由于当时河南的土地已经被瓜分殆尽，最后从山东、湖广等地分田,才勉强凑够了这两万顷土地给福王朱常洵。

对此,明朝人这样描述:"占夺民业而为民厉者,莫如皇庄及诸王、勋戚、中官庄田为甚。"

随着皇族人数的剧烈膨胀,明朝财政也逐渐不堪其重。

山西晋王,在明朝初年只需年俸一万石,但到了嘉靖年间(1522—1566年),这个数字增长到约八十七万石。河南周王,年俸也从明朝初期的一万石增长到嘉靖年间的约六十九万石。湖广楚王,年俸则从一万石增长到约二十五万石。

在皇族人数不断剧烈膨胀的过程中,明朝的地方官们也惶恐地发现,光是为了奉养当地的皇族,地方的政府财政就已濒临崩溃。以明朝中后期的山西地方财政为例,当时山西的年财政收入大概是一百五十二万石,但仅为应付山西的朱明皇族,就需要支付其年俸达三百一十二万石。在明朝中后期,河南的年财政收入大概是八十四万石,但仅河南皇族的俸禄就达到一百九十二万石。

到了嘉靖年间,明朝官员惶恐地指出,即使是竭尽举国之力,也已经难以供养皇族子孙了:

"王府将军、中尉动以万计,假令复数十年,虽损内府之积贮,竭天下之全税,而奚足以赡乎?"

"将来圣子神孙相传万世,以有限之土地,增无算之禄粮,作何处以善其后?"

到了明朝中后期,即使竭尽天下财力,都已无力供养朱元璋的皇族子孙,但他们仍不知足。

以崇祯十四年(1641年)被李自成杀掉并剁碎做成"福禄宴"的福王朱常洵为例,朱常洵是万历皇帝的第三子,他就藩洛阳时不仅要了两万顷封地,还向万历皇帝乞求赏赐"故大学士张居正所没产,及江都至太平沿江荻洲杂税，并四川盐井榷茶银以自益……又请淮盐千三百引，设店洛阳与民市"。不仅如此，福王朱常洵还与民争利，垄断了河南多地的盐业买卖，禁止别人售盐："禁非王肆所出不得鬻。"

福王朱常洵并非个案。大量皇族与民争利，垄断盐业等行业买卖，导致明朝政府的盐税等各路税收收不上来，民怨沸腾，明朝的财政收入也日益窘迫，甚至"边饷由此绌"，连军费开支也受到影响，因此明朝政府转而通过加重对普通民众的盘剥来解决问题，由此又加速了王朝的衰亡。

到明朝中后期，皇族日益垄断土地的同时，各地王爷还经常向皇帝哭穷、索求各项特权：在河南开封，周王拥有当地的课税权，潞王则占有河泊所二十六处；在山西潞城县，清源王占有商税；山西屯留县商税，则被皇帝赐给了辽山王；平遥王甚至以家口太多、生活紧张为由，申请到了山西黎城县一年的商税。而放眼当时海内，福王朱常洵"珠玉货赂山积"，陕西的秦王则"拥资数百万"，山西的代王更是拥有房屋一千零六十所。

为了供养欲望剧烈膨胀的朱明皇族，到了晚明时期，明朝境内民众甚至已经到了"废箸、鬻舍、捐妻子，以供王国之禄"的地步。

即使如此，朱元璋的子孙还是不满意，他们甚至公然成为各地恶势力的代表。作为驻扎各地的藩王，代王府的辅国将军仅仅因为当地县令秉公执法地处罚他的仆人，就对当地县令大打出手；在山西，河东王更是经常殴打地方官员，"挟奏有司，擅入府县，凌辱殴詈，习以为常"。嘉靖三十七年（1558年），福建宁化王府的管家甚至因为"求索禄粮不遂"，公然殴打当地的封疆大吏、从二品的左布政使刘望之。

由于皇族成员享有司法特权、有罪时"罚而不刑"，因此朱元璋的子孙也在各地为非作歹：嘉靖五年（1526年），山西汾阳庆成王府的辅国将军甚至与盗匪公然勾结；山西襄垣王府的辅国中尉、浙江昌化王府的辅国中尉，甚至"私出禁城为盗"，公然杀人抢劫；在湖南武冈，岷王朱企礼则"前后夺民妻女无算"；在河南禹州，徽王朱载埨甚至"有美女子过府第，掠入与淫，女幼不敢接，即大怒，投以与虎"。到了明朝中后期，朱元璋的皇族子孙，许多已沦落成为地方恶势力的代表，成为明朝各地的巨患大害。

因此可以说，明朝的灭亡也与明朝的宗室政策，以及宗室侵蚀国家财政并掳掠侵害民间有着深刻的关联，明朝宗室在维系所谓朱家江山的同时，最终也反噬了整个大明帝国，成为明朝灭亡的重要原因之一。

6.民心转向

就在清军于崇祯十五年（1642年）底攻入山东，杀死鲁王朱以派，并掳掠了二百二十万两白银和三十六万汉人入关为奴之时，已经没有可用之兵的崇祯皇帝只得眼睁睁看着清军在大明境内来去自如。

为了应对关内不断攻城略地的农民军，崇祯先是于崇祯十五年年初下令释放了此前已经大败李自成、后来却无辜被羁押三年多的名将孙传庭，但日趋壮大的李自成的农民军已经今非昔比，而已经没有精兵强将的孙传庭则在开封城破后的第二个月（崇祯十五年十月）被李自成击败于河南。随后，明朝诸将皆"望风引避"，"无有敢当其锋者"，很多官吏甚至直接弃城出逃，"易服匿草间"。

在河南境内击败孙传庭后，李自成又挥兵进攻湖广重镇襄阳。当时，镇守襄阳的是拥兵二十万的左良玉，这支军队也是关内仅剩的一两支让崇祯皇帝仍然可以倚为支柱的大军，结果左良玉不仅没有守城御敌，反而是在李自成兵临城下前先是纵兵掳掠襄阳和樊城百姓，然后弃城出逃，使李自成轻松占领襄阳。

襄阳一失，李自成的军队就沿着汉江进入长江中游，并先后攻克了长江中游的重镇枣阳、荆门、荆州等地。

崇祯十六年（1643年）五月，另外一支主要的流民军队——张献忠所部又攻陷了华中重镇武昌，并处死了楚王朱华奎。不仅如此，张献忠还将攻陷武昌等地掠夺来的大量白银拿出来召集流民，扩大军队。

在武昌，张献忠自称"大西王"，建立了大西政权。与此同时，李自成也在襄阳建号称王，对于张献忠称王的举动，李自成颇为不满。当时，明军左良玉部开始反攻张献忠军队，张献忠为了避免与李自成部和明军左良玉部双线作战，率领军队南下进攻湖南和江西等地。到了崇祯十七年（1644年）正月，张献忠又率部向四川进发，开始了此后乱蜀的大屠杀之战。

与此同时，此前只是满足于攻城略地、杀人越货的李自成，也萌生了与明朝分庭抗礼、争夺天下的想法，就在攻克黄州（今湖北黄冈）后，李自成就发布檄文声讨崇祯皇帝和明朝官方：

"明朝昏主不仁，宠宦官，重科第，贪税敛，重刑罚，不能救民水火，日罄师旅，掳掠民财，奸人妻女，吸髓剥肤。"

对于攻克之地的百姓，李自成则发布檄文进行抚慰："本营十世务农良善，急兴仁义之师，拯民涂炭。今定承天、德安，亲临黄州，遣牌知会，士民勿得惊惶，各安生理。"

不仅如此，李自成还到处宣传"三年免征，一民不杀"，这对当时在大干旱、大饥荒、明朝官方三饷重压之下，已经接近生存极限的北方灾民来说，影响巨大，以至于李自成之处"所至风靡"。

对于这种农民军和明朝官方的人心向背转换，明朝翰林院编修马世奇在与崇祯的对话中指出，在农民军中，李自成比张献忠更可怕，原因就在于张献忠到处屠戮，而李自成却处处收买人心："今闯、献（李自成、张献忠）并负滔天之逆，而治献易，治闯难。盖献，人之所畏，闯，人之所附。"

对于李自成攻城后散财收买民心的举措，马世奇分析说："贼知人心之所苦，特借'剿兵安民'为辞。一时愚民被欺，望风投降。而贼又为散财赈贫，发粟赈饥，以结其志。遂至视贼如归，人忘忠义。"

谈到如何扭转困局，马世奇说："其实贼何能破各州县，各州县自甘心从贼耳。故目前胜着须从收拾人心始。收拾人心，须从督抚镇将约束部伍，令兵不虐民，民不苦兵始。"

但已经陷入"崇祯死局"的明朝官方显然对于如何扭转人心向背无能为力，一切现实都在不断加重"崇祯死局"的恶性循环。对此，保定巡抚徐标就在与崇祯皇帝的对话中愤慨地陈述道："臣自江淮来，数千里，见城陷处固荡然一空，即有完城，亦仅余四壁城隍，物力已尽。蹂躏无余，蓬蒿满路，鸡犬无音，曾未遇一耕者，成何世界！皇上无几人民、无几土地，如何致治乎？"

对于大干旱、大饥荒，以及农民军和清军交替攻掠、扫荡，造成从华北平原的河北、山东，到华中地区的河南、湖北，华东地区的安徽，华南地区的湖南、江西，到西北的陕西等地的重大动乱，徐标以他的亲身见闻向崇祯痛陈直言："皇上无几人民，无几土地。"

听到徐标的一番陈述后，崇祯不禁潸然泪下，他说："皆朕之罪。"

针对明朝官方的溃败，明末清初的学者张岱后来分析说明朝末年，明朝官军纪律涣散，动辄抢掠民众，加上"三饷"等各种苛捐杂税，使得民不聊生："明季以来，师无纪律，所过镇集，纵兵抢掠，号曰'打粮'，井里为墟。而有司供给军需，督逋赋甚急，敲扑煎熬，民不堪命。"

张岱以当时人和亲身经历者的视角指出，与明末明朝官方的做法相反，李自成的农民军在后期改变了初期烧杀掳掠的做法，"自成下令曰：杀一人者如杀吾父，淫一女者如淫吾母。得良有司，礼而用之，贪官污吏及豪强富室，籍其家以赏军。人心大悦，风声所至，民无固志。故一岁间略定河南南阳、汝宁四十余州县，兵不留行，海内震焉。时丧乱之余，白骨蔽野，荒榛弥望，自成抚流亡，通商贾，募民垦田，收其籽粒以饷军。贼令严明，将吏无敢侵略"。

痛心之余，张岱也客观地指出，李自成的农民军之所以所向披靡，与民心的归附关系很大："至是陷贼，反得安舒，为之歌曰：'杀牛羊，备酒浆，开了城门迎闯王，闯王来时不纳粮。'由是远近欣附，不复目以为贼。"

就在这种"杀牛羊，备酒浆，开了城门迎闯王，闯王来时不纳粮"的民心逆向归转下，崇祯皇帝和大明帝国的死期日益临近。

7.孙传庭之死

面对李自成军队的席卷之势，崇祯皇帝越发心慌，尽管他穷尽一切努力，大明帝国内外还是烽烟四起。对此，他曾经心有不甘地向臣子们表露心迹："朕非亡国之君，事事皆亡国之象。"到了崇祯十五年（1642年）李自成攻破北京城前夕，他甚至叹息说："朕不自意将为亡国之主！"

为了护卫大明帝国，被关押三年才释放的名将孙传庭率领新军于崇祯十五年在河南与李自成展开决战，但由于兵少饷匮等多重原因，孙传庭所部很快就被击溃，孙传庭只得率部进入陕西休整。

到了崇祯十六年（1643年），大明帝国内部尚可一战的军队，只剩下辽东的边军和溃逃到湖广等地的左良玉部，以及退守陕西的孙传庭部。

老将出身、熟悉敌我军况的孙传庭，则在退守陕西后积极扩军备战，为了避免加重百姓的负担，他重点向陕西当地的地主和富户绅商开刀，逼迫他们捐款助军，他贴出告示要求豪强权贵交出多占的田地，"地不容失一亩，粮不容遗一粒"，拒不执行者则直接枭首示众。

陕西的权贵富户，恨透了不玩潜规则的孙传庭，他们就以人民的名义进行宣传，逼迫孙传庭出关。他们甚至制造舆论，诬陷孙传庭不听朝廷节制，指责孙传庭在陕西养军备战、休养生息是"玩寇糜饷"，是想割据关中，以致"秦人日在汤火中"。

而急于求成、没有清晰判断敌我力量的崇祯皇帝，也热切期望孙传庭早日出战、剿灭乱匪。崇祯十六年五月，崇祯皇帝朱由检任命孙传庭为兵部尚书，并总督秦、蜀、晋、豫、楚、江、皖七省军务，全权指挥中原战事。

对于崇祯皇帝着急催促孙传庭率领新军出战一事，兵部侍郎张凤翔再三劝告崇祯皇帝："孙传庭所有皆天下精兵良将，皇上只有此一付家当，不可轻动。"

面对左良玉部怯敌畏战，辽东边军因为对抗满人而无法南下的两难局面，张凤翔从当时的局势出发，劝诫崇祯皇帝一定要珍惜孙传庭新训练的这支大明帝国最后的生力军，但求成心切的崇祯皇帝不为所动，严令逼迫孙传庭出战，孙传庭对此无奈地说："臣以痴忠，取忌当路者甚众。""雅不欲速战，见上意及朝论趣之急，不得已誓师。"

出关时，孙传庭顿足叹息："奈何乎！吾固知往而不返也。"

崇祯十六年九月，从陕西无奈率领新军出战的孙传庭部，与李自成军队相遇于今河南郏县，恰逢大雨、粮运不继，加上粮道被截，孙传庭所部在回撤过程中被李自成追击，大败，孙传庭无奈率军退入陕西潼关。当时，部将劝孙传庭放弃潼关，退守西安，但坚持不肯后退的孙传庭决心以死守关。李自成进攻潼关时，孙传庭率领着几千残兵挥刀跃马，奋勇冲杀，最终死于乱军之中，连尸体都找不到。

由于找不到孙传庭的尸体，当时崇祯皇帝甚至怀疑孙传庭逃命去了，因此不愿意下旨表彰孙传庭。一生忠勇报国的孙传庭，至死都未能得到公正评价。

孙传庭战死五天后，崇祯十六年十月，李自成军队占领西北重镇西安。此时距离北京沦陷和崇祯上吊自尽，还有半年时间。

生性多疑、急于求成的崇祯，则在崇祯三年（1630年）中了皇太极的反间计，处死袁崇焕，崇祯十四年（1641年）冒进催促洪承畴仓促出战，以致明朝边军在松锦之战中惨败后，又一手葬送了明军在西北的最后一支主力部队，但崇祯皇帝并不曾反思自己的过错，而是将责任全部推卸到孙传庭的身上："孙传庭轻进寡谋，督兵屡溃，殊负任使！"

对此，晚明遗老们在《明史》中评价："传庭死而明亡矣。"

很多人都看出了孙传庭之死的象征意义，但崇祯皇帝却仍然在痛恨尽忠殉职的孙传庭没能为他和大明帝国力挽狂澜。

至死，他还是看不清。

8.骑墙的朝臣

尽管才智有限，但是在晚明最后几任皇帝中，崇祯皇帝算是个很勤奋的帝王。

相比于崇祯皇帝那位长达二十多年不上朝的高祖父嘉靖皇帝，以及长达三十多年不上朝的祖父万历皇帝，还有他那长期嬉戏玩乐、沉迷声色犬马的兄长明熹宗朱由校，大明末代皇帝崇祯简直就是个劳模——自打天启七年（1627年）以年仅十七岁登基后，面对晚明日益混乱的国政，他先是雷厉风行地铲除了权宦魏忠贤，此后他殚精竭虑，每天都早起上朝，夜晚则经常批阅奏章到深夜，因此，崇祯时期有很多阁臣夜晚经常留宿在紫禁城的文渊阁中，以备皇帝不时召见。

有感于明朝内忧外患、财用不足，与奢靡的祖先嘉靖皇帝、万历皇帝相比，崇祯皇帝厉行节俭，他即位后就下令停办苏杭织造，因为此前苏杭织造由宫内太监掌管，专门为宫内采购缎匹绢帛，对民间骚扰颇重。崇祯皇帝下诏："惟是封疆多事，征输重繁，未遑苏豁。乃有织造钱粮，虽系上供急需，朕痛念连年加派络绎，东西水旱频仍，商困役扰，民不聊生，朕甚悯焉。……朕不忍以衣被组绣之工，重困此一方民。"

崇祯皇帝节俭，甚至衣服破了也会继续穿。有一次他参加经筵日讲，但他见内衣袖子破损，露在外面给廷臣看见不太雅观，不太自在的崇祯于是不时用手将内衣袖子塞回去遮掩。发现这个细节后，经筵主讲官说："天子衣服破敝，虽然过于节俭，但这是美德，何必忌讳呢！"崇祯皇帝这才不再塞掩手袖。

为了悼念皇子和节约宫中开销，在皇五子朱慈焕于崇祯十三年（1640年）病逝后，崇祯皇帝甚至一度改为吃素，崇祯皇帝的外祖母听说后非常心疼，后来进奏说她梦到崇祯皇帝早逝的母亲托梦，请外孙不要只是吃素，并劝告说"药补不如肉补"，崇祯皇帝这才恢复吃荤，但他与周皇后在此后生命的最后四年里，仍然坚持每月吃素十天，以节约膳食开销。

节流之外，为了开源，他甚至命令将他的祖父万历皇帝珍藏的多年野生人参拿出来变卖，换了几万两银子补贴国用。但这些对于缓解帝国的财政窘境甚至连杯水车薪都算不上。

于是，就在崇祯十七年（1644年）开年，面对连年战争造成的国库耗尽局面，已经走投无路的崇祯皇帝只得向满朝文武百官和皇亲国戚们发出号召，希望大家能捐钱筹集军饷，以对抗李自成的农民军。

募捐号召发出后，尽管明熹宗皇后的父亲、太康伯张国纪带头捐了两万两银子，但其他人中除了内阁首辅魏藻德捐了五百两，其他人几乎没有响应，眼见群臣应者寥寥，心急如焚的崇祯皇帝又紧急派出多位太监分别到大臣和皇亲国戚们家中游说募捐。

太监徐高奉命前往崇祯皇帝的老岳父、周皇后的父亲嘉定伯周奎家中，让他带个头，捐十万两银子。在即位之初，崇祯皇帝曾经赏赐了一套苏州的豪宅给老岳父周奎，还曾经一次赐给他七百顷土地和三十名随从尉军。作为当朝国丈，周奎平时非常吝啬，还经常给当时北京城的平民放高利贷，"寝室积钱常满"，收高利贷，富得流油——但就是这样一位富豪国丈，却在女婿崇祯皇帝和国家危难之际装穷卖傻，任凭崇祯皇帝的使者、太监徐高几次哭着哀求都没有用，徐高在临走前对周奎说："老皇亲你如此吝啬，国家危难当前，即使你广蓄钱财，以后又有什么用呢？"无奈之下，周奎只好勉强答应捐一万两银子。

崇祯皇帝认为老岳父周奎实在太不像话，要他至少拿出两万两银子，跟前国丈、太康伯张国纪一样，给满朝文武做个示范，周奎于是跑到后宫央求女儿周皇后帮忙。周皇后为了面子，只好从皇宫东拼西凑了五千两银子送给周奎，而周奎竟然私下还贪污藏匿了其中的两千两。

于是，在明熹宗的国丈、太康伯张国纪和当朝国丈、嘉定伯周奎的带头"示范"下，当时号称京城首富的大太监王之心捐了一万两，连同其他皇亲国戚和满朝文武的捐款，这次亡国前夕的募捐活动一共只筹集到二十万两银子。

尽管只是杯水车薪，但对火烧眉毛的崇祯来说，这点钱也聊胜于无了。

当然，这件事还有后话，在崇祯皇帝上吊自尽后，李自成率军进入北京城，检查明朝的国库，发现查来查去竟然只有"银二千三百余两，又钱作八百，国家之贫至此，可发一笑"。

需要金钱运转的李自成，让手下对城内的原明朝的皇亲国戚和文武百官严刑拷打以逼供，一度哭穷的周奎最后向李自成上交了五十二万两银子，太监王之心则交了十五万两。李自成在北京几个月从这些人身上逼索到了七千多万两银子，相比于崇祯皇帝的"文明劝捐"只得到二十万两银子的结果，李自成失了官心，却得到了实在的好处，这不得不说是一种对比的讽刺，由此可见明朝在亡国前夕，满朝勋戚和文武百官很多都怀着一种"等公司倒闭、换老板、好跳槽"的心理。

对此，学者刘守刚指出："从劝捐事件可以看出，在君主可能失去江山时，具有自己独立地位与权力来源的官僚在背弃君主时是坚决无情的。哪怕是勋戚和宦官这些被君主有意识地扶植起来的人，也没有成为卫护一家一姓政权的力量。明末思想家黄宗羲的一句话，把这些官僚的心思更加清晰地表达出来，那就是'天下为主，君为客'：君主不是天下的主人而只是可以更换的客人，任何人的君位都是可被撤销的对象，官僚也可为不同的君主服务。"

简单来说，大厦将倾，很多人都已做好准备，要换公司、换老板了。

9.迁都搁浅

就在李自成和张献忠等流民大军到处扫荡之时，内外交困之中的崇祯意外得到消息，说清人皇帝皇太极已于崇祯十六年八月初九（1643年9月21日）暴亡——据记载，皇太极可能死于中风，当天白天还在处理政务，晚上就突然病逝，这使得清廷内部的多尔衮、豪格等人为了夺权，暂时陷入了混乱。

尽管辽东战场临时歇了口气，但李自成并未停下脚步，他在崇祯十六年（1643年）十月攻占西安，随后占领陕西全省后，决定正式称帝。此前，崇祯十六年三月，李自成在攻占襄阳后自称"新顺王"，但他并不满足，到了崇祯十七年（1644年）一月，李自成在西安正式称帝，并宣布定都西安，建国号"大顺"，改元"永昌"。至此，中国大地上同时出现了三个年号，分别是：大明帝国的崇祯、辽东满清的顺治（多尔衮和豪格经过妥协，最终拥立皇太极的第九子、六岁的福临为帝，是为顺治帝，并于1644年改元顺治），以及李自成创立的大顺国的永昌。

正式称帝后，李自成开始发兵，计划取道山西进攻北京，二月，李自成挥兵攻克山西汾州、阳城、蒲州和太原等地，除了在代州和宁武关遭遇了总兵周遇吉的顽强抵抗，农民军死伤七万多人，其他地方李自成并未遇到像样的抵抗。

宁武关陷落是在崇祯十七年三月初一，此时距离李自成的农民军攻克北京，以及崇祯上吊自尽，还有十八天时间。

在拱卫军事重镇大同的门户——宁武关陷落后，大同也岌岌可危。由于在宁武关遭遇顽强抵抗、死伤惨重，李自成下令对宁武关进行屠城——"婴幼不遗"，这种残酷的屠城政策使大同总兵姜瓖极为震撼，他看到大势已去，立即开城投降，随后宣府总兵王承胤也向李自成递上了降表。三月十一日，李自成的大顺军开进宣府镇，"举城哗然皆喜，结彩焚香以迎"，满城军民都庆幸自己没有遭遇战祸，免于身受屠戮之灾。

就在李自成取道山西，即将兵临北京城下之时，崇祯皇帝再次想起了迁都南京的计划。为此，他与左中允李明睿多次秘密商谈南迁事宜，但崇祯皇帝担心像此前计划迁都一样遭遇群臣反对，因此一直不敢公开此事，一直到三月一日宁武关和大同在同一天陷落后，已经接近走投无路的崇祯皇帝决定公开召见百官，商谈南迁计划。

没想到，兵科给事中光时亨首先站出来反对，光时亨激动地说，如果不杀主张南迁的李明睿，"不足以安人心"，其他大臣因此都不敢再公开讨论此事，死要面子的崇祯皇帝无可奈何，只得装样子说："国君死社稷，朕将焉往？"

见群臣都不敢附议南迁，崇祯皇帝只得违心地表示要坚守京城，与京都共存亡："如事不可知，国君死社稷，义之正也。朕志决矣！"

有意思的是，激烈反对南迁的光时亨却在李自成进入北京城后，率先投降农民军。在帝国的生死存亡关头，光时亨表现得激烈、慷慨，但在北京城破之日，他却毫无骨气地屈膝投降。

面对这样不敢担当甚至虚伪无耻的臣子，也难怪崇祯皇帝感慨："朕非亡国之君，诸臣皆亡国之臣矣。"

归根到底，京官都有自己的小算盘。

他们不愿意放弃眼前的利益，良田美宅带不走，而等到新的王朝建立，他们跳槽到新公司当个普通职员或者高管，不过就是换家公司打工而已，总比南迁之路上颠沛流离来得轻松。

另外，大臣们对崇祯也有些恐惧。崇祯皇帝在位十七年，虽然忙里忙外，但这个皇帝就像有偏执型人格障碍，不轻易相信别人，喜欢杀大臣。

这样一个皇帝，众臣很难跟他一条心。

对此，历史学者魏斐德认为，崇祯皇帝在亡国前最终决定放弃迁都，他的优柔寡断使清朝得以在击败李自成后，入关继承了明朝完整的中央机构，几乎接管了明朝京城的全部汉族高官，并依靠这套系统，进一步统一了南方。

这次迁都计划的失败和崇祯皇帝的死亡，也削弱了南方明朝皇室宗亲的凝聚力。

后来，建立于南方的南明政权，包括由福王朱由崧监国南京建立的弘光朝廷，以及后来福建的隆武、广东的永历等小朝廷，由于缺乏天下共主的地位，各派系倾轧，内耗严重，最终抗清失败。

假如当初崇祯皇帝成功南迁，即便北方为李自成的农民军或清朝所夺，至少可在南方实行统一的军令、政令。这样的南明政权，也许还有中兴的可能。

当然，历史没有如果。

10.最后的崇祯

随着最后一次迁都计划的搁置，崇祯皇帝只得决定死马当活马医，下旨调宁远总兵吴三桂率领仅存的几万关宁铁骑入卫京师。尽管如此一来等于将明朝在辽东的最后一个重镇宁远拱手让给满清，但崇祯皇帝此时已然走投无路，实属万不得已，只得下令征调吴三桂弃城入关。

但仓促之间率领数万关宁铁骑和五十万军民南下的吴三桂，根本无法迅速赶到京师，因此，当崇祯十七年（1644年）三月十九日，李自成的农民军攻破北京城时，进京勤王的关宁铁骑才刚刚走到直隶丰润（今河北唐山），离北京还有几百里路。

南迁遇阻，求援无望，走投无路，崇祯十七年三月十六日，崇祯皇帝召集文武百官商议对策，当着众位臣子的面，崇祯皇帝泪流满面，文武百官也哭成一团。此时距离北京城破、崇祯自杀，还有最后三天。

崇祯皇帝仍在做最后的突围计划。三月十七日，李自成的农民军兵临北京城下，无能为力的崇祯只得在紫禁城内绕着大殿不停地走，大声呼喊："内外诸臣误我！误我！"

为了保留火种，崇祯皇帝此时才决定送太子出宫南下，随后他召来自己的妹夫、驸马都尉巩永固，让他以家丁护卫太子朱慈烺南下。史书记载，为人性格豪爽、"慷慨多大节"的巩永固深得崇祯皇帝信赖，此前他曾经建议崇祯皇帝南迁。到了最后关头，走投无路的崇祯皇帝才想起这个妹夫，希望他能为大明帝国保留最后的火种，但巩永固磕头跪奏说亲臣不准藏甲，他岂敢私蓄家丁？君臣二人于是相对而泣，巩永固接着说："臣等已积薪第中，当阖门焚死，以报皇上！"崇祯皇帝也动了情，说："朕不能守社稷，朕能死社稷！"

崇祯皇帝的八妹乐安公主在明朝亡国的前一年就已病逝，由于国事纷乱，仍然停灵家中没有人葬。就在巩永固与崇祯君臣二人对话两天后，三月十九日，北京城破，巩永固兑现诺言，将自己和几个子女全部聚拢在乐安公主的灵柩前，临死前他对孩子们说："你们都是皇帝的外甥，不能落入敌人手中受辱。"随后他举火把焚烧全家，自己也在乐安公主灵前自刎身亡，实现了与崇祯皇帝君臣共生死的承诺。

崇祯皇帝与妹夫巩永固谈话后的第二天夜里，崇祯十七年三月十八日夜晚，这是明朝灭亡前的最后一夜，也是崇祯皇帝生命中的最后一夜。

当晚,李自成的农民军架起云梯开始进攻北京城。眼看城破在即,当晚大概九点,崇祯将自己的三个孩子——太子朱慈烺、永王朱慈炤和定王朱慈炯叫到自己跟前,他想要见孩子们最后一面。

可看到三个皇子仍然穿着齐整光鲜的冠带袍服时,崇祯皇帝心里猛地一惊,因为就在当晚,李自成的农民军已经攻破了北京外城,正朝着北京内城和紫禁城快速推进。

就像天底下所有充满爱的父亲一样,崇祯皇帝又是吃惊,又是责备地对孩子们说:"都什么时候了,你们还穿成这样?赶紧换衣服!"

说完,这位三十四岁的父亲、大明帝国的皇帝亲自动手,帮着三个孩子换上了普通老百姓的衣服,然后给他们一一系好腰带,他语带凄楚地说:"今天你们还是皇帝的儿子,明天可就是老百姓了……在这种乱世里,要隐姓埋名,看见老人家要叫老翁;看见年轻一点的长辈,要叫伯伯或者叔叔!"

他接着嘱咐说:"社稷倾覆,使天地、祖宗震怒,这些都是你们的父亲我的罪责。但是朕也已经是竭尽心力了,怎奈文武各个大臣各为私心,不肯先国后家,以致国家败坏如此。如今,没必要再问祸福与否,只是合理去做就行了。朕没有什么好担心的了。"

三十三岁的周皇后则决定最后尽到自己母仪天下的职责。当晚,周皇后"持节"绕着整个紫禁城,一边流着眼泪,一边挨个宫殿地劝告,对在惶恐中不知如何是好的宫人和太监们说:"天灾已降,大祸临头,你们有门路的,赶快逃生去吧!"

担心有的宫人迟疑不肯离去,尽职的周皇后整整绕着紫禁城走了两圈,劝告宫人们快点逃命离开。或许在她看来,作为皇后,她要用生命站好这最后一班岗。

在返回宫中与崇祯皇帝告别后，临死前，周皇后含着眼泪对崇祯皇帝说："我侍奉皇帝你十八年了，你从来不肯听别人一句话，才会有今天。"说完这些话后，周皇后悬梁自尽。

黯然失魂的崇祯皇帝来不及过多悲伤，他又提剑来到袁贵妃的住处。

在和袁贵妃同饮几杯绝命酒后，崇祯皇帝命令袁贵妃上吊自杀，袁贵妃只好应命上吊，没想到绳子断了，袁贵妃倒落在地，站起来后，她开始逃跑，崇祯皇帝追了上去，一剑刺在了袁贵妃肩上。

崇祯皇帝又挥剑，刺伤了几位妃嫔。

在他看来，帝国要亡了，作为他的女人，为了保全名节，她们可不能落在逆贼的手中。

紧接着，他来到了寿宁宫，他在这里见到了十五岁的大女儿长平公主。长平公主拉着崇祯皇帝的衣襟痛哭。崇祯皇帝一边流着眼泪，一边说："孩子，你怎么就偏偏生在我们帝王家呢！"然后，崇祯皇帝用左袖掩着脸，右手挥剑想杀死女儿，可他砍偏了，只砍下了长平公主的左臂，看着倒在血泊中的女儿，崇祯皇帝浑身颤抖得厉害，他再也下不去手了。他转身离开，在昭仁殿，他又亲自动手，将他年仅六岁的女儿昭仁公主杀死了。

尽管生命已到了最后时刻，但他内心仍然涌动着求生的欲望。在杀死女儿昭仁公主后，崇祯皇帝让宦官王承恩坐在他的面前，陪他一起喝了几杯酒。

半夜三更时分，他让人给他换上便服，然后带着几十个宦官一起出紫禁城，试图突围而出，结果他们跑了几个城门，要么被守城部队炮击而退，要么就是根本打不开门闸，一直折腾到临近天亮，崇祯皇帝这才彻底死了心，退回到紫禁城中。

此时，时间已经是崇祯十七年三月十九日清晨，大明即将亡国的当天。

在紫禁城中，崇祯皇帝又命令内官们敲钟召集百官，钟声响了一遍又一遍，前殿却始终空荡荡：

臣子们，没有一人前来。

此时，李自成的农民军也攻破了北京内城，迎着黎明的清晖，开始向紫禁城迅速挺进。

仓皇之中，崇祯皇帝带着太监王承恩跑到紫禁城后面的万岁山（煤山）寿皇亭，由于跑得太急，他左脚的鞋子也跑丢了。在一棵树下，他最终选择了上吊自尽，和自己十七年的帝王生涯及三十四岁的生命做了永别。

陪伴他的，是太监王承恩。在崇祯皇帝死后，王承恩也以自杀的方式，选择为崇祯皇帝殉死。

帝国最后的殉葬者，是一个让大明帝国的皇帝们又爱又恨的太监。

人们在崇祯皇帝身上，发现了他的遗诏：

"朕凉德藐躬，上干天咎，致逆贼直逼京师，皆诸臣误朕。朕死，无面目见祖宗，自去冠冕，以发覆面，任贼分裂，无伤百姓一人。"

至死，他都不忘埋怨臣子们误国。此前，刚愎自用的他曾跟太监说："臣皆亡国之臣……文臣个个可杀。"

然而，对于北京城内的黎民百姓，他却表达了深刻的同情，并在遗书中恳求李自成不要屠城报复，希望李自成能给老百姓们一条活路。

他努力过，也奋斗过，只是，除了死，他已无力回天。

11.山海关大战

尽管崇祯皇帝上吊自尽,但当时由于北京城内乱成一团,农民军一直到崇祯皇帝上吊自尽两天后才发现了他的尸体。随后,李自成下令将崇祯皇帝的尸体从万岁山中抬出,停放在北京东华门旁边;在李自成的指示下,崇祯皇帝和周皇后的尸体才得以被装殓,放进了柳木棺材。

大明皇帝死了,除了太监王承恩,明朝工部尚书范景文、户部尚书倪元璐等四十多人也纷纷跟随崇祯皇帝一起自杀。对于这些"不识时务"的老臣,急着想要投靠李自成和大顺政权的大部分勋戚及文武百官根本无暇理会。

在崇祯皇帝和周皇后停灵期间,翰林院庶吉士周钟在经过灵柩时,直接策马而过,连去祭拜一下做做样子都不愿意了;那些曾被崇祯皇帝提拔擢用的大臣,也纷纷跪在了紫禁城门外,一个个等待着新主子、大顺皇帝李自成的接见。

几乎没有人去吊唁崇祯皇帝,反倒是一些过往的路人纷纷停驻叹息。

后来,昌平州官吏赵一桂在《状中州》中,讲述了他参与埋葬崇祯皇帝和周皇后的经过。赵一桂说,李自成虽然下令埋葬崇祯皇帝,但根本没有拨出经费来。

由于崇祯皇帝生前没有陵墓,赵一桂和士子、村民们一起好不容易凑了三百四十千钱,最后"督工四昼夜",至四月初四,崇祯皇帝上吊自杀半个月后,他们才最终将崇祯皇帝和周皇后的尸骨草草葬入当时已经先逝世的崇祯皇帝的爱妃田贵妃墓中。

崇祯皇帝、周皇后、田贵妃,三个人被潦草地合葬一处,这就是明十三陵中的最后一个陵墓:思陵。

崇祯皇帝自尽后，他的儿女们也饱经了颠沛流离和苦难。

当时兵荒马乱，宦官们为了保护崇祯皇帝的血脉，急忙将太子朱慈烺、定王朱慈炯，送到周皇后的父亲、嘉定伯周奎府外。然而，由于担心揽祸，周奎却将自己的两个亲外孙拒之门外。

崇祯皇帝走投无路的三个儿子，最终被宦官们一起献出，落入李自成之手。

李自成亲自审讯太子朱慈烺，并命令他下跪，没想到这位亡国太子却倔强地说："我是绝对不会向你屈服的！"

李自成于是严厉叱问朱慈烺说："你知道你家为什么失去天下吗？"

朱慈烺回答说："我哪里知道！百官们自然很清楚。"

他接着反过来问李自成说："为什么不杀我？"

对这个问题，李自成倒也显示出了气量，他回答说：你本是无罪之人，我不杀你！

于是，太子朱慈烺当即向李自成提了三条建议："第一是不可惊扰我祖宗的陵墓；第二是礼葬我的父母；第三是不可杀我的百姓。"

李自成一一答应。随后，崇祯三个儿子被收押监管。

然而，在崇祯十七年（1644年）四月底的山海关大战失败后，崇祯的三个儿子太子朱慈烺、永王朱慈炤、定王朱慈炯在乱军之中全部失踪，太子朱慈烺和定王朱慈炯两个人，更是从此彻底消失在历史的烟云之中。

两年后，被斩断手臂后侥幸逃生的长平公主最终在思念父母和故国的忧郁中病逝。在后世撰写的武侠小说中，她化身成为一个武功高强的独臂神尼，终生为反清复明的大业不懈奋斗。

但在真实的历史中，她只是一个十七岁就芳华永逝的末代公主，褪去小说里拥有高强武功的浪漫传奇，在真实的历史中伴随她的，却是血腥和永恒的梦魇。

康熙四十七年（1708年），在山海关大战后失踪的崇祯的儿子——永王朱慈炤，最终在七十多岁时，被人发现并举报后被捕，康熙下诏将朱慈炤凌迟处死，朱慈炤的几个儿子也全部被判斩立决。

至此，大明末代皇帝崇祯一家，彻底消失于历史的烟云之中。

在山海关大战中失败的李自成，则在无奈下率军匆匆撤出北京。一年后，李自成在湖北通山九宫山被杀，多尔衮则率领清军尾随其后入关，占领北京。后来，清军又相继击败了南明各路军队和各支流民大军，最终一统江山。

回顾大明帝国最后三年的人与事，我们可以发现，当帝国积弊深重，一切奋斗似乎都已无力回天，尽管部分细节具有偶然性，但历史的车轮仍然在一条必然的轨道上曲折前进，只是天下兴亡，未免苦了苍生。

那时，历史还将在暗夜中踉跄前行近四十年，一直到清朝康熙二十二年（1683年），施琅率领清军水师收复台湾，这一场晚明帝国衍生出的历史风云大戏才算最终落下帷幕。

一个帝国覆灭，一个帝国新生。但是，换皮之后，帝国是否蜕变成蝶了呢？崇祯皇帝不知道答案，李自成不知道答案，康熙皇帝也不知道答案。

大清帝国的最后三年：
与时间赛跑

相比于常出混蛋皇帝的明朝，清朝的皇帝普遍勤恳努力、爱岗敬业，但问题是在千年未有之大变局中，守着一份祖宗基业、仅靠个人的勤勉努力已经无法拯救江山，更何况子孙后代越到后世，玩弄权术、弄巧成拙的事就越多。

在与时间的赛跑中，满人的腐化又导致改革不断遇挫，军权、财权和政权也相继旁落，如此一来，帝国演化到最后，失控、崩盘就不可避免了。

时也命也，一个超稳定的系统在无法革新的时代中最终只能面临卡顿、停滞，乃至被废弃的命运。正如人有生老病死，物有成住坏空，如果以上帝视角俯视两千多年帝制历史的话，或许，清朝也只是中华文明的一个过渡罢了。

光绪三十四年十月二十一日（1908年11月14日），位于北京后海的醇亲王府，迎来了慈禧太后生前的最后一道懿旨。

就在这道懿旨下达前半个时辰，被囚禁于瀛台多时的光绪皇帝驾崩，年仅三十八岁。根据老佛爷的最新安排，光绪帝的侄儿爱新觉罗·溥仪将以"承继同治，兼祧光绪"的名义，继承大清皇位。

还没听完太后的懿旨，溥仪的祖母、老醇亲王奕譞的侧福晋刘佳氏就悲痛欲绝，她担心自己的小孙子将要重复光绪帝悲惨的一生。年仅三岁的溥仪根本不明白皇位传承的意义，对着前来恭请他入宫的太监大哭大闹，因为在溥仪看来，这些人完全是陌生人。

为了尽快平息这混乱的场面，所有人都希望溥仪的生父、醇亲王载沣尽快拿定主意。然而，面对如此变故，年轻的载沣只懂点头，完全不知如何是好，在这一片混乱之中，还是溥仪的乳母挺身而出，后来溥仪回忆说："乳母看我哭得可怜，本能地拿出奶来喂我，这才止住了我的哭叫。"

迎驾的大臣们受到启发，决定让溥仪的乳母跟随他一起进宫，再由太监抱着溥仪去觐见病危的慈禧。没多久，慈禧薨于紫禁城。

如此一来，年幼的溥仪以及他年轻的父亲摄政王载沣，就成了大清最后的"希望"了。

1.最后一次登基大典

光绪帝驾崩半个多月后,1908年12月2日,大清的最后一次登基大典在紫禁城的太和殿中举行。

溥仪在《我的前半生》中,回忆了登基大典的场面:

"我被他们折腾了半天,加上那天天气奇冷,因此,当他们把我抬到太和殿,又把我放到又高又大的宝座的时候,这就超过了我的耐性的最后限度……我父亲单膝侧身跪在'宝座'下面,双手扶我,不叫我乱动,我更挣扎着哭喊:'我不挨(待)这儿!我要回家!我不挨这儿!我要回家!'父亲急得满头是汗,而文武百官行的是三跪九叩礼,磕起头来没完没了,我的哭叫也越来越响。我父亲只好哄我说:'别哭别哭,快完了,快完了!'"

对于这不祥之语,满朝文武百官私底下自然有所议论:"王爷怎么可以说什么'快完了'呢?"或许,这句话正如谶语,即将敲响大清灭亡的丧钟。

由于溥仪年纪尚小,因此早在登基大典开始前,载沣就借溥仪的名义给他自己下了道圣旨:"军国政事,均由监国摄政王裁定。是即代朕主持国政,黜陟赏罚,悉听监国摄政王裁度施行。自朕以下,均应恪遵遗命,一体服从。"

也就是说，溥仪登基，载沣掌权。

我觉得满清的历史有意思的一点是，顺治元年（1644年），清兵入关，当时的顺治帝年仅七岁，清廷的实际掌权者是摄政王多尔衮；于光绪三十四年（1908年）登基的末代皇帝溥仪，当时年仅三岁，晚清最后几年的军国大权在大部分时间里是掌握在摄政王载沣手中的。可以说，大清国是从摄政王始，从摄政王终的。

登基大典结束后，载沣又谕令内阁会议，拿出一本《摄政王礼节总目》，确立了监国摄政王的十六条礼节，以杜绝隆裕太后垂帘听政的可能性。

新官上任都要烧三把火，更不要说摄政王上任了。载沣大权在握，当然得有人倒霉。这人，就是袁世凯。

载沣与袁世凯结怨，据说是因为袁世凯在戊戌变法时期"变节"，出卖过他的哥哥光绪帝。不过，这大概只是载沣除掉袁世凯的一个幌子。正如载涛所说："载沣虽无统驭办事之才，然并不能说他糊涂。他摄政以后，眼前摆着一个袁世凯，处于军机大臣的要地，而奕劻又是叫袁世凯使金钱喂饱的人，完全听袁支配。近畿陆军将领以及几省的督抚，都是袁所提拔，或与袁有秘密勾结。他感到，即使没有光绪帝的往日仇恨，自己这个监国摄政亦必致大权旁落，徒拥虚名。"所以，载沣上台后对袁世凯下手，自然是迟早的事。

对于慈禧选择三岁的溥仪继位一事，精于权术的袁世凯不仅全力支持，而且派人去找英、法、美等各国的公使，说服他们支持大清新帝登基。这样一来，凭借"拥戴之功"，袁世凯在这场帝位更替的风云变幻中，起初并无性命之虞。

可载沣并不买账。待登基大典结束，他就想以袁世凯欺瞒摄政王、私通外国使节的罪名，借溥仪之手把人杀了。然而，"杀袁"的筹谋不仅遭到军机大臣奕劻和世续两人的反对，就连一向与袁世凯意见相左的张之洞也不同意。他告诉载沣："杀了袁世凯，朝廷控制得住北洋军吗，万一军队叛乱了怎么办？"

在满朝大臣的庇护下，载沣饶了袁世凯一命，以其有"足疾"为由，打发回河南老家赋闲。

2.顾命老臣陨落

没病的袁世凯走了没多久，撑着一口气的张之洞就病倒了。

作为晚清名臣之一，张之洞是慈禧临终前给载沣指定的辅政大臣，也是唯一有幸活到宣统年间的四朝元老。对于这位清廉、耿直的老臣，载沣一向礼遇有加。但敬重归敬重，载沣并不赞赏张之洞勤政的表现，更不允许他过分插手朝政，教自己做事。

大清在经历庚子事变（1900年）后，终于决定推行所谓立宪改革。就在立宪改革准备提上日程之时，陕甘总督升允投了反对票，并以辞职相要挟。

升允是清廷公认的忠直之臣，也是主持清末陕甘新政的官员。在他的任期内，陕、甘两地不仅拥有了矿务学堂、农林学堂、巡警总局等一批新式机构，更是扛住了德国人的压力，拿回了陕西石油矿权。在升允及陕西一众官员、石油技师的努力下，光绪三十一年（1905年），中国陆上第一个石油厂——延长石油厂诞生，结束了中国陆上不产石油的历史。

听闻朝廷准备实施立宪，升允直言立宪为时会所趋，非两宫（慈禧和光绪）之本意。他解释说，立宪实际就是当初康、梁等维新派主张的

"抑君权，伸民权"的延续。虽然君民合治的理念很具前瞻性，但处于传统帝制下的统治者一向以"天下有道，则庶人不议"为执政要领，立宪所要求的"伸民权"却给了刁生劣监发表个人意见的机会。若不加以节制，立宪所欲达到的"靖民气"，恐怕只会变得民气愈嚣。

张之洞认为他说的在理，建议载沣暂缓立宪事项，并对升允从宽处理。可载沣早被升允激怒，不仅没有对其加以挽留，更是借皇帝的名义连发圣旨，要求升允立即去职，并在给升允的回函上批复："出言不逊。"升允去职后，载沣的亲信——伊犁将军长庚立即接任陕甘总督。

对于张之洞苦口婆心的劝说，载沣只当听不见。但升允之事只是摄政王对张之洞置若罔闻的开端。

不久，津浦铁路（现为京沪铁路的一段）出事了。当时有人告发，津浦铁路督办大臣吕海寰、帮办大臣孙宝琦等多人贪污。

津浦铁路是继京汉铁路之后，我们修建的第二条重要的南北铁路干线，当时的计划是从天津直达南京浦口。按照施工前的规划，津浦铁路的修造款项以"借洋债"为主。这就意味着贪污不仅会影响铁路的施工，还会引起清朝与各国外交关系的波动。因此案发之后，清廷格外重视。

摄政王载沣在得知消息后的第一时间，就决定撤掉吕海寰、李德顺等人，另派徐世昌带领一帮满洲贵族去主理津浦铁路的修筑工作。

徐世昌主政东三省时发起的"徐世昌新政"，曾使清廷数千万两白银打了水漂。张之洞担心，徐世昌一旦总办津浦铁路，只怕会旧态复萌，到时清朝不仅把钱花光了，还会将借钱的欧美等国得罪个遍，于国不利。况且，徐世昌是袁世凯的亲信，此番若是办差得力，得朝廷赏识，握了大权，保不齐袁世凯会趁机返回朝堂，这相当于载沣搬起石头砸他自己的脚。

张之洞十分担心大清的处境，专程带病觐见载沣。载沣直言，举荐徐世昌是庆亲王奕劻的意思。张之洞告诉载沣，徐世昌虽然"才堪继任"，但"舆情不属"，不能服众。载沣居然笑呵呵地告诉张之洞，徐世昌得以出任，靠的正是京畿绅士们的支持。

看到载沣的自我陶醉，张之洞愈发着急。他又不便把话说得太直白，就称百姓的利益和士绅们有所出入。既然载沣主持的立宪要讲究舆情，那做事情就得考虑全局，不能只看官员士绅的态度，就贸然决定一项重大决策。

没想到，载沣以为张之洞是在教他做事，当即恼怒表示：不要怕，咱有兵在！

此话一出，张之洞为之语塞。此后，病情日重的他还是没能阻止载沣的决定，就在此次会面的三个月后，张之洞病逝于家中，享年七十三岁。

据说，在张之洞病重期间，载沣还曾带太医前往探视，要张之洞好好保养。张之洞却没了往日的精神，只是私下对亲近感慨："国运尽矣！"

作为晚清名臣之一，张之洞为大清帝国的延续竭心尽力，但作为汉臣，他一来是臣子，二来是汉人，作为臣属和局外人，他的才干和建议无法打动那些在慈禧死亡以后，晚清帝国以载沣为首的年轻满族权贵。这一决策层的浮躁与无能既是晚清帝国国运将尽的体现，也是时代转型之中旧式统治集团无法适应时代新变局的突出写照。

3.摄政王的预备立宪

朝廷上没了袁世凯与张之洞，载沣主持推行的立宪就顺利多了。

根据"预备立宪，维新图治"的目标，宣统元年（1909年）初，载沣首先借皇帝的名义颁布了《城镇乡地方自治章程》，命民政部及各地贯彻落实。紧接着，他又根据已出台的《谘议局章程》，正式在各省设立谘议局，议员由当地有名望的地主、官僚以及资产阶级上层人士组成。

作为清朝地方实施宪政的重要机构，载沣尽力使谘议局成为一个"真正"的民主机构，除了让谘议局负责审议本地区的预结算、征收地方税务、主持地方社会公益活动，还允许谘议局行使与西方资本主义国家的议会相类似的职能，对地方行政参谋、纠议。

可谘议局的产生仍存在着许多不足与弊端。例如，《谘议局章程》规定谘议局在处理政务时，与地方督抚权责发生冲突，不得对其越界或违法的行为进行弹劾，只能将地方的问题层层递交至中央资政院核办。而一旦地方督抚发现谘议局有上述相同举措时，则无须照会中枢，可自行中止或解散谘议局班底，重新组建新的地方谘议局。

由于各省谘议局的大部分成员与地方督抚均有良好私交，故长此以往，双方不仅未出现掣肘，反倒因从前的人事关系而变得愈发紧密。借助《城镇乡地方自治章程》，地方督抚与谘议局议员开始把"矛头一致对外"——向清政府索权，以实现真正的地方自治与君主立宪。

宣统元年年末（1910年初），各省立宪派向清廷请愿，"期以一年之内召开国会"，让清廷君主立宪既有改革之名，也有改革之实。

载沣对此充耳不闻，因为在他看来，袁世凯被迫下台后，北洋军群龙无首，此刻正是清廷中央收回兵权的最佳时机。于是，载沣不顾他人反对，在立宪初见成效之际就给自己加官晋爵。他以皇帝的名义，任命他自己为新任"大清帝国统率陆海军大元帅"，规定在宣统皇帝亲政前，清朝的大小军务需经其批准方可实施。他的两个弟弟载洵、载涛也先后出任清朝筹备海军大臣以及专司训练禁卫军大臣，分别负责筹建清朝新海军以及管理军咨府事务。

清朝的军咨府，大致类似于同时期日、德两国设立的"参谋本部"，主要负责统率调度全国的武装力量。

载沣、载洵、载涛三兄弟齐上阵，足见清朝皇室收拢兵权的决心。可三个平均年龄只有二十岁出头的王爷一下子总揽全国一切军务，难免让地方督抚、将军都统乃至宗室亲贵眼红。他们私底下将载洵、载涛连同另两位立宪派宗室载泽、毓朗称为"内军机"，嘲讽清朝中枢的无用以及载沣兄弟的独断专行。

当时，载沣专程找到曾参加甲午海战的海军元老萨镇冰，请其协同载洵重建大清水师，重拾甲午前的帝国海军荣光。在萨镇冰的指导下，载洵上任伊始就考察了杭州、上海至广州一带海防边线的实况。根据考察结果，载洵很快提出了一个宏伟的清朝海军发展规划。按照他的设想，未来新海军应在七年内至少完成添造头等战舰八艘、巡洋舰二十艘、各式兵轮十艘的基本目标，以便在短期内速成新的北洋舰队、南洋舰队，以及福建、广东各省舰队及鱼雷舰三队的编练。

然而，载洵想在七年内完成全国海军升级换代，无异于天方夜谭。当时，清廷除了每年需赔付给列强的巨额战争赔款，庚子年后推行的"新政"也需要耗费巨额的银子。以同为军事改革的编练新军三十六镇为例，根据统计，每建新军一镇需军费一百余万两，常年经费支出约为一年二百万两。简单计算可知，仅建军和军饷所需，即达一亿两以上（实际到辛亥革命前夕，满打满算仅编练新军二十六镇，主要原因便是缺钱）。而在宣统年间，清朝的国库收入一年约为二亿五千至三亿两白银，仅编练新军一项就要占国库营收的三分之一以上。

所以，载洵的海军重建计划，最后自然不了了之。

不过，在清末部分官员眼中，这项海军重建计划的失败也跟领头人的贪腐脱不了干系。曹汝霖曾回忆道："亲贵贪污，首推载洵，他在海军大臣任内，卖官鬻爵，贪得无厌，后到英国定购战舰，议价未成，先讲回佣，声名狼藉，贻笑中外。"

4.一次失败的刺杀

皇族及立宪派互相扯皮，让革命党人看到了希望之光。

在孙中山、黄兴等革命领袖的带领下，以同盟会会员为主的革命党人依靠帮会等团体，先后发动了镇南关起义、钦廉上思起义、云南河口起义等反清起义。然而，这些起义都宣告失败。

尽管此时大部分革命党都将帮会成员视作盟友，但他们并不愿意与真正实施暴动的帮会人员有过多的实质的往来，这便导致革命党与会党之间实际形成了"雇佣与被雇佣关系"。只要钱给到位，帮会的混混哪怕因起义而丢了性命也在所不惜。

而钱，不仅清政府缺，革命党也缺。

在缺钱的状态下，孙中山只能施展其个人魅力，辗转各地拉动"天使投资"；黄兴则辗转河内等地联络同志，募集革命款项。但由于清廷与列强间存在利益关系，孙、黄二人不仅没有筹到钱，反因清廷而成了各列强国内张榜待缉的要犯。

更令革命党人难堪的是，在清廷大肆宣传"立宪"的背景下，革命浪潮跌入了一个低谷。在香港，自摄政王载沣宣布成立谘议局和资政院以来，同盟会会员注册的数量不断下降，到宣统二年（1910年）初，香港同盟会仅剩两百名会员。要知道，香港当时并不直接受清廷监管，同盟会会员人数的极剧下降更加说明国内革命形势不容乐观。

因此，对与孙、黄二人一样拥有革命激情的同盟会会员而言，搞出大新闻，或许才是重新掀起革命浪潮的最佳方法。暗杀政要，便成了这个阶段革命党人的主要任务。

宣统二年春，七个年轻人在北京琉璃厂开设了"守真照相馆"。他们无一例外都有同盟会会员背景，为首的人名叫汪精卫。那时的汪精卫血气方刚，计划用他自己的血肉之躯换取清朝掌权的王公亲贵的性命。

根据事前筹谋，一行人决定先干掉庆亲王奕劻，引发清廷内部骚乱。奈何，此时的奕劻已是年逾七旬的老头，平日里极少出门，几个人蹲守了大半个月，愣是没遇到这只老狐狸。于是，汪精卫与配合其执行暗杀计划的喻培伦、黄复生、陈璧君等人商议，将暗杀目标变更为摄政王载沣，他们渴望把事情搞大，最好能如喻培伦手中的炸弹那般，把大清彻底炸瘫。

最终，他们选定位于醇亲王府二里地外的银锭桥作为伏击地点。可计划还是赶不上变化，银锭桥为南北向单孔石拱桥，要想将炸药埋在此处，非得凿穿石块不可。几个人趁着夜色开工，他们的反常举动引起了周边居民的注意。百姓怀疑他们是逃亡的江洋大盗，遂将七人一并举报至衙门。由此，一次针对载沣的刺杀，胎死腹中。

当七人被捕时，载沣顿起杀心。但由于清政府当时还欠着甲午战争赔款，在肃亲王善耆及其日本友人的劝说下，载沣被迫放过了汪精卫。

5.革命党人拼死起义

汪精卫的行刺计划失败，使得孙中山重新调整革命方针——结束与帮会团体的雇佣关系，转而依靠同盟会精英及潜入清军内部的革命党人发动起义。

鉴于此前发动的起义皆带有地方特色，黄兴决意画出一张更大的蓝图，他开始号召全国革命党共同举事，并派出老同盟会会员谭人凤奔走两湖地区，设法聚拢光复会、共进会等其他革命党力量。

在孙、黄二人的通力合作下，宣统二年十月十二日（1910年11月13日），同盟会成立以来规模最大的一次联合行动——广州起义（即黄花岗起义）的筹备会议在马来西亚槟榔屿秘密召开。

会议决定让黄兴在香港成立起义筹备部，并担任前敌总指挥。孙中山则负责全盘的后勤支援。除此之外，陈炯明、赵声、姚雨平、方声洞等革命党人也扮演着起义各个环节统筹的角色。

考虑到此刻革命人心不齐，孙、黄二人决定先以林觉民、喻培伦、韦云卿等五百多名同盟会年轻精英打头阵，以唤醒人们对革命的认知。会议商定，广州起义于宣统三年三月十五日（1911年4月13日）发动。届时，由五百多名壮士组成的敢死队将分十路杀入广州城，占领城内各大要塞，阻断交通，围捕督抚。

怎料起义还未正式发动，来自南洋的同盟会会员温生才就在广州与华侨兴业社等革命党取得联系后，私自接受了刺杀广东水师提督李准的任务。

宣统三年三月十日（1911年4月8日），广州燕塘举行飞机试飞表演。一时间，官商云集，热闹非凡。料定李准会出席的温生才，旋即潜伏在广州城东门外谘议局前的悦来茶馆里，伺机暗杀。直到日落时分，不知谁喊了一句"提督大人驾到"，神经高度紧张的温生才立即飞奔出去，对着外面的八抬大轿连开数枪，使得新任广州将军孚琦因此毙命。

温生才暗杀得手后，未能顺利脱身。广州将军地位等同于两广总督,孚琦之死让清军加紧了搜捕步伐,无处可藏的温生才束手就擒,被清军残酷杀害。广州各大衙门听闻孚琦丧命郊外,也都加强了城内的日夜守卫及巡逻,两广总督张鸣岐更是督令各地抓紧查办革命党,并命人调驻重兵把守广州城郊的制高点,防止革命党突袭。

种种变故发生,迫使孙中山只能将起义计划延后。但这一次,黄兴和姚雨平都提出了反对意见。他们认为,精心策划许久的起义若一直延后,除了令前期筹备费用增加,还会打击同志们的士气。正所谓"一鼓作气,再而衰,三而竭",广州起义如果不能趁势而起,最后很可能会以失败收场。姚雨平等一众志士直呼:多发枪支,按时发难,必胜!必胜!

看着士气如此高涨,孙、黄等人最终决定将十路起义大军缩编成四路,交由姚雨平、陈炯明、胡毅生、黄兴率领,并决定于宣统三年三月二十九日(1911年4月27日)发动广州起义。

然而,没到最后一刻,谁都看不到胜利的曙光。约定起义当天,四路人马仅黄兴一路准时到场。在会场里喊声最高的姚雨平在起义前未领到枪械,因而退出行动。陈炯明、胡毅生两人则干脆在起义前一天宣布退出。

毫无疑问,跟此前多次起义一样,广州起义也失败了。但方声洞、林觉民、林尹民等"黄花岗七十二烈士"的鲜血并未白流,革命党人的多次起义正在日益撼动大清帝国的根基。

6.立宪派的背弃

革命暂时推翻不了清朝,但立宪同样救不了清朝。

自从第一次"国会请愿运动"没有得到清廷的正面答复,谘议局的议员们在宣统二年（1910年）又开始了第二次、第三次请愿运动。此时的谘议局只是地方级的参谋机构，议员们上达清廷的提案必须经过京师都察院审核。所以，请愿速开国会的路一开始就不好走。都察院的部堂老爷们习惯了旧式的呈请模式，看着衙门里每天都堆满了来自各省谘议局议员的意见，他们也不胜其烦。

对于这种状况，各省谘议局议员倒是早有准备。他们公推清末状元、江苏谘议局局长张謇为请愿带头人，让他出面说服江苏巡抚瑞澂，由瑞澂以地方督抚的身份联络各省督抚。在张謇、瑞澂等人的努力下，速开国会以及组织责任内阁的议题很快得到了清朝十六个省的支持。为统筹整个"国会请愿运动"，这十六个省的议员和地方督抚又联合协商，决定成立"谘议局请愿联合会"，并由直隶谘议局代表孙洪伊率领一支由各省议员代表组成的三十三人的请愿代表团赴京请愿，同时向各地宣传"速开国会"之意愿。

为配合各省议员的联合行动，江苏巡抚瑞澂、浙江巡抚增韫、山东巡抚孙宝琦等人也纷纷向朝廷施压，要求摄政王载沣及隆裕太后"俯从舆论，速开国会"。

由于各省谘议局筹谋周密，"国会请愿运动"影响广泛。不少在京旗人听说请愿开国会是为了"伸民权"，也自发"公推代表，赴都察院呈请代奏速开国会"。

或许是由于各省督抚的奏折与旗人的参与对清廷产生了积极影响，摄政王载沣于宣统二年十月三日（1910年11月4月）初宣布将原定为九年的期限提前三年，改于宣统五年召开国会，并重新公布了立宪时间表：宣统二年，厘定内阁官制、弼德院官制；宣统三年，设立内阁、弼德院、行政审判院，颁布施行内外官制，颁布会计法；宣统四年，颁布宪法、皇室大典、两院制的议院法、议员选举法，选举议员，确定预算、决算，设立审计院，实行新刑律、民律、商律、刑事与民事诉讼律，续办地方自治，县以上各级审判厅一律成立，续筹八旗生计；宣统五年，颁布召集议员令，开设议院。

清朝国会的召开时间提前了三年，对大部分请愿代表来说，这个结果虽然仍不尽如人意，但从详细的立宪时间表中确实能看出政府在一点点改变。于是，请愿代表也做出让步，并依照政府的要求劝说各界同人返乡，以观后效。

然而，外国列强似乎并不想看到当时的局面。

在清朝国民请愿开国会之际，日本提出所谓"间岛悬案"，企图将属于清廷管辖的延吉、汪清、和龙、珲春等地（朝鲜人称为"间岛"）划为朝鲜领土，并借《日韩合并条约》对清廷管辖的领土进行"合理"吞并。

消息一传出，深受日、俄侵略之害的东三省议员及海外国人，纷纷对清政府日前决议的立宪排期表示不满。流亡日本的梁启超发表了一篇感言，谓政治现象若仍此不变，则将来世界字典上决无复以"宣统五年"四字连属成一名词者。

连一贯主张改良的梁启超都如此愤慨，请愿代表们岂有回家之理？于是，在孙洪伊的带动下，在京的请愿代表又发动了第四次请愿，迫使清政府答应立即召开国会、组建责任内阁。

东三省的请愿代表则返回奉天（今辽宁沈阳），并组织谘议局成员向时任东三省总督锡良请愿，逼迫其代表百姓上书清廷，要求载沣当局不必再计较筹备时间，通过速开国会、组建责任内阁，收回清朝"龙兴之地"，以抗御有侵占野心的日本与朝鲜。

锡良的奏请让清廷下不了台。为了摆脱眼前的困境，载沣即令民政部、步军统领衙门将东三省请愿代表押送回籍，并专门找了个借口，把直隶请愿代表温世霖发配新疆充军，以杀鸡儆猴。

与此同时，清廷还发布谕令，要求各省举行欢庆活动，以示对朝廷"五年立宪"决策的拥护，并授权各省督抚，准许其对当地请愿代表或学生阻挠立宪予以自主弹压。

从此，国会请愿开始变味。天津、吉林、江西、四川、湖北等地的学生请愿运动在各地衙门的弹压下均归于失败。随着越来越多地区的国会请愿活动偃旗息鼓，这场前后历时将近一年的和平政治运动无果而终。

7.保路运动与武昌起义

鉴于召开国会的年限缩短，清廷也加快了对责任内阁的筹划。终于，在宣统三年四月（1911年5月），经过多轮御前会议协商，清朝的第一届责任内阁诞生了。

根据摄政王载沣的安排，新的责任内阁以庆亲王奕劻为总理大臣，下设外务大臣、度支大臣、学部大臣、海军大臣、陆军大臣、法部大臣、农工商大臣、邮传大臣和理藩大臣等共计十三名成员。这十三人中，有满人九人，汉人四人——因满人成员中，皇族占了七人，以致被时人称为"皇族内阁"。

对于这样的安排，载沣并未觉得有何不妥。毕竟，比起从前清朝实施的议政王大臣会议，这届内阁至少允许普通的汉官和满官参加，体现了清朝皇室一贯提倡的"满汉平等原则"。但，责任内阁的名单一公布，不仅立宪派、革命派反应强烈，就连清政府内部的官员也产生了抵制情绪。

责任内阁的不合时宜，致使原本与立宪派同抱民选意愿的地方督抚与清政府离心离德。截至辛亥革命爆发，这些督抚要么愤而去职，要么告老还乡，要么提前开溜，能坚持到清帝退位的，仅有四位。

不得不说，清廷在庚子事变后的宪政革新，一度给予了国内各个阶层以变革希望，甚至一度遏制了以康有为、梁启超为首的政治改良派，并使以孙中山、黄兴为首的革命派一度被逼入边缘，但皇族内阁的真相使晚清国内各个阶层的变革愿望落空，这种强烈的反差刺激了他们，强化了他们在武昌起义之后迅速投向革命的决心与力度，由此进一步促进了清朝的崩溃。在某种程度上，这完全是清廷在改革之初没有意料到的诡异结局。

尽管时局越发危急，但这个被讥笑为"皇族内阁"的责任内阁却还在走钢丝。盛宣怀是这届责任内阁中的邮传大臣，也是清末首富。由于他在内阁的官位是通过载泽的关系买到的，所以他一上任就尽显商人本色，打算从他熟悉的政府路权业务上把好处捞回来。于是，"皇族内阁"成立后的第一条政令——"干线国有"就此落地。

所谓"干线国有"，就是把地方官府修筑铁路干线的权力收回朝廷所有，将各地已成立的商办铁路公司全部转型为国有企业。本来，铁路国有化有利于清廷中央的统一管理，但问题在于"干线国有"涉及的川汉铁路和粤汉铁路修筑权，此前一度被帝国主义控制，后来由民间力量筹集巨资赎回，并改为商办，当时由于资金短缺，主办方甚至向川汉铁路和粤汉铁路涉及的广东、湖南、湖北、四川等地民众募资筹款。当时传言铁路暴利、回报丰厚，这四省上至官绅，下至农民，乃至妓女、流氓、帮会成员等三教九流都有人注资入股，以致形成了全民持股的特殊格局。

而盛宣怀等人则企图借"干线国有"名义，将地方官绅和民众的利益吃干抹净——当时，邮传大臣盛宣怀和督办大臣端方等人以清廷名义下令，不仅要求将商办的川汉铁路和粤汉铁路掠为国有，就连两条铁路公司的股东所有的钱款也全部掠为"国有"，并规定投资股东可以将钱款换作"股票"，但要钱就不可能了。

不仅如此，盛宣怀还出面与英、美、德、法四国银行团签订六百万英镑的借款合同，将川汉铁路和粤汉铁路的修筑权重新出卖给帝国主义，见到清廷如此强取豪夺，并且向帝国主义列强无耻出卖百姓的利益，四川、湖北、湖南、广东等省纷纷起来抗议，并开始组织轰轰烈烈的保路斗争。

为了夺回路权，四川境内成立了"保路同志会"，由于群众基础广泛，保路同志会的会员人数不到十天就发展至十万人，眼见形势可能失控，当时的四川总督赵尔丰诱捕了保路同志会的主要负责人，并开枪镇压了闻讯赶来请愿的四川民众，当场打死了三十多人，造成了骇人听闻的"成都血案"。由此，不甘屈服的四川民众纷纷揭竿而起进行反抗，以致全川大乱。

鉴于各地，尤其是四川的保路运动有席卷之势，宣统三年七月（1911年9月），清廷将赵尔丰免职，并命端方临时署理四川总督，带领湖北新军的主力入川平叛，由此导致清廷在湖北的防务空虚。在此情况下，在同盟会、文学社和共进会等革命党组织的谋划下，革命党人开始谋划在武汉发动起义。由于起义无意间被泄密，宣统三年八月十九日（1911年10月10日），参与革命的部分湖北新军官兵被迫提前发动起义，打响了武昌起义的第一枪。随后，革命党人攻占武汉，并通电全国宣布独立。

有了湖北的创世之举，各地革命党人和新军、学生等也纷纷发动联合起义，推翻当地的清朝势力。武昌起义发生不到一个月，原先隶属于清朝的十三个省就先后宣布独立，清廷统治岌岌可危。

8.袁世凯夺权

形势急转直下,但清廷的满洲权贵却乱成一团。

武昌起义的消息传到北京时,掌管禁卫军的军咨大臣载涛正率部在直隶永平准备秋操阅兵;事出紧急,亟需军咨府调兵遣将,当时留驻北京、协办军咨府事务的贝勒毓朗却一筹莫展,他只得推诿给内阁,说:"这是内阁的事,还是让内阁去办吧!"

内阁总理大臣奕劻随后召开内阁会议,会议决定让陆军大臣廕昌率部前往湖北平叛。

但在当时,一度活跃于晚清政坛的湘军、淮军早已在甲午战争中损耗殆尽,随后清廷虽然再次编练新军,但是在庚子事变中,除了袁世凯麾下的部队,清廷直接掌控的新军基本都在与八国联军的对战中崩溃瓦解。

到了光绪二十七年(1901年),清廷又命令张之洞将他在两江总督任上创办的江南自强军交给袁世凯统合训练。至此,当时清廷内部两支战斗力最强的新军主力合并为北洋陆军六镇,是为北洋军前身,并尽为袁世凯掌握。因此,尽管袁世凯被贬,但北洋军旧部却仍然尽忠于袁世凯个人。在慈禧之后上台的年轻满人权贵,已经无人能够调动、掌控北洋军。

对此,廕昌向内阁大臣们诉苦:"我一点人马也没有,让我到湖北去督师,我倒是用拳去打呀,还是用脚踢呀?"

迫于无奈,当初坚持要打压袁世凯的摄政王载沣,只得同意请袁世凯复出救急,任命袁世凯为湖广总督,并接受已去前线的陆军大臣廕昌南下平叛。

但老奸巨猾的袁世凯并不满足。他认为载沣的任命没有达到他的目的,于是就以"足疾未痊"为托词,故意拖延,不肯出发南下。就在袁世凯故意推延之际，南方各省纷纷宣告独立，形势万分火急，载沣无奈只得再度退让，并连发四道谕旨，将陆军大臣廕昌调回北京，并任命袁世凯为钦差大臣，节制所有参与平乱的海军、陆军和长江水师。

隐退三年，从庶民重回权力中心的袁世凯雷霆出击，命令北洋军部下出师猛攻革命军，并于宣统三年九月十一日（1911年11月1日）夺回了汉口。借助"战绩"，袁世凯升任清廷内阁的总理大臣，并将内阁成员进行清洗，将大部分成员换成了他自己的亲信。

而危乱之中毫无作为的满洲权贵，则在袁世凯的步步紧逼下慌成一团。不久，载沣自愿辞去监国摄政王职位，退居幕后，不再干政。面对强势的袁世凯，满族权贵甚至自愿将禁卫军的掌管权拱手让出，任由袁世凯任命他自己的亲信冯国璋掌管禁卫军。自此，清廷的军政大权已经完全落入袁世凯之手。

9.终局1912

就在袁世凯加紧篡夺清廷实权的同时，南方的革命党人也在迅速行动。

就在武昌起义爆发两个来月后，宣统三年十一月六日（1911年12月25日），因为坚持反清斗争而已经在海外流亡了整整十六年的革命领袖孙中山坐船回到了上海。当时，革命军正苦于军费匮乏，坊间纷纷传言孙中山回国带来了巨款，于是媒体记者纷纷追问孙中山带了多少钱回来支援革命。孙中山的回答则是："予不名一钱也，所带回者，革命精神也！"

尽管不仅缺乏军费支援，革命军还面对着其他内忧外患，革命的风暴和喜悦仍然席卷着所有的参与者。孙中山登陆仅仅四天后，已经宣告独立的十七省派出代表在南京集会，商议成立中央临时政府，并以十六票对一票的绝对多数选举孙中山为中华民国第一任临时大总统。

1912年1月1日，孙中山在南京正式宣誓就任中华民国临时大总统，但临时政府从成立伊始就面临着重大的财政困境，国库空虚，不要说供养军队，连临时政府的基本开支都无法维持。

而已经掌控了清廷军政大权的袁世凯则命令北洋军停驻在武汉的长江北岸，对革命军迫而不攻，一方面通过"玩寇自重"继续要挟清廷，另一方面则对革命军打打停停、停停打打，进行拉拢约谈。

对于这场始于武昌起义的辛亥革命，以英国为首的帝国主义列强则暂时隔岸观火，在他们看来，掌控北洋军的袁世凯显然更具实力，而财用匮乏的革命党人似乎难成大业。在此情况下，英国人公开出面告诫革命人："任命像孙中山或黎元洪这样的领袖为民国的总统，决不能指望会得到列强的早日承认。"

在内外的双重压力下，孙中山被迫与袁世凯进行秘密谈判，并提出只要袁世凯能够迫使清朝皇室退位并宣布推行共和国制，他就愿意将中华民国的总统职位让给袁世凯。

以孙中山为首的革命党人的妥协，虽然为后来袁世凯的复辟以及张勋复辟留下了手尾，但不得不说，在当时内外交困的格局下，革命党人的妥协也为辛亥革命以最小的代价获取最大的革命成果铺平了道路。在中国历史转折的十字路口，相比于以往朝代更迭的长期动荡和血腥战争，这次终结帝制的战争竟然如此迅速结束了，南北双方的妥协不得不说也起到了重大作用。

在与革命党人达成秘密协议后，袁世凯开始催逼清帝退位。对此，清廷内部的满族权贵中只有奕劻等少数人主张清帝退位，实行共和，以军咨使良弼为首的满族王公贵族则结成宗社党，坚决反对清帝退位。

眼见软的不行，袁世凯就授意他的老部下、当时已升任湖广总督的段祺瑞，带领四十六位前线将领"兵谏"清廷，要求清廷"明降谕旨，宣示中外，立定共和政体"。

眼见军队"倒戈"，清廷内部也大感惶恐。就在此时，宣统三年十二月（1912年1月底），坚决反对清帝退位的宗社党首领、军咨使良弼被革命党人炸成重伤，并于两天后死去，这使得清廷内部反对清帝退位的成员在惶恐之下纷纷离开北京，潜逃外地。

支持清帝的力量分崩离析，面临众叛亲离局面的隆裕太后和载沣等人不得不妥协退让，隆裕太后最终答应清帝退位，在向袁世凯的亲信梁士诒、赵秉钧、胡惟德等人交代时，隆裕太后甚至流了眼泪，说："梁士诒、赵秉钧、胡惟德啊，我们母子二人的性命，都在你们三人手中，你们回去对袁世凯好好说，务要保全我们母子二人的性命。"

仅仅用了三个多月时间，就从一个蛰伏河南洹上"赋闲垂钓"的"渔翁"一跃而起成为掌控帝国最高权力之主的袁世凯，似乎笑到了最后，尽管他将在此后因为复辟称帝而受尽唾骂。

经过多次商议，袁世凯最终与革命党人达成协议，在成立共和政体的同时，允许清帝退位后仍暂居紫禁城，并保留尊号，每年由民国政府拨款四百万元供清帝退位后使用。

一切商议确定后，宣统三年十二月二十五日（1912年2月12日），由隆裕太后确认，清帝正式宣布退位，持续二百七十六年的大清帝国宣布终结。从秦代开始延续了两千多年的封建帝制至此也宣告覆灭，尽管历史在此后仍将有曲折，但紫禁城的帝国已然日落西山。

尽管历史并未终结，但中国历史在这一年已然迈出了爆炸性的革新步伐，这种爆炸的余波还将影响百年，直至今日。一切历史都从过去流淌至今，影响现在乃至将来，奔涌向前，未曾停息。

参考资料

一、古籍

［汉］司马迁：《史记》，中华书局，1982年

［汉］班固：《汉书》，中华书局，1962年

［南朝宋］范晔：《后汉书》，中华书局，1965年

［汉］刘珍等撰，吴树平注释：《东观汉记校注》，中华书局，2008年

［汉］荀悦，［晋］袁宏：《两汉纪》，中华书局，2005年

［晋］陈寿，［南朝宋］裴松之注：《三国志》，中华书局，2006年

［晋］习凿齿，［清］汤球，黄奭辑佚：《汉晋春秋通释》，柯美成汇校通释，人民出版社，2015年

［晋］常璩，刘琳校注：《华阳国志校注》，巴蜀书社，1984年

［北齐］魏收：《魏书》，中华书局，1974年

［唐］房玄龄等：《晋书》，中华书局，1974年

［梁］沈约：《宋书》，中华书局，1974年

［唐］姚思廉：《梁书》，中华书局，1973年

［唐］李延寿：《北史》，中华书局，1974年

［唐］李延寿：《南史》，中华书局，1975年

［唐］令狐德棻等：《周书》，中华书局，1971年

［唐］魏徵等：《隋书》，中华书局，1973年

［后晋］刘昫等：《旧唐书》，中华书局，1975年

［宋］欧阳修，［宋］宋祁：《新唐书》，中华书局，1975年

［宋］司马光：《资治通鉴》，中华书局，2011年

［宋］袁枢：《通鉴纪事本末》，中华书局，2015年

［宋］宇文懋昭，崔文印校证：《大金国志校证》，中华书局，1986年

［宋］李焘：《续资治通鉴长编》，中华书局，2004年

［宋］曹勋：《北狩见闻录》，丛书集成本

［宋］蔡鞗：《北狩行录》，丛书集成本

［元］脱脱等：《宋史》，中华书局，1985年

［元］脱脱等：《金史》，中华书局，1975年

［明］宋濂等：《元史》，中华书局，1976年

［明］陈邦瞻：《宋史纪事本末》，中华书局，2015年

［明］胡广：《明太祖实录》，"中央研究院"历史语言研究所，1962年

［清］毕沅：《续资治通鉴》，中华书局，1957年

二、其他著作

吕思勉：《秦汉史》，商务印书馆，2010年

钱穆：《秦汉史》，生活·读书·新知三联书店，2018年

林剑鸣：《秦汉史》，上海人民出版社，2019年

李开元：《秦崩:从秦始皇到刘邦》，生活·读书·新知三联书店，2015年

何兹全：《三国史》，北京师范大学出版社，1994年

田余庆：《秦汉魏晋史探微》，中华书局，2004年

田余庆：《东晋门阀政治》，北京大学出版社，2012年

余英时：《士与中国文化》，上海人民出版社，2003年

毛汉光：《中国中古社会史论》，上海书店出版社，2002年

阎步克：《士大夫政治演生史稿》，北京大学出版社，1996年

阎步克：《波峰与波谷：秦汉魏晋南北朝的政治文明》，北京大学出版社，2017

柳春新：《汉末晋初之际政治研究》，岳麓书社，2006年

祝总斌：《两汉魏晋南北朝宰相制度研究》，中国社会科学出版社，1990年

万绳楠整理：《陈寅恪魏晋南北朝史讲演录》，贵州人民出版社，2007年

王仲荦：《魏晋南北朝史》，上海人民出版社，2020年

余嘉锡：《世说新语笺疏》，中华书局，2007年

仇鹿鸣：《魏晋之际的政治权力与家族网络》，上海古籍出版社，2012年

刘汉东：《混乱与重构》，广东人民出版社，1996年

唐长孺：《魏晋南北朝史论丛》，商务印书馆，2010年

章义和：《地域集团与南朝政治》，华东师范大学出版社，2002年

薛海波：《5—6世纪北边六镇豪强酋帅社会地位演变研究》，中华书局，2020年

陈寅恪：《金明馆丛稿初编》，上海古籍出版社，1980年

陈寅恪：《隋唐制度渊源略论稿·唐代政治史述论稿》，生活·读书·新知三联书店，2001年

钱穆：《国史大纲》，商务印书馆，2010年

岑仲勉：《隋唐史》，商务印书馆，2015年

王仲荦：《隋唐五代史》，上海人民出版社，2021年

吴廷燮：《唐方镇年表》，中华书局，1980年

岑仲勉：《隋唐史》，中华书局，1982年

毛汉光：《中国中古政治史论》，上海书店出版社，2002年

王赓武：《五代时期北方中国的权力结构》，中西书局，2014年

邹劲风：《南唐国史》，南京大学出版社，2000年

田居俭：《李煜传》，中华书局，2014年

熊剑平：《古代谍战史话》，社会科学文献出版社，2015年

拉施特：《史集》，商务印书馆，1983年

游彪：《靖康之变：北宋衰亡记》，湖南人民出版社，2018年

游彪：《宋史十五讲》，凤凰出版社，2011年

游彪：《问宋：赵宋王朝内政外交的得与失》，天地出版社，2021年

余蔚：《宋史》，上海人民出版社，2015年

任崇岳：《风流天子宋徽宗传》，河南人民出版社，1994年

胡昭曦：《宋蒙（元）关系史》，四川大学出版社，1992年

［德］傅海波，［英］崔瑞德：《剑桥中国辽西夏金元史》，中国社会科学出版社，1998年

周思成：《隳三都：蒙古灭金围城史》，山西人民出版社，2021年

方勇：《南宋遗民诗人群体研究》，人民出版社，2011年

何忠礼：《南宋全史》，上海古籍出版社，2011年

徐永恩：《贾似道研究资料汇编》，中国文史出版社，2013年

修晓波：《文天祥评传》，南京大学出版社，2002年

忽赤罕：《元顺帝妥懽帖睦尔传》，内蒙古人民出版社，2017年

程远斌：《陈友谅：荆楚英雄》，长江文艺出版社，1997年

周群：《刘基评传》，南京大学出版社，2011年

刘守刚：《何以帝国：从财政视角再看中华史》，浙江人民出版社，2022年

方志远：《明朝为何说亡就亡》，山西人民出版社，2023年

张德二：《中国历史极端气候事件复原研究》，商务印书馆，2023年

王兴亚：《甲申之变》，中国社会科学出版社，2011年

孙文良，张杰：《甲申风云录》，故宫出版社，2013年

王天有：《明朝十六帝》，故宫出版社，2010年

佚名：《宣统政纪》，文海出版社，1986年

爱新觉罗·溥仪：《我的前半生》，群众出版社，2011年

周增光：《宗室王公与清末新政》，华夏出版社，2017年

张程：《辛亥革命始末》，红旗出版社，2011年

李细珠：《地方督抚与清末新政（增订版）：晚清权力格局再研究》，社会科学文献出版社，2018年

李细珠：《新政、立宪与革命：清末民初政治转型研究》，北京师范大学出版社，2018年

［英］崔瑞德，［英］鲁惟一：《剑桥中国秦汉史》，中国社会科学出版社，1992年

［日］鹤间和幸：《始皇帝的遗产：秦汉帝国》，广西师范大学出版社，2014年

［日］福原启郎：《魏晋政治社会史研究》，江苏人民出版社，2021年

［日］川本芳昭：《中华的崩溃与扩大：魏晋南北朝》，广西师范大学出版社，2014年

［日］谷川道雄：《隋唐帝国形成史论》，上海古籍出版社，2018年

［美］伊沛霞：《宋徽宗：天下一人》，南宁：广西师范大学出版社，2018年

［日］菊池秀明：《末代王朝与近代中国：清末 中华民国》，广西师范大学出版社，2014年

三、论文

方诗铭：《曹操与"白波贼"对东汉政权的争夺——兼论"白波"及其性质》，《历史研究》，1990年第4期

朱子彦：《曹魏代汉前的政治运作》，《史林》，2012年第5期

王瀚尧：《两汉三国时期汉中军事地理研究》，华东师范大学硕士学位论文，2017年

张仲胤，张旭华：《"诸葛之成规"与蜀汉兴亡》，《中州学刊》，2020年第5期

杨伟立：《论黄皓专政与覆国——兼论〈三国志·蜀书〉的疏略》，《天府新论》，1987年第6期

李雅雯：《汉代中常侍考论》，《管子学刊》，2015年第1期

罗开玉，谢辉：《三国蜀后主刘禅新论》，《成都大学学报（社会

科学版）》，2009年第6期

阎步克：《西晋之"清议"呼吁简析及推论》，《中国文化》，1996年第2期

薛菁：《汉末魏晋复肉刑之议论析》，《东南学术》，2004年第3期

景有泉，李春祥：《西晋"八王之乱"爆发原因研究述要》，《中国史研究动态》，1997年第5期

刘卓然：《西晋"朝望"考》，《许昌学院学报》，2023年第1期

王光照：《后梁兴亡与南北统一》，《江汉论坛》，1999年第4期

高敏：《论侯景之乱对南朝后期社会历史的影响》，《中国史研究》，1996年第3期

牟发松：《陈朝建立之际的合法性诉求及其运作》，《中华文史论丛》，2006年第3期

杜志强：《侯景之乱和江陵之变前后的梁代文学创作》，《西北师大学报（社会科学版）》，2014年第4期

苏小华：《试论尔朱氏集团的兴亡》，《晋阳学刊》，2005年第3期

苏小华：《论北魏孝庄政权的构成和衰亡》，《云南大学学报（哲学与社会科学版）》，2010年第4期

吴少珉：《试论北魏"河阴之变"》，《史学月刊》，1983年第1期

钟建平：《试论北魏社会诸矛盾的发展》，《史学月刊》，1956年第1期

胡耀飞：《黄巢之变与藩镇格局的转变（875—884）》，复旦大学博士学位论文，2015年

谷霁光：《泛论唐末五代的私兵和亲军、义儿》，《历史研究》，1984年第2期

吴枫，任爽：《五代分合与南唐的历史地位》，《东北师大学报

（哲学社会科学版）》，1994年第5期

王定璋：《南唐三主的人品及政治》，《天府新论》，2001年第5期

何剑明：《南唐国党争与唐宋之交的社会转型》，《苏州大学学报（哲学社会科学版）》，2005年第6期

张泰湘，刘文生：《徽、钦二帝在五国城的囚禁生活——"靖康之难"系列研究之二》，《学习与探索》，2002年第1期

王曾瑜：《金代的开封城》，《史学月刊》，1998年第1期

陈远明：《评鄂州之围中的贾似道》，《台州社会科学》，2003年第3期

孙炳元：《陆秀夫事迹考》，《盐城师范学院学报（人文社会科学版）》，2000年第1期

王曾瑜：《南宋亡国的厓山海战述评》，《南开学报（哲学社会科学版）》，2008年第1期

孟古托力：《蒙元与高丽关系述论》，《北方文物》，2000年第4期

李梅花：《试论奇皇后对元末元丽政治关系的影响》，《内蒙古大学学报（哲学与社会科学版）》，2008年第3期

苏新红：《朱元璋的税收思想探析》，《财政监督》，2019年第10期